刘鹏

LIUPENG FAXUE WENJI

法学文集

◎ 刘鹏 著

中国人民公安大学出版社

·北京·

图书在版编目（CIP）数据

刘鹏法学文集/刘鹏著 . —北京：中国人民公安大学出版社，2015.7
ISBN 978-7-5653-2273-0

Ⅰ.①刘…　Ⅱ.①刘…　Ⅲ.①法学—文集　Ⅳ.①D90-53

中国版本图书馆 CIP 数据核字（2015）第 154787 号

刘鹏法学文集

刘　鹏　著

出版发行：中国人民公安大学出版社
地　　址：北京市西城区木樨地南里
邮政编码：100038
经　　销：新华书店
印　　刷：北京通天印刷有限责任公司

版　　次：2015 年 7 月第 1 版
印　　次：2015 年 7 月第 1 次
印　　张：20.25
开　　本：787 毫米×1092 毫米　1/16
字　　数：340 千字

书　　号：ISBN 978-7-5653-2273-0
定　　价：68.00 元

网　　址：www.cppsup.com.cn　www.porclub.com.cn
电子邮箱：zbs@cppsup.com　zbs@cppsu.edu.cn

营销中心电话：010-83903254
读者服务部电话（门市）：010-83903257
警官读者俱乐部电话（网购、邮购）：010-83903253
公安综合分社电话：010-83901870

作者简介

刘鹏，汉族，1957年生，湖南衡阳人。1975年贵阳九中高中毕业后，先后在清镇后午第二知青农场和核工业西南地勘局二零六地质大队当知青和地质找矿员。1979年考入西南政法学院法律专业学习。1983年大学毕业后分配到贵州省政法干校（1985年升格为贵州省政法管理干部学院，2000年与贵州公安干部学院合并组建贵州警官职业学院）任教。1995年被国家教委、人事部评为全国教育系统劳模并授"人民教师"奖章。2002年取得教授任职资格，先后被贵州大学、贵州师范大学、贵州民族大学等高校聘为兼职教授、硕士生导师，被贵州省社科院法研所聘为特约研究员。出版专著，主编、参编教材、学术文集近20部，主持、参加最高人民检察院、公安部、贵州省社科规划办、省委政法委、省教育厅等各级各类研究课题近10项，在《法学》《法学杂志》等期刊发表论文50余篇。成果获贵州省哲学社会科学优秀成果二、三、四等奖5项，省高校人文社科优秀成果一、三等奖2项，省公安科技强警二等奖4项，省政法系统优秀调研文章一、二等奖3项。

主要社会兼职：中国刑法学研究会理事；中国犯罪学研究会未成年人法制教育专业委员会副主任委员；贵州省法学会副会长、学术委员会副主任；贵州省法学会刑法学研究会会长、法学教育研究会副会长、诉讼法学研究会学术顾问；贵州省经济与法制建设促进会顾问；贵州省警察协会常务理事；贵州省人民政府法律事务顾问室专家咨询委员；贵州省人民政府行政复议委员会委员；贵州省委政法委员会案件评查专家库专家；贵州民族大学法制与民族地区发展研究中心学术委员；贵阳市社区矫正工作委员会，市人民检察院、安顺市中级人民法院专家咨询委员。

序

刘鹏院长说他出了一本法学集子，想请我代为写序，我本能地婉拒，因为刘鹏院长是资深法学教授和著名刑法学专家。说起来，我与刘鹏院长曾经都是地质找矿人，后来在政法工作中交集也很多，正是基于对刘鹏院长人格品质和学术造诣的尊重与了解，出于对法治的共同信仰和追求，拜读本书过后，我倒认为可以写一点儿读后感。

"法者，治之端也"。党的十八大是法治中国建设的重要里程碑，十八届四中全会绘就了全面依法治国的新蓝图，将全面依法治国确立为"四个全面"重大战略布局的重要一环，按下了全面依法治国的"快进键"，让法治中国建设进入了"快车道"。神圣的使命蕴积在我们心头，沉沉的责任担负在我们肩上，激励着我们去拼搏进取、探索实践。全面推进依法治国、实现良法善治，必须大力加强法治专门队伍建设，必须坚持用马克思主义法学思想和中国特色社会主义法治理念统领法学教育和法学研究阵地，需要更多的专家型、学者型人才，进一步加强和繁荣法学理论研究，为加快建设社会主义法治国家提供强有力的理论支撑和人才保障。刘鹏院长是伴随改革开放以来三十多年法治探索实践成长的一代职业法律人。他在这本书中，搜几十年法学研究之思虑，索数十载教学实践之体验，兼顾理论性和实践性，统筹法律视角和社会视角，运用法治思维和法治方式，从理念到方法、从实体到程序、从法律到公理常情，层层揭开法治面纱，阐释法治理念，解读法律知识，弘扬法治精神，其法学理论功底厚重，具有很强的思想性和可读性。由于这本书收录的文稿时间跨度比较大，正如刘鹏院长在自序中所言："不可避免地带有某种时代的痕迹"，从这个角度来看，也可算是建设社会主义法治国家探索实践过程中的一个微观缩影和佐证，从而也提升了本书的学术沉淀性和厚重感。

诚然，在全面推进依法治国方兴未艾之际，在法治确定为治国理政基本方式的今天，法治关乎我们每一个人的权益和生活，不仅需要每个人的关心、监督，也需要每个人的参与、实践，更需要每个人的信仰、坚守。只有不断增强全民法治观念，推动全社会树立法治意识，让法治走进人们的内心，成为一种全民信仰，使人们自觉自愿地遵从法律，法治才能成为一种"国家信仰"和"大众信仰"，法治中国才有最坚强的支撑。

相信各位读者读完此书后，定有非浅裨益。

是为序。

中共贵州省委政法委常务副书记　彭德全

2015 年 3 月 10 日

目 录

```
┌ ─ ─ ─ ─ ─ ─ ─ ─ ─ ─ ─ ─ ─ ┐
    刑 事 法 学 篇
└ ─ ─ ─ ─ ─ ─ ─ ─ ─ ─ ─ ─ ─ ┘
```

进一步增强刑事法治建设的民主性 ……………………………… （ 3 ）

略论刑法在政治体制改革中的作用与完善 ……………………… （ 10 ）

论罪刑法定原则在我国刑法中的实现 …………………………… （ 18 ）

关于"严打"的思考与建议 ……………………………………… （ 23 ）

我国近期刑事立法中存在的几个问题 …………………………… （ 31 ）

刑事法制建设三十年回眸

　　——问题、理念、展望 ……………………………………… （ 36 ）

刑事法制建设未来发展几个问题的思考 ………………………… （ 46 ）

我国刑法中具有死刑条文的评析 ………………………………… （ 69 ）

《刑法修正案（八）》析读 ……………………………………… （ 80 ）

单位犯罪研究

　　——立法回顾 ………………………………………………… （ 90 ）

论刑法对单位犯罪的空间效力 …………………………………… （101）

共犯异罪的立法研究

　　——谈刑法中的独立从犯与独立教唆犯 ………………… （105）

犯罪中的数额问题研究 …………………………………………… （111）

大陆法系刑法学期待可能性理论评价 …………………………… （117）

试论刑罚观的若干问题 …………………………………………… （125）

论剥夺政治权利刑 …………………………………………………… （132）

关于犯罪追诉时效几个问题的研究 ………………………………… （140）

略论危险驾驶罪 ……………………………………………………… （144）

论"生产、销售伪劣商品罪" ……………………………………… （151）

对违反公司法犯罪有关问题的研究 ………………………………… （155）

关于修改刑法第 141 条的几点意见 ………………………………… （159）

对诬告陷害罪处罚规定的认识 ……………………………………… （164）

论我国刑法的劳动保护 ……………………………………………… （167）

对完善刑法第 187 条规定的几点意见 ……………………………… （175）

瓮安黑社会性质组织犯罪的特征、危害、成因及治理对策

    ——瓮安事件的犯罪学分析 ……………………………………… （179）

习水"8·15"案的刑事法分析 …………………………………… （224）

"量刑建议"的技术分析

    ——以《人民法院量刑指导意见（试行）》为视角 …………… （237）

法理、宪法与行政法学篇

试论雅典宪法民主化的演进 ………………………………………… （247）

行政法中蕴涵的限度理念 …………………………………………… （262）

警察视角下群体性事件内涵的法律再解读 ………………………… （275）

云南绥江"3·25"水库移民群体性事件的法理思考 …………… （288）

完善社区戒毒制度的法律思考 ……………………………………… （299）

后记 ………………………………………………………………… （313）

刑事法学篇

进一步增强刑事法治建设的民主性[*]

改革开放十余年来，社会各个方面均经历了深刻的变革，社会观念、思想意识经过反复锤炼、净化而有了新的升华。至少在意识上，民本位代替了"官本位"，盲从、驯服让位于独立思考、自立，追求真实民主和健全完善的社会主义法治不仅是美好的愿望，而且早已成为具体的实践。仅就增强民主意识、保障公民权利而言，行政诉讼法率先而行，在中国大地上开了法律保障公民可以告"官"的先河；民事诉讼法紧随其后，对公民在民事诉讼中的地位、权利作了重大修改，尊重当事人的自由处分权被提高到一个重要的地位。其他如著作权法的颁布、专利法的修改、公司法的酝酿等无不顺应了这一变革潮流。然而，刑事法治领域的现状却不尽如人意，自 1979 年刑法颁布以来，虽经多次补充立法，但都着眼于严惩严重刑事犯罪和经济犯罪，刑法的民主性问题迄今未得到应有的重视，以致刑事法治建设在这方面滞后于其他部门法，显得十分不合拍；更重要的是，不能适应深化改革开放的需要和广大人民群众的要求，难以发挥刑法应有的功能。如何改变这一状况，增强民主意识，为社会进步服务，已成为当前我国刑法学研究的一个重要课题。

我国刑事法治建设的民主性问题，主要存在于刑事法制规范特别是刑法的具体内容之中，但因其始于刑事法律规范之制定，而又最终表露在刑事法律规范的实施过程之中，因而对这三个方面都有认真加以检讨之必要。

一、刑事立法过程中的民主性问题

在此阶段，由于处在刑事法律规范的创制过程中，如何树立正确的立法

---

* 与肖常纶合著，原载《改革开放与刑法发展》文集，中国检察出版社 1993 年 8 月出版，获第三次贵州省哲学社会科学优秀成果论文类三等奖。

指导思想和采用适当的方法，对刑事法律规范的民主化至关重要。根据 1979 年以来我国刑事立法实践，下述几个问题应当引起我们的充分重视。

首先，必须注重刑事立法工作的透明度。作为一个重要的基本法律，刑法对人的域内效力及于全体公民，要求得到全体公民的一体遵守，这就要求在立法时尽可能合理地反映人民群众的利益和需要，为广大群众所了解、接受，而立法又只能在一定范围内进行，由此就会产生一个问题，即立法者如何了解人民群众的愿望，正确把握社会的客观需要，以使法律适应社会发展和进步的要求。当法律不能通过全民公决的方式产生时，立法者在法律的拟制阶段就应在尽可能大的范围内让人们了解立法意图，充分表达意见。这不仅是立法技术问题，而且对完善立法内容是十分重要的。过去，我国在这方面有所注意，但做得还不够。如近几年来出台的几个重要的刑事决定，其征求意见稿往往仅发至一个较小的范围内，不少刑法教学科研单位、团体和司法机关直到决定见报后才知道有了新的立法。在这种情况下，公民纵然有合理的看法、积极的建议也难以得到接受和采纳了。因此，注意增强立法工作的透明度，尽可能地让更多的人直接或间接地参与进去，对加强刑事法律规范的民主性、完善我国刑事法律规范是十分重要的。

其次，刑事法律规范的制定，必须体现最广大人民群众的意志和利益，不应受一时形势左右和个人意志影响，否则，难以经受时间和历史的检验。如前几年刑法学界最热门的话题是关于刑法的修改完善问题，但近年来已少有人谈论这一话题。这并不是因为已得出统一的结论：刑法已经完善不用修改，很可能主要还是其他因素影响所致。事实上我国现行刑法存在着不少问题，如不及时加以修订，难以顺利实现保护人民、惩治犯罪、促进"四化"的重任。制定刑法既要有人民群众的观念，又要有历史的眼光，对某种行为的评价，如罪与非罪，轻罪与重罪，不应立足于一时一事或个人好恶，标准应在于：是否最终体现了人民的利益。

最后，刑法的制定有必要面向世界，借鉴国外立法有益的经验。如有的国家采用将刑法草案或修正案先行发布，公开征求意见，这种方式对于我们的刑事立法即具有方法上的可采性。实际上，这同我们前述第一个问题是一致的，即增加立法的透明度。这样做既是立法民主性的要求，也为我国刑法创制走向成熟所必需。从我国目前的情况看，刑法典已经颁布实施，一段时间内似乎难有重大的修改，但一些针对专门事项的补充刑事立法又不断产生。

这些法律的制定是否可先以草案的方式公布，广泛采纳比较各方意见后再正式颁布实施，这样经过逐步的摸索、积累经验，待将来对刑法典进行全面的修订时，事情便会比较顺利了。

二、现行刑法内容中的民主性问题

现行刑事法律规范的民主性从内容上看确实存在一些问题，这里从四个方面作一些探讨。

（一）关于刑法的时间效力

对于刑法中的时间效力问题，有两点需要加以研究：一是在溯及力问题上现有刑法典采纳了从旧兼从轻原则，这与多数国家刑法对溯及力的规定是一致的。但在 1982 年、1983 年相继颁布的《关于严惩严重破坏经济的罪犯的决定》、《关于严惩严重危害社会治安的犯罪分子的决定》两个专门刑事法律中，则采用了从新原则，这不仅造成了刑法内部的不协调，而且违背罪刑法定主义关于法不溯及既往的基本要求。二是刑法典采用了先期公布的立法惯例，为社会各界了解刑法内容提供了必要的时间条件。而从 1981 年至 1991 年 12 年中制定的全部专门刑事法律均于公布当天生效，只有 1992 年 9 月 4 日公布的《关于惩治偷税、抗税犯罪的补充规定》其生效时间为 1993 年 1 月 1 日。我们认为，在上述两个问题中，刑法典采用的做法是科学的。换言之，多数专门刑事法律在这方面的做法是不可取的。立法者不应要求人们对自己的行为在将来是否符合法律规范作出准确预测，也不应要求人们对经过深思熟虑而制定出来的法律于公布之初就了解熟悉其全部内容。既然在立法时不能做到全民参与，那么在法律制定以后就应尽量提供条件让全体公民充分地了解它。这是社会民主化对我们提出的要求。尤其是制定刑法这种性质的法律，关系到公民名誉、财产权利、人身自由甚至生命权利这样的重大问题，不能不引起高度的重视。因此，我们希望今后在制定专门刑事法律时，在法律的效力问题上，应采用与刑法典一致的做法，这不仅有利于刑法内部的协调统一，也是社会进步的要求。

（二）关于刑法中的类推

类推是法律初创时期的产物，由于这种制度容易导致罪刑擅断，因此只能作为一种临时的补救措施。从各国刑法发展历史来看，其生命力并不长。

随着刑法的逐步完备，类推制度便会逐渐失去其存在的基础而最终归于消亡。我国在中华人民共和国成立三十年后，于 1979 年第一次正式颁布通行全国的刑法典，基于当时的客观条件，刑法典中规定了类推的内容，这在当时是必要的。但是经过十三年的实践后再来看这一问题，情况就不同了。撇开近十三年来我国适用类推定罪的案例微乎其微这一客观事实不谈，在全国人大常委会对刑法做了数次大的补充修改后，目前我国刑法规范的范围、内容已较之过去有了相当程度的扩大和加深，大量的司法解释也为一些法无具体明文规定的行为提出了可以适用的法条。可以认为，现在来讨论类推制度在我国刑法中的存废问题已经不再是"为时尚早"。关于废除类推的理由已有不少文章作了详细论证，毋庸赘述，我们这里主要想强调一个问题，即类推制度与刑法民主性的关系。显而易见，二者的关系不是相容而是相悖的。如果说在法律创制之初，立法技术落后时考虑的重心在于堵塞漏洞，不给犯罪留下刑事追究的空当，则在今天改革开放日渐深入、民主与法制已长足发展的大气候下，形同虚设的类推制度与刑法民主化的重要性谁重谁轻便不难掂量了。因此，我们主张及时修改完善刑法典废除类推，实行严格意义的罪刑法定主义，使"法无明文规定不为罪、不处罚"这一原则在我国刑法中得到真正的体现。

（三）关于"治吏"和"治民"在刑法中的体现

对此，人们提出了很多的问题。如：为什么职务性犯罪的罪名寥寥可数；为什么要在渎职罪一章中总结性地规定"国家工作人员犯本章之罪情节轻微的，可以由主管部门酌情予以行政处分"，而在其他罪章中却没有这种宽大性的规定；为什么一般过失犯罪刑罚最高可达 15 年徒刑，而职务过失犯罪再重也只能判到 7 年有期徒刑；为什么受贿罪这一典型的官员犯罪，平民百姓也"有幸"能犯了；为什么对贪污罪和盗窃罪在构罪数额上作出相差十倍的悬殊规定，等等。如此众多的"为什么"无论怎样解释，撇开其他原因不说，至少在客观上表明了这么一种情况，即"官"和"民"在刑法中是不平等的。这就有悖于法律规定合理性之要求。虽然目前情况有了些细微的变化，如适当提高了盗窃罪的犯罪数额，增加了一些与职务有关的罪名等，但差距仍然存在。如何改变刑法这种"治吏"与"治民"不平等的现象，人们提出了不少建议，而其中最需要着重强调的就在于观念的转变，即在思想上真正确立

"保民"意识，树立"吏治"严于"民治"的观念，有了这样的指导思想，解决上述"为什么"就仅是一些技术性的问题而不再是为难的事了。

（四）关于刑法对保护公民民主权利的具体规定

从整体上讲，整部刑法都是保护公民民主权利的，并直接反映在分则第四章中。对于本章，笔者有以下两点不同观感：一是刑法将侵犯公民民主权利罪与侵犯公民人身权利罪并列一章，并在各罪章的排列顺序上置于较前位置，这似乎在一定程度上反映了立法对保护公民民主权利的重视。二是该章总计 19 个法条中，直接涉及侵犯公民民主权利方面的犯罪仅有 4 条 5 个罪名，其余的都是关于人身权利方面的规定，有 14 条 15 个罪名，给人一种比例失当的感觉。比较各国刑法及我国宪法等法律的有关规定，我国刑法在这方面确有欠缺，实有充实完善的必要，否则不利于对公民民主权利的保护。根据当前我国实际情况及人民对民主权利的要求，应当考虑增加部分新的罪名和条文，并将原有的罪名从分则第四章中分离出来，与新罪名归为一类，另在分则中单设"侵犯公民民主权利罪"一章，以加强这类规定在刑法中的地位和分量，从而切实有效地和充分地保护公民的各项民主权利。关于拟增罪名问题，我们考虑以下一些行为在情节严重时具有刑罚上的可罚性，建议立法部门加以研究：（1）非正当妨碍公民结社、集会、游行、示威的行为；（2）故意侵犯人民代表依法行使特定民主权利的行为；（3）故意侵犯公民依法享有的从事文化艺术活动权利的行为；（4）对举报人、监督人打击报复的行为；（5）侵害被告人合法权利的行为；等等。将上述行为入罪，可以大大丰富我国刑法有关保护公民民主权利的内容，同时也可使宪法有关公民民主权利的规定在刑法中得到相应的具体化，使我国公民所应享有的民主权利得到更为切实的保障。

三、刑事司法过程中的民主性问题

在刑事司法过程中，刑法的民主性除了受制于刑事法律的内容外，主要受以下两个因素制约：一是如何解释刑法，二是如何执行刑法。关于第一个问题，在我国，刑法解释分别有立法、司法和学理三种解释，其中立法解释最具权威性。一般来讲，由立法机关对法律进行解释更能体现立法原意，但我国立法机关对刑法法律规范的解释极为少见。同时，由于司法机关工作的专门性，实际上大量的解释工作都由司法机关所承担。从我国颁布刑法十三年来的实践看，众多的刑法解释基本是由最高两院作出的。"两高"所做的这项工作，在刑法的贯彻实施过程中发挥了十分重要的作用，无疑在今后的刑事司法活动中还将继续发挥更重要的作用。但是，问题也是存在的。如前所述，只有立法机关才能最准确地掌握法律规范的本来含意，如果几乎全部的刑律解释工作都依靠并未参与立法活动的司法部门来完成，不可避免地会出现对法律理解的偏斜，尤为重要的是有些解释本身就是对新的法律的创制，如果仍由司法机关来作出，就会构成对立法权的侵犯。而事实上正如一些学者所指出的那样，在我国司法机关超越司法解释权限，对刑法作出类似立法解释的现象并不少见。这种现象反映了专门司法机关与人民直接参政的立法机关之间的一种失序的关系。有些原因可能是客观的，但很长一段时期未引起足够的重视并予以解决也是客观存在的。我们希望在重视司法解释工作的同时，尤其应加强立法解释工作的开展，尽可能地使人民代表大会及其常务委员会制定的法律所反映的人民意志得到正确解释并在刑事司法活动中得到正确的实现。第二个问题是关于刑法执行的问题。刑事司法的民主化落脚点在于如何正确适用刑法保护人民群众的利益，取得群众的理解和支持。要正确适用刑法，必须严格依法办事，这牵涉到全体执法人员的法律意识、业务素质和工作责任心等。除此之外，决策机关树立什么样的行刑指导思想对于刑法的适用方向影响重大。过去，在社会治安状况严峻时，在全国范围内曾开展过两次"严打"斗争，各地近些年来又多次相继开展专项斗争，虽然取得一定成效，但这也是形势影响决策导致刑法适用趋向"重刑"的例证。我们认为，根据不同时期不同情况适当调整刑法适用的"度"是需要的，但关键在于如何掌握"适度"的问题。就"严打"来讲，尤其是1983年开展的第一次"严打"，虽说取得了一定的成效，但也产生了一些遗留问题。例如，在"严打"期间，由于指导思想上注重于一般预防，强调刑法的威慑作用，因此在对犯罪行为人定罪量刑时，就司法机关来讲，着重考虑的是主要犯罪事实，只要主要犯罪事实查清，就应该迅速起诉并很快作出判决；对律师来讲，要求的是不要"纠缠枝节"。这样，一些对被告人有利的情节往往会被忽视；同时，为体现从重，诸如自首、坦白、偶犯、良好的悔罪表现，甚至有立功表现等也常被视而不见，由此导致一部分被告人产生抵触情绪，增加了矫治的难度。此外，由于"严打"期间量刑远重于平时，受刑人难以接受，为求心理平衡，也会相应采取一些补偿行为，有的表现为不断的申诉叫屈，有的拒绝接受改造，也有的总想伺机报复，发泄心中的不满。这些失度重刑在被告人身上发生的逆反反应也对被告人的家属、亲友造成了一定的影响，使他们对法律产生怀疑、不解，甚至抵触，结果使潜在的再犯危险性加重，刑罚个别预防效果也不够理想。本文并非否定"严打"成绩，意在说明，在使用"严打"这种治标的手段时，一定要在指导思想上把握住"适度"二字：一是对严重刑事犯罪分子坚决打击，决不手软；二是正确掌握法律尺度，严格依法办事，该严则严、该宽则宽，宽严相济，最大限度地取得广大群众的理解和支持。否则，即使刑法内容规定得尽善尽美，也是难以获得最佳效果的。

略论刑法在政治体制改革中的作用与完善[*]

去年 7 月 1 日，各大报刊重新发表了邓小平同志 1980 年 8 月 18 日在中央政治局扩大会议上所作的题为《党和国家领导制度的改革》重要讲话，这篇讲话，运用马克思主义基本观点，科学地分析了我们党和国家领导制度的历史和现状，对改革党和国家领导制度的必要性、目的和方针作了精辟的论述。它是我国政治体制改革的纲领性文献，为我们进行政治体制改革提供了基本的指导思想。赵紫阳同志在十三大的报告中对政治体制改革的目的、方针、近期目标和措施作了明确而具体的阐述，政治体制改革作为一项宏伟的事业已经摆在了全党和全国人民面前。

政治体制改革涉及众多领域，在社会主义国家既无先例，也无经典作家的论述可循，如何正确、全面地搞好这一重要改革，实现社会主义政治制度的自我完善，是摆在每一个理论工作者面前的重要而迫切的任务，有大量的问题亟待研究。就刑法学领域来说，当前一个重要的任务就是要认真研究刑法同体制改革，尤其是政治体制改革的关系，解决刑法如何为政治体制改革服务，适应政治体制改革要求的问题。为此，本文就刑法在政治体制改革中的作用与完善问题谈一点不成熟的看法。

一、关于刑法在政治体制改革中的作用

总的来讲，社会主义法制对政治体制改革起的是一种促进和保障作用，但具体到各个部门法来看，由于各自的特点、角度、方式不同所起的直接作用也不相同。刑法是国家法律体系中的一个重要组成部分，其质的规定性决定它在保障政治体制改革中的作用不同于其他法部门。比如，它不同于宪法，

---

* 原载《贵州法学》1988 年第 2 期。

宪法是国家的根本大法，规定国家的最根本问题。宪法序言明确指出："全国各族人民、一切国家机关和武装力量、各政党和各社会团体、各企业事业组织，都必须以宪法为根本活动准则。"因此，改革必须在宪法范围内进行，以宪法的规定为最高法律依据。宪法对政治体制改革起着规定方向、基本原则的指导作用，而刑法不具备这种权威性的指导作用。刑法也不同于行政法。行政法是规定有关国家行政机关组织和管理活动的基本原则、职责权限、各种制度、工作程序等内容的法律。改革中理顺的各种关系，确立的各项制度，必然要求制定大量的行政法规予以固定，通过法律的形式确认改革的成果，从而实现行政管理的法治化、科学化，提高整个国家机关的行政效率。因此行政法对政治体制改革主要起一种确认和固定成果的作用。一般来讲，刑法不具备这种功能。此外，它也不同于诉讼法，诉讼法的作用在于保证实体法的正确实施。为了使改革成果切实有效地得到法律保护，需要建立和完善各种诉讼制度，尤其是一套完善的行政诉讼制度，从司法程序上为政治体制改革提供法律保障。而刑法是实体法，不能从司法程序上提供任何法律帮助。那么，刑法能够对政治体制改革起到一种什么样的作用呢？我们知道，刑法的功能在于规定犯罪和刑罚，从而作为惩罚犯罪的法律依据。其作用在于通过采用刑罚手段打击犯罪这样一种严厉的法律制裁方式，来保护有利于统治秩序的各种社会关系。探讨刑法对政治体制改革的作用，无疑应从刑罚的保护职能，从刑法所采用的制裁方式来认识。就政治体制改革来讲，改革过程中必然会遇到来自各方面的阻力和干扰。对此，应采用教育的、行政的和其他法律的方式来解决。但是，对于那些严重破坏改革，确已构成犯罪的行为，则必须依靠刑法予以惩处，使那些冥顽不化、投机取巧、图谋不轨的犯罪分子受到应有的法律制裁，从而教育广大群众和干部遵纪守法，为改革的顺利进行清除障碍。历史上，任何国家的改革都是以法律，尤其是刑法的保护作为坚强后盾的，只是改革的目的不同罢了。我国刑法是我国各族人民的根本利益要求和共同意志的体现，与我国政治体制改革的目的是完全一致的。可以说，要搞好政治体制改革，巩固改革成果，没有刑法的保障，忽略刑法的作用是不行的。另外，也要看到，由于政治体制改革的目标是建立完善的社会主义民主政治体制，改革中涉及的问题一般都属于人民内部矛盾。这些问题主要依靠大量的行政立法和建立完善的行政司法制度来解决。刑法是解决犯罪问题的，其规定的刑罚是一种最严厉的法律惩罚手段，在使用时要十分慎重,对那些妨碍政治体制改革,但危害性尚未达到犯罪的行为,不能动用刑法,以免破坏社会主义法制,起到相反的作用。因此,我们既不能忽视刑法在保障政治体制改革中所起的作用,也不能不恰当地夸大这种作用。

根据我国刑法的现有规定,刑法对政治体制改革的保障作用主要通过两条途径来实现:其一是通过打击反革命犯罪,打击渎职犯罪和侵犯公民民主权利等犯罪为政治体制改革清除障碍;其二是通过打击经济犯罪促进政治体制改革的顺利进行。

就第一方面来说,首先,刑法以首要的位置和较大的篇幅,在分则第一章中规定了反革命罪。刑法第 90 条明确指出:"以推翻无产阶级专政的政权和社会主义制度为目的的,危害中华人民共和国的行为,都是反革命罪。"这就为我们在改革中识别革命的行为和反革命的行为提供了法律依据。政治体制改革,是指改革领导体制,是社会制度的自我完善,但是不能幻想在改革中不会出现敌对阶级分子的干扰破坏,对于那些确实具有反革命目的,试图乘改革之机,进行反革命宣传煽动,或者组织反革命集团,进行其他反革命活动来干扰破坏改革进行的反革命分子,必须运用刑法武器,予以坚决打击,以保证改革的顺利进行。其次,刑法在分则第四章中规定了侵犯公民民主权利的犯罪,其中能够直接为政治体制改革提供刑法保障的有两条:一是第 142 条规定的破坏选举罪,二是第 146 条规定的报复陷害罪。就第 142 条的规定看,其内容是为了保证选举活动的正常进行和保护选民有效行使选举权与被选举权。而政治体制改革的一个重要内容就是改革和完善人民代表大会制度,真正确立人民代表大会为国家最高权力机关和地方各级最高权力机关的地位和作用。为了达到这一目的,必须认真搞好选举工作,这就需要对现有的选举制度进行改革。改革中,对于破坏正常的选举活动,妨碍选民自由行使选举权的不法分子,可以适用第 142 条的规定予以惩罚。关于第 146 条,这是刑法为保证宪法第 41 条规定的内容得以实现而作的进一步规定。按照宪法第 41 条的规定,我国公民享有向国家机关或其工作人员提出批评和建议,并对其渎职违法行为提出申诉、控告或检举的权利。实践证明,切实保障公民这一重要的民主权利的实现,有助于帮助克服国家机关及其工作人员中的不良现象,调动、提高全体公民参与民主管理国家的主动性和积极性。就政治体制改革来讲,根据中央领导人多次讲话精神,当前着重要解决的问题:一是增强党和国家机构的活力;二是克服官僚主义,提高工作效率;三是调动基层和广大人民群众的积极性。刑法第 146 条的规定，可以在一定程度上从一个侧面对实现上述目标起到促进、帮助作用。最后，刑法分则第八章规定了渎职罪（其他章节中也有渎职犯罪的规定）。比较分则各章，本章的内容同政治体制改革的联系最为密切。长期以来，我们实行的是一种把政治、经济、文化等一切都统管统揽起来的过分集权的政治体制，随着我国社会政治、经济条件的变化，其弊端日益显露，其中最为突出的就是在国家机关工作人员中形成了严重的官僚主义作风。邓小平同志在《党和国家领导制度的改革》一文中，列举了官僚主义的种种表现，并尖锐地指出这些现象的存在："无论在我们的内部事务中，或是在国际交往中，都已达到令人无法容忍的地步。"官僚主义的这种严重危害性，说明了政治体制改革的必要性和紧迫性。为了保证政治体制改革的顺利进行，必须同官僚主义作坚决的斗争。斗争中，除了改革现存不合理的领导制度、干部制度外，对严重失职的官僚主义分子要作严肃的处理。对其中玩忽职守、严重渎职已构成犯罪的，即可根据刑法关于渎职罪的有关规定，予以刑事处罚。

刑法除了从上述几个方面为政治体制改革提供直接的法律保障外，还可通过打击经济犯罪、保护经济体制改革来促进政治体制改革，间接为政治体制改革服务。体制改革，主要包括经济体制改革和政治体制改革两方面，随着经济体制改革的不断深入，必然要求政治体制改革与之同步，以建立一个适合于经济体制改革的政治环境，为经济体制改革清除障碍，铺平道路；反过来，经济体制改革又为政治体制改革创造了必要的物质条件，二者互相配合，互相促进，缺少哪一方面，另一方面都不可能取得成功。刑法分则专章规定了破坏社会主义经济秩序罪、侵犯财产罪，其他章节中还规定了重大责任事故罪、贿赂罪等。这些规定，为打击经济犯罪、保障经济体制改革提供了法律依据。刑法在运用这些规定打击经济犯罪、保障经济体制改革的同时，就已经起到间接为政治体制改革服务的作用。

二、关于完善现行刑法，适应政治体制改革要求的问题

如前所述，我国刑法对政治体制改革起着重要的促进、保障作用。但从刑法的现状来看，要充分发挥其在政治体制改革中的作用，还有不少问题需要加以解决。1979 年制定刑法时，政治体制改革尚未提到议事日程上来，由于当时条件、环境所限，刑法的规定比较简明扼要，从分则的内容来看，仅有 103 个法条，规定的罪名不到 140 个，可以说是粗线条的。这种状况，随着近年来社会政治经济的发展，逐渐暴露出它的不足。目前，政治体制改革经过长时间的酝酿，即将全面展开，如何更好发挥刑法在保障政治体制改革中的作用，适应政治体制改革的要求，笔者认为，至少要做好下面两项工作：

（一）要加强刑法的补充修改工作

要充分发挥刑法在保障政治体制改革中的作用，仅仅依靠其现有的一些规定还很不够。以刑法分则第八章为例，全章只有 8 个法条，所规定的属于渎职方面的罪名仅 7 个，其中就有 3 个是针对司法人员的，1 个是针对邮电工作人员的，其余 3 个虽针对一般工作人员，但其中第 185 条、第 186 条的规定都有明确的范围，而第 187 条关于玩忽职守罪的规定又太笼统，这种状况带来的后果是一些职务方面的犯罪找不到相应的条款定罪量刑，无法对号入座，最后只好要么不作犯罪处理，要么统统以玩忽职守罪论处，这样又造成了玩忽职守罪范围的不断膨胀。近年来陆续制定的一些非刑事的单行法规中，很多都写上"违反本法规定，造成……的，对有关责任人员可以比照刑法第 187 条的规定追究刑事责任"，事实上违反这些法律构成的犯罪很多已突破了刑法第 187 条规定的犯罪构成。但由于没有其他更为适宜的条款，只好以此来比照处理，致使玩忽职守罪成了"口袋罪"，给司法审判和刑法教学带来困难。上述情况，并非个别，比如在侵犯公民人身、民主权利罪一章中，体现保护公民民主权利方面的规定也只有那么两三条。因此，为了充分发挥刑法的保障作用，必须在改革中加强立法工作，对有关章节加以补充、完善，以适应改革的要求。立法中，应同时注意法制的协调问题。改革中将会制定大量的行政法规，在这些由国务院制定的非刑事法律中，如果涉及违法犯罪的内容，应和刑法协调起来；如果刑法中有与之相应的规定，则直接写明"按照刑法某条某款处理"即可；如果刑法中没有与之相应的规定，就需通过立法增设新罪名，其方法可以采取在非刑事法律中对某种需要追究刑事责任的行为只笼统地写上"依法追究刑事责任"，而由全国人大常委会以《决定》的形式，采取叙明罪状的方法将其罪名、犯罪构成明确地规定出来，以避免出现需要追究刑事责任的行为内容和罪名不相吻合，罪和刑不相适应的状况（这种状况在过去制定的一些经济法律中是存在的）。有人提出，可以由全国人大常委会授权国务院必要时在其制定的经济法规中增设新罪名。笔者认为，这种方法不太妥当，原因有二：一是经济法、行政法等非刑事法律本身不具有规定犯罪与刑罚的功能；二是这样做将会在很多法律中都出现这样那样的新罪名，不但使刑法的完整性、系统性受到破坏，也给司法工作带来困难。因此，增设新罪名应一律由全国人大常委会统一以单行法或决定的形式加以规定。

刑法除了有关章节需要通过立法加以补充外，在一些条款的处罚规定上也存在值得研究的问题。比如，刑法规定对于反革命分子处刑时一律附加剥夺政治权利，这无疑是正确的，但是对于大多数国家工作人员构成的犯罪和侵犯公民民主权利方面的犯罪却没有规定这一刑种。这就有点缺乏针对性了。刑法所指的政治权利包括选举权和被选举权，宪法第 35 条规定的各种权利，以及担任国家机关职务和企事业单位、人民团体领导职务的权利。渎职罪和大多数侵犯公民民主权利罪的犯罪分子正是利用了他们担任一定职务，特别是领导职务的便利，大肆进行犯罪活动的，即使有的犯罪如玩忽职守罪、责任事故罪等，虽然行为人主观上不是出于故意，但其犯罪仍然和他们担任的某种职务分不开。为了防止这些人继续犯罪，理应剥夺他们的政治权利。这样做，也有利于发挥刑法对政治体制改革的保障作用。政治体制改革的一个重要目的就是消除官僚主义，提高公职人员素质，培养和造就大批廉洁奉公、遵纪守法、德才兼备、能为"四化"建设作贡献的优秀干部，这就必然要求清除那些利用手中职权贪赃枉法、玩忽职守、徇私舞弊、败坏党风和政府威信，破坏改革的不良分子，刑法在有关条款中明确规定剥夺此类犯罪分子的政治权利，正是顺应了这一要求。故此建议全国人大常委会在对刑法作必要的补充时，考虑在有关条文的处罚规定中补充规定剥夺政治权利刑。

此外，某些立法认识上的问题也值得考虑。例如，分则各章基本上是按各类犯罪对社会危害性大小由重到轻排列，以体现刑法打击的重点。但将渎职罪一章放在最后，不利于同此类犯罪作斗争。比较一下，渎职罪显然比有些犯罪如婚姻家庭方面的犯罪危害更为严重。这个问题可不可以通过刑法的修改予以解决，应该考虑。

（二）要加强刑法的解释工作

正确适用刑法的一个重要条件是搞好刑法规范的解释工作。过去，尤其在"严打"斗争中，有关部门做了大量这方面的工作，很有成效。今后，为适应政治体制改革要求，还必须进一步加强刑法的解释工作。政治体制改革内容广泛，政策性强，哪些问题需要依靠刑法解决，如何解决，哪些问题不能依靠刑法解决，必须严格掌握，稍有不慎，就可能因打击面过宽或打击不力而适得其反。因此，应通过必要的法律解释，阐明有关条文的含义，补助立法的不足，为司法机关具体运用刑法打击犯罪，保障政治体制改革提供明确的法律依据。

刑法解释首先涉及的是立法解释。立法机关在修改补充现有条款，或增设新罪名时，应同时作好必要的解释工作，阐明立法本意，明确条文内容、范围，以便司法部门正确掌握运用。1982 年全国人大常委会曾通过《关于严惩严重破坏经济的罪犯的决定》（以下简称《决定》），因《决定》未就其中涉及的某些问题作明确阐释，一段时间内理论界对于套汇、索贿是不是独立的罪名展开了一些争论。实践中，也有将套汇、索贿行为按套汇罪、索贿罪定罪的。这个问题后来通过司法解答得到了统一，但如果在《决定》制定时就由立法部门予以明确，岂不更好。因此这项工作要进一步加强。

除了必要的立法解释外，有关部门对于司法审判工作中具体适用法律而产生的问题应及时予以解答。由于这种司法解释可以弥补立法解释的不足，而且在程序上比较简单，能够针对某个问题及时作出解答，近年来使用较多。今后随着改革的不断深入，新的问题会不断产生，需要应用刑法处理的问题也将随之增加。为及时配合改革的进行，刑法的司法解释工作也将会越来越多。就目前来讲，至少有两个问题有必要通过解释加以明确：其一是贪污罪的起刑标准，这个问题已有文章提及。目前，司法部门一般是以 2000 元作为贪污罪量刑的起点，但盗窃罪起刑点则大大低于这个数字，由此带来的后果：一是对贪污罪打击不力，一些犯罪分子没有受到应有的法律制裁；二是不能体现公民在法律面前一律平等的社会主义法治原则。为此，应考虑适当降低贪污罪的起刑标准。其二是玩忽职守罪的范围，这个问题前文已经谈到。打击因官僚主义造成的玩忽职守犯罪，是刑法当前的一个重要任务，但由于刑法第 187 条规定得过于笼统，很多其他法律又都作了比照玩忽职守罪追究某些渎职行为的规定，让人难以掌握，客观上造成各地适用法律上的差异。对此除了通过立法增设新的罪名，应把那些其他法律要求追究但事实上已超出刑法第 187 条规定范围的渎职行为同玩忽职守罪区分开来，进一步通过司法解释明确刑法第 187 条的范围，从而为司法机关正确适用法律，惩罚犯罪提供明确、具体的标准。

　　由于贪污罪和玩忽职守罪都是国家机关工作人员构成的渎职犯罪，其危害已远远超出经济领域，直接影响到我们的干部队伍建设，而政治体制改革的前景如何，同干部素质、态度密切相关，解决好这两个问题，不但对经济体制改革有益，而且对政治体制改革也有着重要意义。

　　政治体制改革是我国社会上层建筑中一场深刻的革命性变革，刑法如何适应改革、为改革服务，对我们来讲尚是一个新课题，更多的问题，还需要深入探索和研究。

论罪刑法定原则在我国刑法中的实现[*]

《中华人民共和国刑法》（1997 年 3 月 14 日修订通过，以下简称新刑法）第 3 条规定："法律明文规定为犯罪行为的，依照法律定罪处刑；法律没有明文规定为犯罪行为的，不得定罪处刑。"这一规定明确了罪刑法定原则为我国刑法的基本原则，从而解除了多年来刑法界的一大困惑：即罪刑法定原则应当是，但实际上是不是我国刑法遵循的基本原则？然而问题并未到此结束，因为罪刑法定的精神必须贯穿于刑事立法和司法的始终，仅从新刑法第 3 条的原则性规定中还分析不出我国刑法中罪刑法定原则的蕴含量。一项原则的实现，有赖于对具体问题的具体规定和执行，就罪刑法定原则来讲，其内容十分丰富，需要众多相关条款的呼应配套和坚定执行，方能使该原则所期望的价值得以实现。因此，通过对刑法中相关条款的分析评价，具体研究每一条文的精神实质，肯定其中符合罪刑法定要求的内容，亦找出其中不符合罪刑法定精神的部分，方能掂量出罪刑法定原则在我国刑法中的分量。

一、罪刑法定原则在我国刑法中的体现及评价

罪刑法定原则的要义为法无明文规定不为罪、不处罚。围绕这一核心，演化出众多具有丰富人权内涵的具体要求，如否定类推定罪；阻却重罪之溯及效力；避免刑法的加重适用并防止减轻处罚的滥用；不采用不定期刑并尽量缩短相对确定法定刑的跨度；法律条文所表达的内容要求做到准确无误，不能含混不清，指向不明或过于笼统；罪名、罪数应当明示；罪状描述尽量采用叙明式，少用简单罪状，不用空白罪状；法条间应协调一致，不能相互

---

* 原载《河北法学》2001 年第 2 期，收入《贵州法学论坛》首届文集，中国人民大学复印报刊资料《刑事法学》2001 年第 6 期索引。

矛盾、否定等。所有这些闪烁的亮点集中起来，完整地昭示了罪刑法定所固有的内涵，同时也为我们了解该原则在我国刑法中贯彻的深度提供了具体的研究对象。

关于类推，新刑法没有加以规定，亦即自1980年第一部刑法生效以来沿用了近18年的类推制度终于取消了。取消类推，是罪刑法定原则赖以立足的基本保证，首部刑法出于某种考虑规定了类推制度，结果不仅实践意义不大，反而在思想上造成了混乱，出现了所谓类推是罪刑法定原则的补充这一不能自圆其说的尴尬理论，并且对新中国第一部刑法的形象造成了极大的损害。新刑法摒弃类推，不仅仅是对一项制度的简单取舍，这里面既包含了对人权的尊重，也体现了立法者制定一部完备刑法的信心和能力，更重要的是它标示了罪刑法定原则在刑法中存在的真实性，是刑事立法的一大进步和趋于成熟的具体体现，值得大书特书。

关于刑法的溯及力问题。根据罪刑法定原则的要求，对一项行为的法律适用，只能选择该行为发生前业已生效的法律，后法不能适用于前行为，但有一个例外，即只有当使用后法处罚较轻或不认为是犯罪时，可以使用后法，这就是刑法适用上的从旧兼从轻原则。我国1979年制定刑法时，在溯及力上采用了这一做法，值得称道。但随后即在《关于严惩严重破坏经济的罪犯的决定》、《关于严惩严重危害社会治安的犯罪分子的决定》两个单行刑事法律中抛弃了这一做法而改采用从新原则。众所周知，这两个法律文件对有关行为的规定在处罚上远重于刑法的规定，从而大量出现对一些行为适用了行为发生当时法律没有规定的重刑。新刑法颁布时，针对这种情况，重申了从旧兼从轻原则，并明文宣布废止上述两个法律文件，从而使罪刑法定原则在新刑法中得到了进一步落实。

关于加重和减轻处罚。加重是在法定最高刑以上适用刑罚，减轻是在法定最低刑以下处罚，两者均背离了法定刑而发生了对犯罪人适用法无明文规定的刑罚的问题，但由于减轻处罚是因考虑到了某些犯罪人的具体情况根据刑罚个别化原则作出的对犯罪人有利的判决，故在一定程度上为罪刑法定原则所容纳。1979年制定的刑法没有加重处罚的规定，对减轻处罚制作了较宽容的处理，但随后制定的单行刑事法律《关于处理逃跑或者重新犯罪的劳改犯和劳教人员的决定》、《关于严惩严重危害社会治安的犯罪分子的决定》中则出现了加重处罚情节，背离了罪刑法定精神。新刑法对此两者采用的方法是通过明文废止有关单行刑事法律而拒绝加重之适用。对于减轻处罚，除保留有关减轻处罚情节外，在酌情减轻的处置上作了一定的限制，即将原刑法规定的由本级法院审委会决定改为由最高人民法院核准，以防止滥用，显示了一定的原则性、灵活性和科学性。

新刑法对于罪刑法定原则的贯彻，除了以上几方面外，还有不少值得称道之处，如明确划定相对负刑事责任年龄段刑事责任的范围，取消原刑法关于已满14周岁不满16周岁的人犯"其他严重破坏社会秩序罪"负刑事责任的模糊规定；分解有关"口袋罪"，废除投机倒把罪、流氓罪罪名，并以若干个具体罪名代替，以便于认定；较恰当地设计相对确定刑定刑的跨度等。上述情况表明，罪刑法定原则在我国刑法中具有相当程度的法律基础保证，其存在的真实性毋庸置疑。

二、罪刑法定原则在我国刑法中的欠缺及评析

纵观整部刑法典，不难看出罪刑法定原则在刑法中的贯彻除值得称道的一面外，尚存在着多处令人遗憾的不足，这些不足，不仅在直观上影响了该原则的完美形象，更重要的是未能使司法随意现象通过立法手段予以消除，并且在一定程度上助长了司法专断，不利于制约司法权和保障公民权利。举其要者，大致表现为以下几个方面：

第一，罪名不明、罪数不清。本次修订刑法，增加的条款主要集中在分则部分，分则总条文已达到350条，如此众多的条款究竟包含了多少种罪行，创制了多少个罪名？由于法律本身没有明示，但在刑事司法实务中又非明示不能行事，于是只得由司法部门来代替立法机关进行解释确定，于是问题也就随之出现了。首先，司法机关有没有创制罪名的权力？罪刑法定当然是指罪与刑由立法机关通过特定程序以法律的形式予以确定，司法机关当然不是立法机关，司法权中也当然不包含立法权，那么司法机关有没有创制罪名、确定罪数的权力呢？问题是不言而喻的。其次，司法机关对刑法作解释，长期存在着检察、审判两机关各持己见、各抒其义的现象。新刑法出台后，这种情况再次出现，两家对于罪数的解释未能统一，虽然分歧只存在于很小的范围内，但谁都应该知道，在这个问题上是不允许出现一丝一毫的差异的。否则如何司法、执法，又如何维护法律的权威性和严肃性？

第二，有关法律条文相互矛盾、否定。这个问题在1979年的刑法中就有

表现，新刑法颁布后，原有的一些问题未能消除，同时又产生了一些新问题，略举两例说明之：其一，刑法第 55 条对剥夺政治权利的刑期做了限定，即一般情况下为 1 年至 5 年，第 58 条又规定附加剥夺政治权利的刑期以主刑执行完毕或假释之日起计算，并且"剥夺政治权利的效力当然施用于主刑执行期间"。这样，被判有期徒刑、拘役又附加剥夺政治权利的犯罪人，其实际被剥夺政治权利的期限均会超过宣告刑的期限，有些还会超过法定刑的期限。如某人被判有期徒刑 4 年，附加剥夺政治权利 2 年，根据刑法第 58 条规定，其实际被剥夺政治权利的期限为 6 年，超过剥夺政治权利最高刑期为 5 年的法定上限，第 58 条暗含的内容否定了第 55 条的明文规定。其实在立法时，只要稍加变动词语，明确写为"独立适用剥夺政治权利的期限为 1 年以上 5 年以下，从判决执行之日起计算；附加剥夺政治权利的效力适用于主刑执行期间，其期限从主刑执行完毕之日或者假释之日起计算，为 1 年以上 5 年以下"。即可消除上述矛盾，亦不违背立法本意。其二，刑法第 15 条第 2 款规定："过失犯罪，法律有规定的才负刑事责任。"对此，有学者著文明确指出："这一规定在逻辑上包含着，过失犯罪法律没有规定的就不负刑事责任。换言之，在我国尚有法律没有规定的过失犯罪，这显然与新规定的罪刑法定原则相矛盾。"类似例子尚多，不再一一列举。

第三，立法用语模糊，规定的内容不明确，令人难以正确把握。如第 20 条第 3 款规定："对正在进行行凶、杀人、抢劫、强奸、绑架以及其他严重危及人身安全的暴力犯罪，采取防卫行为，造成不法侵害人伤亡的，不属于防卫过当，不负刑事责任。"这里所谓"行凶"指的是什么行为？从后文可看出它并不包含杀人行为，如果指的是伤害，为什么不明确写成伤害？如果指的是伤害和其他行凶行为，那么除了伤害、杀人以外，其他行凶行为有哪些？此外，"其他严重危及人身安全的暴力犯罪"是指哪些，均令人不得而知。据粗略统计，刑法当中采用"其他"、"等"之类用语的法条达 30 多处，其中有的是关于罪方面的规定，有的是关于刑方面的规定，均不符合罪刑明示的要求。诚然，由于犯罪问题的复杂化导致了立法上的很多困难，有的模糊用语在特定的语言环境中有其特定的含义，通过仔细推敲可以正确把握其内容及涉及范围，对这一部分条款无须指责，但有的条款则实属不当，如前述第 20 条第 3 款、第 182 条第（4）项、第 193 条第（5）项、第 195 条第（4）项、第 224 条第（5）项、第 225 条第（3）项等。为了防止出现法律漏洞而笼统地以"其他"之类的语言来概括难以穷尽的剩余危害行为，虽说出于不得已，然则使人一头雾水，且为司法随意甚至专断提供了活动空间，不能不说是新刑法的一大遗憾。

第四，存在着较严重的罪行处罚盲点。新刑法虽然长达 452 条，所包含的罪名亦多达 400 余个，但仍然存在着对一些明显严重危害社会的行为由于法无明文规定而无法处罚的问题。具体讲，这些行为主要包括：（1）套汇及非法买卖外汇行为；（2）居民、村委会工作人员及党的组织和政协部门中从事公务人员实施的贪污受贿行为；（3）国家机关工作人员以外的其他国家工作人员的渎职行为；等等。对于这些行为，依照罪刑法定原则统统不能定罪处刑，但不处罚又势必影响经济建设和社会稳定，补救的办法只能是尽快制定单行刑事法律来解决。但在有关补充法律出台前，必须严格按照罪刑法定原则行事，绝不能因小失大，法外施刑，导致对罪刑法定原则的破坏并造成不良影响。

通过对罪刑法定原则在我国刑法中实现程度的评析，可以看出，该原则已为我国刑法所遵循，虽然还存在着诸多不足，但基本上都能够通过立法手段解决，我们期待着，不久的将来，经过立法和司法两方面的不懈努力，严格意义上的罪刑法定原则，能够在我国刑法领域内放射出其应有的全部光芒。

关于"严打"的思考与建议 *

　　1980 年 1 月《刑法》、《刑事诉讼法》施行以来，全国性的严厉打击严重刑事犯罪（以下简称"严打"）活动已开展两次。这两次大规模的行动对于打击刑事犯罪分子的嚣张气焰，鼓励人民群众积极同犯罪作斗争，促进社会治安形势好转，具有重要意义。但是也要看到，这种大规模的行动，效果并非尽如人意，从理论到实践上都有许多值得研究的问题，需要我们作出科学的分析和论证，以裨于进一步完善刑罚的适用。限于水平与资料，本文仅就"严打"的效果、"严打"与预防犯罪、"严打"中的法制建设等问题作一些初步的分析研究，供有关方面参考。

一、"严打"效果分析

　　评价"严打"的效果，最直观的无过于对"严打"前后各种刑事发案率升降情况的统计分析。根据《中国法律年鉴》公布的资料，1981—1988 年，在全国范围内，经过公安机关立案的刑事案件发案情况如下表：

公安机关立案的刑事案件统计表　　　　　（单位：起）

项目 年份	1981	1982	1983	1984	1985	1986	1987	1988
立案数	890281	748476	610478	514369	542005	547115	570439	827594
凶杀	9576	9324	——	9021	10440	11510	13151	15959
伤害	21499	20298	——	14526	15586	18364	21727	26639

---

* 原载《法学探索》1990 年第 3 期。

续表

项目 \ 年份	1981	1982	1983	1984	1985	1986	1987	1988
抢劫	22266	16518	——	7273	8801	12124	18775	36318
强奸	30808	35361	——	44630	37712	39121	37225	34120
盗窃	744374	609481	——	395319	431323	425846	435235	658683
其中严重盗窃	16873	15462	——	16340	34643	42192	58661	122042
诈骗	18665	17707	——	13479	13157	14663	14693	18857
伪造货币票证	1649	1763	——	707	491	497	436	500

分析本表，可以看出以下几点：

1. 从总的立案数来看，1981 年、1982 年两年是刑事案件发案的高峰期，经过 1983 年开始的大规模"严打"行动，从 1984 年起，刑事发案率比"严打"前大幅度下降，其后虽有回升，但到 1987 年止，一直没有升到 1982 年的水平。

2. 从 1984—1987 年"严打"期间的立案数看，全国刑事发案率在与前相比绝对下降的同时相对有所上升，上升的速度虽然较缓慢，但却呈持续之势。

3. 1987 年"严打"结束后，1988 年的发案率，即骤然增长，不仅大大超过"严打"期间各年的发案数，而且超过《刑法》实施以来刑事发案高峰期的 1982 年，并接近最高峰的 1981 年。

4. 从几类常见的严重刑事案件发案率看，1984—1987 年"严打"期间，凶杀、伤害、抢劫、盗窃（尤其是重大盗窃）、诈骗等几类案件发案率均呈现上升之势，且上升幅度较大，强奸案件虽有所下降，但却大大超过"严打"前发案高峰期的 1981 年和 1982 年，凶杀案件、重大盗窃案件从 1985 年起，更是远远超过 1981 年、1982 年的立案数。相反，不属于"严打"范围的伪造票证案件却保持了较大幅度的逐年下降趋势。此外，根据《中国法律年鉴》的统计，全国检察机关立案自侦的多数不属于"严打"对象的各类刑事案件件数亦基本上呈下降之势。

上述几个方面的内容，可通过设置坐标系来直观地观察：

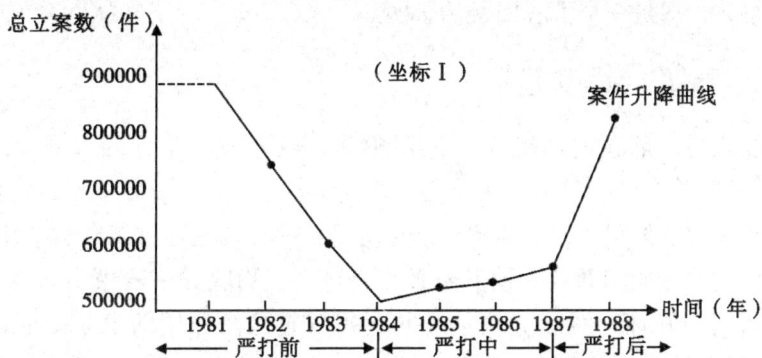

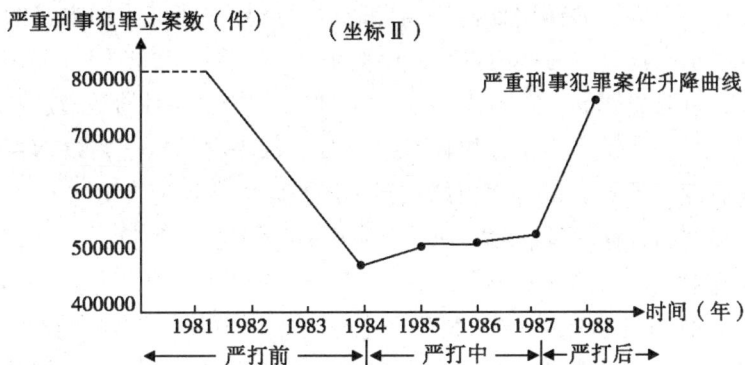

总立案数（件）

（坐标Ⅰ）

案件升降曲线

900000
800000
700000
600000
500000

1981 1982 1983 1984 1985 1986 1987 1988　　时间（年）

←—— 严打前 ——→←—— 严打中 ——→←严打后→

严重刑事犯罪立案数（件）　　（坐标Ⅱ）

严重刑事犯罪案件升降曲线

800000
700000
600000
500000
400000

1981 1982 1983 1984 1985 1986 1987 1988　　时间（年）

←—— 严打前 ——→←—— 严打中 ——→←严打后→

由此，我们可对"严打"的效果作出以下的分析评价：

首先，总体来看，运用"严打"这一适用刑罚的特殊方式，对于在特定的时期，在一定范围内遏制犯罪发展的势头、降低案件发生率，能够发挥重要的作用。

其次，客观地说，这种方式有其难以克服的局限性，主要表现在其威慑效应具有明显的时间性，即随着时间的延长而其威慑性会减弱，相应的，犯罪发生率则随着"严打"威慑力的减弱而增长。就效果而言，单纯地采取重复严打行动这种方法来控制犯罪率的增长，只能够在一段时间内奏效，而难以达到刑罚预防犯罪之长远目的。

最后，从几类严重刑事犯罪与一般犯罪的增降情况看，令人感到"严打"的主要目标似乎发生了偏移，其威慑作用对于不在"严打"之列的一般犯罪比对严重刑事犯罪更具威力。这虽是个假说，但严重刑事犯罪在"严打"的几年中不断增长，尤其是杀人、强奸、重大盗窃等犯罪甚至超过了"严打"前的发案数，却是一个不容回避的事实。

二、"严打"与预防犯罪

一般认为，刑罚的功能在于惩罚犯罪，但惩罚不是目的，刑罚的目的（指刑罚适用的目的）是为了预防犯罪，其途径有二：一是通过惩罚已然犯罪人，使其今后不再犯罪，而达到个别预防之目的；二是通过规定和适用刑罚，警诫社会上的可能犯罪人，使其不敢以身试法，而收到一般预防之效果。考察刑罚适用的好坏，实际上就是考察刑罚双重预防作用的效果。所谓"严打"，实质上是刑罚适用的一种方式，"严打"的效果如何，体现在这种方式在预防犯罪方面发挥的作用如何。如果通过"严打"能够收到很好的预防犯罪的效果，那么这种方法就值得我们反复采用；反之，就应慎重。

首先，从对犯罪的一般预防来分析，"严打"的主要目的是通过"从重从快"所产生的巨大威慑力量，警诫社会上的一般不稳定分子，以期控制犯罪率的增长，即"严打"的主要目的在于一般预防。通过前文对"严打"效果的分析可以看出，这一目标的实现具有明显的时间性。"严打"期间，全国刑事发案率相对来讲，远远低于"严打"前，但1987年"严打"刚一结束，次年全国发案数即迅速猛增，其速度超过"严打"中各年平均增长率的12.9倍。这表明，采用"严打"这种方式就一般预防犯罪而言，是一种只能治表、不能治本的短期行为。而且，即使在"严打"期间，1984—1987年中各年的刑事发案率也是呈上升之势的，况且就凶杀、强奸、重大盗窃几类案件的发生情况看，"严打"的实施实际上没有达到预期的效果，仅就治表来看，也是不能令人满意的。

其次，就个别预防而言，在"严打"期间，属于打击范围的犯罪人一般都被处以重刑，由于刑期长，到目前为止，多数仍在狱中服刑，难以全面考察这批人的再犯情况，不过我们仍可作一些预测性的分析。由于"严打"注重于一般预防，因此在对犯罪人定罪量刑时，就司法机关来讲强调的是主要犯罪事实，只要主要犯罪事实查清，就应该迅速起诉并很快作出判决；对律师来讲，要求的是不要"纠缠枝节"，要配合办案。这样，一些对被告人有利的情节往往会被忽视；同时，为体现从重，诸如自首、坦白、偶犯、悔罪表现等也常被视而不见，由此势必使一部分被告人心里产生抵触情绪，从而增加今后矫治的难度。此外，由于"严打"期间量刑远重于平时，服刑人难以接受，为求心理平衡，也会相应采取一些补偿行为，有的表现为不断地提出申诉，要求改判减轻刑罚；有的则破罐子破摔，拒绝接受改造；也有的心怀怨恨，总想伺机报复。这几年来，劳改场所犯人脱逃情况严重，不能不认为重刑在服刑人心里产生的逆向影响是一个重要的原因。由于这种逆反心理的存在，潜在的再犯危险性加重，刑罚的个别预防效果也势必受到影响。

基于以上分析，笔者认为，采用从重从快集中打击的方式，达不到刑罚预防犯罪的长期效果，而短期效果虽然明显，同时带来的消极因素也不容忽视，即使要继续采用，至少也应当尽量使之完善。

三、"严打"与法制建设

严厉打击肆意践踏社会主义法制的严重刑事犯罪分子，其本身就体现了对社会主义法制的维护，这是从一个方面来谈的。从另一个方面来讲，"严打"中，由于各种原因，影响法制协调完善、有碍法制建设的问题也是客观存在的，主要表现在两个方面：

一方面，在立法阶段，为配合严打，立法机关先后制定了几个重要的刑法补充决定，这些决定为从重从快打击严重刑事犯罪提供了必要的法律依据，但是，由于时间仓促，一些具体的规定就显得不尽完善，缺乏成熟的考虑。如《关于处理逃跑或者重新犯罪的劳改犯和劳教人员的决定》（以下简称《决定》）规定：劳改犯刑满释放后又犯罪的，从重处罚。根据这个规定，无论其前后两罪是否故意犯罪、间隔时间多长、判处和应当判处什么样的刑罚，一律从重处罚。这实际上是取消了关于累犯条件的限制性规定，但又见不到立法机关的明确意见。因此，当出现了劳改犯刑满释放后又重新犯罪的情况，如果不符合累犯的条件，则可直接适用《决定》处理，如果同时又符合累犯的条件，那么究竟是适用《决定》来处理还是适用刑法来处理，让人无所适从。从科学性来讲，不加限制一概从重处罚的做法对个别预防犯罪来讲是否效果更佳，难以作出肯定的回答；又如，同为"严打"主要法律文件的《关于严惩严重危害社会治安的犯罪分子的决定》第 3 条规定："本决定公布后审判上述犯罪案件，适用本决定。"这一条在溯及力问题上采取的是无条件的从新原则，与刑法总则第 9 条对溯及力规定的从旧兼从轻原则相抵触。我国宪法第 62 条第 3 项规定：全国人民代表大会"制定和修改刑事、民事、国家机构的和其他的基本法律"；第 67 条第 3 项规定：全国人民代表大会常务委员会"在全国人民代表大会闭会期间，对全国人民代表大会制定的法律进行部分补充和修改，但是不得同该法律的基本原则相抵触"。《关于严惩严重危害社会治安的犯罪分子的决定》系第六届全国人大常委会制定。显然，在溯及力问题上采用从新原则不符合宪法上述规定。从另一个角度讲，在人民民主专政的政权已相当稳固，社会主义法制不断完善的时候，采用非常时期的做法，把过去的行为按现在的方法处理，其带来的消极影响与积极作用二者相比较，恐怕不能断言后者重于前者，从而不考虑前者的影响；再如，《关于迅速审判严重危害社会治安的犯罪分子的程序的决定》规定，对几种罪该处死的严重刑事犯罪分子的上诉期限和检察院的抗诉期限由刑事诉讼法规定的 10 天改为 3 天，并且"可以不受刑事诉讼法第一百一十条规定的关于起诉书副本送交被告人期限以及各项传票、通知书送达期限的限制"，以体现从快精神。姑且不论这项规定是否有悖乎等原则，仅从"从快"这一点来看，在思维方式上就值得推敲。从快打击严重刑事犯罪分子无可非议，但首先必须以"稳、准"为前提，给予被告人、辩护人以及其他诉讼参与人必要的诉讼准备时间，这对于保证正确地认定案件性质、正确地适用刑法定罪量刑十分必要，刑事诉讼法关于各项办案期限的规定即充分地考虑了这一点。司法实践中，案件久拖不决现象的客观存在，原因并不在于法律对刑事案件办案期限规定太长，恰恰相反，很多时候都是由于没有严格遵守办案时间，或者司法机关之间互相推诿，从而造成案件处理的长期拖延。因此，从从快这个角度考虑，应该是尽量提高司法机关的工作效率和司法人员的法律素质及责任心，保证案件在法律规定的办案期限内尽快审结，在稳与准的前提下达到更快。

另一方面，在司法阶段，"严打"期间，诸如限制、剥夺被告人的诉讼权利，忽略辩护律师的作用，违背现有法律的规定，片面追求办案数量、速度，忽略办案质量之类的情况是不少见的。有些情况在有关的司法文件中也有所反映，如全国各地方法院就如何适用法律审判严重刑事犯罪案件分别向最高人民法院提出了不少问题，其中就包括以下内容："为了及时打击刑事犯罪活动，当前对有的案件是否可以不开庭审判？""在当前严厉打击刑事犯罪活动中，人民法院审理案件时，可否不再实行合议制？""目前对严厉打击和迅速审判的严重刑事犯罪案件，在法院的法律文书上，可否不签署审判员和书记员姓名，只加盖人民法院的印章？""有的人民法院在第一审宣告判处被告人刑罚、被告人当庭不表示上诉后，便不等上诉期满就立即交付执行了，这样做是否合法?""……现在遇到两种情况，应该怎样执行上述规定? 第一种情况是，案件起诉到人民法院前，被告人在关押期间，被告人工流产的，可否认为已不是怀孕的妇女了。第二种情况是，法院受理案件时，被告人是怀孕的妇女，准备给做人工流产后，判处死刑……"（见最高人民法院《关于人民法院审判严重刑事犯罪案件中具体应用法律的若干问题的答复》）。这些问题的提出，说明了问题的存在，虽然最高人民法院及时作出了答复，但仍然反映出了一种重形势、轻法律、习惯于搞运动的令人担忧的倾向。

以上立法和司法两方面存在的问题对于刑事法律的协调完善以及社会主义法律意识的建立是不利的，虽然我们不能将之归咎为严打本身所必然带来的问题，但作为"严打"过程中出现的这些问题不能不引起我们的重视。

四、几点建议

根据前面的分析，笔者认为，目前在我们尚无更有效的方法控制严重刑事犯罪增长势头的情况下，作为一项临时性措施，采用"严打"方式，在特定的时期对付特定的犯罪可以发挥特定的作用，但应该特别注意，单纯依靠严打有可能会导致威吓万能主义，会带来一定的副作用，因此在采用这种手段的同时应重视以下几个问题:

其一，在观念上要消除单纯依赖"严打"，将从重从快打击作为控制严重刑事犯罪增长，维护社会安定唯一手段的思想，认识到仅利用刑罚的威慑作用来防止犯罪是一种建立在恐怖主义基础上的消极手段，从而树立刑罚之预防犯罪在于它的不可避免性而非严酷性这一适用刑罚的基本主导思想。在实践中，不是十分需要，尽量不使用或不要频繁使用从重从快之类的方式，应把着眼点放在社会治安综合治理上来，通过社会的方方面面，齐抓共管，治患于未然，积极地、而不是消极地同刑事犯罪作斗争，从而取得社会治安的根本好转。

其二，为尽量减少副作用，"严打"期间，不仅要强调司法机关间的配合作用，而且更应重视相互间的监督制约作用以及律师的辩护作用。要避免出现过去那种片面追求数量忽视质量的做法，将办案质量作为衡量"严打"效果的首要条件。明确"严打"的效果如何不在于杀了多少人、判了多少人之类数字的多少，而在于是不是达到了犯罪率的下降，维护了社会的稳定。

其三，要注意做好有关的善后工作。因种种原因，在"严打"期间被错判的情况是存在的。此外，同样的罪行，"严打"期间量刑一般也都重于平时。对前一种情况，毫无疑问应该及时加以纠正；对后一种情况，则尚未受到应有的注意。如果说刑罚的着眼点在审判阶段系注重于社会一般预防效果，那么在行刑阶段就应该转而注重于个别预防。就受刑人来讲，其对自己的罪行应当受到什么样的刑罚是十分关心的，当他们通过比较感到同样的罪行而自己受到的处罚远重于非"严打"期受审判的其他犯罪人时，往往会因不服而产生抵触情绪，从而给矫治带来不利。因此，应当重视"严打"后的案件复查工作，除了认真对待受刑人的申诉外，有关部门还应该主动地进行必要的调查分析，对那些确实量刑畸重、罪刑不相适应的判决，应实事求是地通过再审予以改判；对于那些量刑偏重而不宜统统改判的，可以通过减刑、假释等方式予以补救。这样做，不仅有利于刑罚个别预防作用的发挥，而且对社会一般预防也无消极影响，相反，还能够得到相当一部分人的理解，有利于调动各方面的因素，共同关心、维护社会的长治久安。

如何运用刑罚武器更好地发挥其预防犯罪的作用，是一个需要长期研究的课题，本文就"严打"这种适用刑罚的特别方式所作的一些初步分析，并非结论性的意见，不当之处，祈望得到批评、诘责。

我国近期刑事立法中存在的几个问题[*]

《中华人民共和国刑法》（简称《刑法》） 颁布后，随着社会的发展变化和惩治犯罪的需要，各种特别刑法的制定十分迅捷，立法频率逐年加快。由于近年来应急性立法速度过快，同时也带来了一些亟待解决的问题。

一、法律的时间效力不明确

这个问题表现在两个方面：

第一，法律溯及既往的效力不明确、不统一。我国自《刑法》颁布后制定的各种特别刑法，其生效的时间均有明确的规定，但对生效前发生的、生效时尚末处理或正在处理中的案件新法是否具有溯及力、具有什么样的溯及力一般没有具体规定。根据《刑法》总则第 9 条的精神，原则上我国刑法在溯及力上采用从旧兼从轻原则，但早期的一些特别刑法未采用这一原则，如关于"严打"的两个《决定》即采用了从新原则。后期的特别刑法从条文字句中看不出在溯及力上采用什么原则，往往需要通过司法解释确定，这就带来诸多不便：其一，司法解释总是滞后于立法，在新法生效后，有关司法解释出台前，如何正确掌握新法溯及既往的效力，常常会引发激烈的争论，影响法律的统一适用。其二，有司法解释权的司法机关自身对于有关法律的时间效力规定亦有认识上的差异。例如，对于《关于惩治违反公司法的犯罪的决定》的溯及力问题，最高人民检察院在 8 个月中先后两次发出通知，第一次通知明确指出："《决定》没有溯及既往的效力。"第二次则提出：《决定》的溯及力"应按刑法第九条规定适用"，亦即根据从旧兼从轻原则，《决定》具有一定的溯及力。这两个前后相反的解释反映了法律条文不明确给司法实

* 原载《法学》1997 年第 4 期。

务带来的不便，由此而造成对一些案件在适用新旧法律上的困难，延误案件的及时处理。

第二，缺乏法律失效的明确规定。我国近期刑事法律与早期刑事法律间存在多处法条间的重合、包容与冲突关系，如《关于惩治走私罪的补充规定》与《关于禁毒的决定》、《关于惩治走私、制作、贩卖、传播淫秽物品的犯罪分子的决定》对于走私毒品、走私淫秽物品的重合规定；《刑法》第122条与《关于惩治破坏金融秩序犯罪的决定》对于货币犯罪的包容规定；《关于惩治贪污罪贿赂罪的补充规定》与《关于惩治违反公司法的犯罪的决定》对于贪污、受贿、挪用行为的冲突规定等。由于立法者从未对刑法失效问题作出过规定，对于有的行为，即使根据新法优于旧法的习惯性原则也很难处理。如对走私淫秽物品行为，《关于惩治走私罪的补充规定》将其作为走私罪的一个方面明确规定在走私罪当中，其后的《关于惩治走私、制作、贩卖、传播淫秽物品的犯罪分子的决定》却又单列一条规定："以牟利或者传播为目的，走私淫秽物品的，依照关于惩治走私罪的补充规定处罚。"这里，究竟立法者仅是对同一行为的处罚再次作立法上的强调，还是创设了一个新的罪名？从法律条文中难以推敲出来，以致有的人仍把这种行为作为走私罪看待，有的则把它定名为走私淫秽物品罪，造成刑法教学上的困惑和刑事司法中的混乱。

二、新罪的确立与罪名的称谓不明确

首先，新罪的确立与否难以掌握。这在附属刑法中尤为突出。在我国不少的非刑事法律中，其法责部分存在大量的刑事法律规范，这些刑法规范的制定基本上采用以下几种立法模式，即对违反某法情节严重应当处以刑罚的犯罪行为，要求："依法追究刑事责任"，或者"依照刑法第×××条的规定追究刑事责任"，或者"比照刑法第×××条的规定追究刑事责任"。这种立法方式，对于某种行为构成犯罪后是否确立为一个新的独立的罪名未作明示，而是要由执法者对应所参照的有关刑法规定摸索推敲。有的行为既要参照对应法条定罪，又要参照该法条处罚；而有的行为则只能参照对应法条处罚，不能以该法条所确立的罪名定罪。那么，究竟哪些行为可以按参照法条定罪，哪些不能按参照法条定罪，即是否该行为已经确立为一个独立的新罪令人难以判断。其次，罪名称谓不明确。我国刑法对于罪名的规定采用的是推理式的立法模式，罪名蕴藏于罪状当中，须通过逻辑推论导引出来。早期刑法规

定的基本上系传统型犯罪，如盗窃罪、诈骗罪、放火罪、强奸罪、故意杀人罪等，其罪名无须明示，也不必殚精竭虑反复推理求证，因此罪名问题基本上不成为一个问题。近年来，新的经济犯罪大量涌现，为适应惩治犯罪需要，各种专门经济刑法相继出台，其中所涉多为过去未见或少见的罪行，加之专业性强，其罪名如何称呼常常令人难以捉摸，由此造成罪名称谓上的不统一，影响执法的严肃性。

三、新旧法律间存在诸多抵触和不协调

例如，《关于处理逃跑或者重新犯罪的劳改犯和劳教人员的决定》中关于"劳改犯……刑满释放后又犯罪的，从重处罚"的排他性规定和刑法第 61 条对刑满释放后又犯罪的人员是否从重处罚所作的限定性规定出现不协调；《关于严禁卖淫、嫖娼的决定》中对组织他人卖淫和协助组织他人卖淫的共犯行为所作的分别独立定罪规定与刑法关于共同犯罪的规定发生抵触；尤其需要提到的是对于"监守自盗"行为的规定，按刑法第 191 条，该行为应以贪污罪论处，但《关于严惩严重破坏经济的罪犯的决定》第 1 条第 1 款对盗窃罪的刑罚作了修改与补充后，在第 2 款规定："国家工作人员犯前款所列罪行，情节特别严重的，按前款规定从重处罚。"按此规定，国家工作人员利用职务犯刑法第 152 条盗窃罪的，应以第 152 条盗窃罪从重处罚。即国家工作人员监守自盗的，以盗窃罪认定与处罚。这就与刑法第 191 条相抵触。同时，这一规定也具有内在矛盾。因为按其规定，国家工作人员监守自盗，"情节特别严重"的以盗窃罪论处，但它并未修改或否认刑法中的同条规定，因而国家工作人员监守自盗数额较大的，仍按贪污罪论处。这样，同是监守自盗，只因情节或数额不同，有的定盗窃罪，有的定贪污罪，有悖定罪原理。当然，此后发布的《关于惩治贪污罪贿赂罪的补充规定》又规定："国家工作人员……利用职务上的便利，……盗窃……公共财物的，是贪污罪。"根据这一规定，监守自盗仍应定为贪污罪，与刑法的规定复归一致。

四、几点建议

针对以上问题，笔者提出下面几点认识，供立法部门参考：

第一，今后制定单行刑事法律时，应根据刑法总则第 9 条的规定，统一按照从旧兼从轻的原则解决法律的溯及力问题，并且应在法律文件中以专门

的条款予以明确。

第二，对于法律的失效问题应有明确的规定。可根据不同的情况处理：当新法与旧法对于同一行为有重合规定时，应依据新法优于旧法的精神，宣布有关旧法不再适用，即在新法中明示今后处理该类案件时不再引用旧法有关条款；当新法与旧法对于同一行为有包容规定时，应根据不同的包容关系来确定，如果旧法被新法所包容，则宣布该旧法全部失效。如果新法被旧法所包容，虽然新法处于被包容位置，但依照新法优于旧法原则，新法当然有效，对于旧法，则要划出其与新法重合的那一部分内容，明确宣布该部分内容无效，至于其余部分内容仍属有效法律，继续使用。当新法与旧法有冲突规定时，其法律适用原则是：属于冲突范围内的那部分旧法无效。例如，某国有公司职员利用职务之便侵吞自己经手管理的公司财物，根据《关于惩治贪污罪贿赂罪的补充规定》，其行为构成贪污罪，根据《关于惩治违反公司法的犯罪的决定》，其行为构成侵占罪。这里，新旧法律对于同一行为的规定发生了冲突，适用时只能选择新法而不能选择旧法确定罪名并处罚，但这并不等于旧法完全失效，即旧法所确立的贪污罪的罪名仍然存在，只是其中与侵占罪所规定的那部分内容发生冲突时不再按贪污罪处理。正因为如此，为保证法律的正确适用，新法亦应以专门条款明确宣布，与新法冲突的有关旧法无效。

第三，新罪的确立与罪名的称谓要明确。首先，新罪的确立要明确，刑事立法中，对某种需要处罚的犯罪行为，在其是否成立为一个独立的新罪未予明确的情况下，不宜采用诸如"依法追究刑事责任"，或者"依照"、"比照"某某规定追究刑事责任等模糊的立法方式，如果对某种行为应当予以刑事处罚，但该行为又不能独立构成一个新的罪名，需要参照刑法已有条款定罪处罚时，就应当在法律条文中将此含义明白无误地反映出来。同样，当某种行为已被确立为一个新的罪名，但仍需参照刑法已有条款量刑处罚时，亦应当在法律条文中予以叙明，从而使新罪的确立一目了然，消除执法中的误差。为此，建议今后在制定单行刑事法律或附属刑法时，对于新罪的确立要在法条当中明确地作出规定，在方式上对前一种情况可以采用"以……罪追究刑事责任"的表述方法，从而清楚地表明该受处罚行为仅是所参照罪名客观方面的一个行为表现，而不是一个新罪；对后一种情况可以采用"按……罪处刑"的表述方式。《关于惩治捕杀国家重点保护的珍贵、濒危野生动物犯

XINGSHI FAXUE PIAN / 刑事法学篇 / 35

罪的补充规定》在确立了非法捕杀珍贵、濒危野生动物罪这一新罪的同时，对于非法出售倒卖、走私珍贵、濒危野生动物的行为的处理即采用了"按投机倒把罪、走私罪处刑"的立法表述模式。即该行为仍构成非法捕杀珍贵、濒危野生动物罪，但处刑时应适用投机倒把罪或走私罪的刑罚。由于采用这种方式有时仍可能引起争论，不如直接在法律条文中采用罪名明示的做法来得简明（即在法条当中明确写出犯罪名称），这样做，不但使新罪是否确立明确了然，也解决了新罪的称谓问题。关于新罪名的称谓，建议今后在新的刑事立法中，对罪名采取明示的方法在法条中予以确认，明示的方法可以采用标题式，即先冠罪名，后叙罪状；也可以采取结论式，即先叙罪状，后定罪名；还可以同时采用上述两种方式。

第四，新法与旧法间对同一行为的规定应保持前后协调，不能出现抵触（修正除外），特别是牵涉到重大理论上的问题时，不能因一时所需而导致立法上的随意性，并进而引发司法和理论及教学中的混乱与争论。普通法与特别法、总则与分则、法条与法条之间必须消除彼此矛盾、相互排斥的现象。如果确需对某些规定作出修改，也要对被修改的有关条款的效力予以明确，并且不能因为修改而忽视刑法的基本原理。

刑事法制建设三十年回眸

——问题、理念、展望*

　　严格地讲，我国的刑事法制建设起步于 20 世纪 70 年代末、"文革"结束后。1949 年 10 月 1 日，中华人民共和国成立。20 世纪 50 年代初，由于当时特定年代的特殊情况，百废待兴，法律的制定不可能与建国同步，客观上看，是可以理解的。然而，在随后的三十年中，由于种种原因，始终未能制定出一部完整的刑法以及刑事诉讼法。在非法治的大环境中，法律纯工具论拥有无可争辩的话语权。因此，法律作为一种工具，只能配合实用主义的需要而被有选择地纳入视野，这就不难理解为什么某些法律早在 20 世纪 50 年代便制定颁行，而其他基本大法却长期置于"冷宫"。就刑法领域而言，同样出于实用主义，为配合某种惩治的需要，也曾制定过为数很少的单行刑事法律，以分则的形式适用于某个方面，但就整体而言，则处于一种无法可依的状态。虽然有关部门也曾就刑法的制定做过论证、研究，并形成了草案，但草案终因各种原因、各种运动而被长期束之高阁，不能修成正果。终于"文革"这一人治的怪胎应运而生，并形成了十年浩劫。然而正所谓"祸兮福所倚"，正是这一空前的浩劫，却导致了社会法律意识的复苏。"文革"结束，国家的中心工作转为经济建设，随着改革开放的提出和深入，解放思想、实事求是的大讨论，社会对民主与法制的愿望与需求意识日益增强，法律虚无主义受到摒弃，在治理国家中"有法可依、有法必依、执法必严、违法必究"成为了

　　* 原载《当代法学论坛》2007 年第 1 期，收入《改革开放 30 年刑事法治研究》文集，中国人民公安大学出版社 2008 年版，《首届中国警学论坛》文集，中国人民公安大学出版社 2009 年版，《警方论坛》2009 年第 2 期全文转载，获第八次贵州省哲学社会科学优秀成果论文类三等奖，第二届全省高校人文社科优秀论文三等奖。

这一时期人们追求社会法制化的理想，①而在这当中，"有法可依"首当其冲，成为焦点。对于一个长期处在人治环境，无法可依的社会来说，②首要的便是迅速构建一套相对完整的法律体系，首先实现有法可依，作为国家基本大法的刑法、刑事诉讼法便是在这一背景下率先出台的。1978年10月，国家组成了专门的刑法草案修订班子，1979年7月，在原刑法草案第33稿的基础上，由第五届全国人民代表大会第二次会议审议通过了首部《中华人民共和国刑法》，并同时通过了《中华人民共和国刑事诉讼法》，从此结束了我国刑事司法领域长达三十年无法可依的不正常状态。1979年两法的制定颁布，率先使我国刑事司法领域步入了法制化的轨道，为我国的刑事法制建设完成了基础性的工作，从而具有里程碑式的意义。

但是法律的制定并不等于法治理念的确立，如前所说，这一时期仅仅处在一种法律意识的复苏，或者说是催生阶段，因此在1980年两法生效正式施行后，便出现了一系列问题，归结起来大致表现在两个方面：

一是立法方面的问题。就刑法而言，1979刑法共192条，条文少，涉及的罪名也不多，是一部粗线条的简明法典。当时的立法指导思想很明确，即我国三十年中没有一部完整的刑事法律，开始阶段不宜搞得过细，粗线条地就主要问题作出规定即可。由于当时的社会关系相对不那么复杂，同时还有立法技术上的障碍，在思想领域很多禁锢亦未消除，因此粗线条地制定一部法典也就在情理之中了。然而随着其后对法律的适用，问题便不断产生，如在其后的十几年中，随着改革开放的不断深入，经济体制改革和社会主义市场经济的确立，新的社会关系不断产生，一个开放的、多元的社会相对来讲也是一个宽松的社会，新的矛盾亦随之出现。这一时期一些原来并不严重的犯罪日趋严重，一些原来没有或者已经消失的犯罪大量出现，尤其是新型经济犯罪的大量出现，使得建立在计划经济基础上的1979年刑法捉襟见肘，远远不能适应惩治犯罪的需求。为此，立法部门采取了必要的补救措施，即制

---

① 1978年，中共中央召开了具有历史意义的十一届三中全会，明确指出："为了保障人民民主，必须加强社会主义法制，使民主制度化、法律化，使这种制度和法律具有稳定性、连续性和极大的权威，做到有法可依、有法必依、执法必严、违法必究。"十一届三中全会的精神，有力地推动了法律的制定工作，并起了重要的指导作用。

② 1962年3月22日，毛泽东曾谈道："不仅刑法要，民法也需要，现在是无法无天。没有法律不行，刑法、民法一定要搞。不仅要制定法律，还要编案例。"

定大量的决定、补充规定，作为单行刑事法律弥补刑法的不足。从 1981 年至 1995 年，全国人大常委会先后制定颁布了二十几个单行刑事法律，同时还在众多的非刑事法律中制定附属刑法，以适应惩治犯罪的需求。应该说，这些法律的出台，对于完善刑法的功能，实现刑法的目的是十分必要的，但是，由于多是应急式的立法，导致刑法的科学性受到忽视，且在立法指导思想上，一些"左"的、体现"人治"观念的随意性的东西在这些法律中也时有出现。例如，1981 年颁布的《关于处理逃跑或者重新犯罪的劳改犯和劳教人员的决定》中，关于"劳改犯……刑满释放后又犯罪的从重处罚"的规定，不仅与刑法总则中确立的累犯制度相冲突，而且这种不加区别一刀切的做法亦有违刑法个别化原则，不利于刑罚目的的实现，显得极不科学。再如 1982 年、1983 年相继出台的《关于严惩严重破坏经济的罪犯的决定》、《关于严惩严重危害社会治安的犯罪分子的决定》，在法律的时间效力上分别采用了有条件的从新原则和绝对的从新原则，再次与刑法总则中关于刑法溯及力采用从旧兼从轻原则的规定相冲突。并且，由于违反了罪刑法定原则之"重法不溯及既往"的精神，使得刑法制定之初即带上不确定性的罪刑法定原则再次遭受动摇。① 就刑事诉讼法而言，其立法背景与刑法一样，故也存在着粗放的问题。由于当时思想界众多的禁区尚未突破，理论研究颇多掣肘。反映到立法上，体现现代刑事司法理念应有的诸多诉讼制度在法律中难觅踪迹。诸如无罪推定原则、非法证据裁量排除规则、被告人不得被迫自证其罪、控辩双方诉讼地位对称结构设计等均付诸阙如。尤其是，在被告人获得辩护的问题上，法律明确了被告人有权聘请律师为其辩护，但同时，在律师介入刑事诉讼的时间上，采取了极端限制的做法，使控辩双方形成一种极不对等的关系，在事实上严重削弱了被告人的辩护权利。律师出庭参与诉讼活动，往往流于一种形式，对于被告人而言，律师的帮助在很多时候只能起到一种心理上的安慰作用，而这一状况在其后更有加剧之势。1983 年，立法机关制定了一个《关于迅速审判严重危害社会治安的犯罪分子的程序的决定》，其中第 1 条规定："对杀人、强奸、抢劫、爆炸和其他严重危害公共安全应当判处死刑的犯

---

① 1979 年刑法第 79 条规定："本法分则没有明文规定的犯罪，可以比照本法分则最相类似的条文定罪判刑，但是应当报请最高人民法院核准。"该条的规定违反了由罪刑法定所源生的禁止有罪类推原则。

罪分子，主要犯罪事实清楚、证据确凿、民愤极大的，应当迅速及时审判，可以不受刑事诉讼法第一百一十条规定的关于起诉书副本送达被告人期限以及各项传票、通知书送达期限的限制。"① 这一规定对被告人获取律师帮助作出了更为严厉的限制，从某种意义上看，重大刑事案件的律师辩护权蜕变为一种法律假设，律师的安慰作用更趋淡化。

二是司法方面的问题。由于立法的不完善，也由于对于社会主义法治理念尚处于一种感性认识而非理性认知的阶段，因此这一时期在法律适用上存在着不少问题，突出的如死刑复核权的下放，② 判案中的疑罪从轻、办案中的刑讯逼供屡禁不止，流于形式的陪审员制度，变相的上诉加刑等。就刑法的执行情况而言，众所周知，当时刑法中有三个著名的"口袋罪"，即投机倒把罪、流氓罪、玩忽职守罪，尤其是前两个罪名，为司法随意性大开了方便之门，而法律条文中普遍存在的兜底条款，更是一个无底洞。由于构成条件不详，条文叙述笼统，造成了执行过程中的诸多困惑。为了便于法律的适用，最高人民法院、最高人民检察院对两法的适用作了大量的司法解释，众多的司法解释增强了法律的可操作性，有利于统一执法，并为司法人员掌握、执行两法带来了便捷，与此同时，也造成了即便是专业人士，也不能脱离解释的拐杖，沉溺在浩繁的解释条文中，寻找法律的答案。在最高两院制定司法解释的过程中，两种倾向引起了学者广泛的关注：一是超越解释权限，以司法解释代替立法的倾向；二是在两院分别就同一法律作出解释时，有时会发生"撞车现象"，特别是后者，反过来又严重损害了法的权威性和统一性。

在执行两法的过程中，还有一个倾向不容忽视，即重实体轻程序，片面追求实体正义而忽略程序正义。人们经常提到以事实为根据，以法律为准绳，在刑事司法领域准绳既指刑法，也包括刑事诉讼法，亦即查破案件事实，不能脱离程序的约束。案件的事实是已发生的各种情形，实践中任何案件事实都不可能百分之百地复原重现，正如人不能两次走进同一条河，这就要求我

---

① 1979 年《刑事诉讼法》第 110 条规定："人民法院决定开庭审判后，应当进行下列工作：……（一）将人民检察院的起诉书副本至迟在开庭七日以前送达被告人，并且告知被告人可以委托辩护人，或者在必要时为被告人指定辩护人；（二）将开庭的时间、地点在开庭三日以前通知人民检察院；（三）传唤当事人，通知辩护人、证人、鉴定人和翻译人员，传票和通知书至迟在开庭三日以前送达……"

② 这在事实上导致了该程序在法律上的虚置。

们在办案中严格依照程序法的要求而为。当然这样做也可能出现某些个案办理中的夹生饭问题，但由于是用一个尺度去衡量，因此对于所有人来讲是公平的，但这个问题长期得不到重视，以至于要反复强调，经常"唠叨"。

以上仅是就刑事司法领域在"有法可依"的初期阶段所产生的问题择其要者作的一些回顾，这些问题的出现说明树立社会主义法治理念，严格依法治国，仅仅"有法可依"还远远不够，还必须完善法律，确立法律的权威性，使法治理念深入人心，在全体国民心目中树立起法治的信念。

在中国刑事法制建设的历程中，1996 年和 1997 年是两个值得回顾的、十分重要的年头。由于前述两法本身的先天不足及施行过程中出现的偏颇，两法的修改势在必行。1996 年，刑事诉讼法率先修订，这次修订，有几点值得注意：一是律师介入刑事诉讼的时间提前。虽然这种提前的实际价值不大，更多的体现为一种象征性，而且在后来的司法实务中侦查阶段律师会见犯罪嫌疑人困难重重，但在人权保障上毕竟较之前进了一步，法律的变化至少说明这个问题已经引起了必要的重视。二是将被告人分为犯罪嫌疑人和被告人两种称谓。在不同的诉讼阶段，采用不同的称谓，这既体现了实事求是，防止先入为主，同时表明了一种对有罪推定的否定。三是新增一独立条文，即第 12 条："未经人民法院依法判决，对任何人都不得确定有罪。"关于该条是否在我国确立了无罪推定原则，在诉讼法学界尚存在争议，但不管怎么说，至少该条隐含了无罪推定的内容，应是没有疑义的。1997 年，继程序法的修订之后，作为实体法的刑法也进行了修订。刑法的修订，除了统一了法的渊源、确立了刑法的三大基本原则、根据情势变化新增了大量新的罪名、明确了法人犯罪问题、协调了部分罪刑对称关系、调整了分则的罪章设置并修改了反革命罪章罪名等大的动作之外，亦有三个方面值得称道：其一，取消投机倒把罪、流氓罪两个"口袋罪"。将原两罪中所含的仍具可罚性的行为分解为数个不同的罪名，对不具有可罚性的行为则排除在犯罪之外。新的替代条文明晰易懂，不再具有"口袋"功能，从而在很大程度上消除了司法随意性。其二，取消类推制度。为全面推行罪刑法定原则，修订后的刑法删除了原刑法第 79 条关于类推的规定。这一举措，对于在我国刑法中体现"罪之法定，刑之法定"这一现代刑法精神，具有十分重大的价值。其三，坚持刑法溯及力上的从旧兼从轻原则。前文谈到，1979 年刑法在时间效力上确立了从旧兼从轻原则。而 1982 年、1983 年的两个决定在这个问题上严重倒退，采用了从新原则，违背了罪刑法定原则关于"重法不溯及既往"的派生原则，对我国刑法的科学性和人权保障功能造成严重的损害。针对这个问题，修订刑法在附则中明文废除了上述两个决定，同时重申了1979年刑法第9条所确立的从旧兼从轻原则，并作了进一步明确、具体的规定。

如果说以上叙及部分"值得称道"，那么，1997年修订刑法最耀眼之处当推罪刑法定原则的确立。1997修订刑法在显要位置第3条规定："法律明文规定为犯罪行为的，依照法律定罪处刑；法律没有明文规定为犯罪行为的，不得定罪处刑。"这一规定，并非宣言式的空头支票，也不是一句简单的法律口号，而是有其丰富的法治内涵并依赖法律的具体规定作支撑的。事实上，上面讲到的分解"口袋罪"，废除类推，重申从旧兼从轻原则等，均是全面贯彻罪刑法定原则所作的应然性设计。而罪名详备、罪状相对明晰、罪刑①进一步具体化的分则体系则为罪刑法定原则在刑法中的实现提供了保证。罪刑法定原则的确立，在我国刑事法制领域明确宣告了要法治，不要人治，法无明文规定不为罪、不处罚，任何人不受法外定罪处罚，任何人也不得对他人法外定罪处罚，可以说罪刑法定原则的确立和刑事诉讼法第12条的规定，标志着我国刑事法制建设在迈向民主化、科学化、法治化的历程中进入了一个高起点，昭示了我们在培育社会主义法治理念过程中的进步和取得的重大阶段性成果。有学者指出，无罪推定与罪刑法定原则的确立，是我国刑事法制建设过程中的两大里程碑，这个评价是恰如其分的。

两法修订后不久，建设社会主义法治国家，依法治国便被提上了国家的重要议事日程。1997年，中共十五大提出了"依法治国、建设社会主义法治国家"的基本方略，反映了共产党对执政理念的深化。1999年依法治国载入宪法，表明我们已经从过去的以政策执政转向依法执政，中共十六届四中全会提出党要依法执政，昭示了新一届中央领导集体的新的执政理念。应该说，我国刑事法制建设的进程与中央是保持同步的，并在具体的运行过程中承载着和体现着依法治国基本方略的推进和实现。

刑法、刑事诉讼法修订至今已有十年，经过实践，发现修订后的两法较过去有了长足的进步，但仍存在许多不足。从刑法方面看，一些小的，属于立法技术上的或者因考虑欠周详产生的问题较多，一些学者对之进行了研究。

---

① 这里仅就法效果而言。

由于立法仓促带来的较为突出的问题中，关于单位犯罪配套制度设计的忽略值得重视。法人能否成为我国刑法中的犯罪主体，过去长期存在着争论，刑法修订时，通过立法的方式确认了法人（单位）的犯罪主体地位，一定程度上终结了这场争论。与此同时，新的问题亦由此产生，由于立法时忽略了对处置单位犯罪一些必要的配套制度的制定，使得建立在单一自然人犯罪主体基础上的刑法制度难以解决单位犯罪问题，诸如单位犯罪的域外管辖，单位犯罪的追诉时效，单位累犯的构成，单位共同犯罪及单位犯罪的缓刑等方面均缺乏相应的配套措施，如果套用刑法中针对自然人设计的相关制度，许多问题显然难以解决。① 这使得刑法的科学性一定程度上受到了影响，而且，也不利于刑法平等原则的贯彻。

1997 年刑法修订以后，有两个新的变化值得注意，这两个变化分别反映在法的渊源和法的解释两方面：在法的渊源上，1997 年以前，刑法由三部分组成，即普通刑法（刑法典）、特别刑法（单行刑事法律）、附属刑法。1997年修订刑法，统一了法的渊源，形成了一部统一的刑法典，但在 1998 年，立法机关又以单行法的形式通过了一个《关于惩治骗购外汇、逃汇和非法买卖外汇犯罪的决定》，这一做法引起了争议，比较一致的意见认为，对刑法的补充、修改、完善应采用刑法修正案的方式，刑法修正案作为刑法典的一个有机组成部分，利于保持法的统一性与完整性，防止发生法的冲突，也便于法的统一掌握，这一意见得到了立法机关的采纳。从 1999 年起，至今已出台了六个刑法修正案，这是立法技术趋于成熟化的表现，应该说也是体现法律权威、维护法制尊严的一种表现。在法的解释上，过去很长一段时间，由于种种原因，基本上看不到立法机关对法的适用所作的事后解释，而司法机关的解释，则存在着超越解释权限、代替立法解释的倾向，并由此不断受到学术界的诘责。这个问题终于引起了立法机关的重视，从 2000 年起，立法机关开始对法律条文作出解释，迄今为止已出台近十个立法解释，这对帮助正确理解法律，掌握法条原意非常必要，对于防止司法解释令出多门，发生解释冲突，造成适用混乱的现象亦具有十分重要的作用，从而较好地维护了法的权威性。

今后一段时间，我国刑法的走向如何？这样的预测非笔者能力所及，但

① 限于篇幅及本文主题，这里不作详叙。

在现代刑事法治理念指引下，在刑法发展完善的过程中，一些人们耳熟能详的问题应引起我们进一步的重视。例如，死刑问题，面对现行刑法数量庞大的死罪设置，以及司法过程中绝对数不低的死刑判决，如何进一步限制死刑，减少死刑判决，值得花大力气研究解决。至于废除死刑，虽说目标遥远，但也不能总是以"国情"为由简单搪塞，以致遥遥无期。再如，罪名设置问题，过去很长一段时间，一些人热衷于提出新罪立法建议，建议加立法理由加犯罪构成设计再加上刑事责任，即形成论文一篇，不是说这样做不好，毕竟也是一种研究，但作为立法机关则应该慎重。有的行为，即使具有一定的社会危害性，如果能够采用其他的方式调整，就不宜动用刑法的力量。现代刑法理念十分崇尚刑法在干预社会活动中的谦让和抑制，刑法的谦抑原则除了追求刑法启动成本的最小化，而达至经济效益的最大化外，更重要的一点在于抑制国家可能不断扩张的刑罚权。一个社会，如果到处充满了刑法的触须，其结果必然导致泛犯罪化和刑罚的滥用，从而也就难以得到社会公众的心理认同，难以培养公众对刑法的忠诚，也不利于和谐社会的培育。罪名设置详备，符合罪刑法定的要求，但也并非韩信点兵，如何取舍，须慎而处之。此外，在刑法的建设过程中，一些国外有益的做法和研究成果值得借鉴。如严格责任问题，期待可能性的理论与实践，法人的刑事责任及保安处分的设置等，值得我们认真地加以研究和借鉴，并借以推动我国刑法进一步向现代化迈进。

就刑事诉讼法而言，应该说，1996 年修订的刑事诉讼法是社会各方相互斗争、相互妥协的一个综合产物，还存在着很多的不理想。随着近十年来我国经济的快速发展，国民生活水平的逐步提高，以人为本，建立一个可持续发展的和谐社会已成为全社会追求的目标。和谐社会应该是法治的社会，而法治的过程，主要不在于我们制定了多少法律，而在于我们树立了什么样的法治理念，法治的实现过程就是不断追求和树立法治理念的过程。刑事司法理念是社会主义法治理念的一个重要组成部分，或者说是一个重要方面，树立什么样的刑事司法理念，对于指导刑事诉讼法的进一步完善具有举足轻重的作用。过去几年中，我国诉讼法学界先后发起了几次大的讨论，如对沉默权问题的讨论，对收回死刑复核权及死刑二审案件开庭与否的讨论，对无罪推定的讨论，对庭前证据开示制度的讨论，对实体公正与程序公正二者间关系的讨论，佘祥林案件披露后对遏制刑讯逼供，非法证据排除以及律师实质性提前介入刑事案件和讯问犯罪嫌疑人律师可否到场等一些具体问题的讨论等。姑且不论讨论的结果如何，这些讨论本身就说明了法治的实现过程就是不断追求和树立法治理念的过程。而且，事实上这些讨论对刑事诉讼法的再次修改起到了十分重要的推动作用，刑事诉讼法再修改被列入人大的"十五"立法规划也正印证了这一点。时隔十年，再次修改刑事诉讼法，这不仅说明前次修改的严重不足，而且说明我们的刑事司法理念有了长足的进步，现代社会以人为本的思想在司法领域受到了高度的重视。最近由中国政法大学终身教授、著名法学家陈光中主持的刑事诉讼法再修改项目已经完成，据介绍，建议稿共 450 条，约 6 万字。较原法律有很大的增幅。全稿以"民主、科学、创新和务实的诉讼理念为支撑"，并在五个方面加以体现：一是控制犯罪与保障人权相结合，着重加大了刑事诉讼中人权保障的力度。如增加犯罪嫌疑人不得被迫自证其罪原则，体现控制犯罪与保障人权相结合的刑事和解原则等。二是程序公正与实体公正并重，进一步完善了程序法定原则。确立了程序性制裁制度，设计了非法实物证据的裁量排除和相对的一事不再理规则。三是客观事实与法律真实相结合，规定实体事实和程序事实应当采用不同的证明标准，规定对一些事实可以推定。四是追求诉讼效率，扩大了简易程序的范围，确立了处罚令程序，同时为保证公正的实现，在有些方面则不惜诉讼成本，如死刑二审案件必须开庭。① 对严重犯罪案件的犯罪嫌疑人讯问时必须录音录像，设立死刑复核听证程序等。五是坚持以宪法为依据，坚持与联合国刑事司法准则相衔接，并吸收海外刑事诉讼法的有益经验，坚持从实际出发及保持现行刑事诉讼法框架结构基本不变，也是建议稿遵循的几条基本思路。

从以上建议稿的大致思路可以看出，其在诉讼理念上比之 1996 年刑事诉讼法又有了重大变化和进步，虽然还不能说已至善至美，但法律的完善是一个过程，同时还有一个结合中国国情，即"务实"的问题。另外，目前仅是一个建议稿，要成为法律还存在很多变数。但不管怎么说，通过以上对我国刑事法制建设的回顾与分析可以看出，随着社会主义法治理念的深入教育与普及，伴随着司法环境的逐步改善和社会的进步，我国的法治建设在不断地

---

① 2006 年 9 月 21 日，最高两院公告通过了《最高人民法院、最高人民检察院关于死刑第二审案件开庭审理若干问题的规定（试行）》，该司法解释先于刑事诉讼法的修改明确了一审死刑立即执行的被告人上诉，检察院抗诉的案件，二审应当开庭审理。

取得长足的进步。沿着这条正确的道路走下去，依法治国，建设社会主义法治国家的目标定能实现。当然，这需要我们全民族共同努力，尤其是我们每一个法律工作者，更要责无旁贷地负起这个责任。

结束语

对法治的追求是我们的目标，而对法治追求过程的法治化是我们通向目标的路径。过程是痛苦的，同时也是快乐的。毕竟，我们已踏上了这样一条充满痛苦但也不无快乐的路程。

刑事法制建设未来发展几个问题的思考[*]

刑事法制建设是中国特色社会主义法律体系建设中的重要组成部分，也是建设社会主义法治国家的基本保障之一。应当说，无论是新中国成立至今还是在以后的中国特色社会主义法律体系的建设中，刑事法制建设都具有举足轻重的地位。中国特色社会主义法律体系建设的发展方向决定了刑事法制建设的发展方向和模式，而刑事法制建设的发展情况也直接影响着中国特色社会主义法律体系的建设效果，乃至社会主义法治国家的发展进程。因而，思考和研究刑事法制建设的发展是我们每一个刑事法律工作者应尽的职责。当然，我们也应当认识到刑事法制建设是由刑事立法、刑事司法、刑事法学研究、刑事法学教育、刑事法制宣传等多个方面所构成的有机整体，对其整体发展趋势或发展模式不是我们这一课题组所能全面把握的，甚至也不是某一方面的权威或专家所能轻易下结论的。故而，我们在此虽然谈到刑事法制建设的展望，但却不敢妄言刑事法制建设的全局性发展趋势，而只是根据我们作为刑事法学研究者对刑事法制建设的理解，从如何促进刑事理论与实践的联系以加强刑事法律实施的角度①来思考关于刑事法制建设未来发展的几个问题。

　　＊　本文系刑事法制问题研究校级课题第三部分内容（课题组成员：刘鹏、王占洲、褚琰），原载《贵州警官职业学院学报》2008 年第 6 期。

　　①　从十六大的"确保法律的严格实施"到十七大的"加强宪法和法律实施"，法的实施在法治建设中的地位已经为越来越多的人所认同。从法理上讲，法的生命或者法的根本价值之所在也就是法的实施，无论立法、司法、法的研究、教育、宣传等无一不是确保法的实施的具体举措。

一、从刑事立法上看

关于我国的刑事立法，从长远发展来看需要关注的重要问题仍然很多，如人权保障机能在刑事立法中的体现、刑事立法与刑事政策的关系问题、死刑的限制与轻刑化问题、刑事诉讼参与人的权利保障问题、程序公正与实体公正并重的问题、客观事实与法律真实相结合的问题等。但在本课题中，我们不可能对这些问题逐一研究，一方面是受篇幅所限，另一方面对这些问题已经有了比较多的研究，故而在此我们欲重点讨论通过修正案修订刑事法律应当注意的问题，以期能够对今后修订刑事法律及强化刑事法律的实施有所裨益。

自 1997 年刑法颁布实施以后，除了 1998 年颁布实施的一部单行刑法之外，其余都是以《刑法修正案》的方式来进行的。刑法修正案的修正模式可以促使刑法的修订工作更加谨慎，有利于维护刑法的统一性，使刑法典保持自身的稳定性、协调性。但在修订过程中仍然出现了一些令人深思的问题。一方面是修订过于频繁的问题，迄今为止我国已经颁布实施了 6 个刑法修正案，① 尤其是在 2001 年 8 月 31 日和 12 月 29 日分别颁布了两个刑法修正案，② 刑法修正案（二）竟然只对一个条文作出修改，而且似乎也并不存在必须在 2001 年 8 月单独修改刑法第 342 条（非法占用土地罪）的合理理由。另一方面是反复修改的问题，在六个刑法修正案中对五个条文进行了两次修改。对第 162 条、第 182 条、第 185 条分别在刑法修正案（一）和刑法修正案（六）中进行了修改，对第 191 条分别在刑法修正案（三）和刑法修正案（六）中进行了修改，对第 393 条分别在刑法修正案（四）和刑法修正案（六）中进行了修改。尽管我们都不否认每一个刑法修正案和对每一个条文的修改都具有其特定的原因，但其对保持刑法典自身稳定性、协调性所造成的负面影响

---

① 增设了 24 个新罪（其中 10 个罪已经由"两高"有关司法解释确定罪名，另外 14 个罪的罪名尚待司法解释正式确定），同时也删去了 2 个罪，还对一些个罪的构成要件、法定刑进行了修改。

② 2001 年 8 月 31 日第九届全国人民代表大会常务委员会第二十三次会议通过并公布施行的刑法修正案（二）和 2001 年 12 月 29 日第九届全国人民代表大会常务委员会第二十五次会议通过并公布施行的刑法修正案（三）。

也是显而易见的。① 目前，刑事诉讼法正面临整体修订，故暂时不存在通过修正案进行局部修订的问题，但最终也是无法避免的。这也就意味着修订刑法中出现的问题在修订刑事诉讼法时也可能会出现。故而，我们认为修订刑事法律应当慎重，尽量避免频繁修订和反复修订，具体可考虑以下做法：

（一）明确刑法修正案的启动条件

通过刑法修正案修订刑法虽然不同于对刑法典的全面修订，但就其本质而言，都是对刑法条文本身的直接修改。那么，既然对刑法典的全面修订需要严格公开的程序，通过刑法修正案部分修订刑法同样也需要严格公开的程序。尽管《中华人民共和国立法法》中规定了刑法的修订主体、修订刑法的启动主体、启动模式等，但却未规定刑法修正案的启动条件。这就使得通过刑法修正案修订刑法的过程中出现了一些不协调因素。一方面，刑法修正案对某些条文的修订显得必要性不足。例如，刑法修正案（一）对刑法第185条的修改，刑法第185条原文为："银行或者其他金融机构的工作人员利用职务上的便利，挪用本单位或者客户资金的，依照本法第二百七十二条的规定定罪处罚。国有金融机构工作人员和国有金融机构委派到非国有金融机构从事公务的人员有前款行为的，依照本法第三百八十四条的规定定罪处罚。"刑法修正案（一）将其修改为："商业银行、证券交易所、期货交易所、证券公司、期货经纪公司、保险公司或者其他金融机构的工作人员利用职务上的便利，挪用本单位或者客户资金的，依照本法第二百七十二条的规定定罪处罚。国有商业银行、证券交易所、期货交易所、证券公司、期货经纪公司、保险公司或者其他国有金融机构的工作人员和国有商业银行、证券交易所、期货交易所、证券公司、期货经纪公司、保险公司或者其他国有金融机构委派到前款规定中的非国有机构从事公务的人员有前款行为的，依照本法第三百八

---

① 刑事法律的稳定性是维护社会稳定和安定的前提之一。然而，社会总是不断发展变化的，刑事法律必须适应最广大人民的需要和利益的变化而作出必要调整。因此，刑事法律本身所具有的稳定性价值与社会最广大人民群众对刑事法律的适应性要求之间存在着内在矛盾。也就是说，刑事法律的稳定性具有相对性，是刑事立法者追求的目标和理想状态，需要充分发挥主观能动性以力求达到；而刑事法律的适应性对刑事立法的要求则是刚性的，朝令夕改固然不可取，但面对社会急迫需求，固守刑事法律稳定性而不作适应性修改，则是违背社会发展规律的。然而从另一个角度来说，刑事法律稳定性的价值也是绝对不可低估的。稳定性不足不仅损害刑事法律的权威，还直接妨碍刑事立法目的的实现。

十四条的规定定罪处罚。"两相比较我们可以发现，刑法修正案（一）的修改相较刑法第185条的原文并无实质性的变化，充其量只能算是对刑法第185条中的"银行或者其他金融机构"和"国有金融机构"作了一个相对详细的解释。事实上，完成这项工作有司法解释或立法解释就足够了。而且即便不作司法解释或立法解释，也能够根据金融法规的相关规定确认金融机构的范围和国有金融机构与非国有金融机构的区别，也能够根据挪用资金罪和挪用公款罪的相关规定区分国有金融机构与非国有金融机构的工作人员利用职务上的便利挪用本单位或者客户资金应负的责任。仅仅为了解释某些专业术语，显然不具有修订刑法条文的必要性。另一方面，对某些确需修订的条文立法机关却未加关注。例如，刑法第17条第2款"已满十四周岁不满十六周岁的人，犯故意杀人、故意伤害致人重伤或者死亡、强奸、抢劫、贩卖毒品、放火、爆炸、投毒罪的，应当负刑事责任。"其中的"投毒罪"，是指刑法原第114条中所规定的投毒罪，① 刑法修正案（三）之前应当没有什么问题，但在刑法修正案（三）之后，特别是在2002年《最高人民法院、最高人民检察院关于执行〈中华人民共和国刑法〉确定罪名的补充规定》颁布施行后，问题就出现了。刑法修正案（三）将刑法第114条修改为"放火、决水、爆炸以及投放毒害性、放射性、传染病病原体等物质或者以其他危险方法危害公共安全，尚未造成严重后果的，处三年以上十年以下有期徒刑。"《最高人民法院、最高人民检察院关于执行〈中华人民共和国刑法〉确定罪名的补充规定》则明确规定取消投毒罪罪名，将其改为投放危险物质罪。最高人民法院、最高人民检察院根据刑法修正案对刑法条文的修改而修改罪名，原本既在其权限之内也是其职责之所在，但关键在于这一罪名的修改涉及对刑法第17条第2款的修改。司法解释规定取消投毒罪罪名并将其改为投放危险物质罪，对刑法第17条第2款应当怎么办？一般来说，当司法解释规定涉及对刑法条文的修改时，立法机关要么通过立法解释否定该司法解释规定的效力，要么认可该司法解释规定的正确性并通过刑法修正案修订该条文。《最高人民法院、最

---

① 第114条：放火、决水、爆炸、投毒或者以其他危险方法破坏工厂、矿场、油田、港口、河流、水源、仓库、住宅、森林、农场、谷场、牧场、重要管道、公共建筑物或者其他公私财产，危害公共安全，尚未造成严重后果的，处三年以上十年以下有期徒刑。

第115条：放火、决水、爆炸、投毒或者以其他危险方法致人重伤、死亡或者使公私财产遭受重大损失的，处十年以上有期徒刑、无期徒刑或者死刑。

高人民检察院关于执行〈中华人民共和国刑法〉确定罪名的补充规定》颁布施行已 6 年有余，但立法机关既未否定该司法解释规定的效力也没有修订刑法第 17 条第 2 款。如果是认可该司法解释规定的正确性并默认其效力，那刑法典的权威性何在？稳定性何在？

故而，我们认为确有必要明确刑法修正案的启动条件，建议将刑法修正案的启动条件设立为"不可能通过立法解释或司法解释解决存在的问题，确需对刑法条文进行实质性修改"。

（二）提高立法质量强化立法的前瞻性

尽管我们现在处于一个日新月异的时代，科学技术、经济社会的每一项进步都会影响到刑法的相关规定，必要时便需要通过刑法修正案来修订刑法。但是这终究不能成为弱化刑事立法前瞻性的合理理由，而对同一条文反复修改实际上也就表明该项修订工作的前瞻性不足。以刑法修正案（三）、刑法修正案（六）对刑法第 191 条①洗钱罪的修订为例来看这个问题，刑法修正案（三）、刑法修正案（六）均对洗钱罪的上游犯罪作出补充，刑法第 191 条将洗钱罪的上游犯罪规定为"毒品犯罪、黑社会性质的组织犯罪、走私犯罪"，刑法修正案（三）将其修订为"毒品犯罪、黑社会性质的组织犯罪、恐怖活动犯罪、走私犯罪"，刑法修正案（六）再将其修订为"毒品犯罪、黑社会性质的组织犯罪、恐怖活动犯罪、走私犯罪、贪污贿赂犯罪、破坏金融管理秩序犯罪、金融诈骗犯罪"。我们不否认两次修订都有其现实必要性，刑法修正案（三）增加"恐怖活动犯罪"，显然是在全世界反恐的大环境下从经济

----

① 刑法第 191 条：明知是毒品犯罪、黑社会性质的组织犯罪、走私犯罪的违法所得及其产生的收益，为掩饰、隐瞒其来源和性质，有下列行为之一的，没收实施以上犯罪的违法所得及其产生的收益，处五年以下有期徒刑或者拘役，并处或者单处洗钱数额百分之五以上百分之二十以下罚金；情节严重的，处五年以上十年以下有期徒刑，并处洗钱数额百分之五以上百分之二十以下罚金：

（一）提供资金账户的；

（二）协助将财产转换为现金或者金融票据的；

（三）通过转账或者其他结算方式协助资金转移的；

（四）协助将资金汇往境外的；

（五）以其他方法掩饰、隐瞒犯罪的违法所得及其收益的性质和来源的。

单位犯前款罪的，对单位判处罚金，并对其直接负责的主管人员和其他直接责任人员，处五年以下有期徒刑或者拘役。

方面加大打击恐怖活动犯罪的力度，而刑法修正案（六）增加"贪污贿赂犯罪、破坏金融管理秩序犯罪、金融诈骗犯罪"，也是因为这些犯罪的违法所得在洗钱活动中所占的比重显著提高。但是这也并不能掩盖两次修订在立法技术上存在的问题，刑法第191条对洗钱罪的上游犯罪采用列举式规定已经暴露出前瞻性不足的缺陷，但毕竟是我国刑法首次规定洗钱罪，存在问题是可以理解的。到刑法修正案（三）修订洗钱罪时仍然沿用列举式规定就让人觉得不太理解了，更为遗憾的是到了刑法修正案（六）时也仍旧未解决存在的问题。对第191条的修订源于列举式规定所造成的前瞻性不足，但两次修订居然都顽固地坚守这一缺陷，不得不让人认为这是立法质量不高的表现。典型的"头痛医头，脚痛医脚"，根本没有发挥法律条文的预测功能。如果按照这种修订模式，到了危害税收征管罪、侵犯知识产权罪、扰乱市场秩序罪等犯罪的违法所得大量充斥洗钱市场，必须运用刑罚手段予以处罚时，就得第三次修订第191条了。而且这种情形出现的可能性是现实存在的，因为2007年1月1日起施行的《中华人民共和国反洗钱法》已经明确将反洗钱界定为"为了预防通过各种方式掩饰、隐瞒毒品犯罪、黑社会性质的组织犯罪、恐怖活动犯罪、走私犯罪、贪污贿赂犯罪、破坏金融管理秩序犯罪、金融诈骗犯罪等犯罪所得及其收益的来源和性质的洗钱活动，依照本法规定采取相关措施的行为"。洗钱行为的范畴已经明显超越了刑法修正案（六）所列举的情况。

因而，我们认为，在修订刑事法律时必须不断改进立法技术，提高立法质量，强化立法的前瞻性，尽可能地避免对同一条文反复修订，以保证刑事法律的稳定性和权威性。

（三）扩大征求意见的范围并公开修订依据

1997年修订刑法典时，曾经数次向全国范围内的法院、检察院、法律院校、律师事务所等单位发放征求意见稿征求各方意见，可见立法机关对刑法的修订是极其认真和慎重的。记得当时电脑和网络都没有普及，但大家都还积极热情地投入到关于修订刑法典的思考和讨论中。我们刑法教研室当时只有一份征求意见稿，只能大家传看，上面密密麻麻地写满了大家的修改意见，最后将意见认真汇总后再统一送交人大，每个人都希望能够为刑法的修订尽自己的一份力量。但同样是对刑法条文的直接修改，通过刑法修正案修订刑法时的做法却大不一样。尽管进入 21 世纪以后，电脑和网络都越来越普及，相互传递信息越来越便捷，但刑法修正案的征求意见稿却反而看不到了，很突然的，刑法修正案就颁布施行了。当然，意见是要征求的，但征求意见的范围有着严格的控制，只征求司法机关、有关部门和部分专家意见。① 但是，如果能够像修订刑法典那样，把刑法修正案的修订内容也多征求一下各方面的意见，也许更有助于立法质量的提高。

事实上，刑法修正案现在出现的某些问题，刑法学者在刑法修正案颁布之前就已经预见到了。例如，关于上面谈到的洗钱罪的上游犯罪问题，笔者在 1999 年刑法修正案颁布之前就已经进行了研究，并撰写了《对洗钱罪几个问题的理解》一文。② 在文中明确指出，"在实践中除了针对'三类犯罪'的违法所得及其收益进行洗钱行为会破坏社会主义金融秩序外，其他针对'三类犯罪'以外的犯罪收益进行洗钱行为，同样也会破坏社会主义金融秩序，而且很难说哪一种'洗钱'行为对社会主义金融秩序的破坏性更大一些。例如，为了掩饰、隐瞒其来源和性质，给明知是毒品犯罪违法所得的 100 万现金提供资金账户和给明知是贪污犯罪违法所得的 100 万现金提供账户。我们能否说前者的社会危害性就要大于后者呢？显然不能，两种情况对正常金融秩序的破坏性应当并无差别，但是因为本罪对犯罪对象的限制规定，后者不能构成本罪；也就是说同样是典型的破坏金融秩序的行为，前者要受到破坏金融秩序罪中的洗钱罪的处罚，而后者则不能，充其量只能构成窝赃罪。对同样性质、同样社会危害性的两个行为适用两个性质完全不同的罪名（洗钱罪属于破坏社会主义市场经济秩序罪，窝赃罪属于破坏社会管理秩序罪），而且两个罪名法定刑的区别是如此之大（洗钱罪的最高刑是 10 年，而窝赃罪的最高刑只是 3 年）。出现这样的处理结果，显然不利于对正常金融秩序的保护"。刑法修正案（三）、刑法修正案（六）对洗钱罪上游犯罪的增加应当说在一定程度上也算是对笔者观点的认可吧，但纯粹列举式的规定却显然不如笔者当时的设想。据后来公布的《全国人大法律委员会关于〈中华人民共和国刑法修正案（六）（草案）〉修改情况的汇报》来看，之所以如此修改，

---

① 关于《中华人民共和国刑法修正案（六）（草案）》的说明——2005 年 12 月 24 日在第十届全国人民代表大会常务委员会第十九次会议上。

② 载于《贵州省政法管理干部学院学报》1999 年第 3 期。

是因为"法律委员会研究认为，除这一条规定的对几种严重犯罪的所得进行洗钱的犯罪外，按照我国刑法第312条的规定，对明知是任何犯罪所得而予以窝藏、转移、收购或者代为销售的，都是犯罪，应当追究刑事责任，只是没有使用洗钱罪的具体罪名。为进一步明确法律界限，以利于打击对其他犯罪的违法所得予以掩饰、隐瞒的严重违法行为，法律委员会经同有关部门研究，建议对刑法第312条作必要的补充修改，规定：对明知是犯罪所得及其产生的收益而予以窝藏、转移、收购、代为销售或者以其他方法掩饰、隐瞒的，追究刑事责任"。这种思路显然未把握住洗钱罪与第312条的内在关系，广义上讲，洗钱行为可以包含于第312条规定的行为中，刑法之所以能够将其分离出来，主要是基于其行为方式上的特殊性，而不是仅仅依据危害程度的严重性。

基于此，我们认为，在通过修正案修订刑事法律时应当扩大征求意见的范围并公开修订依据，向各方广泛征求意见。这在技术上是很容易解决的，只要在全国人大的网站上提前公布修正案的征求意见稿，再给一个接受意见的邮箱，便可获得更全面的意见。这样的结果显然是利大于弊的，至少可以避免某些单位或某些专家在认识上的片面性，同时对避免反复修改的现象应当是很有帮助的。

二、从刑事司法上看

构建和谐社会的理论，将使刑事司法产生根本性的变革。这就要求我们准确把握现阶段我国社会矛盾的规律和特点，切实将执法办案与解决矛盾纠纷紧密结合起来，切实改变简单处理案件而不重视解决矛盾和问题的做法。不仅要准确地执行法律，严格依法办案，而且要努力提高化解社会矛盾的本领，真正将执法办案作为解决社会矛盾、促进社会和谐的手段。要做到这一点，就必须要立足于现有的司法制度，重细节、重实效，努力提高其可操作性，在法律修改现有司法制度之前充分发挥其潜力，以实现其在构建和谐社会中的价值。

（一）更好地实现刑事一体化，加强实体法与程序法的有机结合

在刑事司法中，为了使刑事司法实现更好的效果，必须使程序法与实体法相协调，实现二者之间的相互协调、相互配合，这里包括实体、程序相关

制度的配合协调。我们以对金融诈骗罪"非法占有目的"的认定为例来说明这一问题。在以往司法部门对金融诈骗罪"非法占有目的"的判断标准的设定中，① 因为没有对实体法与程序法的有机结合给予足够重视，以至于难以适用于金融诈骗犯罪发生、发展的全过程。在设计该判断标准时可能过于考虑从实体法角度满足犯罪构成的需要，而忽略了其他司法机关运用该判断标准侦查、打击、预防金融诈骗罪的需要。如果单纯从满足犯罪构成的需要来讲，运用该判断标准来判断一个金融诈骗罪行为是否具有非法占有目的、是否构成金融诈骗罪，无疑是最高效和最安全的。从直接故意犯罪的原理可知，金融诈骗罪是行为人在追求非法占有这一危害结果发生的心理态度的支配下实施的。那么，当非法占有的结果事实已经客观存在时，追求这一危害结果发生的心理态度也就成为必然。但是当一个犯罪行为必须要在结果出现后才能证明其构成犯罪，对其在初始阶段进行的打击也就只存在理论上的可能性。例如，在该判断标准下，侦查机关基本不可能找到结果之外的原因来证明非法占有目的的存在，而且也不愿意承担这种风险。既然审判机关认为只有结果才是确认非法占有目的的条件，犯罪结果之外的原因是否能够为审判机关采信具有极大的不确定性，即便是从法理上可以找到依据，审判机关也未必采信，侦查机关必定要承担非常大的错案风险。在这种情况下，其当然要回避在结果出现之前的初始阶段打击金融诈骗罪，而由此引起的直接后果就是金融诈骗罪的危害被放大了，打击金融诈骗罪的成本也加大了，从目前集资诈骗个案中动辄上百万、上千万甚至上亿元的不可挽回的损失可以看出，错过在初始阶段打击金融诈骗罪的代价的确是不容忽视的。由此可见，实体法与程序法的有机结合对刑事司法的良性运行有着举足轻重的作用，为了使刑事司法实现更好的效果，确有必要更好地实现刑事一体化。

（二）建设刑事被害人国家救助制度

在社会生活中人人都可能成为无辜的受害人，保护被害人就是保护每一

---

① 在 2000 年的《全国法院审理金融犯罪案件工作座谈会纪要》中，提出了认定金融诈骗罪具有非法占有目的的以下几种情形：（1）明知没有归还能力而大量非法集资骗取资金的；（2）非法获取集资款后逃跑的；（3）肆意挥霍骗取资金的；（4）使用骗取的资金进行违法犯罪活动的；（5）抽逃、转移资金、隐匿财产，以逃避返还资金的；（6）隐匿、销毁账目，或者搞假破产、假倒闭，以逃避返还资金的；（7）其他非法占有资金，拒不返还的行为。

个人，保障刑事被害人的合法权益，实现社会正义，成为生存在社会中的人的基本权利需求。建立刑事被害人国家救助制度有着重要的现实意义。

首先，建设刑事被害人国家救助制度的必要性。在刑事司法实践中，为数不少的刑事附带民事赔偿执行案件无法完成实际的执行，被害人无法从被告人方得到赔偿，很多被害人陷入人财两空的艰难境地。造成这一状况的原因主要是刑事被害人补偿途径的单一化，被害人因犯罪而遭受到的人身、财产损失要想得到补偿，一般只能是通过刑事附带民事诉讼的途径，由犯罪人来进行赔偿。而这样一种赔偿途径的缺陷是十分明显的：一方面，如果刑事案件由于种种原因不能侦破，无法确定犯罪人，那么受害人连具体的索赔对象都难以落实；另一方面，即使案件破获、犯罪人被确定，如果犯罪人缺乏足够的赔偿能力，"附带民事诉讼"也会因无法得到执行而使被害人的补偿无法实现。以邱兴华案为例，由于邱兴华家庭贫寒，根本没有赔偿能力，数个被害家庭不得不在亲人受到人身伤害后再次陷入极大的经济困顿之中。在这种情况下，显然只有通过国家、政府建立专门的救助制度，给予刑事受害人必要和适当的补偿，才能使其获得实际的救助，从而在最大程度上维护基于利益平衡的司法和谐。

其次，建设刑事被害人国家救助制度的可行性。从法理上讲，国家具有救助刑事被害人的责任。犯罪人造成的受害人损失之所以需要国家进行补偿，并不仅仅是因为国家对受害人具有一种抽象的人道救护责任，关键在于这是一种国家必须承担的司法、法治责任。毫无疑问，从法治角度看，维护社会治安、预防和打击犯罪，保障公民的人身和财产权利不受非法侵害，任何时候都是国家应尽的义务和责任。因此，如果公民因犯罪而受到各种非法伤害，就不能认为只是具体犯罪人的过错，在很大程度上也应包含有国家的过失，也即国家未能充分履行有效保护公民的法治责任。在这种背景下，一旦找不到犯罪人或者当犯罪人无法进行赔偿时，国家出面予以补偿，为受害人的损失承担起责任，自然就成为司法、法治和谐的必然之意。从实践方面看，在我国已经有一些地方法院对建设这项制度进行了初步的尝试。最早的要数2004年2月淄博市政法委、市中级人民法院出台的《关于建立犯罪被害人经济困难救助制度的实施意见》，该市通过政府拨款、社会捐助等渠道筹集了50万元的救助基金。之后，青岛法院系统也出台了《青岛市刑事案件被害人生活困难救助实施办法》。2006年12月，上海市高级人民法院宣布也在酝酿建

立刑事案件被害人救助制度。① 这些尝试对刑事被害人国家救助制度的建立是
非常有益的。从理论研究角度看，刑事法学研究者也对刑事被害人国家救助
制度进行了大量的研究。有关专家还具体建议，我国可以借鉴联合国《为犯
罪与滥用权力行为的受害者取得公理基本原则宣言》和相关国家的实践，明
确补偿的原则、补偿对象和条件、补偿方式和数额以及补偿程序和补偿基金
等方面的内容。

（三）从细节入手强化刑事司法制度的可操作性

在我国当前的刑事法学研究中充斥着一种对现行刑事司法制度的不信任
感，一旦发生运行不畅的情况，便建议按照西方模式修改法律，完全不考虑
从细节入手强化现行刑事司法制度的可操作性。有学者试图以保释制度改造
我国的取保候审制度就是一个典型的例子。他们认为，"我国对于公诉案件的
犯罪嫌疑人实行普遍羁押，这不但由于需要配备大量监舍和看守而极大地损
耗司法资源，而且还会造成犯罪交叉感染的恶果，不利于罪犯改造。据我们
考察，在美国，审前羁押率一般在 20% 左右，而在英国则只有 10%。我国在
进行刑事诉讼法修改时，应改变将强制措施作为一种侦查措施的做法，将强
制措施的预防功能和保障功能替代目前的惩罚功能。为寻求对普遍羁押的突
破，可行性的替代措施可以考虑借鉴国外的保释制度改造我国的取保候审制
度，使保释成为原则，羁押成为例外"②。这种认识是很有问题的，一方面，
西方国家羁押率低，是因为西方国家的犯罪概念与我们很不相同，判罚金的
很多。其实相当多的犯罪只相当于我们国家违反治安管理的行为，当然也就
不需要审前羁押了，这些罪名加大了其犯罪的基数，相应地也降低了其整体
的审前羁押率。而且，也并非西方国家的审前羁押率都很低，法国等国家羁
押率相对来说就比较高，日本的羁押率也达到 60%，美国在 "9·11" 以后，
也扩大了羁押的范围。也就是说，单纯同某些西方国家就审前羁押率进行数
据比较是没有实际意义的。另一方面，这种观点同时表明其持有者并未真正
了解我国的取保候审制度，也根本未从我国现行的取保候审制度中去寻求解

① 陈默：《最高院研究建立刑事被害人救助制度——"司法和谐"成 2007 年中国法
院工作关键》，载《21 世纪经济报道》2007 年 1 月 10 日第 7 版。
② 晏向华、倪爱静：《强制措施立法要兼顾前瞻性与现实需要》，载《检察日报》
2005 年 12 月 29 日第 3 版。

决问题的方案。事实上，从我国现行的取保候审制的合理性而言，并非完全不如西方的保释制度，其也有自身的特点和存在价值，之所以未能充分发挥作用并非制度本身的问题，而是对制度细节的把握不足。客观地讲，在很长一段时间里从理论到实践对取保候审制度的核心概念——社会危险性①的认识都只停留在表面。刑事诉讼法、相关司法解释以及刑事诉讼理论界均没有明确界定"社会危险性"的含义，没有确定判断"社会危险性"的客观标准，也没有为"社会危险性"设置专门的证明机制，以致司法实践中判断犯罪嫌疑人、被告人是否具有"社会危险性"或者其程度时，在很大程度上是凭司法工作人员个人的感觉，而不是依据科学化、制度化的证明，这已经不是自由裁量权的问题。基础性的条件尚未明确又怎能保证依此而作出的判断的准确性呢？当然，这也不是绝对不能解决的问题。笔者对如何解决这些问题进行了初步尝试。首先，将刑事诉讼中的"社会危险性"界定为"可作为适用具体强制措施的法定依据的，有证据证明的犯罪嫌疑人、被告人实施危害社会、他人的行为和其他妨碍刑事诉讼正常进行的行为的可能性"。其次，为刑事诉讼中的"社会危险性"设立相对确定的标准，即在一定的固定值的基础上，增加一个可变量以适应"社会危险性"的可变性，运用分层理论来设立"社会危险性"的证明标准：生理条件——即通过对其生理状况的分析，判断犯罪嫌疑人、被告人是否具备继续危害社会、他人或妨碍刑事诉讼正常进行的生理能力，以及在该生理能力支持下所能够达到的程度；心理条件——即通过与犯罪嫌疑人、被告人密切相关并存在于客观的一些已知因素来论证其主观上是否具有妨碍刑事诉讼的可能性及其程度。最后，基于"社会危险性"证明标准的各条件对社会危险性的客观影响，将其分为社会危险性的弱化因素和强化因素。社会危险性的弱化因素，是指犯罪嫌疑人、被告人所具有的

---

① 在刑事诉讼中当犯罪嫌疑人、被告人"可能判处有期徒刑以上刑罚"的情况下（这也是最多出现取保候审权利争议的情况，即羁押与取保候审权利之间的冲突），适用取保候审的最基本的条件是"采取取保候审不致发生社会危险性"，同时这也是适用逮捕的基本条件，即"对有证据证明有犯罪事实，可能判处徒刑以上刑罚的犯罪嫌疑人、被告人，采取取保候审、监视居住等方法，尚不足以防止发生社会危险性，而有逮捕必要的，应即依法逮捕"。由此可以看出"社会危险性"在刑事诉讼中具有举足轻重的作用，是否具有社会危险性或社会危险性的程度是决定是否适用强制措施、适用剥夺人身自由或限制人身自由的强制措施的关键。

足以使其妨碍刑事诉讼的可能性在未采取剥夺人身自由强制措施时也能合理化排除的因素；社会危险性的强化因素，是指犯罪嫌疑人、被告人所具有的非采取剥夺人身自由强制措施不足以合理化排除其妨碍刑事诉讼的可能性的因素。同时，还可从概率角度主要讨论各条件之间的相互关系及对社会危险性的综合影响。笔者从取保候审制度的细节入手，通过"社会危险性"判断机制的构建基本可以解决取保候审制度在司法实践中运行不畅的问题。这一事例也充分说明我国的现有司法制度虽有瑕疵但也并非就到了必须要用西方司法制度全面取代的地步，只要能够坚持从细节入手强化制度的可操作性，完全可以发挥我国司法制度的特点和功能。而且在法律修改司法制度之前，这样做也是必须的，毕竟我们不能等着将来完善的司法制度来保护公民和社会现有的权利。

三、从刑事法学研究上看

从我们对过去数十年的刑事法学研究的整体回顾中可以发现，我国刑事法学研究的一个突出特点即在于密切关注司法实践，当然理论密切联系实践本身也是我国刑事法学界长期以来所倡导的刑事法学研究的指导思想之一。在此基础上，广大刑事法学者积极围绕刑事法制建设的重大现实问题开展刑事法学研究，鲜明地体现了刑事法学研究的实践品格，也极大地促进了刑事法律的良性实施。数十年来，我国刑事法学理论研究在全体刑事法学者积极努力和辛勤劳作下，不断向前发展，取得的成绩是有目共睹的。但也必须注意到，我国以往的刑事法学研究还存在一些不容忽视的问题，需要在今后予以改进。

（一）在刑事法学研究中应当处理好批判性研究与解释性研究的关系

刑事法学是实践性极强的应用法学学科，其所研究的对象也正是处理社会最尖锐矛盾的刑事法律，稳定性和适应性从来都是刑事法律不可回避的问题，进而也使得批判性研究与解释性研究的关系成为众多刑事法学者讨论的问题。批判性研究利于发展，有助于提高刑事法律的适应性，使其尽可能的迅速适应经济社会发展的需要；解释性研究则长于解决现行法背景下的现实问题，有助于保持刑事法律的稳定性和权威性，使其尽可能的实现对公民现实权利的保护。对两者的确是难以权衡。

有学者主张以解释性研究为主，其从刑法研究的角度指出："我国刑法学研究存在一种基本倾向，即习惯于批判刑法而不善于解释刑法。刑法学作为规范科学，其研究的重点应该在于对刑法规范的解释。大陆法系国家的立法和司法经验都充分说明，成文法的完善在很大程度上依赖于刑法的解释。在刑法学研究中习惯于批判刑法，不仅将刑法解释学与刑事立法学相混同，而且不利于维护刑法的权威性，也不能及时解决司法实践中面临的现实问题。我国刑法学研究中刑法解释学的落后，与习惯于批判刑法的做法有相当关系，这一点应当引起我国刑法学界的反思。在今后的刑法学研究中，应将研究重点置于解释刑法，并注重对刑法解释学的研究。"① 但从其所举出的善于解释的案例来看，我们对其将研究重点置于解释刑法的做法则不敢苟同。其举例说："从字面含义来看，刑法第 50 条②中的'故意犯罪'似乎指一切故意犯罪，但果真如此，则不利于减少死刑的执行，也不符合死缓制度的精神。于是，人们认为刑法第 50 条规定的'故意犯罪'过于宽泛，应当修改。其实，如果根据死缓制度的本质进行沿革解释与限制解释，就应得出如下结论：刑法规定死缓制度是因为犯罪人还具有改造的希望，只有对抗拒改造、情节恶劣的死缓犯执行死刑才符合死缓制度的精神。因此，刑法第 50 条中的'故意犯罪'应是指犯罪人抗拒改造情节恶劣的故意犯罪。"③ 这样做，对于解释者来说的确是得出了其所希望的解释结论，但问题是它还算解释吗？"故意犯罪"在刑法中有明确的定义，④ 其与"抗拒改造情节恶劣的故意犯罪"在任何时候都是泾渭分明的两个具有不同内涵的概念。我们都知道，基于罪刑法定原则的要求，解释不得及于法律明确规定了法律内涵的概念，如果非要对一个明定的概念赋予与法律规定不一致的解释，那它就不是解释了，或者名

---

① 张明楷：《刑法学研究中的十关系论》，载《政法论坛》（中国政法大学学报）2006 年第 2 期。

② 刑法第 50 条规定：判处死刑缓期执行的，在死刑缓期执行期间，如果没有故意犯罪，二年期满以后，减为无期徒刑；如果确有重大立功表现，二年期满以后，减为十五年以上二十年以下有期徒刑；如果故意犯罪，查证属实的，由最高人民法院核准，执行死刑。

③ 张明楷：《刑法学者如何为削减死刑作贡献》，载《当代法学》2005 年第 1 期。

④ 刑法第 14 条规定：明知自己的行为会发生危害社会的结果，并且希望或者放任这种结果发生，因而构成犯罪的，是故意犯罪。

为解释实为批判。在这种情况下需要的解释结论是有了，但其是建立在法律既定制度的科学性和完整性被破坏的基础之上的。显然正是由于重解释轻批判的思想造成了这种个人意志至上的结论。

因而，我们认为应当辩证地看待批判性研究与解释性研究的关系。在刑事法学研究中批判性研究与解释性研究应当没有绝对的轻重之分，两种研究模式都在各自的适用领域以自己的方式推动整个刑事法学的发展，关键是应明确两种研究模式的适用条件或者最佳的适用环境——存在通过解释来解决问题的可能时以解释性研究为主，反之则首选批判性研究。也即，当认为法律明确规定了法律内涵的概念出现问题时，进行解释性研究无非就是偷换概念，而且是直接违反法律规定的，这种研究成果司法解释及立法解释不会采纳，司法实务部门更不会用作处理案件的依据。因而，这种情况下只应当进行批判性研究——论证存在的问题、建议修改的方案、法理上的依据、案件中的模拟运用等，尽可能及时、全面地为修改立法做好准备。而对于那些因概念模糊或规定上的多重性理解引起争议的情况，则应以解释性研究为主，提出在现行法环境中解决问题的思路或方案。因为，一方面存在解释的前提，另一方面现行法对社会的现实保护是法的价值的最高体现。此时，批判性研究应当是第二位的，其应当作为解释性研究的进一步发展。

（二）在刑事法学研究中应当处理好理论与实践的结合

德国法哲学家 T. 菲韦格在《类观点学与法理学》一书中指出："法律思维的基本性课题乃是不断探求具体性问题在当下的正确解决，在此它不应依靠演绎公理的'体系思考'，而应通过'问题思考'的技术。"刑事法理论与刑事司法实践之间也正是这种至为密切的关系，对刑事法律规范的研究结论，要能够运用于司法实践，司法实践中存在的问题（如疑难案件等），刑法理论则必须研究。但从我国的刑事法理论与刑事司法实践来看，二者之间存在很多不协调的因素，诚如张明楷教授所言："理论界感叹司法实践缺乏理论指导或不以刑法理论为指导，实践界指责刑法理论脱离司法实践。"① 但张教授将造成这种情况的原因简单归结为学者或理论界对司法实践关注不够，并认为学者或理论界应当纠正认识上的偏差，密切关注司法实践，便可使刑法理论

---

① 张明楷：《刑法学研究中的十关系论》，载《政法论坛》（中国政法大学学报）2006 年第 2 期。

适合司法实践的需要。我们认为，关注不够只是现象而不应当是原因，其未能揭示实质性问题。以下特就如何调整刑事理论与刑事司法实践的关系谈一下我们的看法。

首先，应当提高刑事司法实践在刑事理论评价体系中的话语权。

造成刑事理论与刑事司法实践协调不足的根本原因是利益问题，法学研究者与司法实务者之间存在着潜在的利益冲突。对于法学研究者来说，应当不会有人否认法学理论研究对司法实务的服务性，当然站在理论的立场也就是指导性，无论称谓如何根本内容是一致的，都是将理论研究的目标和最终价值设定为能够保障司法实践的良性运转、解决司法实践自身无法解决的问题，但事实上可能相当多的法学研究者都没有能够真正做到这一点。法学研究者以科研成果为其价值实现的依据，其与个人的升迁、收入等切身利益都联系甚密，他们要追求在单位时间内的效益最大化本来也是无可厚非的。但问题在于直接接受理论指导或服务的司法实践在理论成果的评价体系中并没有与其重要性一致的话语权，尽管大家都说实践是检验真理的唯一标准，但司法实践并没有被当作检验理论成果价值的唯一标准，甚至还不是重要的判断标准。由此造成的后果是法学理论的研究在一定程度上被异化了，"一些根本不适用于司法实践的论著，能够得到许多人的欣赏。而对许多具体疑难案件的处理，常常只是一些法官、检察官在《人民法院报》、《检察日报》上发表看法，而没有学者的讨论"。① 事实上，很多理论研究成果最终只能成为圈内自赏的作品。当然，问题不在于众多的研究者而在于这一价值评价体系的缔造者，个体研究者的价值取向通常都很难摆脱价值评价体系的左右，因为"思考总是以作者当时的认知状态、价值观及其'世界影像'，即世界观的立场为出发点"。② 当价值评价体系中没有司法实践的位置时，个体研究脱离司法实践、不能真正服务于实践也就不足为奇了。此外，随着高学历人员进入法学理论研究领域，越来越多的法学理论研究者缺乏对实践的认识，特别是那些从法学本科一直读到博士毕业的研究者甚至可能从未真正接触过司法实践，对于他们来说，真正认识实践并从实践中升华出有效理论并不是其力所

---

① 张明楷：《刑法学研究中的十关系论》，载《政法论坛》（中国政法大学学报）2006 年第 2 期。

② ［德］魏德士著：《法理学》，丁晓春、吴越译，法律出版社 2003 年版，第 11 页。

能及的——不了解实践，何以指导实践？倒是对介绍一下国外的法律规定、评价一下其他学者的观点更为得心应手。① 但这样的研究成果对于司法实践来说是不具有现实指导意义的。从司法实务者的角度来看，其实也并不是不需要理论的支持，尤其是面对那些法律或解释规定模糊之处，他们感慨的并非理论太多而是理论太少了，当然这里的理论仅指自身具有现实指导意义的理论。② 事实上，司法实务者摒弃的"理论"只是那些空洞的说教或脱离现行法的标新立异，其这样做无非是趋利避害的自然反应。与只在论文中高呼正义不一样，我们不能要求司法实务者为了正义而置自身安全于不顾。论文中的"理论"出了问题，最多不过招来他人的一阵唾骂，而司法实务者一旦用错了"理论"，失去的可能就是他的一切，尤其是在当下这个当事人败诉自杀都会导致法官身陷囹圄③的客观环境中。以前面谈到的"故意犯罪"与"抗拒改造情节恶劣的故意犯罪"的关系为例，假设某法官相信了死缓制度中的"故意犯罪"即为"抗拒改造情节恶劣的故意犯罪"，以盗窃罪不属于"抗拒改造情节恶劣的故意犯罪"为由，将在死刑缓刑考验期中实施了盗窃犯罪且查证属实的犯罪人减为无期徒刑，在无期徒刑的执行中，该犯又故意杀死数名同监犯人，或者导致被害人家属因愤慨而自杀，那后果是可想而知的，在

---

① 对此很多人还美其名曰为了追求理论深度，他们甚至认为研究现行法是短期行为，因为法律一旦修改研究成果就没用了，只有研究宏观理论，成果的价值才可能具有持久性。殊不知，无论何种理论，当它脱离司法实践时，其价值肯定也就渐行渐远了。以至于有些博士生导师都在抱怨说"时下有的博士生将论文搞得越来越玄，搞得连导师也看不懂了"，当然对这样的东西司法实务部门更是敬而远之了。

② 实践部门其实很尊重确实能解决问题的理论，对此笔者曾有切身体会。笔者在2000年撰文《关于贷款诈骗罪的几个问题》，其中模拟并论证了"行为人在编造引进资金、项目等虚假理由向金融骗取贷款时，提供了其通过虚假反担保骗取的真实担保，能否作贷款诈骗罪处理"的问题，尽管当时还未发现此种情况的实际案例，笔者仍对其进行了周密的理论分析并得出了应作贷款诈骗罪处理的结论。2006年某法院审理一起类似案件，被告人甲以伪造的土地使用证为反担保，同某担保公司签订了担保合同，并以此为担保向银行贷款，共计骗取500万元贷款。此案在侦查、起诉、审理阶段均对案件定性（即应定合同诈骗罪还是贷款诈骗罪）出现重大争议，笔者所在律师事务所的同事以担保公司代理人的身份参与诉讼，并将笔者的文章提交合议庭，最后合议庭采纳了其中的理论分析，对被告人以贷款诈骗罪定罪，被告人也未上诉。

③ 尽管纠缠数年后，那位顺德法官最终被判无罪，重返法官岗位。但没人会忘记他所受到的指控，连他自己也说，他在法官这一位置上的发展已经结束了。

"故意犯罪"的法定内涵面前他只能成为轻率的牺牲品。这就是司法实务者不得不考虑到的风险，谁会愿意成为未经检验的理论的试验品呢？的确，如果忽视了司法实务工作首先是一份谋生的职业，其次才是维护正义的崇高责任，法学研究者与司法实务者之间很难达成有效的沟通，理论与实践也是如此。也许只有身处实务中或者曾经身处实务的人才会真正理解维护正义也需要适当的方式，而法学研究者恰恰很少注意到这一点。

故而，我们建议将刑事司法实践纳入刑事理论的评价体系中，赋予其相应的表决权，以消除刑事理论研究与刑事司法实践之间潜在的利益冲突，促使刑事理论研究者真正地尊重司法实践，在进行理论研究时能够站在司法实践的立场考虑问题。

其次，进一步强化刑事理论的预测功能。

"理论通常有两个功能，即解释特定的研究对象（解释功能），预测并解决该研究对象范围内的问题（预测功能）。"① 只有当两项功能共同发挥作用时，理论对实践的指导才会具有现实意义。而我们目前的刑事理论研究过于强调解释功能而忽视了理论的预测功能，也可以说理论的功能失衡问题正是造成刑事理论与刑事司法实践协调不足的技术原因。解释功能在目前的刑事法学理论研究中发挥得还不错，主要"得益"于这样一种认识——"刑法学者的解释结论只要具有合理性，符合罪刑法定原则，就可以指导司法实践。"但也正是这种认识导致了预测功能的发挥不足，因为这种学者最为理想化的状态将指导司法实践的标准设定得太过简单，以至于学者在进行理论研究时不自觉地忽略了理论的预测功能。一方面，没有能够通过理论研究预测出该理论所存在环境中将要发生的特定事项以及相应的解决方案，如在前面谈到的"行为人在编造引进资金、项目等虚假理由向金融骗取贷款时，提供了其通过虚假反担保骗取的真实担保，能否作贷款诈骗罪处理"的问题，如果没有在实践中发生这种情况之前就已经预测到这种行为并设计了相应的处理方案，当司法实践中出现这种情况时可能会错过影响司法实务部门的最佳时机。事实上，理论成果所具有的前瞻性是其能够指导实践的重要因素之一，如果理论研究总是在实践发现问题之后再去研究它，那对实践的指导意义也就大打折扣了。另一方面，没有通过理论研究预测出运行该理论可能出现的情况

---

① ［德］魏德士著：《法理学》，丁晓春、吴越译，法律出版社 2003 年版，第 12 页。

以及其对操作者的影响。当研究者将其理论研究的成果向司法实践初次推广时，司法实务部门对此肯定都会持一定的怀疑态度，这是很自然的心态。就如同初次面对从未用过的机器时，我们当然不会只因为销售者说好就毫无顾虑地接受，第一感就是想先看看使用说明书，尽可能地多了解它的功能及其副作用，然后再作出决定。对那些不站在司法实务者的立场加以预测的理论成果，自然不能消除司法实务者对其的怀疑态度，毕竟司法实务者才是使用该项理论的直接责任承担者。当然，有的学者可能会说，符合法理的研究成果对司法实践的指导是不可否定的，即使司法实务者最初可能不接受该理论，但当其上升到司法解释或立法解释时，最终还是能够指导实践的操作。但显而易见的是，这种情况已经不是理论对实践的直接指导了。

故而，我们认为，刑事理论研究有必要改变只注重其解释功能的状况，在发挥刑事理论的解释功能的同时还必须进一步强化其预测功能。研究者既要能够预见到实践中将要出现的问题并提出相应的解决方案，也要能够预见到某项理论成果在运行中可能出现的情况及其对实务者的影响，否则，难以说服司法实务接受自己的理论指导。

（三）在刑事理论研究上强化刑事学科之间以及与其他相关学科之间的交叉整合

在刑事一体化的视角下，① 对刑事学科的研究进行交叉整合，既符合刑事法学研究的内在规律，对刑事法学研究来说也具有非常积极的意义。而且随着社会生活的日趋复杂化，刑事法律所调整的社会关系中也涌现出越来越多的仅凭刑事法律不足以独立解决的问题，其要求刑事法律必须与其他相关法律法规或所涉问题的专业知识有机地结合起来。② 当然这也对刑事理论研究提出了新的要求——刑事学科之间的交叉整合和刑事学科与其他相关学科之间

---

① 刑事一体化即实体法与程序法的有机结合，在刑事法的立法和执行中，为了使刑事法实现更好的效果，必须使程序法与实体法相协调，使立法与司法相协调，实现它们之间的相互协调、相互配合，这里包括实体、程序相关制度的配合协调，立法者、司法者的配合协调，也包括法律研究中程序法与实体法的配合协调。

② 这在破坏社会主义市场经济秩序罪中表现尤为突出，客观地讲，该类罪名的适用依赖于经济法律及相关经济专业知识的支撑。大量的引证罪状、经济专业术语、行业惯例等非刑事内容的存在，使得该类犯罪构成无论在内容设置还是在证明要求上都有别于其他普通刑事犯罪。如果不能实现各学科的交叉整合，对其可操作性的削弱将是不可避免的。

的交叉整合。目前，我国刑事法学研究在此方面还不能令人满意，今后的刑事法学研究，应注重从刑事法治的整体运行状况出发，根据某些问题的关联性质，注意结合各有关刑事学科及其他相关学科进行研究，只有这样才能使刑事理论研究成果的可操作性得到进一步强化。事实上，无论是刑法学研究还是刑事诉讼法学研究，各学科的交叉整合都是必要的。毕竟法学所研究的对象最终还是要落实到人的行为或者人本身上，即便是对拟制的人（单位）的行为也不例外，而人和人所构成的社会是我们所处的这个世界中最为复杂的客观存在，希望通过任何一种方法独立解决人的问题的想法都是不切实际的。对于刑事法学研究来说可能更甚于其他学科，因为刑事法律不仅仅会涉及人的财产权利、民主权利，还会涉及人身自由权利甚至生命权利，依据刑事法律所为的行为一旦造成损失有时甚至是不可逆转的，故而对刑事法学的研究必须精细周延，尽可能地避免理论上的错误认识，而要做到这一点，各学科的交叉整合是必不可少的。

我们以对金融诈骗罪的犯罪目的的研究为例来说明上述问题。在研究金融诈骗罪的犯罪目的时我们必须要运用各学科的知识来证明其内涵及特征，也即我们在认识金融诈骗罪的犯罪目的时必须要运用各学科的知识对其进行全面剖析，才能真正理解其本质，而不被某些仅仅凭臆想得出的观点所左右。一要考虑非法占有目的的自然属性，即从普通心理学的角度对非法占有目的所作的本原含义的解读，也即暂时排除了刑事立法和司法的影响，仅仅在普通心理学领域内提取出非法占有目的的核心内容——目的，并对这种基本心理要素作常规的心理分析。基于自然人会有意识地去选择通过特定形式或者特定行为去实现欲望，但欲望是自然人通过具体行为所希望达到的最终结果。除此之外，还存在阶段性的结果，目的反映的行为时的心理态度正是这种阶段性的结果，以行为人主观上所直接追求的结果为其主要内容，而不是某一行为人试图通过某一具体行为所要追求的最终结果。二要考虑非法占有目的的刑法属性，也即从刑法学基本原理分析其刑法属性。非法占有目的是一种具体的犯罪目的，而犯罪目的反映的是行为人在实施特定犯罪行为时的心理态度。除非刑法有特别规定，犯罪目的是犯罪行为人主观上具有的通过实施特定犯罪行为直接追求某种结果的心理态度。三要考虑非法占有目的的自有属性。非法占有目的反映的是行为人在实施非法占有型犯罪行为时的心理态度，是非法占有型犯罪行为人主观上具有的通过实施特定非法占有型犯罪行为直接追求某种结果的心理态度，具体而言就是非法占有型犯罪行为人直接追求对财物进行非法的控制管理并彻底排除权利人控制的结果的心理态度。在此尤其要注意运用民法学的基本原理来认识"占有"。从非法占有目的的立法沿革我们可以很清楚地看到，在我国直到1984年才在司法解释中首次采用"非法占有目的"这一概念，而且无论是刑法典还是相关司法解释都未明确的界定其含义。对于在定罪量刑中发挥着重要作用的概念，没有通过法律文件对其含义作出明确界定，只在一种情况下不违背罪刑法定原则，那就是这种概念是刑法中的非原创性概念，我们可以在其他法律制度中找到理解它的根据，就如同刑法中使用的"商标"、"金融"等源自其他法律制度的专业术语。据此，要界定非法占有目的必须首先明确占有的词源，进而才有可能明确刑法上的非法占有。具体来说，准确理解非法占有目的的基础只能是民法的占有制度。当然，在民法占有制度的基础上去理解非法占有目的，并不意味着笔者认为两者之间具有等同关系。我们应当在不违背占有制度的基本原理的情况下，将民法中对占有的理解引入刑法，允许剔除其中民法的特有要求，根据刑法的需要，以其基本含义适用于对非法占有目的的注解，但绝不能无端地将占有与所有等同起来。四要考虑金融诈骗罪"非法占有目的"所处的特殊环境。金融诈骗罪"非法占有目的"是金融诈骗犯罪行为人主观上具有的通过实施特定金融诈骗犯罪行为直接追求某种结果的心理态度，尽管其同其他犯罪的非法占有目的一样，都表现为由非法控制或支配他人财物并且使该财物完全脱离权利人控制两方面的意图构成的有机整体，但金融诈骗罪"非法占有目的"所处的特殊环境对其理解提出了有别于其他犯罪的要求，也即要求我们必须联系金融学的相关原理去认识这一特殊环境。金融行为所特有的风险性——为了预期利益而对实物、货币和财产权利的控制和支配的合理转移所产生的风险，也正是因为这种风险性的存在，使得我们面对涉嫌金融诈骗罪的金融行为时无法像处理盗窃、抢劫案件一样可以通过行为本身或行为结果直接地推导出行为人的主观心理状态。在大多数情况下金融诈骗行为并不能同时反映出行为人心理态度的全部内容，行为人非法控制或支配了他人的财物，并不同时意味着使该财物完全脱离了权利人的控制；行为人对非法控制或支配他人财物的追求，也并不同时意味着对使该财物完全的脱离权利人控制的追求。特别是集资、贷款、信用证结算等行为，其本身即具有不可避免的风险性，这种风险与上述行为的预期利益同时产生，自始存在，正是这种金融风险割裂了非法控制或支配他人财物与使该财物完全脱离权利人控制之间的必然联系。五要对其内涵的设计必须适应刑事证明的需要，刑事诉讼的证明要求在各种诉讼中应当是最高的，因而某一个刑事概念的可证明性也是判断其合理性的重要因素。金融诈骗罪非法占有目的就其本质而言是一种主观思想，尽管人的行为能够反映其内心思想，但我们对其的认识也只能是间接认识。作为存在于行为人内心的思想，实际上不可能绝对准确地证明行为人在什么情况下具有非法占有目的或者什么情况下不具有非法占有目的，能够证明的只是一种可能性或者严格地说是一种概率，即非法占有目的在一定条件下发生的机会的多少。① 金融诈骗罪非法占有目的的这一属性使得对其的证明无法达到绝对可靠，影响金融诈骗罪非法占有目的的原因的复杂性也使这种证明更趋困难。的确，我们在设计金融诈骗罪非法占有目的的内涵时必须要考虑这些因素。它要求我们必须要超越简单归纳的传统思维，因为对于存在于自然人内心的思想我们不可能作出绝对可靠的认知，同样也无法给出完全固定的标准。因而我们对其内涵的设计也只能考虑建立在一个相对确定的标准之上，即在一定的固定值的基础上，增加一个可变量以适应对内心思想认知的间接性，运用分层理论来设立金融诈骗罪非法占有目的的判断标准，在具体判断非法占有目的的有无时必须依据行为人的行为特征、其自身的条件以及其他已存在的客观情况进行综合分析。只有如此，其内涵才可以随着新事物的不断涌现而进行不断的自我完善，而不会出现因固定标准不能适应发展而造成的滞后状态，也即其自身具有明显的可自我修复性。也正是因为这种特有的可自我修复性，使得这种相对确定的内涵界定有可能适用于金融诈骗犯罪的全过程。基于上述理由，我们将金融诈骗罪"非法占有目的"界定为"行为人在实施金融诈骗犯罪行为时主观上所具有的意图非法控制或支配他人财物并且使该财物完全脱离权利人控制的心理态度"。

---

① 从逻辑上讲，在这里我们研究的是客观意义上的概率，我们说某命题有较高或较低的概率就是指有关事件在一定条件下发生的机会的多少。在这里我们研究某种思想在何种情况下存在或在何种情况下不发生这样的命题的概率，我们对这些思想是否存在并不能绝对的确定，我们研究的应当是对行为与思想的某种联系的客观、清醒的分析，即我们根据什么（依据）认为在一定系列事件中有时会发生我们所说的事件（我们并不研究我们的主观信念，即单纯从内心出发相信某事件会在某些情况下发生，在另一些情况下不发生）。

　　通过上例可以看出，我们在研究金融诈骗罪的"非法占有目的"时实际综合运用了刑法学、刑事诉讼法学、心理学、民法学和金融学等各种相关学科的基本原理，由此所得出的结论当比单纯从刑法学角度进行的研究要准确得多。① 当然，事实上也只有通过这种各学科的交叉整合，我们才能够对金融诈骗罪的"非法占有目的"有一个准确深入的理解，也才能使之更有效地被适用于司法实践。

---

　　① 在我国刑法学界，对"非法占有目的"的认识大多只从刑法学角度出发，比较有代表性的有："非法所有说""非法获利说""非法占有说""不法所有说"等。从法理上讲，上述观点虽有一定的道理，但是也都没有能够全面反映出非法占有目的的基本特征。其要么以占有行为的表象特征来界定非法占有目的，如"非法占有说"就强调"只能从占有的行为意义上来理解非法占有目的，而不应再附加其他任何别的含义"。要么完全脱离占有行为而仅从行为后的处置来界定非法占有目的，如"非法获利说"就过于强调非法占有目的包含"按财物的用法利用的意思"，而忽略了犯罪目的是在行为阶段行为本身所反映出的心理特征，应当说这种认识是造成实践中预防金融诈骗犯罪不力的重要原因。从另一方面讲，大多争议观点尤其没有能够真正联系金融诈骗罪自身的特点来对非法占有目的进行深入论证。例如，有学者在界定金融诈骗罪非法占有目的时不加论证就简单地以刑法上的约定俗成否定了"占有"与"所有"之间的内在区别，人为地将"以非法占有为目的"等同于"以非法所有为目的"等，完全忽视了金融行为及金融诈骗行为自身的规律和特点。总的来说，这些理论研究结果没有对"非法占有目的"所涉及的学科进行交叉整合，当然也就不可能真正揭示金融诈骗罪非法占有目的的法律内涵，更不可能有效地指导司法实践了。

我国刑法中具有死刑条文的评析[*]

一、我国刑法中的死刑立法概况

死刑是我国刑法采用的一种刑罚方法，由于这种刑罚的施行以剥夺犯罪人生命而终结，因而在刑事立法和刑事司法过程中都受到严格的控制。1979年制定的《中华人民共和国刑法》分则共 103 条，涉及死刑的条文有 15 条，除反革命罪外，普通刑事犯罪中的死罪计有：放火罪、决水罪、投毒罪、爆炸罪、以其他危险方法危害公共安全罪、破坏交通工具罪、破坏交通设备罪、破坏易燃易爆设备罪、故意杀人罪、强奸罪、奸淫幼女罪、抢劫罪、贪污罪，共 13 个罪名，涉及 6 个条文。就此可以看出，死罪在刑法各罪中所占比例是比较低的，这既从主观上体现了慎用死刑、贯彻少杀和尽量不杀的立法指导思想，同时也反映了刑法初创时，客观上不可能详尽把握死罪范围。死罪罪数以限定在一个较狭的范围为宜。

1980 年以来，由于社会条件和社会治安状况发生了很大的变化，为适应打击刑事犯罪的需要，全国人大常委会根据刑事司法实务的具体情况先后制定颁布了 20 余个单行刑事法律，这些法律对原刑法有关死刑的罪数、范围、死刑的适用方式等作了较大的修改，从而使死刑规定在我国刑法中发生了重大变化，其变化可从两个方面体现出来。首先，从内容上看主要表现在：（1）在死罪罪数上，刑法原有死罪条文共 15 个，涉及死罪罪名共 28 个（包括反革命罪），现在则增至 40 余个条文，死罪罪数已逾 60 个。（2）在死罪范围上，原刑法规定的死罪主要集中在反革命罪、危害公共安全罪中，亦有少

＊ 与肖常纶合著，原载《刑法的修改与完善》文集，人民法院出版社 1995 年 6 月出版。

数分布在侵犯公民人身权利罪和侵犯财产罪中,增加的死罪则主要为经济犯罪、妨害社会管理秩序方面的犯罪及军人违反职责罪。(3)在死刑的适用方式上,发生了两个变化:一是全国人大常委会 1981 年、1983 年分别制定了《关于处理逃跑或者重新犯罪的劳动劳改犯和劳教人员的决定》、《关于严惩严重危害社会治安的犯罪分子的决定》(以下简称《决定》),规定对那些原非死罪,但符合《决定》要求的犯罪行为可以加重判处,或在刑法规定的最高刑以上判处刑罚,直至判处死刑;二是对某些死罪如劫持航空器罪,拐卖妇女、儿童罪,绑架妇女、儿童罪,绑架勒索罪,组织他人卖淫罪,强迫他人卖淫罪等规定了绝对确定的死刑法定刑。其次,从立法上看表现为:一是通过增加新罪名扩大死罪范围,如传授犯罪方法罪,绑架勒索罪,劫持航空器罪,盗掘古文化遗址、古墓葬罪等。二是将刑法已有的原无死刑规定的罪名通过增加死刑刑种上升为死罪,如盗窃罪、盗运珍贵文物出口罪、贩毒罪等。值得一提的是,有些上升为死罪的罪名经过一段时间实践后又通过新的立法取消了死刑,如引诱、容留妇女卖淫罪原非死罪,1983 年升格为死罪后,又于 1991 年由全国人大常委会通过《关于严禁卖淫嫖娼的决定》改名为引诱、容留、介绍他人卖淫,并取消了死刑规定。三是通过把某些犯罪行为分解后,由原来的一个死罪分离为数个死罪,或者将分离后形成的新罪名不再作为死罪。前者如把拐卖人口罪上升为死罪后,又进一步从该罪中分离出拐卖妇女、儿童罪,绑架妇女、儿童罪,由一个死罪分离为三个死罪;后者如从投机倒把罪中分离出生产、销售伪劣商品罪,对于在生产、销售过程中掺杂、掺假、以假充真、以次充好和以不合格产品冒充合格产品的行为应按生产、销售伪劣商品罪处理,而不再作为投机倒把罪处理,从而限制了投机倒把这一死罪的适用范围。四是改变某些死罪的犯罪构成,如将贪污罪主体从国家工作人员扩大到集体经济组织工作人员和其他经手、管理公共财物的人员,对制造、运输、买卖枪支、弹药罪和盗窃、抢夺枪支、弹药罪的犯罪对象在枪支、弹药之外增加爆炸物。事实上增加了死刑的适用范围。

归纳上述内容,总的来看,除了个别情况下死刑的适用在立法上有所限制外,该刑种在我国刑罚各刑种中占的比例逐年扩大,死罪罪数不断增加。据概略统计,目前我国刑法规定的罪名已超过 200 个,死罪在其中所占比例已达 1/4,高死刑率已成为我国刑法的一个特色。

二、对死刑现状的评价

一段时间以来，刑法学界对死刑的扩大化问题，死刑应否限制抑或取消，或者是否取消某些死罪等进行了广泛的讨论，总的看法是死刑在我国刑法中应当保留，在一个相当长的时期内还不能取消，但对死刑的适用应有所限制，应防止死刑的扩大化倾向。对于这一基本认识我们不持异议，但我们注意到，在诸多学家的研究中，尚缺乏一个较为明确的、统一的立法标准，即死刑增、删设置的依据是什么？这一问题不解决，进一步对个罪中死刑问题的研究便难以进行。我们认为，对于我国死刑问题的研究评价不应该简单地着眼于某些统计数据，也不必一味考虑国际上刑罚发展的趋向，重要的是要权衡这些死刑规定是否必要，是否符合我国的国情、社情，是否为抑制严重刑事犯罪所必须。众所周知，我国传统刑法中，长期以来一直是把故意杀人罪作为死罪加以规定的，这一规定从未引起异议，其原因就在于这种犯罪因其侵害客体的特别重要性和危害结果的不可挽救性而导致了死刑的不可替代性。同时，"杀人者死"这一观念长期以来植根国人脑中，根深蒂固而早已得到普遍的认同。这样的死罪规定既是惩罚犯罪所必须，亦符合我国国情、民情，自然不会发生存废的争论。据此，我们考虑寻找一个死刑立法参照物，即将"故意杀人罪"、"抢劫罪"、"贪污罪"等传统的、已被认同的、必要的死罪作为参照，凡社会危害程度等同或超过这类参照罪的，同时设置死刑亦是抑制该罪所必须的则对该罪应当设置死刑。已经设置的，应予保留。反之，凡社会危害性小于这类犯罪的，就不应当设置或保留死刑。有了这样的参照性依据，对死刑问题的具体研究也就具有了可操作性。下面，我们试根据这一参照标准对各类犯罪的死刑问题分别予以评述。

（一）反革命罪

尽管我们早已主张在修改完善我国刑法时需要修改其类罪名和具体罪名，但现行刑法典中所规定的死刑条文应该说是适当的。

（二）危害公共安全罪

危害公共安全罪是普通刑事犯罪中危害最为严重的一类犯罪，由于其侵害的是不特定多数人的人身和重大公私财产的安全，社会危害性远大于一般的针对特定个人和具体财产的犯罪，因而该类罪中的死罪比较集中，除刑法原已规定了 8 个死罪外，自 1983 年以来，新增加了非法制造、运输、买卖或盗窃、抢夺枪支、弹药、爆炸物罪，劫持航空器罪，生产、销售毒害食品罪，死罪在危害公共安全罪中的比例约为 50%。关于本类犯罪中的死罪，就刑法原有的 8 个死罪罪名来看，其死刑规定并无不妥。因为无论是以爆炸、投毒、决水、放火或者其他危险方法实施犯罪，还是针对交通工具、交通设备、易燃易爆设备进行破坏，其造成的后果往往都是多人生命的丧失和重大财产的破坏，且对这一危害后果行为人都是持一种故意的心理状态，与故意杀人罪相比较其社会危害性有过之而无不及，设置死刑实属必要。即或今后修改刑法，该类死罪亦应保留。对于后补的几个死罪，其中的生产、销售毒害食品罪过去是按"以其他危险方法破坏公共安全罪"定罪处罚的，独立为罪后，继续适用死刑乃顺理成章之事。而劫持航空器罪过去分别按反革命破坏罪和破坏交通工具罪处理，该两罪原即死罪，并且事实上劫持航空器的危害比一般的反革命破坏行为或破坏交通工具行为更为严重，继续适用死刑实属必要。

至于非法制造、运输、买卖或盗窃、抢夺枪支、弹药、爆炸物罪，我们认为由于其主要侵害的是国家对枪支、弹药、爆炸物等特定物品的管制，行为人主观上一般不直接以破坏公共安全为目的，而多是出于营利、贪财、玩耍等需要，同时刑法规定予以处罚的也只是针对这类特定物品所实施的制造。运输、买卖或盗窃、抢夺行为，这种行为并不直接发生重大的人身伤亡或重大财产的损害，虽然对于公共安全具有严重的威胁，但危害结果往往是潜在的而非现实的，与爆炸、投毒、劫持航空器等直接造成危害公共安全后果的犯罪比较，其社会危害性相对较小。因此，刑法对该罪没有像其他严重危害公共安全的犯罪那样规定死刑，而将其法定最高刑规定为无期徒刑是比较恰当的。至于 1983 年全国人大常委会通过的《关于严惩严重危害社会治安的犯罪分子的决定》把该罪升格为死罪，主要考虑到该罪易引发其他严重刑事犯罪，在社会治安状况不好的情况下，采取了从重惩治的方针，这种考虑在特定的时期不无道理，但从长远来看，该罪以不设置死刑为宜。

根据以上分析，危害公共安全罪一章可设置 10 个死罪，即刑法原规定的 8 个罪名加上补充的劫持航空器罪和生产、销售毒害食品罪。需要说明的是补充的两罪原来为其他死罪所包括，成为独立的罪名后，虽使死罪罪数上升，但并没有扩大死刑适用的范围，如果废除对非法制造、运输、买卖或盗窃、抢夺枪支、弹药、爆炸物罪的死刑规定，则危害公共安全罪一章的死刑适用面基本上未超出原刑法规定的范围。

（三）破坏社会主义经济秩序罪

本类犯罪刑法原无死刑规定，后经立法机关升格而补充了走私、投机倒把两个死罪，死罪所占比例约为8%。

关于走私罪，考虑到无论经济条件怎样变化，它对社会经济秩序的破坏始终是十分严重的，尤其是当发生武装走私，或者大规模走私武器弹药等禁运物品时，它不但破坏国家对外贸易管制，冲击国内民族经济发展，往往还会对人身和公共安全造成严重危害，有的国家甚至将其作为国事罪加以重惩，因此我国刑法对其设置死刑是必要的，较之于对贪污罪、盗窃罪的处罚规定来看，并不显得过当。

投机倒把罪的死刑问题值得研究，由于该罪罪名存在的不确定性和包含行为的多样性及行为的不稳定性，导致了其实践中的不可捉摸性，从而对该罪的把握不得不主要依靠时常变化着的政策上的指导。这样的罪名有无存在的价值早已引起人们怀疑，更何况在社会主义市场经济不断完善的过程中，不少传统意义上的投机倒把不法行为已相继不再具有社会危害性，有的甚至为社会所欢迎。即使是像在生产、销售过程中掺杂、掺假，以假充真，以次充好，以不合格产品冒充合格产品的典型扰乱市场秩序的行为也已不再被认为是投机倒把行为，而已独立为新的罪名，并且对于这种犯罪立法机关也已不再规定为死罪，排除了死刑的适用。至于目前尚作为投机倒把罪处罚的一些行为，如哄抬物价、垄断市场、囤积居奇、以少充多等，其社会危害程度明显小于走私行为，充其量相当于生产、销售伪劣商品。因此，我们考虑鉴于投机倒把罪范围逐渐缩小，甚至该罪名有可能取消，仍作为犯罪处理的行为有的已通过立法明确排除了死刑的适用，其余的就危害程度来看也不足以适用死刑，故对投机倒把罪可作两种处理：一是取消该罪，以商业欺诈罪、垄断市场罪等新罪名和已经新设置的生产、销售伪劣商品罪罪名来代替，对新补充的罪名不再规定死刑；二是保留该罪，但取消死刑规定。如采用第二种方法，则须明确界定投机倒把行为的范围，以避免再出现过去将之作为"口袋罪"而难以具体操作和助长执法、司法随意性等情形的发生。

（四）侵犯公民人身权利罪

本类犯罪中，刑法原规定的死罪有3个，分别为故意杀人罪、强奸罪、奸淫幼女罪，其后通过单行刑事法律升级或增补的死罪有：故意伤害罪，拐卖人口罪，拐卖妇女、儿童罪，绑架妇女、儿童罪，强迫妇女卖淫罪（后改为强迫他人卖淫罪），组织他人卖淫罪，死罪罪数为 9 个，死罪比例约为 32%。

侵犯公民人身权利罪中，故意杀人罪、强奸罪、奸淫幼女罪是传统的死罪，设置死刑的必要性无须评价。故意伤害罪在有的时候造成的恶果并不比故意杀人罪轻，如恶性毁容、严重伤残肢体等，升格为死罪不违背罪刑等价要求。绑架妇女、儿童罪因其手段的野蛮残暴和对妇女、儿童身心健康的严重摧残以及对正常家庭结构的破坏，较之某些行为如强迫妇女卖淫，拐卖妇女、儿童等社会危害程度更为严重，应当设置死刑。组织他人卖淫罪是该类犯罪中危害程度最为严重的犯罪，同时为了有效遏制卖淫嫖娼不法行为的迅速蔓延，也为了切实保护妇女的合法权益，对该罪设置死刑亦属必要。至于强迫他人卖淫罪，拐卖人口罪，拐卖妇女、儿童罪是否有必要设置死刑，则值得认真推敲。

关于强迫他人卖淫罪，根据全国人大常委会《关于严禁卖淫嫖娼的决定》和最高人民法院、最高人民检察院对适用此决定所作的解答，本罪适用死刑的情形限定在四个方面：（1）强迫不满 14 岁的幼女卖淫的；（2）强迫多人卖淫或者多次强迫他人卖淫的；（3）强奸后迫使卖淫的；（4）造成被强迫卖淫的人重伤、死亡或者其他严重后果的。对于第一种情形，强迫幼女卖淫固然性质恶劣，但毕竟不同于直接奸淫幼女的行为，并且一般来说行为人主观上，对于幼女的被摧残是持放任态度，直接追求的是物质等利益，其主观恶性要略小于奸淫幼女的犯罪人；对于第二种情形，多数情况下对该行为可直接按组织他人卖淫罪论处，而按照本罪处理的行为已不具有组织性，因此其危害程度与有组织的犯罪行为是有差别的；对于第三种情形，从法理上讲，强奸后迫使卖淫的，即使将强奸作为强迫他人卖淫的一种手段，该手段也触犯了强奸罪，在这种情况下应择一重罪即强奸罪处罚，不应作为本罪的严重情节处理；至于第四种情形，对于造成的重伤、死亡等严重后果行为人并不希望，如果行为人追求这样的结果发生，就不属于这样的情形而应按故意伤害罪或故意杀人罪处罚。因此在强迫他人卖淫活动中，同时触犯了强奸罪、组织他人卖淫罪、故意伤害罪、故意杀人罪的，应分别按上述犯罪论处或数罪并罚；没有触犯上述罪名的，其行为的危害程度尚未严重到必须适用死刑，可以考虑取消本罪的死刑，以无期徒刑为最高法定刑，这从刑罚的衔接来看（组织他人卖淫罪最高法定刑为死刑，强迫他人卖淫罪为无期徒刑，引诱、容留、介绍他人卖淫罪为 15 年有期徒刑），也显得较为合理。

关于拐卖人口罪，本罪于 1983 年升格为死罪。1984 年"两院一部"在《关于当前办理拐卖人口案件中具体适用法律的若干问题的解答》中指出："拐卖人口罪，是指以营利为目的……主要拐卖妇女、儿童的犯罪行为。"在同一《解答》中列举的可适用死刑的四种"情节特别严重"的拐卖人口行为中，其犯罪对象亦基本上限定在"妇女、儿童"范围内。可见，对拐卖人口罪从重处罚的目的主要在于对妇女、儿童的特殊保护。目前，拐卖人口罪的犯罪对象已不包括妇女、儿童，仅为 14 岁以上少年和成年男性，而针对这样的对象实施的拐卖行为又是十分罕见的，鉴于本罪适用死刑的主要情形已经消失，甚至其存在的基础也已动摇，因此有必要考虑取消该罪死刑，也可以进一步考虑废除此罪。

关于拐卖妇女、儿童罪，本罪同绑架妇女、儿童罪在性质上属于同一种犯罪，过去也都按拐卖人口罪同一个罪名处理，之所以分离为两个罪名，乃是根据两罪的行为方式不同，前者主要采用诱拐的方式，后者则采用暴力、威胁、麻醉等绑架的方式。分析这两种犯罪手段，很明显后者的危害远重于前者，而犯罪手段如何对于量刑有着重要的影响，既然绑架妇女、儿童罪已因其犯罪手段的严重性而独立确定为死罪，那么将危害程度相对较轻的拐卖妇女、儿童罪同样确定为死罪就显得有些失衡。若以绑架妇女、儿童罪为人口犯罪中的死罪设定标准，则拐卖妇女、儿童罪尚达不到这一标准，不宜规定为死罪。

综上，侵犯公民人身权利罪可以保留 5 个死罪，其余的 3 个现有死罪可以取消，鉴于这三种犯罪的社会危害性较之一般犯罪严重，其最高法定刑均不能低于无期徒刑。

（五）侵犯财产罪

侵犯财产罪的死罪计有抢劫罪、贪污罪、盗窃罪、绑架勒索罪。前两罪为原有的死罪，盗窃罪为升格的死罪，绑架勒索罪作为新设的死罪，比例约为 36%。

本章的死罪较为恰当，需注意的只是在适用死刑时，由于社会经济条件的不断进步，也由于物价的较快增长，对贪污罪、盗窃罪的数额标准应及时调整。目前，对贪污罪、盗窃罪适用死刑的数额起点显得过低，应适当提高，以避免该类罪死刑的过频使用。

（六）妨碍社会管理秩序罪

本类犯罪刑法原无死刑规定，现有死罪全部为原有罪名的升格和补充的新罪，包括流氓罪，盗运珍贵文物出口罪，盗掘古文化遗址、古墓葬罪，走私、贩卖、运输、制造毒品罪，容留他人吸毒并出售毒品罪，生产、销售假药罪，共6个罪名。在妨碍社会管理秩序罪中的比例约为12%。

妨碍社会管理秩序罪中增设的死罪与一些类似的死罪具有可比性，如盗掘古文化遗址、古墓葬罪与盗窃罪，盗运珍贵文物出口罪与走私罪，生产、销售假药罪与生产、销售毒害食品罪，既然后者应当并已设置死刑，如果前者不作相应规定，在某种情况下会导致轻纵犯罪人和刑罚适用的不公正。如盗掘古文化遗址、古墓葬的同时，往往会并发盗窃珍贵文物，对这种行为法律规定仍构成盗掘古文化遗址、古墓葬罪，倘若情节特别严重，数额特别巨大而不能处以死刑，与对盗窃罪的处罚相比就显失公正，所以这三个罪应当设置死刑。考虑到盗运珍贵文物出口罪实质上是一种文物走私行为，而走私罪中亦包括走私文物，并且走私文物已被明确规定为情节严重的走私行为而列入可适用死刑的情形之一，从减少死罪罪数角度出发，可以考虑把盗运珍贵文物出口罪并入走私罪中，不单独成立一罪。

对涉毒犯罪中最严重的走私、贩卖、运输、制造毒品罪及容留他人吸毒并出售毒品罪规定死刑，既是惩治这类犯罪所必需，亦与当前国际上严厉打击这类犯罪的趋势相一致，这里不再赘述。关于流氓罪的死刑问题，原刑法规定的最高法定刑为15年有期徒刑，这反映了当初立法时强调限制死刑的良好愿望，然而经过一段时间的实践，发现有的情节特别恶劣的流氓犯罪危害程度并不低于杀人、强奸等行为，立法机关为此对该罪增加了死刑适用，这一考虑适应了打击严重流氓犯罪的客观需要，应给予肯定的评价。

（七）渎职罪

渎职罪中的死罪只有一个，即受贿罪。该罪与贪污罪性质相近，总是被人们相提并论，事实上过去我国对受贿行为就是直接照贪污罪处理的。并且，受贿罪侵犯的主要是国家机关、企事业单位、人民团体和集体经济组织的正常活动和声誉，其社会危害性较之贪污罪有过之而无不及。因此，对受贿罪比照贪污罪规定死刑是适当的。需要注意的是，如同前述对贪污罪适用死刑的认识一样，对受贿罪适用死刑时，亦应注意数额标准的适时调整。

以上是对七类刑事犯罪中的死刑问题的评述，除此以外，第七届全国人大常委会第三次会议通过的《关于惩治泄露国家秘密犯罪的补充规定》，对为境外的机构、组织、人员窃取、刺探、收买、非法提供国家秘密的行为补充为新罪并设置了死刑。该罪难以列入上述七类罪中，我们认为对该罪适用死刑过当，因为实施这样的行为多数主观上具有反革命目的，而在这种情况下其行为就应按间谍、特务罪论处；如果不具有反革命目的，则行为人主观恶性便相对较小，同样适用死刑不能体现区别对待的精神。再则，这种犯罪一般具有涉外因素，在不是十分必需的情况下，以不设置死刑为妥。

三、对完善死刑制度的几点意见

完善我国刑法中的死刑制度，有一个总的原则，即慎用死刑。所谓慎用死刑，一是尽量缩小死罪范围，二是尽可能不判处死刑。前者针对立法而言，后者针对司法而言。然而在这两方面目前都还存在一些问题，有进一步完善之必要。

（一）立法方面

1. 应及时废除不必要的死罪，尤其是一些部分行为已为其他罪名取代的死罪，如投机倒把罪、拐卖人口罪等，这些罪名存在的价值已不大。即使备用，也无继续保留死罪的必要，立法机关应及时废除这些罪名，或者废除对这些犯罪的死刑规定。

2. 在死刑的适用方式上，应摒弃加重适用死刑和设立绝对确定死刑法定刑的做法。根据全国人大常委会《关于处理逃跑或者重新犯罪的劳改犯和劳教人员的决定》，劳改犯逃跑后又犯罪的，可以加重判处死刑。实际上这里指的是逃跑后又犯最高刑为无期徒刑的那些罪。劳改犯逃跑后又触犯这类罪名的，就有可能被处死刑，这样事实上就把这类犯罪升格为死罪（有的论著称之为"准死罪"）。由于近年来增设的新罪名中最高刑为无期徒刑的犯罪陆续增加，加之原刑法的有关规定，则能够适用死刑的罪名无形中又增加了十余个。我们认为，既然立法时对有关犯罪没有规定死刑，表明死刑在这些犯罪中是不必要的，即使是脱逃后的劳改犯又犯这类罪，其犯罪行为本身亦达不到判处死刑的程度，对之适用死刑，与对这类罪不设置死刑的立法原意相悖。从刑罚个别化角度讲，虽然劳改犯逃跑后又重新犯罪，表明了其人身危险性的严重程度，但对之可在行刑中通过其他方式解决，如不适用假释，一般情况下不减刑等，而不必加重判处死刑。

我国刑法采用的是相对确定法定刑，但近期的一些单行刑事法律中对某些犯罪在死罪适用上采用了绝对确定法定刑的做法，如对组织他人卖淫等罪规定，"情节特别严重的，处死刑"。这种做法既缺乏灵活性而且会使"死刑错判无可挽救的弊端"更加突出。其实即使"情节特别严重"也还有程度之分，并非一律都要判处死刑，建议仍按过去传统的方法，即沿用"情节特别严重的处无期徒刑或者死刑"的法定刑模式。当然对某些犯罪如绑架勒索罪，绑架妇女、儿童罪也可以把死刑放在无期徒刑之前，强调死刑的优先性。总之，应使法官在适用刑罚时有一定的选择余地。

3. 应进一步注意改进立法技术。根据我国社会实际情况，对于必要的死罪应当保留，但几十个死罪的数字毕竟过于庞大，有必要从立法方式上予以改进。例如，有的单行刑事法律将原刑法确定的一个死罪分解为数个死罪，其范围并未突破原来的规定，这种做法虽然增强了司法操作性，但却增加了死罪数量。刑法的操作掌握亦可通过对刑法的解释而不一定非通过立法解决，对于那些可以规定在同条文中的性质相同的犯罪行为，最好不采用分离为数罪的立法方法，以避免死罪罪数在形式上的增加。过去的立法中，也有一些可借鉴的做法，如采用选择性罪名的方式，可以防止死罪罪数形式上的增加，建议今后立法时多采用这种方法。

（二）司法方面

在刑事司法过程中，慎用死刑即尽可能不判处死刑或不执行死刑。必须做到该杀则杀，可杀可不杀的坚决不杀，为此，应注意以下几个方面的问题：

1. 要重视无期徒刑对死刑的替代和死刑缓期执行对死刑立即执行的替代。能不判死刑的尽量不判死刑，非判不可的，不是罪该立即处死的，尽量以死缓代之。要充分发挥死刑缓期执行这一我国刑法中独创的刑罚制度的积极作用。为便于操作，司法机关应对在死缓执行过程中出现的问题如何处理作出明确的解释，特别是对刑法第43条、第46条关于适用死缓的条件的规定及死缓期间何为"确有悔改表现"，何为"抗拒改造情节恶劣"，应当作出明确的界定，以便于司法实务部门正确、大胆地适用这一规定。

2. 在对经济犯罪适用死刑时，要注意两个方面的问题：第一，要强调犯罪数额以外其他特别严重情节的具备，不能单纯以数额论；第二，要注意及时调整适用死刑的犯罪数额起点，在经济高速发展的年代，几年一贯制的不变数额不能正确反映行为社会危害程度的变化，如果不及时调整提高用刑起点，将会出现经济犯罪中死刑判决上的罪刑失调。

3. 对于严重刑事犯罪，适用死刑的条件是"情节特别严重"，最高司法机关应当对什么为"情节特别严重"作出明确界定，以防止执行中的任意性和各地的不统一。可喜的是这一问题已引起有关部门的注意，如"两高"在对拐卖妇女、儿童罪如何适用死刑的解答中指出：对该罪适用死刑，必须具备《关于严惩拐卖、绑架妇女、儿童的犯罪分子的决定》第 1 条所规定的六项情形之一，且必须达到"情节特别严重"的程度，不能在这六项情形之外再扩大范围。这样的规定有利于防止死刑适用中的扩大化倾向，然而目前只是针对个别犯罪有这样的规定，建议"两高"逐步在其他罪的死刑适用范围上推行这种限定性规定的做法。

4. 在具体的司法实务中，一些地方的做法亦应引起注意，如数人共同犯罪造成一个危害结果，在因证据等问题难以分清主次的情况下统统适用死刑；或者虽能区分主从，但由于主要犯罪人具有某种不得适用死刑的情节，便将属于可杀可不杀的其他犯罪人判处死刑。这些做法违背了慎用死刑的基本用刑指导思想，希望能引起足够重视。

《刑法修正案（八）》析读*

《中华人民共和国刑法修正案（八）》（简称《刑法修正案（八）》）于 2011 年 2 月 25 日经第十一届全国人大常委会第十九次会议表决通过，2011 年 5 月 1 日正式施行。修正案共 50 条，分三个部分，其中涉及总则部分的有 19 条（第 1 条至第 19 条），涉及分则部分的有 30 条（第 20 条至第 49 条），涉及附则部分的有 1 条（第 50 条）。

我国自 1997 年全面修订刑法典后，对于刑法的修改完善工作并未停滞，1998 年以来的十余年间，全国人大常委会曾先后出台了 1 个决定和 7 个修正案，以应对惩治犯罪的客观需求。近年来，随着经济、社会的发展，刑事法治理念发生了较大变化，刑事犯罪也出现了一些新情况、新问题，急需对刑法有关规定作出修改和补充，在此背景下，《刑法修正案（八）》应运而生。

《刑法修正案（八）》是自 1998 年以来规模最大，也是最为重要的一次刑法修正。自草案公布以来，即受到社会各界的广泛关注和热议。其中，对于宽严相济基本刑事政策的贯彻，推动和谐社会建设、彰显人本主义和民生观念的相关条文设计，依据现代刑事法治理念推进刑法现代化的立法尝试，以及立法技术的成熟化趋进等尤为引人注目。以下择其要者试对《刑法修正案（八）》作一理性解读。

一、削减死刑，宣示意义不容忽视

据了解，这次刑法修改的重点是，落实中央深化司法体制和工作机制改

---

* 原载《社会管理创新与刑法变革》文集，中国人民公安大学出版社 2011 年 10 月出版。

革的要求，完善死刑法律规定，适当减少死刑罪名，调整死刑与无期徒刑、有期徒刑之间的结构关系。① 死刑问题，一直是刑法学界和社会高度关注的一个重要刑法视点。从国家层面而言，长期以来所倡导的是限制死刑、慎用死刑，即可杀可不杀的一律不杀，而从立法层面反观，限制死刑似乎变成了一句干瘪的政治口号。1979 年，我国首部刑法典制定颁布，其中挂死刑的罪名共有 28 种，虽然绝对数量不可谓不大，但其中一半乃是针对危害国家安全的犯罪（时称反革命罪）所设，这类犯罪在司法实务中并不常见，适用死刑判决的案例亦为少见，即如有学者所说"基本上属于备而不用或备而少用"，其评价意义重于实用价值。而另一半挂死刑罪名中，除贪污罪外，其余 13 个均为危害公共安全和侵犯人身权利的重大暴力性犯罪，站在当时历史背景和社会观念的角度，1979 年刑法的做法基本能让人接受。进入 80 年代，立法机关相继制定了多个单行刑事法律，这些法律对于死刑的共同态度是只增不减，即所谓只用加法不用减法，遂使死刑罪名不断膨胀，至 1997 年全面修订刑法，我国刑法中的死刑罪名已由当初的 28 种骤升到 68 种，增加幅度为142.8%，增幅与数量令人瞠目。另外，从增加的死罪种类来看，有相当一部分属于非暴力性犯罪和同属非暴力性犯罪类的经济犯罪，在全部 68 种死刑罪名中，这类犯罪的比例高达近 2/3。一个不容忽视的问题是，与立法上的死刑高增长率相呼应，相当一段时期内司法过程中的部分死刑复核权下放事实上进一步放宽了死刑判决，雪上加霜般的严峻状态促使有关方面、更多的学者和社会人士认真地思考，严刑峻法并非灵丹妙药，乱世重典的药方又如何因应和谐社会建设的需求？思考的结果耀出了此次刑法修改最大的亮点，《刑法修正案（八）》首次采用减法的做法并一次性批量削减了 13 个死刑罪名，②从而使我国刑法中的死刑罪名从 68 个减至 55 个。

　　本次刑法修改对于死刑的限制，舆论普遍持赞同态度，但大多是从削减死刑，死罪数量减少这一表象就事论事，对于立法的导向价值和评价功能涉

---

　　① 《法制日报》2011 年 2 月 26 日第 3 版。

　　② 具体取消的 13 个死刑罪名为：走私文物罪；走私贵重金属罪；走私珍贵动物、珍贵动物制品罪；走私普通货物、物品罪；票据诈骗罪；金融凭证诈骗罪；信用证诈骗罪；虚开增值税专用发票、用于骗取出口退税、抵扣税款发票罪；伪造、出售伪造的增值税专用发票罪；盗窃罪；传授犯罪方法罪；盗掘古文化遗址、古墓葬罪；盗掘古人类化石、古脊椎动物化石罪。

及不多。事实上，此次取消的 13 个死刑罪名，均是在司法实务中很少出现甚至个别的从未发生过死刑判决的罪名，这对司法实务中实际降低死刑判决数量的帮助作用并不明显。另外，这些罪名均为经济性、非暴力性犯罪，尚未触及暴力性犯罪这一敏感区域。且同属经济性、非暴力性犯罪，另一些危害性相当、构成要件相似的罪名，却未能同步废止死刑，刑罚设计的系统性、协调性受到质疑。然而，虽然存在这些不足，或者说不理想，但却是刑法实施三十年来，第一次真正意义上对死刑的限制，且一次削减的幅度即占到全部死刑罪名总数的 19.1%，我国死刑立法改革的帷幕由此掀开。在我国社会，受历史传统的影响，杀人偿命、欠债还钱被视为天经地义，重刑主义的惯性思维长期以来左右着我们的刑事立法和司法过程。由此，死刑的限制与存废不是一个简单的"是"与"否"的问题，而是对社会的承受力和接受度、对立法和司法过程中的惯性思维，某种程度上也是对国家政治领导层决心的考量。这次刑法批量削减死刑罪名，其发出的信号十分明确，中国社会文明发展是一个理性的演进过程，社会进步不依赖于或者说应当消除刑法治理中的重刑主义。国家通过立法的方式表明对死刑的评价和限制死刑的态度，对于社会正确认识刑罚功能，树立理性、科学的刑罚观，对于逐步扭转以至消除积存久远的重刑观念，对于我国死刑立法改革的进一步推进，最终达到废除死刑的理想目标，应当说其引导作用和宣示意义远远高于简单的法律变动本身。而这也正是此次刑法削减死刑最具魅力之处。

二、依据现代刑事法治理念推进刑法现代化的立法尝试

本次刑法修订，引人注目的是首次将总则部分纳入修改的对象，并且修改的范围宽泛，内容涉及刑法总则第二章、第三章、第四章、第五章的众多条文。其中，较集中地对刑罚裁量和执行部分的相关规定进行了调整。而在这些调整中，依据现代刑事法治理念推进刑法现代化的相关立法变化尤为醒目，并引起广泛的讨论。

（一）确立老年人犯罪刑罚裁量的轻缓化原则

《刑法修正案（八）》第 1 条和第 3 条分别规定："……已满七十五周岁的人故意犯罪的，可以从轻或者减轻处罚；过失犯罪的，应当从轻或者减轻处罚。""……审判的时候已满七十五周岁的人，不适用死刑，但以特别残忍

手段致人死亡的除外。"基于老年人的特殊生理状况，犯罪的时候给予从宽处理，符合刑罚人道主义精神，亦是世界各国的通例。原刑法对于未成年人犯罪有相应的规定，但未触及老年人犯罪问题，这次刑法修改填补了这一空白，对于推动我国刑法现代化建设的进程，无疑具有十分重要的意义。

老年人犯罪免死，是否违背刑法平等原则？有人提出，对老年人不适用死刑违背了适用刑法人人平等原则。对此主导意见指出，"适用刑法人人平等"是指司法上的平等，立法上根据主体的特殊情况依据相应的价值取向来设置不同的处罚原则，并不违背平等原则。① 我国刑法早有关于"犯罪的时候不满十八周岁的人和审判的时候怀孕的妇女，不适用死刑"的规定，对此过去并不存在争议。同理，审判的时候已满七十五周岁的人不适用死刑，亦不应当受到质疑。

老年人犯罪，是否一律免死？这在草案审议中存在争议，有人认为老年人很多还具备犯罪能力，如果不加区别一概免死，后果不堪设想，提出应当"一般免死，特殊除外"。立法最终采纳了这个意见。对此，有学者提出不同看法，认为老年人严重犯罪的比例极低，死刑判决更是少见，对老年人免死本来就是宣示意义大于实际意义，没必要设定例外情形。② 这个看法不无道理。这里还可提出两个考问：其一，所谓"特别残忍手段"如何认识？由于关乎生命的剥夺，断不能以法官个人感觉为判断依据，必须要对法律作出统一的解释，然而这样的解释实在颇具难度。其二，依照条文理解，老年人免死的除外情形是"以特别残忍手段致人死亡"。那么，如果以非特别残忍手段致多人死亡，或者致人死亡后又以特别残忍手段分尸、毁尸灭迹的等，虽然其严重程度并不亚于"以特别残忍手段致人死亡"，但却不能对其适用死刑，立法的科学性受到质疑。

老年人犯罪免死的年龄，设定为 75 岁还是 70 岁？有学者提出，根据调查，我国公民的平均寿命为 72 岁，因此应当把这个年龄设定为 70 岁，从而使受益面更加宽泛些。③ 对于这个问题，确实有进一步思考的必要。所谓老年人免死，是指犯下极为严重的罪行，依法应当判处死刑，但由于主体的特殊

---

① 《法制日报》2011 年 3 月 3 日第 4 版。
② 《法制日报》2011 年 3 月 3 日第 4 版。
③ 《法制日报》2011 年 3 月 3 日第 4 版。

性，对其不适用死刑的一种刑罚制度。刑法的这一规定，其价值取向在于对死刑的限制适用和刑罚的人道性。事物都有其两面性，法律在彰显其人文精神的同时，也是以牺牲另一利益为代价的。从理论上讲，对老年人免死，将会影响到刑罚的一般预防功能，即如坊间所戏"君子报仇，75 岁不晚"。然而，这一代价应该是立法者在制定规则时，认为可以接受的。那么，在今后的司法实务中，刑罚功能将会受到多大程度的挑战，有待于实践的检验，但有一点可以把握，即刑罚的特殊预防功能不会受到削弱。老年人免死的前提是罪该处死，死刑可免，生刑难避，而代之的刑罚势必十分严厉。当经过长期的监禁后，无论是否还能回到社会，其再犯预期几可忽略，从这个角度讲，把老年人免死的岁数设定在 70 周岁应该是合理的。

（二）免除未成年人前科报告义务

根据我国刑法第 100 条的规定，受过刑事处罚的人在入伍、就业的时候，应当如实向有关单位报告自己曾受过刑事处罚，此即通常所说的前科报告义务。当前，社会竞争日趋激烈，青少年所面临的读书、入伍、就业等压力不断增大，家长们同样承受着巨大的压力。而对于曾受过刑事处罚的人来说，不仅要面对同样的竞争压力，因其犯罪前科，还要受到特殊行业的排斥，这对于曾经失足的青少年来讲，十分不利于他们今后的发展，也同以人为本、构建和谐社会的治国方略不相协调。针对这一问题，刑法进行了修改，在刑法第 100 条中增加一款作为第 2 款，规定："犯罪的时候不满十八周岁被判处五年有期徒刑以下刑罚的人，免除前款规定的报告义务。"由此确立了未成年人前科报告义务免除制度。

免除未成年人前科报告义务，体现了社会的宽容，符合国家对于有罪错的未成年人要立足于教育、感化、挽救的方针，也是我国刑法迈向现代化的重要一步，其积极意义显然。然而也有学者提出，仅仅免除未成年人前科报告义务还不够，可以再往前走一步，在刑法典中明确规定未成年人的前科消灭制度。免除前科报告义务并不能消除犯罪记录，这对于未成年人今后的健康发展仍然不利，近年来我国很多地方法院都开展了对未成年人犯轻罪的前科消灭或者前科封存的试点，联合国少年司法最低限度规则和德国、瑞士、美国、日本等国的法律中也都有未成年人前科消灭制度的相关规定，值得我们学习和借鉴。① 有人进一步提出，与其免除未成年人前科报告义务，不如直接将刑法第 100 条删除，因为该条虽然规定了义务，却没有规定后果，相对人如果不履行报告义务，不会带来任何后果，对于这种缺乏约束力的条文，实无存在的必要。此外，现在社会上入伍、就业等，往往都有一个政治审查的环节，这一审查一般通过单位对单位的方式进行，并不一定需要个人报告，而单位审查，则会使前科报告义务免除的规定失去意义。② 因此，彻底的做法应当是删除刑法第 100 条，并在刑法典中确立未成年人前科消灭制度。

（三）社区矫正写入刑法——行刑社会化的有益尝试

所谓社区矫正，简单讲就是一种非监禁刑罚执行方式。即将符合法定条件的犯罪者置于社区之中，在法定期限内由专门的国家机关在社会力量的配合下，矫正其犯罪心理和行为恶习，帮助其顺利回归社会的非监禁刑罚执行活动。事实上我国早在 2003 年就在北京等六个省市开始了社区矫正的试点工作，2009 年这项工作进一步在全国范围内全面试行。据统计，目前各地已累计接收社区矫正人员 59.9 万人，累计解除矫正 32.1 万人，现有社区矫正人员 27.8 万人，"十一五"期间，社区矫正人员的再犯罪率一直保持在 0.2% 左右。③ 正是在这个基础上，刑法通过立法的方式，肯定了社区矫正的作用，确立了社区矫正作为一种非监禁刑罚执行方式的法律地位和性质。

人们对于社区矫正入刑，普遍给予了很高的评价。"社区矫正工作作为中国特色刑罚执行制度的有益探索，是社会管理的一种创新，不仅可以降低刑罚执行成本，提高刑罚执行效率，还有助于社会矛盾化解，最大限度地增加和谐因素，最大限度地减少不和谐因素。"④ 高铭暄教授撰文指出：社区矫正的立法，确立了行刑社会化理念，有利于纠正司法实践中的报应刑主义和重刑主义思想，是贯彻落实我国宽严相济刑事政策的具体体现，同时也顺应了国际社会行刑社会化的潮流。并将这一立法誉为"我国在行刑社会化发展中

---

① 《法制日报》2011 年 1 月 10 日第 3 版。
② 《法制日报》2011 年 1 月 10 日第 3 版。
③ 《法制日报》2011 年 3 月 8 日第 8 版。
④ 陆爱红：《社区矫正是刑罚执行制度的有益探索》，载《人民公安报》2011 年 3 月 3 日第 3 版。

的一次里程碑式的规定"。①

社区矫正入刑，其积极意义自不待言，相应的有几个问题需要解决：一是执行主体需要明确。修正案删去了管制、缓刑、假释的执行、考察、监督工作由公安机关行使的规定，但没有明确社区矫正执行的主体归属，究竟是由公安机关执行，或由司法机关执行，还是设立一个全新的机构执行，学者和实务工作者中存在不同认识。二是社区矫正的具体内容需要明确。过去七年来，虽然各地在试点工作中有许多好的做法，积累了不少好的经验，建立了相应的工作机制和制度，但是始终缺少一个由法律调整的，规范、具体、完整统一的工作内容。三是社区矫正的对象还需进一步扩大。《刑法修正案（八）》将被判处管制、宣告缓刑，裁定假释的三类犯罪人纳为社区矫正的对象，而对暂予监外执行的罪犯，被剥夺政治权利的对象，是否一并纳入社区矫正范围，需要专门的法律明确。以上三个方面涉及社区矫正的执行主体、工作内容、矫正对象三要素，提出的问题简单讲就是由谁做、怎样做、对谁做。只有把这些问题厘清了，并在此基础上形成一套完整的社区矫正执行机制，才能够真正确立社区矫正体系与监禁矫正体系相对应的两大矫正体系并列而又相辅相成的罪犯改造格局。

三、关注民生，重视社会热点问题

《刑法修正案（八）》以较大篇幅对刑法分则进行了补充修改，内容包括增设新罪和修改部分罪名的构成要件及调整法定刑。其中，最吸引眼球的有两点：一是通过调整法定刑取消了 13 个罪名的死刑；二是对一些近年来社会高度关注的热点问题作出回应。前一个问题本文第一部分已叙及，这里着重谈谈第二个问题。

近些年来，随着农民工大量涌入城镇，劳动力市场供大于求矛盾突出，劳资纠纷、恶意欠薪事件大量见诸报端，由此引发的群体性事件和农民工的生存状况以及劳动者合法权益保护等问题受到社会广泛关注。早在前些年，就不断有人提出应通过刑事立法的方式来规制恶意欠薪行为，《刑法修正案（八）》采纳了这个意见，在刑法中增设了恶意欠薪罪这一新的罪名。② 增设

---

① 《法制日报》2011 年 1 月 5 日第 3 版。

② 有人称之为拒不支付劳动报酬罪。

恶意欠薪罪，其立法指导思想十分明确，但其中有一个问题不容回避，在社会对本次刑法修正案各条普遍赞同的声音中，有一个例外，即对恶意欠薪入罪的立法必要性提出质疑。有的人提出，恶意欠薪是经济中普遍存在的问题，如果将这种行为纳入到刑法规范中，势必会分散刑事审判力量，并造成民事与刑事审判资源重复使用和浪费，对恶意欠薪这种情况，应尽快出台民事执行方面的法律法规加以规范。有学者提出，刑法具有最后性和严厉性，因此"手"不能伸得太长，刑法没有必要干预社会生活的方方面面，有些能通过民事诉讼、行政手段解决的问题，就没有必要动用刑罚的手段去解决。也有学者从技术层面对该罪的设置提出了诘难。① 那么，恶意欠薪入刑，其必要性如何看待？应该说除了分析衡量其社会危害程度外，还需考究另一个入刑参数，即不动用刑罚的力量，运用其他手段能否有效遏制这种行为的发生和发展。从过去的情况来看，虽然劳动者通过行政干预，或者劳动仲裁、民事诉讼等获得了一定的救济，但也有不少是通过个体行为如跳楼、自焚、伤人，群体行为如上访、请愿、阻塞交通等极端行为引起社会关注，付出惨重代价而讨得一个说法。即便如此，对于那些恶意欠薪者来说，不过是在权利人的一番惨痛折腾后，付出他们早该支付的劳动报酬，之后便拍拍屁股了事，即使有的受到了迟迟才到的处罚，其力度也有限，缺乏必要的震慑力，以至于"长期以来，拖欠工资的情况在各行各业都时有发生，在个别行业甚至成为常态"。② 人们提出："在这次修正案通过之前，我们也有《劳动合同法》等相关法律法规来保障劳动者的工资权益。《劳动合同法》、《劳动保障监察条例》、《工资支付暂行规定》以及其他有关劳动者薪酬的规定，无不强调劳动者有取得劳动报酬的权利。但是，为什么恶意欠薪的事件屡屡发生而得不到有效的制止呢？"③ 中国劳动学会副会长兼薪酬专业委员会会长苏海南指出："尽管多年来各级政府加强了纠正和打击拖欠、克扣工资行为的力度，但这些问题还是屡禁不止。实践证明，只靠一般的行政规章来纠正这些行为，效果是有限的。"④ 由此看来，动用刑罚的力量规制恶意欠薪行为，是必要的，也

---

① 《法制日报》2010 年 1 月 10 日第 3 版。
② 《法制日报》2011 年 2 月 25 日第 4 版。
③ 罗裳开：《"欠薪入刑"深得民心》，载《人民公安报》2011 年 3 月 3 日第 3 版。
④ 《法制日报》2010 年 1 月 10 日第 3 版。

是可行的。当然并不能因此单纯地得出"恶意欠薪入刑，可以有效地遏制住这种行为"的结论，但是，社会的治理是一个系统工程，刑法的规制是最后的一道屏障，当依靠其他手段而效果有限时，便需要开启刑法之门，将行政的、民事的、刑事的各种手段合理配置，合理使用，则"有效遏制"的前景是可期的。

随着我国急速迈入汽车时代，方便人们出行的同时，一个新的名词"马路杀手"逐渐频繁地出现在报纸、网络、电视中。近年来，飙车、醉驾引发的重大交通事故时有发生，民众对此深恶痛绝。有关调查显示，2009年全国查处酒后驾驶案件31.3万起，其中醉酒驾驶4.2万起。[1] 鉴于危险驾驶的严重危险性和对社会的危害性，《刑法修正案（八）》增设了危险驾驶机动车罪，以体现刑法的人本关怀和对生命的尊重。

危险驾驶入刑，学界讨论比较多的是该罪成罪条件的把握以及进一步完善的建议。"醉驾犯罪"，核心的问题是醉酒的标准，根据《车辆驾驶人员血液、呼气酒精含量阈值与检验》的规定，驾驶人100毫升血液酒精含量大于或者等于20毫克的为酒后驾驶，大于或者等于80毫克的为醉酒驾车。有人提出，从医学的角度来看，不同的个体对酒精的耐受量是不一样的，有的人超过200毫克仍很清醒，不是醉酒状态，而有的人达到20毫克就已经什么都不知道了。因此，在确定醉酒时，是单纯地以血液当中的酒精含量来界定，还是根据其表现界定，对这类情况一定要考虑进去。[2] 也有人提出对醉酒后驾驶机动车不问情节一律追究刑事责任，实践中可能涉及面过宽，要避免情绪化立法扩大打击面，建议在情节把握上应当更加细化，应增加"情节严重"等限制性条件。对于以上两个问题，有关方面认为，醉酒驾车的标准是明确的，与一般酒后驾车的区分界限清晰，并已执行多年，实践中没有发生大的问题。至于增加规定"情节严重"等限制性条件，具体执行中难以把握，也不利于预防和惩处这类犯罪行为。[3] 本人认为，关于前一个问题，首先如果根据不同个体来界定，实践中实难操作，而设置一个具体的量的标准，既便于司法掌握，有利于降低执法成本，也便于驾驶人的自我把持和判断。另外，

---

① 《人民公安报》2011年2月26日第4版。

② 《法制日报》2011年1月15日第3版。

③ 《法制日报》2011年2月24日第3版。

还可消除驾驶人的侥幸心理，避免有些人自恃酒力而擅闯红线。因此，用定量的方式确定醉酒的标准更为合理。关于第二个问题，除了同样存在具体执行中难以把握的困难外，从保护社会公共安全的角度讲，对醉酒驾驶这样一种高度危险的行为，将其作为行为犯入罪，将会起到更为有效的预防和惩治作用，而这也正好契合了醉驾入罪的立法旨意。除了以上讨论外，对于《刑法修正案（八）》第 22 条，学者们认为尚有进一步完善的空间，如缺乏对危险驾驶船舶、飞行器的规定。另外如服用毒品、精神麻醉类药品后驾驶机动车的，严重超载驾驶的，或者驾驶不符合规定的报废车辆等危驾行为，是否也应当与醉驾、飙车一样入罪，值得认真研究。

这次刑法修改，对关系人民群众生命健康和生存环境的问题给予了高度的重视。除了增设上述恶意欠薪、危险驾驶两个新的罪名外，另外还增设了食品安全监管玩忽职守罪，食品安全监管滥用职权罪。同时对原刑法第 141 条、第 143 条、第 144 条、第 338 条规定的生产、销售假药罪，生产、销售不符合卫生标准的食品罪，生产、销售有毒有害食品罪，重大环境污染事故罪作了修改。这些罪名修改后，一是降低了入罪门槛，二是增大了惩治力度。这一增一降，体现了刑法对民生的关注和以人为本、构建和谐社会的价值取向。

单位犯罪研究

——立法回顾*

单位犯罪，① 在我国刑法学词典中，是一个较晚出现的词语，推其原因，大致缘于下述三个方面：其一，从社会政治经济层面考察，1949 年中华人民共和国成立后，长期实行社会主义公有制的计划经济，在名为全民实为国家所有的单一经济体制下，并不存在单位犯罪的客观环境，更不具备市场经济条件下促使单位犯罪的原动力——法人的集团利益追求，在缺乏犯罪土壤的大环境下，难以生成单位犯罪。其二，从立法层面考察，我国的刑事法制建设，自新中国成立时起主要由于政治方面的原因，曾经走过了一条曲折而漫长的道路，20 世纪五六十年代乃至 70 年代，刑事诉讼活动中主要所依据的仅是几个应急而立的单行刑事法律，更多的是通过刑事政策进行指导，直到1979 年，才制定出了首部刑法典。该法典是一部以自然人主义为中心的适应当时社会政治经济基本要求的刑事法律。由于缺乏必要的社会需求，加之 30 年的立法空白，② 立法者不可能，也无暇顾及单位犯罪问题，因此在这一阶段出台的刑事法律中，难觅单位犯罪的踪迹。其三，从理论认识层面考察，当时学术界占主导地位的观点认为：犯罪只能是人的有意识和有意志的危害社会的行为，这种行为只有有生命的人才能实施，而且，从刑罚目的来看，对犯罪人适用刑罚是为了通过惩罚对其加以改造，防止再犯，如果适用刑罚的对象不是自然人，就谈不上对犯罪者的主观恶性进行教育改造，无从达到适

---

* 原载《云南大学学报》2007 年第 4 期，中国人民大学复印报刊资料《刑事法学》2007 年第 10 期索引。

① 本文所指"单位犯罪"，与法人犯罪同义。

② 自 1949 年中华人民共和国成立至 1979 年中华人民共和国刑法颁布，期间刚好经历了 30 年。

用刑罚的目的。此外，把法人作为犯罪主体，就有可能使那些利用法人名义实施犯罪活动的真正的犯罪分子逃脱应得的惩罚，并且还可能使那些在法人组织中与犯罪无关的人受到犯罪的牵连。① 这一认识，在 20 世纪 70 年代末，以迄几近整个 80 年代，在中国刑法理论界被奉为通说，并形成教科书上的范文，而享有最高的话语权，在这样一种全面否定论的影响力下，对单位犯罪的研究难以形成气候。

1978 年后，中国政治气候转暖，国家开始步入法治轨道，在经济领域，围绕经济建设这一中心，经济体制改革受到高度重视，过去几十年中严重束缚生产力的中央高度集中的计划经济体制被摒弃，市场经济体制在渐进的过程中得以确立并逐步完善，私有经济一改过去另类身份，而获得宪法的明文保护，并在整个国民经济体系中迅速发展而成长为一支重要的经济力量。随着改革开放的不断推进，社会生活的各个方面均发生了巨大的变化，新的社会关系大量产生，人们的思想、观念随之转变，思想领域空前活跃。总的来看，中国社会显现出一股蓬勃的朝气与活力。与此同时，伴随着发展的不平衡，一些不协调的因素和矛盾开始产生、显现乃至凸显，这其中，便包括了法人犯罪问题的凸显。② 严格地讲，法人犯罪在我国并非发端于改革开放年代，早在新中国成立初期，一些不法工商业主在商品生产、销售中掺杂使假、偷税漏税、假冒商标的行为便有所发生，只不过这在当时并未形成一个普遍的、严重的社会现象，并且随后很快就在生产资料公有制的社会主义改造及一系列运动中因失去生存的环境而消失。而到了 20 世纪 80 年代，如前所述法人犯罪问题产生并逐渐显现出其严重性，在有的地区，有的行业尤显突出，仅以走私为例。据统计，从 1986 年到 1990 年，全国海关查获走私案值共二十一亿六千余万元，其中法人走私数即达十三亿三千九百余万元，占所查获

---

① 参见高铭暄主编：《刑法学》，法律出版社 1982 年版，第 136~137 页。

② 一些论作在分析某些犯罪原因时，总是习惯于同改革开放联系起来，这是一种极为肤浅的认识，就法人犯罪而言，其产生发展必然是与经济社会的进步而同步，在贫穷的、崇尚极端平均主义的前商品经济时代，难以产生法人犯罪。在商品经济时代，社会单位之间为追求最大的经济利益，就会想方设法通过各种方式展开竞争，以争取更有利的地位，从而在客观上推动了整个社会经济的发展，而当某些利益集团突破游戏规则，采用了不正当的手段时，法人犯罪也就产生了。因此，从某种角度看，也可以得出这样的认识，法人犯罪的产生，既是社会进步孕育的怪胎，也是社会进步展示的一个信号。

案值的 61.8%。① 事情的严重性引起了人们的关注，一些学者开始着手对法人犯罪问题进行研究，有关部门也开始从政策上和法律上就规制法人犯罪问题展开工作，经过一段时间的理论与立法技术上的准备，在通过制定一系列的单行刑事法律追究法人在具体犯罪中的刑事责任的基础上，最终于 1997 年 3 月 14 日通过修订后的新刑法确立了法人在我国刑法中的主体身份。

对单位犯罪通过刑事立法加以规制，确立单位的刑事责任，在我国最早始于何时，对此有不同的理解，归纳起来，大致有以下几种见解：

第一种，认为全国人大常委会法律委员会 1982 年 8 月 13 日起草的《关于惩治走私罪的补充规定（草案）》和《关于惩治贪污、受贿罪的补充规定（草案）》是最早明确规定单位刑事责任的文件。②

这两个文件均涉及单位犯罪问题，其中《关于惩治贪污、受贿罪的补充规定（草案）》第 9 条规定："国家机关、团体、企业、事业单位和集体经济组织为谋取非法利益而行贿或者给予个人回扣的，或者非法索取、收受他人财物的，除没收贿赂财物外，对主管人员和直接责任人员，处 5 年以下有期徒刑、拘役或者管制；情节较轻的，由主管部门酌情予以行政处分。"

《关于惩治走私罪的补充规定（草案）》第 4 条规定："企业事业单位、机关、团体有下列行为之一，情节严重的，除依法没收走私货物、物品或者违法所得，可以并处罚款外，对其主管人员和直接责任人员，处五年以下有期徒刑、拘役或者管制；情节较轻的，由主管部门酌情予以行政处分。

（1）有本规定第一条所列走私罪行之一的；

（2）将来料加工、补偿贸易进口的原材料及其制成品，未经批准和补税，非法在国内销售牟利的；

（3）假借接受捐赠的名义进口货物、物品，或者内外勾结将贸易往来的物资从捐赠的渠道进口，在国内销售牟利的；

（4）与走私犯通谋，为其提供货款、资金、账号、证明，或者为其提供运输、保管、邮寄或者其他方便的。"

第 6 条规定："企业事业单位、机关、团体违反外汇管理法规，在国内买卖外汇，或者在国外把出口货物和其他方式取得的外汇不按规定存入国家指

---

① 何秉松主编：《法人犯罪与刑事责任》，中国法制出版社 2000 年版，第 323 页。
② 何秉松主编：《法人犯罪与刑事责任》，中国法制出版社 2000 年版，第 364 页。

定的银行的，对主管人员和直接责任人员，处五年以下有期徒刑、拘役或者管制；情节较轻的，由主管部门酌情予以行政处分。”

分析以上内容可以看出，当单位构成两个草案所规定的有关犯罪时，承担刑事责任的并非单位本身，而是单位的主管人员和直接责任人员，因此有人提出：虽然可以把这两个草案看成是对企业等法人组织体的违法犯罪活动进行刑法规制的文件，但由于草案并没有规定必须追究法人自身的刑事责任，而仅是规定必须追究对法人的犯罪行为负直接责任的自然人的刑事责任，因此将之作为我国最早的追究法人刑事责任的文件是不妥的。①

第二种，认为 1987 年 1 月 22 日第六届全国人大常委会第十九次会议通过的《中华人民共和国海关法》（简称《海关法》）是最早出现有关单位犯罪的条款的法律。②

《中华人民共和国海关法》第 47 条第 4 款规定：“企业事业单位、国家机关、社会团体犯走私罪的，由司法机关对其主管人员和直接责任人员依法追究刑事责任；对该单位判处罚金，判处没收走私货物、物品、走私运输工具和违法所得。”根据该条的规定，当单位犯走私罪时，不仅要追究有关责任人员的刑事责任，而且对犯罪单位也要追究刑事责任，即判处罚金。由于罚金作为一种刑罚方法只能针对犯罪人适用，所以在“《海关法》创立了法人直接承担刑事责任的先例”这一问题上，并没有人加以否认。但也有学者站在另外的角度，即否定法人犯罪论的角度，提出《海关法》作为单行行政法律，不能与作为国家基本大法之一的《刑法》相抵触，其关于法人可以成为走私罪犯罪主体并处以刑罚的规定欠妥，应作适当的修改。③

第三种，认为对法人活动进行刑事规制的措施，在我国 1979 年颁布的《中华人民共和国刑法》中早已有所体现，只是这种规制不是直接对法人本身实施，而是通过对与实施犯罪行为有关的直接责任人员进行刑事处罚的方式来进行而已。④

例如，1979 年刑法第 127 条规定：“违反商标管理法规，工商企业假冒其

---

① 黎宏著：《单位刑事责任论》，清华大学出版社 2001 年版，第 176 页。

② 娄云生著：《法人犯罪》，中国政法大学出版社 1996 年版，第 47 页。

③ 赵秉志：《法人不能成为犯罪主体的思考》，载《法学研究》1989 年第 5 期，第 61~62 页。

④ 黎宏著：《单位刑事责任论》，清华大学出版社 2001 年版，第 176~177 页。

他企业已经注册的商标的，对直接责任人员，处三年以下有期徒刑、拘役或者罚金。"在这里，实施假冒其他企业已经注册的商标的行为的主体是工商企业，但受刑罚处罚的，即受刑主体却是工商企业中对该犯罪行为负有直接责任的自然人。另外，一般认为，1979 年刑法第 117 条所规定的投机倒把罪，第 121 条所规定的偷税抗税罪中，法人也可以成为其犯罪主体，但是，实际上受处罚的受刑主体却是法人中的自然人。①

对于上述认识，亦存在不同意见，认为 1979 年刑法第 127 条、第 117 条、第 121 条的规定，所指的只能是行为人在工商企业或机关的活动过程中发生了犯罪，或是行为人以企业或机关的名义实施了犯罪，而并不是"企业"或"机关"本身在实施犯罪。②

以上三种看法，因论者所站角度各异，乍看之下，均有合理之处，但仔细分析，却也存在一些问题。首先，就两个草案而言（即《关于惩治走私罪的补充规定（草案）》、《关于惩治贪污、受贿罪的补充规定（草案）》），由于这两个文件并未经立法程序通过，还没有上升为法律，作为内部掌握的文件充其量只能算体现了一种立法思考，而并不能以刑事法律的身份标明我国刑法规制法人犯罪始于何时，作为某种立法思考，其本身是不能作为我们讨论本问题的依据的。其次，关于 1979 年刑法第 117 条、第 121 条、第 127 条的规定是否是对法人犯罪所设计的一种刑事规制方式，虽然肯定论者提出了不少难以辩驳的理由，如 1979 年刑法第 127 条明文规定假冒注册商标罪是"工商企业假冒其他企业已经注册的商标的"行为，其犯罪主体是"工商企业"，而不是工商企业中的自然人或其他；同样，虽然对假冒注册商标罪只处罚其直接责任人员即自然人，但是法人犯罪，处罚其中负有责任的法人代表等自然人，在历史上或国外也曾是一种规制法人犯罪的方法③等。然而，论者却忽视了一个重要的因素，即 1979 年刑法制定时的立法背景。当时十年"文革"刚结束不久，百废待兴，社会在痛定思痛中表现出对建设法制社会、④ 确立有序生活环境的巨大热情与追求。在刑法领域，制定一部专门的刑法典，

---

① 黎宏著：《单位刑事责任论》，清华大学出版社 2001 年版，第 176~177 页。
② 朱华荣：《刑事案件中法人的责任问题》，载《法学》1982 年第 3 期，第 19 页。
③ 黎宏著：《单位刑事责任论》，清华大学出版社 2001 年版，第 177 页。
④ 在这一阶段，人们对法治社会的理解或者向往尚停留在法制建设这一层面。

"用刑罚同一切反革命和其他刑事犯罪行为作斗争",① 成为立法者的关注所在。其视野，仅在于用法律的手段规制"反革命"犯罪与"其他刑事犯罪"，以满足当时社会对刑事法制的需求。没有也不可能在尚处于中央高度集中的计划经济体制束缚下，在社会缺乏需求的环境中考虑法人犯罪问题，也正由于此，通观整部刑法，均是关于反革命罪和传统刑事犯罪的规定，基本上见不到现代社会经济犯罪的踪影，遑论法人犯罪的确立。即便从涉及犯罪主体的条文中，所看到的也都是诸如"中华人民共和国公民"、"外国人"、"国家工作人员"、"首要分子"之类的针对自然人的表述，而根本没有对法人犯罪主体的明文规定。再进一步分析，刑法所确立的相关制度，如对犯罪的域外管辖，累犯的构成，以及追诉时效的期限等，也都仅是针对自然人犯罪所设计的惩治措施，根本无法与法人犯罪对号入座。② 上述分析说明，立法者在制定 1979 年刑法时，就其立法本意而言，着眼点只在于规制自然人犯罪，法人犯罪问题并未纳入其立法视野。因此，对于 1979 年刑法第 127 条的理解，以及第 117 条、第 121 条的理解，必须结合当时的立法背景和对该部刑法的总体分析来认识，脱离这些具体情况而主观的望文生义，并得出"对法人活动进行刑事规制的措施，在我国 1979 年颁布的《中华人民共和国刑法》中早已有所体现"的见解是值得商榷的。最后，关于 1987 年《海关法》是否最早出现单位犯罪条款的法律，对于这一问题，应从不同的角度来认识，由于该法明确规定单位犯走私罪的对单位判处罚金，而在此之前的法律均未作出过类似规定，因此誉为"创立了法人直接承担刑事责任的先例"当之无愧，但是就"最早出现单位犯罪条款"而言，值得进一步研究。事实上，1986 年 4 月 12 日公布的《中华人民共和国民法通则》中，就有关于法人构成犯罪及如何承担刑事责任的内容，其第 49 条规定："企业法人有下列情形之一的，除法人承担责任外，对法定代表人可以给予行政处分、罚款，构成犯罪的，依法追究刑事责任……"第 110 条规定："对承担民事责任的公民、法人需要追究行政责任的，应当追究行政责任；构成犯罪的，对公民、法人的法定代表人应当依法追究刑事责任。"上述两条对法人构成犯罪均作出了明确的表述，只

---

① 《中华人民共和国刑法》，1979 年 7 月 1 日通过，第 2 条。

② 参见拙文《单位犯罪的域外管辖、再犯及追诉》，载《西南政法大学学报》2001年第 3 期，第 83~85 页。

是在承担刑事责任上采用了转嫁的方式，即仅追究犯罪法人的法定代表人。一般认为《中华人民共和国民法通则》的这种做法也同时或先后为众多的立法所采用，如从 1984 年起先后颁布的《药品管理法》、《计量法》、《渔业法》、《矿产资源法》、《全民所有制工业企业法》、《传染病防治法》、《标准化法》等数十部法律法规中，[1] 均有关于法人犯罪并由有关责任人员承担刑事责任的规定。由此看来，关于"《海关法》是最早出现单位犯罪条款的法律"的提法并不确切。客观地看，《海关法》只是在众多的确认法人犯罪问题，同时又仅规定只由有关责任人员承担刑事责任的法律中，率先突破认识束缚，首先规定由法人直接承担刑事责任，并同时追究其主管人员和直接责任人员刑事责任的法律，该法亦由此开创了我国对法人犯罪采用"两罚制"原则的先河。

通过以上内容的分析，可以认为，我国 1979 年刑法是建立在严格的个人责任基础上的，这一时期的刑法并未涉及法人犯罪问题。进入 20 世纪 80 年代以后，随着经济转型及一系列的社会变革，法人犯罪问题的严重性受到关注，并先后在有关经济、行政法中出现规制法人犯罪的内容，虽然在刑事责任的承担上采用了由自然人代罚的方式，但应该说比过去的法律前进了一步。然而，由于在这些法律当中并没有采用如《海关法》第 47 条第 4 款："企业事业单位、国家机关、社会团体犯走私罪的……"这样明示法人犯罪的立法方式，而是采用了如《计量法》第 29 条："违反本法规定，制造、修理、销售的计量器具不合格，造成人身伤亡或者重大财产损失的，比照《刑法》第一百八十七条的规定，对个人或者单位直接责任人员追究刑事责任。"这类较为含混的规定，[2] 从而在理论界长期存在其所规定的是法人自身的犯罪，还是法人内部有关自然人犯罪的争论。立法上的这种含混，实际上反映了当时理论界占主导地位的法人犯罪否定论与社会客观存在的法人犯罪现象及惩治此类犯罪的社会需求在法律上的调和，有学者将这一时期称为法人犯罪否定论向法人犯罪肯定论渐进的过渡期，是有其道理的。1987 年《海关法》率先确认了法人自身的刑事责任及对法人犯罪的两罚原则，自此以后，以明示的方

---

① 何秉松主编：《法人犯罪与刑事责任》，中国法制出版社 2000 年版，第 372~382 页。黎宏著：《单位刑事责任论》，清华大学出版社 2001 年版，第 178~180 页。

② 其他如《药品管理法》、《渔业法》、《矿产资源法》等均采用了这种立法模式。

式确认法人犯罪，并由法人自身及法人内部有关责任人员共同承担刑事责任的立法模式便在我国刑法中固定下来。

1988年1月21日，第六届全国人大常委会第二十四次会议通过了两部重要的单行刑事法律，即《关于惩治走私罪的补充规定》和《关于惩治贪污罪贿赂罪的补充规定》。

《关于惩治走私罪的补充规定》第5条规定："企业事业单位、机关、团体走私本规定第一条至第三条规定的货物、物品的，判处罚金，并对其直接负责的主管人员和其他直接责任人员，依照本规定对个人犯走私罪的规定处罚。

企业事业单位、机关、团体走私本规定第一条至第三条规定以外的货物、物品，价额在三十万元以上的，判处罚金，并对其直接负责的主管人员和其他直接责任人员，处五年以下有期徒刑或者拘役……"

第6条第1款规定："下列走私行为，根据本规定构成犯罪的，依照第四条、第五条的规定处罚：

（1）未经海关许可并且未补缴关税，擅自将批准进口的来料加工、来件装配、补偿贸易的原材料、零件、制成品，设备等保税货物，在境内销售牟利的。

（2）假借捐赠名义进口货物、物品的，或者未经海关许可并且未补缴关税，擅自将捐赠进口的货物、物品或者其他特定减税、免税进口的货物、物品，在境内销售牟利的。"

第9条规定："全民所有制、集体所有制企业事业单位、机关、团体违反外汇管理法规，在境外取得的外汇，应该调回境内而不调回，或者不存入国家指定的银行，或者把境内的外汇转移到境外，或者把国家拨给的外汇非法出售牟利……情节严重的，除依照外汇管理法规强制收兑外汇、没收违法所得外，判处罚金，并对其直接负责的主管人员和其他直接责任人员，处五年以下有期徒刑或者拘役。

企业事业单位、机关、团体或者个人非法倒买倒卖外汇牟利，情节严重的，按照投机倒把罪处罚。"

《关于惩治贪污罪贿赂罪的补充规定》第6条规定："全民所有制企业事业单位、机关、团体，索取、收受他人财物，为他人谋取利益，情节严重的，判处罚金，并对直接负责的主管人员和其他直接责任人员，处五年以下有期徒刑或者拘役。"

第9条规定："企业事业单位、机关、团体为谋取不正当利益而行贿，或者违反国家规定，给予国家工作人员、集体经济组织工作人员或者其他从事公务的人员以回扣、手续费，情节严重的，判处罚金，并对其直接负责的主管人员和其他直接责任人员处五年以下有期徒刑或者拘役……"

以上两个补充规定，是在《海关法》之后，第一次以专门刑事法律，而不是附属刑法的方式确立法人犯罪，意义重大。在刑事责任的承担上，仍沿用《海关法》的做法，采用两罚制，即对单位判处罚金，对有关责任人员判处刑罚，但是在对自然人的处罚方面，较之《海关法》，有了新的变化，表现在：一是对受刑主体作了一定的限制，按照《海关法》的规定，承担刑事责任的自然人为"主管人员和直接责任人员"，补充规定则将"主管人员"限定为"直接负责的主管人员"，以防止株连无辜和扩大打击范围。二是在刑事责任的承担上，《海关法》仅作了一个"依法追究刑事责任"的笼统规定，但未说明追究什么样的刑事责任，如何追究刑事责任，从而带来一些无谓的争辩和操作上的困惑，且有不确定法定刑之嫌。补充规定修正了这种做法，对犯罪单位中承担刑事责任的自然人如何处罚作出了具体的规定，即明文规定应当适用的刑种和刑罚期限，以便于刑法应用。上述两方面的变化，表明刑法在规制法人犯罪的立法方面，开始逐步的规范化，其后颁布的一系列单行刑事法律乃至1997年修订后的刑法，均采用了这种立法方式，并由此形成了我国刑法中法人承担刑事责任的范式。

从1988年以后至1995年，国家立法机关又先后制定了17部单行刑事法律，其中涉及单位犯罪的有10部，即全国人大常委会《关于惩治走私、制作、贩卖、传播淫秽物品的犯罪分子的决定》、《关于禁毒的决定》、《关于惩治偷税、抗税犯罪的补充规定》、《关于惩治假冒注册商标犯罪的补充规定》、《关于惩治生产、销售伪劣商品犯罪的决定》、《关于严惩组织、运送他人偷越国（边）境犯罪的补充规定》、《关于惩治侵犯著作权的犯罪的决定》、《关于惩治违反公司法的犯罪的决定》、《关于惩治破坏金融秩序犯罪的决定》、《关于惩治虚开、伪造和非法出售增值税发票犯罪的决定》。在这些法律中，增设了大量可以由单位构成犯罪的新罪名，这些新罪总的可以分为两类：一类是只能由单位构成的犯罪，为纯正的单位犯罪；另一类是既可以由单位构成，也可以由自然人构成的犯罪，为不纯正的单位犯罪。在立法体例上，基本上与《关于惩治走私罪的补充规定》和《关于惩治贪污罪贿赂罪的补充规定》相同，但其中也有个别的法律文件在对单位罚金刑适用的设计上和对自然人受刑主体范围的限制上出现了一定的变化。就前者而言，我国刑法对于单位犯罪一般只规定处以罚金，至于罚金的数额或限额，法律不作具体规定，实际上实行的是无限额罚金制，但在《关于惩治偷税、抗税犯罪的补充规定》和《关于惩治违反公司法的犯罪的决定》两部法律中，对于罚金的限额分别采用了倍数罚金制和比例罚金制两种做法。《关于惩治偷税、抗税犯罪的补充规定》第5条规定："企业事业单位采取对所生产或者经营的商品假报出口等欺骗手段，骗取国家的出口退税款，数额在一万元以上的，处骗取税款五倍以下的罚金……"《关于惩治违反公司法的犯罪的决定》第6条亦有类似的规定。同时其第1条、第2条、第3条、第7条在第1款规定个人犯罪的同时，均在第2款规定单位犯第1款之罪的，对单位判处涉案金额10%或5%以下的罚金。这种限额设计便于操作，有利于司法统一，防止无限额罚金制可能导致的不均衡量刑及罪刑的不均衡，因此是一种立法上有价值的改进。关于对单位犯罪中自然人受刑主体范围的限制，我国刑法一般均采用"直接负责的主管人员和其他直接责任人员"的描述方法，但在《关于惩治偷税、抗税犯罪的补充规定》中，则采用了"负有直接责任的主管人员和其他直接责任人员"的提法，关于"直接负责的主管人员"和"负有直接责任的主管人员"的区别，从立法旨趣上看，其表述文字的不同表明在立法思考上是有区别的。而从文字上分析，二者的差别并不明显，仔细推敲，似乎后者的范围小于前者，即可以理解为主管人员在该事项中负有直接责任，其题中之义应该是，也有的主管人员在其中并不负有直接责任，从而不应成为受刑主体。如果这个理解是正确的，那么应该说《关于惩治偷税、抗税犯罪的补充规定》在立法上更为严谨，但其后在刑法修订时，该决定在纳入刑法典中后，立法者又修改了"负有直接责任的主管人员"的提法，而代之以通行的"直接负责的主管人员"的表述，这当然也体现了立法者的重新思考。对此，作为对单位犯罪的系列研究将另文做专门分析。

自1995年以后，立法机关未再制定新的单行刑事法律，其工作重心转向对刑法典的重新修订。1997年3月14日，第八届全国人民代表大会第五次会议通过了修订后的《中华人民共和国刑法》，修订后的刑法对原刑法从多方面、多角度进行了修改完善，其中一个大的动作就是对单位犯罪问题在过去有关附属刑法和单行刑事法律的基础上通过法典的形式作出了明确的规定，从而完成了我国刑法从一元犯罪主体向二元犯罪主体的过渡，并同时终结了法人能否成为我国刑法中犯罪主体的争论。

1997 年以前，无论单行刑法还是附属刑法，对于单位犯罪都是通过对具体罪名的确立来加以规制的，故都属于刑法分则的范畴；1997 年修订刑法除了继续在分则部分确认各类具体的单位犯罪外，同时在总则中以两个法条专条对单位犯罪作了规定，① 总则的规定具有普遍的指导性，从而标明我国刑法规制单位犯罪进一步走向规范化。

1997 年修订刑法在总结过去立法的基础上，通过总则和分则的方式分别对单位犯罪作出相应规定。从形式上看，体现了法律的明确性与完整性。但是，就内容而言，总则的两条规定显得过于笼统，其中第 30 条仅是确立了一个原则，即单位犯罪应负刑事责任，至于单位犯罪的特征，亦即成立单位犯罪究竟应当具备哪些条件，法律并没有作明确的规定，从而需要司法人员在实践中根据刑法的规定进行创造性法律适用。② 而第 31 条，也仅是从总则的角度确立了对单位犯罪的两罚制原则，而缺失对单位犯罪处罚的具体制度性规定，这些问题有的已受到了广泛的重视，有的则需引起足够的注意，如何进一步完善刑法总则的相关规定，构造一个科学而完整的惩治法人犯罪的刑法体系，是我们目前需要研究解决的一个重要课题。

---

① 刑法第 30 条规定："公司、企业、事业单位、机关、团体实施的危害社会的行为，法律规定为单位犯罪的，应当负刑事责任。"第 31 条规定："单位犯罪的，对单位判处罚金，并对其直接负责的主管人员和其他直接责任人员判处刑罚。本法分则和其他法律另有规定的，依照规定。"

② 赵秉志、肖中华：《刑法总则适用疑难五题二人谈》，载《刑法评论》第 1 卷，法律出版社 2002 年版，第 131 页。

论刑法对单位犯罪的空间效力[*]

刑法对单位的空间效力，是指刑法在哪些地域、对哪些单位具有法律效力。具体讲，包括刑法对在中国领域内犯罪的中国单位的效力、对在中国领域内犯罪的外国单位的效力、对在中国领域外犯罪的中国单位的效力、对在中国领域外犯罪的外国单位的效力四个方面。由于我国刑法在修订时虽在总则中以专条明确了单位的主体身份，但缺乏必要的配套规定，因此对上述问题存在诸多不解，尤其是造成司法实务中许多困惑，有必要分别加以研究。

一、刑法对中国领域内犯罪的中国单位的效力

这个问题比较简单，无论根据属地原则还是属人原则，我国刑法对于在中华人民共和国领域内犯罪的中国单位，均拥有完全的刑事管辖权，这种管辖，与我国刑法对于自然人在我国领域内犯罪所具有的效力一致。这里需要明确的是，所谓"中国单位"，并不意味着组成单位的自然人均为具有中华人民共和国国籍的人，其认定的依据应是单位的国籍，而不是自然人的国籍。例如，对公司国籍的认定，有住所地国籍说、股东国籍说、设立行为地国籍说、认许地国籍说等。我国为认许地国籍说，故凡在我国登记设立的公司，无论其组成人员的国籍如何，中外资产的比例如何，均为中国法人。

二、刑法对中国领域内犯罪的外国单位的效力

外国单位，是指非由我国批准登记设立的单位。外国单位在中国领域内犯罪，我国刑法具有何种效力，对此，有两种不同的看法：一种观点认为，一般情况，关于单位犯罪的刑法适用范围应排除外国单位问题，法律另有规

---

* 原载《刑事法学研究》文集，贵州人民出版社 2009 年版。

定的除外。① 另一种观点认为，刑法对外国法人的效力与对外国人的效力相同。② 关于第一种认识，论者未作进一步的解释。从我国刑法的相关内容来看，刑法第 6 条第 1 款规定："凡在中华人民共和国领域内犯罪的，除法律有特别规定的以外，都适用本法。"而法律并没有专门针对外国单位的特别例外规定。另外，刑法第 30 条规定："公司、企业、事业单位、机关、团体实施的危害社会的行为，法律规定为单位犯罪的，应当负刑事责任。"这里，我国刑法并没有将单位的范围在国籍上加以限定。因此，无论是中国单位还是外国单位，只要在我国领域内实施犯罪，根据属地管辖原则，我国刑法都有管辖权。关于第二种观点，一般来讲，刑法对外国单位的效力与对外国人的效力是一致的，即外国单位在中国领域内实施刑法规定为犯罪的行为，我国刑法具有管辖权，应按照刑法的相关规定追究犯罪的外国单位的刑事责任。但是，由于我国刑法对单位犯罪采取的是双罚原则，对于犯罪的外国单位中直接负责的主管人员和其他直接责任人员，要比照个人犯同种罪的规定处罚，而如果这些人中有享有外交特权和豁免权的外国人，其刑事责任则应通过外交途径解决。除此以外，对于一般外国人和具有中国国籍的人均应依据我国刑法追究其相应的刑事责任。

三、刑法对中国领域外犯罪的中国单位的效力

中国单位在中国领域外犯罪，我国刑法是否具有管辖权？这是一个颇具考究的问题。首先，刑法没有明文规定对单位犯罪的域外管辖，而从刑法第 7 条、第 8 条的规定来看，我国刑法域外管辖的对象只限于自然人（即条文所表述的"公民"、"国家工作人员"、"军人"、"外国人"），不涉及单位。因此根据罪刑法定原则，我国单位在我国境外犯罪，我国刑法无管辖权，不能对单位追究刑事责任。其次，对于单位犯罪，须同时追究相关责任人的刑事责任，而刑法对于自然人的域外管辖权有着明确的规定，这就产生两个问题：其一，能否单独追究在境外犯罪的中国单位中相关责任人的刑事责任？其二，应否放弃单位犯罪的域外管辖权？关于第一个问题，个人认为，虽然单位犯罪存在两个犯罪主体（即单位本身和单位中的相关责任人员），同时刑法对于

① 赵长青主编：《中国刑法教程》，中国政法大学出版社 1998 年版，第 53 页。
② 何秉松主编：《法人犯罪与刑事责任》，中国法制出版社 2000 年版，第 522 页。

两种主体的法定刑也分别作了不同的规定，但是其前提是由单位构成犯罪，而不是自然人犯罪，如果仅追究个人而不追究单位，则意味着单位在境外犯罪其性质就由单位犯罪转化成了自然人犯罪，而这在理论上是不成立的。何况，刑法对单位犯罪明确规定采用两罚原则，如果仅处罚个人不处罚单位，明显违背刑法的规定。此外，单位刑事责任乃是一个整体，其中相关自然人的责任为单位刑事责任的一个组成部分，对这些人的追究以对单位的追究为前提，二者间具有一种依附关系，既然依照现行刑法不能追究单位，也就不能追究个人，"皮之不存，毛将焉附"。故对在境外犯罪的中国单位中的自然人（直接负责的主管人员和其他直接责任人员），不能单独追究刑事责任。关于第二个问题，回答应该很容易，我国刑法当然不应放弃对单位犯罪的域外管辖权。除了国家主权以外，根据刑法确立的平等原则，我国单位在境外犯罪，也应当同我国公民一样接受我国刑法的管辖，尤其对一些危害严重的行为，如单位走私武器、弹药、核材料，走私淫秽物品，走私、贩卖、运输、制造毒品，单位受贿等。如果仅因其发生在境外而放任不管，势必导致放纵罪犯，不利于刑法功能的发挥，而且会影响国家形象。因此，刑法应当明确单位犯罪的域外管辖权，这个问题明确了，单位犯罪中的有关责任人员的刑事责任追究问题也就随之得到解决了。当然，在明确了单位犯罪的域外管辖问题后，对于其中相关责任人员刑事责任的追究，也应当根据刑法第7条、第10条规定的原则分别不同情况处理。同时，对于单位本身，亦应比照刑法对于自然人的相关规定，分别不同情况作出"不予追究"、"免除或者减轻处罚"的规定。至于中国单位何种情况下在境外犯罪刑法"可以不予追究"，有两种方式可以考虑：一是以单位罚金数额的多少为标准，确立一个基本参照数，单位罚金额达不到该数额标准的，对该犯罪单位"可以不予追究"。二是以自然人应受刑罚的轻重为标准，即参照刑法第7条的规定，单位直接负责的主管人员和其他直接责任人员中，最高刑为3年以下有期徒刑的，对单位（包括个人）"可以不予追究"。以上两种方法中，第一种存在操作上的困难。由于我国刑法对单位犯罪采用的是无限额罚金制，没有具体的数额依据，而不同的单位犯罪其社会危害性差别甚大，若由刑法统一规定一个共同参照的数额，可能会出现某些危害性大的犯罪因共同参照的数额庇护而不被追究，故采用第二种方式较好。这里还有一个问题需要解决，当单位中的自然人是外国人时，其刑事责任的追究应依据刑法第8条规定的精神把握，如果所涉罪行按照犯罪地的法律不受处罚的，我国刑法不予追究。但是这并不影响刑法对单位的效力，对于单位是否追究，应比照中国公民在中国领域外犯罪的规定，依前述分析确定。

四、刑法对中国领域外犯罪的外国单位的效力

外国单位在中国领域外犯罪，根据刑法第 8 条的规定，我国刑法没有管辖权。这里同样存在两个问题：第一，刑法应否主张对在境外犯罪的外国单位的管辖权；第二，能否单独追究其中自然人的刑事责任。对这两个问题的回答，与前文对中国单位在中国领域外犯罪的理解相同，不再赘言。但是，针对外国单位"非中国籍"的特殊性，有的问题需要依据刑法的精神把握。首先，外国单位在中国境外犯罪，其对象须是针对中华人民共和国国家或者公民，我国刑法才能主张管辖权，即与刑法对外国人在中国境外犯罪的效力一致。其次，该行为按照犯罪地的法律应当受到处罚。所谓按照犯罪地的法律应当受到处罚，一是指其所在地的法律确立了法人（单位）的犯罪主体资格，二是指法律对该行为有明确的处罚规定。如果行为地法律并未确立法人的犯罪主体地位，或者虽确立了法人的犯罪主体地位但对该行为未纳入应受处罚之列，则我国刑法对其不产生效力。最后，根据刑法第 8 条的精神，犯罪的外国单位中，其直接负责的主管人员和其他直接责任人员所承担的刑事责任，按照我国刑法规定最低刑为 3 年以上有期徒刑的，应当追究该单位及相关责任人的刑事责任。但是，如果最低刑低于 3 年，对于自然人不得追究刑事责任。这同时又带来一个问题，即对法人（单位）能否单独追究刑事责任？我们认为，如前文所说，单位刑事责任为一个整体，根据两罚原则，单位犯罪，既要处罚单位，也要处罚相关责任人，既然对于责任人因其法定最低刑低于 3 年而不追究，则表明该单位犯罪的危险性相对较轻，故也应参照刑法对于自然人犯罪的免责规定，免除对该犯罪单位的刑事责任追究。

共犯异罪的立法研究

——谈刑法中的独立从犯与独立教唆犯[*]

　　按照传统的共犯理论，共同犯罪人通过犯意联络，形成共同故意，并基于同一故意实施共同犯罪，其所触犯的系同一罪名，各共犯在同罪前提下依其犯罪情节分别处罚。然而在立法和司法过程中，基于某种原因，往往出现变通的做法，即共犯不同罪，这种变通处理值得研究。以下即是对刑法中的独立从犯与独立教唆犯问题所作的探讨，权作引玉之砖，以使刑法中对此问题的规定、解释更加准确、客观，更具操作性。

一、独立从犯

　　即从犯与主犯分离，将从犯的帮助行为另行定罪，并按新罪的实行行为处罚，这表现在刑法第 358 条第 1 款和第 3 款中，其中第 1 款规定的是组织卖淫罪，第 3 款规定的是协助组织卖淫罪。组织卖淫罪指以招募、雇佣、强迫、引诱、容留等手段，掌握、控制多人从事卖淫的行为。协助组织卖淫罪指在组织他人卖淫的活动中对组织者起协助作用的行为。事实上二者间具有共犯关系，组织者为共同犯罪中的主犯，协助组织者为共同犯罪中的从犯，协助组织者的协助行为依附于组织者的组织行为而存在，离开了组织行为，协助组织行为不能独立发生。然而刑法为何将这种典型的帮助犯行为单独定罪，而不与主犯同罪？这从刑法第 358 条第 1 款、第 3 款两款条文后半段的分析中可看出其端倪。第 1 款规定组织卖淫罪的起刑点为 5 年有期徒刑，最高刑为

---

　　* 原载《贵州大学学报》2001 年第 4 期，收入《中国改革开放优秀理论成果选》文集，中央文献出版社 2001 年版，中国人民大学复印报刊资料《刑事法学》2001 年第 11 期索引。

死刑，并处没收财产，第 3 款规定协助组织卖淫罪起刑点为 6 个月有期徒刑，最高刑为 10 年有期徒刑，二者间的处罚力度相差巨大，并存在刑质上的区别。就立法事由而言，这样做的目的显然是考虑了两者社会危害程度的巨大差距，不宜在同一法条内适用相同的法定刑幅度。因为，若将协助者按组织者的量刑幅度适用刑罚，则最低法定刑不低于 5 年有期徒刑的标准明显过重，而且死刑的设置对协助组织卖淫的行为也不合适，不能体现罪刑均衡原则。反过来若将组织者的法定最低刑降至 6 个月有期徒刑，又不能体现法律对组织卖淫行为的强烈否定态度和严办精神，不足以对组织卖淫者的从严惩处。由此便形成了现行的第 358 条第 1 款、第 3 款两款分列的立法模式，应该说这是不得已而为之，属于立法特例，但由此引出一个不能回避的问题，即开此先例，是否其他犯罪也可主犯从犯分设罪名？如果可以，那么划分共同犯罪人便失去了意义，而且罪名将会骤增，刑法分则篇幅将更加涨大并进一步导致总分则的比例失衡，刑事立法的科学性也将大打折扣。易言之，主从犯分设罪名的立法模式是不科学的，从而也是不可取的。其实对于第 358 条所涉罪名完全可以不分设，在一罪的前提下重新设计刑事责任和法定刑就可解决。操作上可以将现行刑法第 358 条修改为："组织他人卖淫或者强迫他人卖淫的，处五年以上十年以下有期徒刑，并处罚金；情节较轻的，处五年以下有期徒刑，并处罚金；有下列情形之一的，处十年以上有期徒刑或者无期徒刑，并处罚金或者没收财产：（一）组织他人卖淫情节严重的；（二）强迫不满十四周岁的幼女卖淫的；（三）强迫多人卖淫或者多次强迫他人卖淫的；（四）强奸后迫使卖淫的；（五）造成被强迫卖淫的人重伤、死亡或者其他严重后果的。有前款所列情形之一，情节特别严重的，处无期徒刑或者死刑，并处没收财产。"这一修改，仅是在原刑法第 358 条的基础上删除了第 3 款，同时在第 1 款中增加了"情节较轻的，处五年以下有期徒刑，并处罚金"的量刑幅度，变动并不大，但却解决了前述所存在的问题。一是取消了协助组织卖淫罪，消除了协助者与组织者共犯不同罪的弊端，从而使共犯理论不致在法律运行过程中发生变异。二是在刑事责任和量刑幅度上增加了"情节较轻的，处五年以下有期徒刑，并处罚金"的规定。这里所指的"情节较轻的"行为，当然包括协助组织卖淫的从犯行为，这样对于协助者而言一般也就不会受到 5 年以上刑罚。虽然按照这样的立法模式，前文所说的立法担心仍然存在，即协助者可能会受到重于 5 年甚至 10 年刑罚，而组织者也可能仅受到低于 5 年有期徒刑的处罚，但这是符合罪刑均衡原则的。因为刑事司法实务中并不排除存在情节严重的协助组织卖淫行为，也不排除情节轻微的组织卖淫行为，前者如多次参与协助组织卖淫，充当打手造成被害人重伤、死亡等，对此一概处以 10 年以下有期徒刑显然不当。后者如迫于生计偶然为之，且未造成严重后果并且认罪态度好的一般组织者，如果一概在 5 年以上判处，亦不利于刑罚教育功能的发挥。故根据罪刑均衡思想对刑法第 358 条重新设计同样也是必需的。

二、独立教唆犯

在现行刑法当中，有多处关于犯罪的教唆行为的规定，如刑法第 29 条："教唆他人犯罪的，应当按照他在共同犯罪中所起的作用处罚……"第 295 条："传授犯罪方法的，处……刑。"第 347 条第 6 款："利用、教唆未成年人走私、贩卖、运输、制造毒品……从重处罚。"第 353 条第 1 款："引诱、教唆、欺骗他人吸食、注射毒品的，处三年以下有期徒刑、拘役或者管制，并处罚金。"同条第 3 款："引诱、教唆、欺骗或者强迫未成年人吸食、注射毒品的，从重处罚。"分析上述内容，可以认为，我国刑法将教唆犯作了两种不同的划分，其一为教唆共犯，其二为教唆个犯。教唆共犯，是指在共同犯罪中，使用"教唆"他人犯罪这一手段参与共同犯罪的人。其法律责任根据刑法第 29 条的规定，"应当按照他在共同犯罪中所起的作用处罚"。教唆个犯，指教唆他人进行犯罪或违法活动，其教唆行为单独成立犯罪，而不与被教唆者构成共犯。教唆共犯与教唆个犯的共同点在于都采用了"教唆"手段进行犯罪；不同之处表现在教唆共犯具有罪名上的依附性，教唆他人犯什么罪，对其就按什么罪定罪，并按该罪处罚，如果被教唆者犯了被教唆之罪，双方成立共犯，均按同一罪名论处。教唆个犯具有罪名上的独立性和确定性，首先，教唆个犯的教唆行为本身就构成一个独立的犯罪。其次，有自己单独适用的法定刑。此外，教唆个犯并不与被其教唆者一道构成共犯，如当传授他人犯罪方法之广义教唆行为发生时，被传授犯罪方法者即使依该犯罪方法实施了被传授之罪，双方也不构成共犯，对传授者，只按传授犯罪方法罪一罪定罪，而不再按其传授的具体犯罪方法与被传授者一道论罪。又如教唆他人吸食、注射毒品，其行为即构成"教唆他人吸毒罪"，由于吸毒并不构成犯罪，仅是一种违法行为，因此教唆者与被教唆者之间不可能成立共犯。此即教唆共犯与教唆个犯的不同之处。

关于教唆共犯，目前存在着一个司法上的难题，即罪名和行为的不相吻合。根据刑法规定，对教唆犯（即教唆共犯）应当按照其在共同犯罪中的作用处罚，即在共同犯罪中作为共犯之一与其他共同犯罪人一道适用同一罪名依照各自所起的作用不同分别处罚，因而在定罪时，对教唆者均按其教唆的内容确定罪名，如教唆他人盗窃的，就定盗窃罪，教唆他人抢劫的，就定抢劫罪等。由于刑法是将教唆犯作为共同犯罪人中的一种，当被教唆者实施了被教唆之罪时，对于教唆犯与实行犯均按实行之罪一罪定罪并无不妥，然而当被教唆者并未实行被教唆之罪时，便出现了独立教唆犯的问题。由于这时并不存在共犯，对于教唆者再按其教唆的内容直接定罪就会发生罪名与行为不相吻合的矛盾。例如，甲教唆乙盗窃，而乙并未盗窃，甲乙二人不构成共犯，对甲只能单独按盗窃罪定罪，而这时，甲并未实施盗窃行为，乙也没有接受教唆而实施盗窃行为，即事实上没有发生任何盗窃行为，然而对于教唆犯仍要按盗窃罪认定，以致出现了没有盗窃发生的盗窃罪，令人难以接受，此外从犯罪的具体形态看，这种行为究竟属盗窃的既遂、未遂，还是预备，不得而知。于是在量刑处罚时，便只能根据概略的估计进行裁量，缺乏客观科学依据。如何解决这一问题？从法理上看，这种行为不属于教唆个犯，因为其具有罪名上的依附性这一教唆共犯的主要特征，同时该行为也不是典型意义上的教唆共犯，因为不发生共同犯罪问题，它只是教唆共犯中的一种例外形式。由于兼具教唆共犯与教唆个犯的特征，因而对这种行为定罪处罚时也应二者结合予以考虑，既要考虑其教唆的内容，也要考虑其教唆行为本身，使这两方面的内容在罪名中均体现出来，从而使罪名与罪行相一致。如教唆盗窃的，罪名为教唆盗窃罪，教唆抢劫的，罪名为教唆抢劫罪等，处罚时仍以教唆内容所触犯的罪名之法定刑裁量。这样，可以在不改变现行刑法有关内容的前提下使教唆犯的定罪趋于合理，也便于社会理解和接受。并且，由于这种犯罪并不以被教唆者实施被教唆之罪为构成本罪的必要条件，而仅以教唆行为本身作为构罪条件，属典型行为犯，因而行为一旦发生，犯罪即呈既遂状态，无其他犯罪形态可言。但由于现行做法直接按教唆内容定罪，从而带来了教唆有无既遂、未遂之分的争论，如将教唆本身之行为与行为之具体内容相结合确定罪名，犯罪的既遂状态通过罪名本身即一目了然，则争论也将自行消失。关于罪名的确定，可以适用下述公式：教唆行为+教唆内容=

教唆××罪。

关于教唆个犯，即典型的独立教唆犯，目前我国刑法中涉及的主要有四条：一是传授犯罪方法罪的规定，二是煽动分裂国家罪的规定，三是煽动颠覆国家政权罪的规定，四是教唆他人吸毒罪的规定。关于传授犯罪方法，有两类不同情况：一类是在他人已有犯意的情况下，应他人之邀向其传授犯罪的具体方法。另一类是在他人没有犯意或虽有犯意但在行为人并不知晓的情况下主动向他人传授犯罪方法，由于这时行为人主观故意中有引起他人犯意的内容，其传授犯罪方法的行为就广义上讲仍属教唆的范畴，可视之为一种特殊的个犯教唆行为。但较为典型的个犯教唆，指的应是第二、第三、第四种行为。煽动分裂国家、颠覆国家政权，意在通过宣传煽动，引起人们不满，进而实施某种不利社会行为，显然这是一种犯意的造意行为。教唆他人吸食、注射毒品，虽然并非教唆他人犯罪，但吸食、注射毒品的行为亦是一种危害甚大的不法行为，就教唆者来讲，仍然是以其具体的教唆行为来达到危害社会之目的，即以"教唆"这一特定行为构成犯罪。因此，这三种行为都属于个犯教唆行为，行为人即为教唆个犯。

个犯教唆与教唆个犯的不同之处在于前者指事，后者指人。个犯教唆与共犯教唆的不同点在于它不具依附性。不规定在刑法总则里面，而是以一个个独立罪名的形式存在于刑法分则规范中，亦即它不与被其教唆者一道构成共犯适用同一罪名。把握好独立教唆犯的这一特性，有助于正确把握特定行为的性质。例如，某人向他人传授某种犯罪方法，同时又直接参与了依该种犯罪方法实施的犯罪活动，对此应如何定性处理？不少刑法教科书均回答在这种情况下应直接按具体实施的犯罪活动定罪，不再定传授犯罪方法罪，理由是传授犯罪方法只是为具体实施该种犯罪作准备，没有必要把这一准备行为从主行为中分离出来独立定罪处罚。这种认识看似有道理，仔细分析一下却也存在漏洞，如甲向乙传授诈骗犯罪方法，并同乙一道实施诈骗犯罪，对甲就得以诈骗罪论处，如果甲没有同乙一道实施诈骗犯罪，对甲则应按传授犯罪方法罪论处，比较两罪法律后果，传授犯罪方法罪重于诈骗罪，而传授诈骗方法同时又实施诈骗的行为社会危害性却重于仅传授诈骗方法不具体参与实施诈骗犯罪的行为，于是便发生了危害重的行为适用较轻的罪名处罚，而危害较轻的行为则适用较重的罪名处罚这一不合理的情况。其实出现这一问题的原因在于没有正确把握好教唆个犯的特征，按照教唆个犯的教唆行为独立成罪这一基本特征，对于教唆个犯，首先要依其教唆之本行为确定罪名，然后再根据其有无后续行为确定是否又触犯其他罪名，有后续行为又触犯其他罪名的，则对其教唆本行为和后续实行行为分别定罪，合并处罚。如前例甲向乙传授诈骗犯罪方法，又与乙一道具体实施了诈骗犯罪，对甲就应分别按传授犯罪方法罪和诈骗罪定罪，并按两罪合并处罚，而不是仅按诈骗罪一罪处理。这就从处罚上消除了不公平的漏洞，同时从法理上看也与刑法理论界对于数罪问题所取得的共识相一致，根据罪数理论，一人犯数罪，须以数行为符合数个犯罪构成触犯数罪为前提，行为具备几个犯罪构成，便构成几罪。据此，前例中传授诈骗犯罪方法者首先以一个具体的传授行为构成传授犯罪方法罪，又以一个诈骗行为构成诈骗罪，属于两行为符合两个犯罪构成触犯两罪的情况，应当两罪并罚。上述分析说明，教唆个犯的本质特性在于教唆行为独立成罪，把握这一特性，则无论行为人是否另外还有其他行为，对其教唆行为都应该单独定罪处罚，有其他行为构成犯罪的，按数罪处理，没有其他犯罪的，则以教唆行为触犯的罪名一罪论处。

犯罪中的数额问题研究[*]

　　在司法实践中，对于各类涉及经济、财产利益犯罪的认定及处罚，无一例外地都要涉及相应的数额问题。刑法和刑事司法解释对于数额问题作了大量的限定性及参照性规定，这为有关部门处理案件提供了必要的标准，但也带来了一些认识上的差异和具体操作中的混乱。为了正确适用法律，打击犯罪，保护国家、集体和公民个人的合法权益，有必要作一些深入研究。

　　首先应明确，对涉及一定经济财产利益的犯罪作出数额上的规定十分必要。从理论上讲，犯罪是一种危害社会的行为，具有社会危害性，但社会危害性有轻重大小之别，一般的违法乱纪虽对社会有害却不能作为犯罪进行处罚，作为犯罪惩罚的只能是那些严重危害社会的行为。由于社会危害性本身的抽象性，要具体掌握一个行为是否具有社会危害性，有多大的危害，就只能通过对行为本身及所造成的后果来考察。正由此，刑法对涉及财产方面的犯罪在数量上作了明确的规定，如盗窃公私财物，必须是盗窃"数额较大"的，才以犯罪论处，达不到"数额较大"则不构成犯罪。这种数额上的一定程度的限定性规定，实际上是对此类犯罪社会危害性的一种大致的量化，使抽象的危害性以具体的数字形式表现出来，从而显示出某一具体的犯罪行为社会危害程度的大小。通过对危害后果大致量化的方式在实践中具有以下优点：第一，具有可操作性。即通过大致的数额规定，使抽象的社会危害性以一定的数字形式表现出来，便于司法人员在办案中通过对案件涉及数额的掌握，区分罪与非罪，轻罪与重罪的界限，为正确适用法律惩罚犯罪提供便利条件。同时，这种方法也为消除司法随意性、防止罪刑擅断提供了必要的保证。第二，具有较大的灵活性。由于同样的犯罪数额在不同的时期、不同的

---

　　* 原载《法学探索》1992 年第 2 期。

地区，其带来的危害程度相去甚远，从而产生对行为评价的变化。为适应这种变化，刑法对有关犯罪作出一个大致的数额上的界定，再由司法机关根据各个时期、各个地区的不同情况通过司法解释适时地就具体的定罪量刑数额作出规定，这样，通过刑法和刑事司法解释的相互配合，无论情况如何变化，都能灵活地加以处理，而不必频繁地对刑法条文本身进行修改。这也就是刑法一般只就数额作出"较大"、"巨大"等相对的限制规定而不作出具体数字上的绝对规定的原因。但是这种方式也有其局限性，因为仅考察数额大小毕竟不能完全体现社会危害性的大小，其他如犯罪的手段，犯罪的时间、地点、动机目的等也都同时制约着行为的社会危害程度，从而影响着对行为的罪与非罪、罪轻与罪重的法律评价。此外，当某一犯罪系由二人以上共同实施时，如何计算每个人应承担的犯罪数额，以达到罪刑相一致，在司法实践中也是一个不容易正确掌握的问题。以下着重对这两个问题作进一步的探讨。

一、关于犯罪数额的定量规定及与其他犯罪情节的关系

统观我国现行刑法对有关造成经济财产利益危害的犯罪的规定，大致可分为以下几种情况：

（一）以数额为主，其他情节为辅

在罪状中明确规定"数额较大"、"数额巨大"、"差额巨大"及"造成重大损失"为犯罪构成的必要条件和量刑的必备情节，或者直接规定具体的数额作为犯罪与否和适用条款的依据。如对盗窃罪、诈骗罪、抢夺罪、挪用公款罪、巨额财产来源不明罪、行贿罪、隐瞒境外存款罪、交通肇事罪、玩忽职守罪、贪污罪、受贿罪的规定。对于这一类犯罪，因刑法在其罪状中已明确作出了数额上的限定，故无论定罪还是量刑，在司法实践中对于数额的具体掌握大致都受到了充分的重视，这是好的一面；另一方面，也容易导致唯数额论的偏差，即办案中只从量上考察数额是否达到定罪处罚要求，忽视对其他情节的综合考察，只要达到规定数额就按犯罪处理，达不到就不按犯罪处理，从而将复杂的犯罪现象简单化。应该明确的是，在处理该类案件时，数额界限并非定罪量刑的唯一情节，应当以数额情节为主，其他情节为辅，通过综合分析判断，对案件作出正确的评价。

（二）将数额情节与其他情节等同

在罪状描述中不单独强调数额问题，而是将数额与其他情节综合在一起笼统以"严重后果"、"情节严重"等表述形式规定在犯罪构成中，如投机倒把罪，伪造、倒卖计划供应票证罪，偷税、抗税罪，挪用特定款物罪，盗伐、滥伐林木罪，非法狩猎罪，非法捕捞水产品罪，故意毁坏公私财物罪，重大责任事故罪等。根据刑法规定，构成上述各罪，都必须具备"情节严重"或造成"严重后果"这一条件。而有关的司法解释对于何为"情节严重"、"严重后果"一般都有较为具体的规定。在这些规定中，既包括了数额情节，也强调了其他情节，加之刑法本身没有专门强调数额问题，故实践中发生唯数额论的偏差相对不那么突出，但也并非没有问题，如对投机倒把、偷税、抗税、盗伐、滥伐林木等罪的处理中，发生偏差的情况是存在的，不可不加以注意。

（三）注重行为本身的社会危害性

不在罪状中作数额描述，如抢劫罪，敲诈勒索罪。这类犯罪，因其行为本身就带有极严重的社会危害性，一般来说，只要行为人一旦实施作为，即会给公民人身权利、财产权利造成严重危害，从而也就应当作为犯罪予以处罚，故涉及的数额大小主要对量刑有意义，对定罪则影响不大。基于这样的考虑，刑法不作数额上的限定，刑事司法解释也没有具体的规定，司法部门在处理这类案件时，因而一般也不考虑数额在定性中的作用。通常情况下，这种做法并没有错，问题在于，一旦习惯于这种思维和做法后，遇到特殊情况就难以扭转，就会发生与前两类情况完全相反的，排斥数额因素在定罪量刑之外的唯行为论的偏颇。我们认为，对于像抢劫罪、敲诈勒索罪这样的财产性犯罪，其行为本身具有很严重的社会危害性，但由于行为人的犯罪目的都是为了得到一定的财产利益，而受到侵犯的公私财物是否遭到损失，损失程度如何，也是一个衡量行为社会危害大小的很重要的情节，因而在特定情况下，即当行为本身的严重性不明显时，如何正确确定行为性质，就不能不考虑数额的作用。对待这一类的案件仍应该采取综合分析评价的方式，以其他情节为主、数额情节为辅进行评断。

二、关于共同犯罪中的数额分担问题

财产型共同犯罪中，有一个突出的难题，就是如何合理地确定各个共同犯罪人应该承担的犯罪数额，以便最终确定各共犯的刑事责任。近几年来，全国人民代表大会常务委员会和最高人民法院、最高人民检察院陆续在一些决定和解释中作了一定的规定。这些决定和解释为我们解决此类问题提供了必要的法律依据。但是由于涉及的范围过于狭窄，仅盗窃、走私、贪污、受贿四种犯罪，内容也过于原则化，尚难以适应要求，有必要更进一步加以明确。我国刑法对共同犯罪人按其在共同犯罪中的地位和作用不同划分为主犯、从犯、胁从犯、教唆犯四种。由于这四种人在共同犯罪中所处的地位和所起的作用不同，因此他们对犯罪数额的承担亦应不同。分述如下：

（一）主犯

主犯主要有两种：一是在犯罪集团中起组织、领导作用的首要分子；二是在共同犯罪中起主要作用者或罪恶重大者。对于犯罪集团中的首要分子，因整个集团犯罪系在其组织、领导下实施，对于由此而产生的危害后果负有不可推卸的责任，故应对该集团犯罪的总数额承担刑事责任。对此，有关法律文件中都有明确的规定，不多赘述。关于其他主犯，因其在共同犯罪中所起的作用重大，对于共同犯罪的完成起了十分重要的作用，因此，无论其分赃数额多少，都应对共同犯罪的总数额负责，而不仅仅只对分赃数额负责。考虑到这类犯罪分子与集团犯罪中的首要分子毕竟有所区别，他们所起的作用只限于在具体参与了的犯罪当中，因此他们应承担的只是参与共同犯罪的总数额，没有参与的部分不应由他们承担，以避免在量刑上同首要分子等同。当然，对于主犯，都应当根据刑法第23条第2款的规定，从重处罚。

（二）从犯

从犯，是指在共同犯罪中起次要或辅助作用的人。关于从犯对共同犯罪数额的承担，有两种不同的做法：一是全国人大常委会就如何处理走私罪和如何处理贪污、贿赂罪所作的两个补充规定，分别要求："二人以上共同走私的，按照个人走私货物、物品的价额及其在犯罪中的作用，分别处罚。""二人以上共同贪污的按照个人所得数额及其在犯罪中的作用，分别处罚。"这里"二人以上"所说的"人"，系指除首要分子和情节严重的主犯以外的其他犯罪人，其中主要指向的就是从犯。二是最高人民法院《关于办理共同盗窃犯罪案件如何适用法律问题的意见》第3条规定，要求"对共同盗窃犯罪中的从犯，应按照参与共同盗窃的总数额，适用刑法第一百五十一条或者第一百五十二条。具体量刑时，应根据犯罪分子在共同盗窃中的地位、作用和非法所得数额等情节，根据刑法第二十四条第二款的规定，比照主犯从轻、减轻处罚或者免除处罚……"以上两种不同的规定由于不是针对同一犯罪，因而并不存在执行上的别扭，问题在于究竟哪种方法更为合理。我们认为，第一种作法似乎较第二种做法更为合理。理由是，就从犯来讲，由于在共同犯罪中所处地位和所起作用的次要性，对于整个共同犯罪的完成只应负次要的责任，相应的，对体现共同犯罪结果的总数额亦不应当全部承担，而只应部分的承担。这里所谓的部分，就是指作为犯罪总数额组成部分的犯罪人（从犯）分赃所得的那一部分数额，从犯承担这一部分数额，当然也是对犯罪结果承担责任，如果每一个从犯都必须与主犯一样同时对犯罪总数额负全部责任，就不仅有重复惩罚之嫌，而且也不利于今后对犯罪分子本人的改造。而按照第一种做法，对从犯首先根据其个人所得数额，确定应当适用的刑法条款，然后再在该条款法定刑基础上，根据犯罪人在共同犯罪中的地位、作用，犯罪的实际所得，参照犯罪总数额予以处罚。这样做，既避免了对每个人都按犯罪总数额惩罚而无形中人为地扩大犯罪的社会危害程度，同时也可使行为人通过对主犯的处理的比较而心服口服，利于其接受改造，重新做人。基于以上分析，建议有关部门改变目前并存的两种不同做法，在对财产型共同犯罪中从犯的处理上，统一规定一种方式，将从犯和主犯的处理在距离上合理拉开，以充分体现立法时划分主犯、从犯的本意。

（三）胁从犯

关于胁从犯在共同犯罪中的数额承担问题，由于这类人系在受胁迫或被诱骗的情况下参与了部分共同犯罪，从主观上看对于参加犯罪是不情愿或不十分明确的，对于犯罪结果的产生，所起的作用也是十分有限的，因此他们不应对犯罪的总数额承担全部责任，只应对其中分给自己的那一部分数额负责。不仅在适用法律条款上如此，在量刑上也应这样，以有别于从犯和体现罪责自负原则。

（四）教唆犯

教唆犯的情况较为复杂，不能一概而论，应根据不同情况予以处理。总的原则是，由于教唆犯是犯罪造意者，共同犯罪的发生肇端于教唆犯的教唆，因此对教唆犯，应参照在其教唆范围内的共同犯罪的总数额适用法律条款。在此前提下，针对具体情况不同可采取不同的处理方式：（1）事前教唆，事后参与分赃或不参与分赃。对后者直接按共同犯罪总数额处理即可，但应注意没有参与分赃这一事实；对前者，除按犯罪总数额适用法律条款外，还应根据其分得的数额量，在量刑幅度内考虑刑罚。（2）根据教唆犯在共同犯罪中的地位和作用，有的应按主犯论处，有的可按从犯处理。认定为主犯的，即按犯罪总数额适用法律；认定为从犯的，如参与了分赃，按分赃数额处理，未参与分赃，则可与同案其他从犯适用相同条款处理。（3）视造意影响情况而论，如果整个犯罪系由其教唆而成立，就应对全部数额承担责任，如果只是某一次犯罪由教唆而实施，那只对该次犯罪总数额负责。（4）根据被教唆的对象不同处理亦应不同，被教唆者如系该共同犯罪中的主犯，由其邀约其他人共同犯罪，则教唆者应按主犯承担总数额处理；如果被教唆者只是在受教唆后参与了他人的共同犯罪，处于从犯地位，对教唆者便只参照被教唆者参与的次数累计分赃的数额处理，不应对整个犯罪的总数额负责。

最后，关于共同作案总数额达到定罪要求，个人所得数额未达到定罪要求如何处理的问题，可分为两种不同情况区别对待。第一种情况，共同作案人有主从之分的，对主要责任者，应按总数额认定有罪，从属者根据其情节一般可采用劳动教养、治安处罚等方式处理。第二种情况，共同作案人间无法分清主从关系的，根据本文第一部分的分析，应着重考察数额以外的其他情节。其他情节严重的，应按犯罪论处；其他情节轻微的，不宜认定有罪，可采用其他方法处罚。这样做与前引法律关于"二人以上共同贪污的按照个人所得数额及其在犯罪中的作用，分别处罚"，"二人以上共同走私的，按照个人走私货物、物品的价额及其在犯罪中的作用，分别处罚"的精神是吻合的。至于某些地方司法部门规定对难分主从关系的统统按犯罪总数额定罪的问题，且不论其有无法律依据，是否符合立法本意，就其本身的合理性与效果，也值得认真推敲。

大陆法系刑法学期待可能性理论评价[*]

期待可能性理论产生于 20 世纪初，一般认为其发端于 1898 年 3 月 23 日德意志帝国法院第四刑事部对"马尾绕缰案"① 所作的判例，该案一经公布后，很快引起了德国刑法学界的广泛关注。学者们针对此案纷纷著文，力图从理论上寻求根据与突破，其中最具影响的如迈耶的《有责行为与其种类》（1901 年发表）、弗兰克的《责任概念之构成》（1907 年发表）。迈耶作为规范责任论的首创者，指出：责任要素除心理的要素外，还必须有"非难可能性"存在。弗兰克亦指出：当时通说将责任的本质视为心理的要素并不妥当，"责任"是除心理要素之外，尚须以"责任能力"及"正常的附随情状"为要素的复合概念。并且，他认为，责任的最重要的要素是"附随情状之正常性"。这里所谓的"附随情状之正常性"即期待可能性。故一般认为弗兰克为期待可能性理论的首创人。之后，一批德国刑法学家在此基础上进一步发展和推进了这一理论，使之逐渐成熟，并很快传入日本。经过日本学者的倾力

---

* 原载《当代法学论坛》2006 年第 1 期，收入《贵州法学论坛》第四届文集。

① 即所谓的"癖马案"。该案被告系一名马车夫，受雇驾驶一辆双辔马车，其中有一匹马素有以其尾绕缰并用力下压的癖习，此举极易造成马车失控而引发事故，被告就此向雇主提出更换此马，然雇主拒绝采纳，并以解雇相威胁，迫于无奈，被告只得屈从。某天，被告驾驶该辆马车上街时，癖马恶习发作，以马尾绕缰并用力下压，被告虽极力拉缰绳制御，但未能奏效，马车失控狂奔，最后将一路人撞倒骨折致伤。案发后，检察官以过失伤害罪提起诉讼，一审法院判决宣告无罪，检察官遂提起上诉，案件移至德意志帝国法院，帝国法院经审理后，最终驳回上诉，理由是：要认定被告人具有过失责任，仅依据其认识到该马有以尾绕缰之习惯并可能导致马车失控伤人还不够，还必须考虑被告人基于此认识而向雇主提出拒绝驾驶此马为必要条件。然而事实上无法期待被告人不顾失去工作的危险而拒绝驾驶此马，故被告人不应负过失责任（参见蔡墩铭主编：《刑法总则论文集》，台湾五南图书出版公司 1983 年版，第 474 页）。

推介，在日本引起了很大的影响，并得到了进一步的深入研究，目前已获得了日本刑法学术界和实务界的普遍认同。该理论在我国台湾地区也受到很大的推崇，在大陆法系国家，尤其是德、日等国已成为一种极富生命力和魅力的理论。①

一、期待可能性的含义及其理性评价

"所谓期待可能性者，乃对于某一定之行为，欲认定其刑事责任，必须对于该行为人能期待其不为该行为，而为其他适法行为之情形也。亦即依行为当时之具体的情况，如能期待行为人不实施犯罪行为，而为其他适法行为，其竟违反此种期待，实施犯罪行为者，即发生刑事责任之谓也。故若缺乏此种期待可能性，则为期待不可能性，而成为阻却责任之事由，即不能使该行为人负刑事责任。"② 期待可能性，从其产生的背景即可看出，该理论的核心或实质在于"法不强人所难"，当一个人处于困境之中，客观外部环境迫使他只能实施违法行为解困，或难以选择适法行为时，对其无奈的选择就不应加以谴责，即使其行为在形式上符合犯罪成立的条件，也不应该成为刑事非难的对象，或者至少应当对其减轻处罚。

人们常说"法不容情"，当法与情不能两全时，唯一的选择就是依法办事，即所谓的"有法必依、执法必严、违法必究"。就司法的角度而言，这一命题无可指责。存在的问题是，制定法律时，立法者应当如何考虑尽量减少和防止情与法的冲突，亦即如何考虑"法要有情"这一命题。刑法的制定与实施，应当体现人道的精神，如果一个人在万般无奈的情况下不得不违背其本意选择违法行为，并且为此而承受刑事追究的重负，如此做法"无异于与人情相背，是在制造国民与法律的仇隙"。③ 刑法作为一种表象的"恶"，要得到社会的理解和忠诚，使社会容忍这种"恶"的存在，就必须经常不断地

---

① 参见武玉红：《评说期待可能性》、张亚军：《期待可能性理论刍议》，载陈明华等主编：《犯罪构成与犯罪成立基本理论》，中国政法大学出版社 2003 年版，第 149、519 页。

② 高仰止著：《刑法总论之理论与实用》，台湾五南图书出版公司 1983 年版，第 282 页。

③ 高仰止著：《刑法总论之理论与实用》，台湾五南图书出版公司 1983 年版，第 286 页。

对其正当性和合理性进行考问，使表现为"恶"的刑法包含"善"的前提和因素。① 日本学者西原春夫对此评价道："刑法的结果是程度如此严重的'必要的恶'，我们就不得不推敲其存在的合理性和正常性，我们的国民因一部合理性和必要性不明确的法律，而在日常生活中受到限制，违法时就被处以刑罚，重要利益受到侵犯，并被打上犯人的烙印，这一切都令人难以忍受。"② 我国学者陈兴良教授指出："刑法是以规制人的行为为内容的，任何一种刑法规范，只有建立在对人性的科学假设基础上，其存在与适用才具有本质上的合理性。"③ 正是基于此，日本刑法学家大冢仁对期待可能性理论作了如下的评价："期待可能性正是想对在强大的国家法规范面前喘息不已的国民的脆弱人性倾注刑法的同情之泪的理论。"④ 一切科学与人性总是或多或少地有些关系，任何学科不论似乎与人性离得多远，它们总是会通过这样或那样的途径回到人性。⑤ 期待可能性的提出，无疑为刑法的理性回归提供了一条归途，因此我们说，对人性的深切关怀，不仅是期待可能性合理存在的伦理学基础，而且是其最重要的价值所在。

期待可能性理论的价值不仅在于其体现了刑法人道主义原则，充分表达了对人性的尊重，而且它迎合了刑法内缩、后隐而非外张、前置的价值立场。现代刑法理念十分崇尚刑法在干预社会活动中的谦让和抑制，刑法的谦抑原则除了追求刑法启动成本的最小化，而达致刑法经济效益的最大化外，更重要的一点在于抑制国家可能不断扩张的刑罚权。一个社会，如果到处充满了刑法的触须，其结果必然导致犯罪化和刑罚的滥用，从而也就难以得到社会公众的心理认同，难以培养公众对刑法的忠诚，故刑法只能作为终极的手段，在采用其他的方式无力或无效时，才能最后动用刑法的力量，期待可能性理论正好符合刑法的这一精神，它不但使期待不可能成为刑罚消灭的正当理由，亦使期待值不大的情形成为刑罚减轻的事由，从而大大地抑制了刑罚权的扩

---

① 参见游伟、肖晚祥：《论期待可能性理论的哲学伦理基础》，载陈明华等主编：《犯罪构成与犯罪成立基本理论》，中国政法大学出版社 2003 年版，第 513 页。

② ［日］西原春夫著：《刑法的根基与哲学》，顾有荣等译，上海三联书店 1991 年版，序章第 4 页。

③ 陈兴良著：《刑法的人性基础》，中国方正出版社 1999 年版，第 1 页。

④ ［日］大冢仁著：《刑法论集》（1），有斐阁昭和五十三年版，第 240 页。

⑤ 休谟著：《人性论》，关文运译，商务印书馆 1991 年版，第 6 页。

张，起到了"调节现实与法律正面摩擦的安全活塞功能"① 之作用。

二、期待可能性理论存在的争议问题

期待可能性理论产生于 20 世纪初，由于在整体刑法学理论体系中出现较晚，故一直存在着诸多争议，这些争议或者说不同见解主要围绕以下问题展开。

（一）期待可能性的法律性质

所谓期待可能性的法律性质，是指当期待可能性缺乏或期待不可能时，该情形能否成为一种超法规的责任阻却事由，抑或只能在刑法明文规定的范围内使用。对于这一问题，有两种不同见解：德国刑法学界普遍认为，应当对期待可能性理论的适用加以限制。所谓限制，就是仅在刑法上有规定的场合，缺乏期待可能性才是被确认的免责事由。如果突破刑法规定范围运用该理论来否定罪责，会产生无原则的谅解和宽恕，导致责任非难的虚无化，甚至会流于泛道德主义的倾向，不利于犯罪判断的统一性和科学性。② 相应地，德国的刑事立法也贯彻了这一主张。早在 1925 年和 1927 年的德国刑法草案中，就体现了这一思想，而在 1973 年 10 月施行的德国新刑法第 35 条第 1 项更是明确规定："为避免自己或自己之近亲属或其他密切关系者之生命、身体或自由现所遭遇他法不可避免之危险，所为之违法行为，不构成责任。行为人依其情况，如其自行招致危险，或具有特别法律关系等情形，可期待其经历危难者，本项规定不适用之。"对此，日本刑法学界持不同看法，其通说将期待不可能解释为一般的超法规的免责事由，因为"立法者及其实定法都不是万能的，实定法不可能没有遗漏地规定责任阻却事由，因此尽管没有法律的规定，但从具体情况考虑缺乏合法行为的期待可能性时，不管是故意犯或者是过失犯都应承担阻却责任"。③ 此外，以期待可能性之缺乏否定责任，使不幸的被告人从责任的羁绊中解放出来，亦符合有利于被告的刑事司法公理，

---

① 黄丁全：《论刑事责任中的危机理论——期待可能性理论》，载陈兴良主编：《刑事法评论》（第四卷），中国政法大学出版社 1999 年版，第 150 页。

② 参见武玉红：《评说期待可能性》，载陈明华等主编：《犯罪构成与犯罪成立基本理论》，中国政法大学出版社 2003 年版，第 419~420 页。

③ ［日］内藤谦著：《刑法总义总论》（下），有斐阁 1991 年版，第 1103 页。

不违背罪刑法定的精神。故"以期待可能性不存在为理由否定刑事责任的理论，不是基于刑法上的明文，而应解释为所谓超法规的责任阻却事由"。① 昭和三十一年日本最高裁判所作的一个判决中，亦有这样的判词："以期待可能性不存在为理由，而否定刑事责任之理论，并非仅依据刑法上的明文规定，而应解释为系超法规的阻却责任事由。故原审判决未明示其法条上之依据，而将其根据求诸条理，虽此种理论之当否另当别论，但不能谓之违法。"②

关于上述争论，在我国刑法学界同样存在，如否定论者提出：将期待可能性作为超法规的阻却责任事由，将不利于我国的法制建设。在司法信用不高的我国，将期待可能性作为超法规的阻却责任事由，刑法的弱化并不是最主要的问题，容易导致罪刑擅断是最现实的问题，这是非常可怕而必须坚决杜绝的。③ 而肯定论者则指出：否定说禁止在法律规定之外考虑期待可能性阻却责任问题，认为只能依据法律的明文规定确定阻却责任情形。这种观点实际上是奠定在立法本身已自我圆满信念基础上，过于信赖立法者的技术与能力。然而事实上立法者在立法时，其注意力集中在如何使犯罪行为无遗漏地得以详尽规定，至于阻却责任情形并不是立法者注意力所在。④ 值得注意的是肯定论者在主张期待可能性超法规适用的同时，亦强调基于我国目前的司法环境和司法人员素质，认为应从严适用。这里所谓"从严"，应理解为程序上的从严控制，如过去我国刑法关于适用类推的限制性规定，现行刑法关于酌情减轻处罚的控制等立法例，可作为设计期待可能性超法规适用的参考。

（二）期待可能性的标准

所谓期待可能性的标准，是指以什么为标准来判断行为人具有适法行为的期待可能性，也就是在具体案件中究竟以什么为根据来评判是否存在期待可能性，从而得出责任的有无与大小的判断。由于涉及如何具体认定期待可能性有无及大小的操作问题，引起的争论亦较激烈，见解各异，归纳起来大

---

① ［日］木村龟二著：《刑法学词典》，上海翻译出版公司 1991 年版，第 291 页。

② 高仰止著：《刑法总则之理论与实用》，台湾五南图书出版公司 1983 年版，第 303 页。

③ 参见李立众：《立足我国刑法学研究期待可能性》，载陈明华等主编：《犯罪构成与犯罪成立基本理论》，中国政法大学出版社 2003 年版，第 550 页。

④ 参见郑丽萍：《我国刑法理论期待可能性理论之吸收和借鉴》，载陈明华等主编：《犯罪构成与犯罪成立基本理论》，中国政法大学出版社 2003 年版，第 505 页。

体包括：（1）行为人标准说或曰个人标准说。主张应以行为人的自身能力，以及行为当时的具体状况，分析评价其在伦理上、道义上是否值得非难，从而判断行为人是否具有实施其他合法行为的期待可能性。（2）平均人标准说或曰社会标准说。主张以社会一般人为标准，根据社会平均认识能力和认识可能来判断期待可能性的有无。（3）法规范标准说或曰国家标准说。该说是对前两种学说的否定，认为期待可能性的标准既不能在行为人中，也不应该在平均人中去寻找，其标准应建立在国家的法律秩序基础上，以国家法律期待行为人采取符合法律规定的行为的要求作为标准。

我国学者大多对法规范标准说持否定态度，对前两种学说各有不同的肯定。也有人提出综合标准说，认为判断期待可能性的有无应兼顾行为人标准和平均人标准。对于如何兼顾，亦有不同看法。有人主张以行为人标准为主，兼顾平均人标准；也有人主张以平均人标准为主，兼顾行为人标准。还有人提出，首先要兼顾行为人标准和平均人标准，在少数情况下，也要参照国家标准。理由是虽然从期待可能性理论本来的追求看，行为人标准说较妥当，因为创立期待可能性的目的是想把那些不幸陷入某种具体的恶劣环境中的人从刑事惩罚中解救出来，但是，如果贯彻行为人标准说，结果会是理解一切就允许一切，使责任判断成为不可能，并且随意性太大。故应以行为人的主观的、个人的事实为基础，再根据处于行为人地位的平均人标准进行判断，这样才能兼顾一般正义与个别正义。同时，正如日本学者木村龟二所说：由于行为人不是孤立地生活的，而是生活在一个被确定设立的社会之中和一个被确定设立的国家之中，这就使得行为人必须接受某种强制和不能减轻对这种强制所承担的责任。所以，在某种情况下，也应以国家标准认定有无期待可能性。① 上述分析有其合理性，不足之处在于参照的标准太多，容易引起判断上的混乱和无谓的纷争，并可能导致适用中的不统一。本文的看法是：基于期待可能性的提出是缘于特殊的个案，并且其目的是想把那些不幸陷入某种具体的恶劣环境中的人从刑事惩罚中解救出来，则判断期待可能性的有无，自应以行为人标准为依据，只有当采用行为人标准确实明显有违社会一般正义时，才可考虑平均人标准。至于国家标准，原则上不予考虑，但并非完全

---

① 参见周光权：《期待可能性理论对我国刑法理论的借鉴》，载陈明华等主编：《犯罪构成与犯罪成立基本理论》，中国政法大学出版社 2003 年版，第 476~477 页。

排斥，即当行为涉及国家重大利益时，可以通过国家标准进行判断。如有人所列举的，战争中的士兵，并不应该对他们因为恐惧死亡而开小差的行为予以免责。

三、期待可能性的借鉴

在国内，由于受前苏联刑法学说，特别是犯罪构成理论的影响，对期待可能性理论未引起重视，基本上很长一段时间无人问津。只是到了 20 世纪 90 年代才有为数不多的文章论及于此，或在一些研究外国刑法的著作、教材中偶有涉及、介绍。2002 年中国法学会刑法学研究会从重视刑法基本理论研究的角度，将期待可能性理论研究列入当年年会的一个主要议题，由此展开了一次集中的讨论。但总的来讲，该项研究在我国尚处于起步阶段，讨论主要停留在对国外现有研究成果的认识、分析、评价等方面。从目前总的认识来看，学者们对将期待可能性理论引入我国刑法的必要性看法是一致的、肯定的。引进的理由除了对其价值判断的肯定外，不少学者还从刑事司法的角度寻找理由，如有人提出：期待可能性理论的引入将因其能够科学检验行为人罪过之有无而对我国刑事司法做出重要贡献。在我国刑法中一直存在着如何科学地判断行为人是否存在主观罪过这一难题，由于主观要件的内容是心理态度，故主观要件符合性的判断是相当困难的，但如果引进期待可能性，则可根据是否存在期待可能性来证明行为人罪过的有无。根据行为时的具体情况，如果存在行为的可选择性，行为人竟不选择有利于社会的行为而选择了实施造成损害结果的行为，则说明其主观上具有反社会性，存在主观罪过。反之，如果不存在行为的可选择性，行为人只能如此，说明其失去了意志自由，罪过也就不复存在。[①] 所以张明楷教授认为：以期待可能性理论来检验行为人是否存在主观罪过，这是引进期待可能性理论在刑法实务上的最重大意义。[②] 这是一个方面，另一方面，虽然人们都认为应该引入该理论，但在具体问题上则存在众多分歧，这些分歧除了前文所涉关于判断标准的争议，关于能否超法规适用的争议，以及期待可能性在责任论中的地位之争外，较多的

---

① 参见李立众：《立足我国刑法学研究期待可能性》，载陈明华等主编：《犯罪构成与犯罪成立基本理论》，中国政法大学出版社 2003 年版，第 549 页。

② 张明楷著：《刑法学》（上册），法律出版社 1997 年版，第 192 页。

集中在期待可能性理论与我国现行刑法有关条文规定的联系上。肯定论者认为，虽然期待可能性在我国刑法中未见明文宣示，但在一些具体条款中已有所体现，比如我国刑法关于刑事责任年龄的规定，关于紧急避险、不可抗力、胁从犯的规定，以及分则的有些规定等。否定的意见则指出，我国刑法某些条款是否隐含了期待可能性，应在读懂期待可能性理论的基础上通过对相关条款立法旨趣的分析而得出。如未满 14 周岁的人不负刑事责任，乃是因为法律拟制处于这一年龄阶段的人为无责任能力人，而适用期待可能性的前提是行为人具有责任能力，对于无责任能力人，其无责任能力本身就是不负刑事责任的理由，无须再以其对行为缺乏辨别、控制能力而无法期待其为适法行为来解释。又如紧急避险在我国是法定的合法行为，而期待可能性解决的是违法行为的责任问题。在有的国家，如德国刑法中，对紧急避险的定性采取二分法，即在保护较大法益损害较小法益时，紧急避险属于违法阻却事由，在两种法益的价值相等时，紧急避险属于责任阻却事由。在作为违法阻却事由时，由于本来就不具有违法性，自然就不成立犯罪，此时根本就无须用无期待可能性来解释为不负刑事责任的理由。在作为责任阻却事由时，紧急避险具有违法性，但此时不能期待行为人采取其他方法来避免危险，因而阻却了责任，因此期待可能性不是一概用于紧急避险的任何情形，而是仅适用于紧急避险作为责任阻却事由的场合。当然就我国刑法的规定来看，虽然紧急避险是法定的合法行为，其合法性本来就是免责的理由，与期待可能性无关，但我国刑法同时又规定了避险过当的，应负刑事责任，但应当减轻或者免除处罚。之所以减轻责任，可以理解为此时期待行为人不采用过当避险的方式的可能性不大，因而作为部分阻却责任事由是成立的。至于不可抗力则是由于身体上的强制造成的不负刑事责任的事由，而期待可能性解决的是精神强制的问题，等等。分歧颇多，见解各异，不一一述及。总而言之，期待可能性理论具有强大的生命力与理论魅力，将之引入我国刑法中，将导致我国刑法学犯罪论基础理论的一场革命，可以解决刑事司法中很多的疑难案例，故需要我们对之进行深入、系统的研究。

试论刑罚观的若干问题[*]

一、对确立法人刑罚观的再认识

我国刑法学界长期以来一直坚持犯罪主体自然人说，不承认法人可以成为犯罪主体和承担刑事责任。这个思想反映到《刑法》中，最典型的是第127 条："违反商标管理法规，工商企业假冒其他企业已经注册的商标的，对直接责任人员，处三年以下有期徒刑，拘役或者罚金。"从本条规定可以看出，《刑法》对于法人犯罪的客观事实是承认的，但对法人作为犯罪主体承担刑事责任持否定态度，故将刑事责任个人化，单纯由直接责任人员来承担。这种做法虽然在理论上是矛盾的，但在商品经济不发达的情况下则是可行的。然而，随着改革开放进程的加快，社会主义商品经济得到了很大的发展，法人犯罪已日益突出，作为一种社会现象已不容忽视。据有关部门统计，1985 年各地海关共查获单位走私案件 2493 起，私货价值 6.38 亿元，此案件数占海关查获走私案件总数的 10%，案值比例则高达已查获总案值的 90%。而法人犯罪并不仅仅表现在这一方面，其他如行贿受贿、诈骗、假冒商标、偷税抗税等均是其用武之地。法人犯罪一般都是经济犯罪，往往数额特别巨大，在其权利及影响范围内和合法外衣掩护下，作案的"成功"率也很高，社会危害性远较一般经济犯罪严重。对此，但单纯依靠惩罚个人，已不足以遏制法人犯罪。这要求我们在观念上确立法人刑罚思想，以之指导立法和司法，从而适应社会发展的要求。

确立法人刑罚观，目的是用刑罚的办法打击法人犯罪。在理论界，对法人能否适用刑罚存在争议。有人认为，法人不能适用生命刑和自由刑，至于

---

[*] 原载《中央政法管理干部学院学报》1990 年第 1 期。

财产刑，由于大多数法人财产属全民所有性质，如处以罚金，将全民所有的财产收交人民当家做主的国家，没有什么实际意义，在理论上也说不通，故也不宜采用，结论是对法人犯罪不能适用刑罚方法处理。这种观点现在来看显然已经不符合客观实际了。因为目前我国存在多种经济形式，私人、半私人所有性质的企业占有相当大的比例，并有进一步增长的趋势，对这些企业出现的经济犯罪适用财产刑并不会引起上述理论上的问题。至于全民所有和集体所有的企业单位，由于推行两权分离和双层经营制，也使得刑罚的适用成为可能。例如，在推行租赁制的企业内，承租者实行独立经营、自负盈亏，所有者只按租赁合同收取租赁费，对这类企业法人犯罪，处以罚金，直接承担者是承租人及其合作团体。从近几年来的刑事立法和司法看，在一些具体的罪名上也已经有了关于法人犯罪和承担刑事责任的明确规定和做法。1987年1月22日全国人大常委会通过的《海关法》，在其刑法规范中率先规定："企业事业单位、国家机关、社会团体犯走私罪的，由司法机关……对该单位判处罚金"（《海关法》第47条第3项）；1988年1月25日通过的《关于惩治贪污罪贿赂罪的补充规定》、《关于惩治走私罪的补充规定》中，进一步明确了法人犯走私罪和法人犯行贿罪、受贿罪的情况，以及对犯罪法人处以罚金的处理方法。此外还规定对法人非法倒买倒卖外汇牟利（专指此类行为），情节严重的，按投机倒把罪处罚。这些规定以法律的形式确认了在走私、行贿、受贿和倒买倒卖外汇的投机倒把活动中法人可以和自然人一样成为犯罪主体，承担刑事责任，为我们同这类犯罪行为作斗争，提供了法律武器。但是，应该看到，法人犯罪并不仅仅限于上述几种，实际上更多的法人犯罪除了处理其主管人员和直接责任人员外，由于刑法的局限性，对法人本身还不能运用刑罚手段，我们的观念和行动落后于形势的发展。

笔者认为，应全面确立法人刑罚观。改变目前单纯依靠全国人大常委会颁布补充规定的应急办法，尽快修改刑法典，在总则"犯罪"一章中，对法人犯罪用专条规定，同时在分则各有关条款中补充法人犯罪的刑罚内容；另外，再由"两高"就各种法人经济犯罪的数额等问题作出统一的司法解答，从而使刑事立法和司法适应现阶段的要求，满足社会发展的需要。

二、对财产刑、资格刑的思考

我国刑法共规定了八个刑种，分为四类。据粗略统计，至1988年10月我国刑法分则有刑罚的条文共 99 条（包括全国人大常委会三个决定、两个补充规定，不包括军职罪），其中涉及死刑的条文共 30 条，比例占条文总数的 30.33%；涉及资格刑的条文共 22 条，比例为 22%；涉及罚金刑的共 24 条，比例为 24.24%；涉及没收财产刑的共 25 条，比例为 25.25%；涉及自由刑的共 99 条，比例为 100%。由于自由刑所具备的特点，使其成为现代刑罚体系的中心，各国刑法均大量采用自由刑，我国刑法也不例外。除此，各种刑罚在我国刑法分则条文中出现的比例依次为资格刑（根据刑法总则第 52 条、第 53 条的规定，实际上能够适用资格刑的条文远远超过适用死刑等刑罚的条文）、死刑、没收财产刑、罚金刑。资格刑领先，罚金刑处于最末，这是我国刑法关于刑罚规定的现状。从世界范围看，情况则正好相反。随着经济犯罪日益突出和人们对法人犯罪问题的重视，以及对轻微刑事犯罪适用短期自由刑带来的弊端，罚金刑越来越受到立法者重视，适用面逐渐扩大，已成为仅次于自由刑的一种重要刑罚方法。如苏俄刑法典原规定罚金刑的条文有 58 条，现已增至 107 条，而在西方各国罚金刑的适用率竟高达宣告刑的 60% 以上。同罚金刑相比资格刑则是每况愈下，"随着教育刑论的兴起，资格刑的弊端日渐突出。它毁损犯罪人的名誉，挫伤犯罪人的自尊心，不利于犯罪人的改过自新，因而与刑罚的个别预防目的相冲突。因此其适用范围受到很大限制，其内容也越来越窄，有的国家甚至干脆将其不再作为刑罚方法"。扩大罚金刑，限制资格刑已代表了一种世界性的潮流而成为刑罚制度改革的重要内容。以上中外两种情况的比较，虽属现象上的差异，尚不足据此得出某种实质性结论，但至少应引起我们的反思。

（一）对罚金刑的思考

罚金刑以经济利益的剥夺来否定犯罪，对贪利型罪犯，既可收到惩罚之效，又可使既犯者和欲犯者感到无利可图而放弃再犯和想犯的念头，从而达到特殊预防及一般预防目的，其社会效果为其他刑罚方法所不能代替。从刑法分则的有关规定看，能够适用罚金刑的条文主要集中在第三章破坏社会主义经济秩序罪和第六章妨害社会管理秩序罪中，针对性十分明确。但是，我们也要看到，在范围上，罚金刑的适用对象并不仅仅限于一般经济犯罪，它同时还是对付法人犯罪和轻微刑事犯罪的有效方法。而后者尚未受到我国刑法界的重视，即使是贪利型犯罪，有相当一部分也没有规定罚金刑。为什么罚金刑在我国刑罚体系中只能排在末尾，受到"冷遇"？分析起来，主要有下面几个方面的原因：其一，我国社会主义商品经济不发达的经济结构没有造成广泛适用罚金刑的客观环境。其二，法人能否作为犯罪主体承担刑事责任在理论界尚无定论，刑法本身未规定法人犯罪问题，从而使罚金刑的适用范围受到限制。其三，一般认为，适用罚金刑给人带来"以钱赎罪"的感觉，这在客观上也给罚金刑的广泛适用带来困难。其四，我国社会经济不发达，人们的生活水平较低，广泛适用罚金刑，会造成执行上的困难，损害刑罚的权威性。罚金刑之所以不被重视，上述认识是主要原因。那么，目前我们究竟是否应扩大罚金刑的适用范围呢？这个问题，亦可从对上述四点的分析中得出结论：其一，社会经济活动简单，经济犯罪不复杂，法人犯罪不突出，这样的客观环境对罚金刑自然提不出更高的要求，但这并非今天的实际情况。在目前各种经济形式并存下，经济犯罪远较过去严重、复杂。犯罪者凭借手中拥有的一定经济实力，以比过去大得多的能量实施犯罪，危害社会经济和改革。与之相应，对付犯罪的方法也要随着变化，罚金刑通过经济上的剥夺而削弱和消除犯罪者的再犯能力，在建立和保护社会主义商品经济的过程中，能够发挥比过去大得多的作用。社会环境的变化要求扩大适用罚金并提供了客观条件。其二，前文已经谈到，确立法人犯罪主体地位，用刑罚方法对付法人犯罪，是我国社会发展的客观要求，而且海关法和有关刑法补充规定已有所突破。运用罚金刑同法人犯罪作斗争在我国刑罚领域已不再是一块空白，大有用武之地。其三，罚金刑是附加刑，虽可独立适用，但多数是配合主刑适用，附加适用罚金刑，会给人更加明确的印象罚当其罪，而不是"以钱赎罪"。至于法人犯罪，虽只能单独适用罚金刑，不能适用人身刑，但我国刑法对法人犯罪都规定有处罚个人的内容，这样，通过对犯罪的法人团体处以罚金刑，对其主管决策人员和直接责任人员处以某种人身刑，亦可消除这种感觉。实践中，也有为数不多的对犯罪人单独处罚金刑的情况，然而这不是"以钱赎罪"，罚金是一种刑罚方法，不是行政处罚手段，二者有质的区别。我们不可因怕导致某种"感觉"而否定罚金刑。其四，我国社会经济同发达国家相比处于落后地位，这是事实，但通过十年改革建设，情况已发生了巨大变化，远非《刑法》制定时所能相比。目前，我们已基本解决温饱问题，正在向小康社会迈进，罚金刑执行上的困难已不再像过去想象的那样突出。综上所述，树立财产刑思想，扩大罚金刑的适用范围，是我们发展商品经济，建立社会主义商品经济新秩序的客观要求。

（二）关于资格刑的思考

资格刑是剥夺犯罪人享有和行使一定权利的资格的刑罚。其作为一种刑罚方法，除具一般刑罚的惩治功能外，主要作用在于通过剥夺犯罪人原享有的行使某项权利的资格，使其不能再通过此项权利的行使而犯罪，从而失去再犯的条件，因此它同财产刑一样，也是一种针对性很强的刑罚方法。

党的十三大以后，政治体制改革已提上议事日程。要建立民主政治，必须做到为政清廉，然在目前我国社会政治生活中，以权谋私、徇私枉法、官僚主义、玩忽职守、贪污受贿，乃至"官倒"等现象非常严重。其中不少已构成了犯罪，需要运用刑罚的手段予以严厉制裁。而这类犯罪都是由握有某种权力，担负一定职务的国家工作人员所实施，对这类人，如不剥夺他们手中握有的借以犯罪的权力和职位，从政治上予以直接的否定，将不利于防止他们再犯，更不足以警戒效尤者。因此，在我国现阶段，资格刑的适用仍具有重要意义。

资格刑在我国刑法中既能广泛采用，同时又受到一定限制。其广泛性表现在除分则有 10 个条文规定了此种刑罚外，在总则中还规定对反革命分子和被判处死刑、无期徒刑的犯罪分子应当剥夺政治权利终身，对其他严重破坏社会秩序的犯罪分子，在必要的时候，也可以附加剥夺政治权利。因此，资格刑的适用面仅次于自由刑而居其他各刑种之首。刑法对资格刑的限制主要表现在两方面：在适用对象上，资格刑主要针对反革命犯罪、严重刑事犯罪和某些特定犯罪；在剥夺的内容上，只限于政治权利，不涉及其他内容。

笔者认为，根据当前的社会客观环境，我国刑法对资格刑的规定总的来讲是可行的，但也有不完善之处：第一，尚缺乏针对性。一方面在刑法中能够适用资格刑的条文较多，另一方面有些犯罪应当剥夺犯罪人的政治权利却找不到法律依据，如刑法第 114 条、第 126 条、第 142 条、第 146 条、第 147条、第 187 条等规定的犯罪。这些犯罪的主体一般由国家工作人员构成，其行为表现为假公济私、滥用职权、玩忽职守，为一己利益置国家、人民生命财产于不顾，严重损害国家机关、企事业单位和人民团体的信誉。对此，理应用刑罚的方法，剥夺犯罪人的政治权利，以纯洁国家工作人员队伍，维护国家机关等的威信。但这些条文本身没有规定剥夺政治权利的刑罚，也很难划入"严重破坏社会秩序"的犯罪之列而适用总则第 52 条的规定，从而使资格刑的针对性受到限制。第二，不能分项执行。根据刑法第 50 条的规定，剥夺政治权利的内容是：（1）选举权和被选举权；（2）宪法第 45 条规定的各种权利（1982 年宪法第 35 条）；（3）担任国家机关职务的权利；（4）担任企业、事业单位和人民团体领导职务的权利。只要法院作出适用此项刑罚的判决，受刑人的上述权利便将全部丧失。实际上对有些犯罪人只需要剥夺他借以犯罪并可能再犯的那一部分权利即可，没有必要全部予以剥夺。由于刑法未作区别情形选择适用的规定，只好全部予以剥夺，这样便造成了"刑罚过量"，反而不利于受刑人改造。第三，对判处死刑的犯罪人无实际意义。刑法第 50 条规定的各种权利中，除第二项中的出版权外，其余所有权利都依附于生命权，以生命的存在为前提，随着死刑罪犯的被处决，这些权利亦跟其生命一同消失，对这些人附加资格刑，无实际意义。刑法之规定剥夺被判处死刑者的政治权利，主要着眼于一般预防，体现国家在政治上对死刑犯罪的强烈否定。其实这种考虑过于重复，因为死刑判决本身已包含了对罪犯有关政治权利的剥夺，体现了对罪犯政治上最严厉的否定，并具有最强烈的震慑作用，再重叠适用资格刑，会造成"刑罚多余"。至于出版权问题，可在修改刑法时予以解决（关于对剥夺政治权利刑的思考，将另文专题研究）。

针对上述弊病，本人提出两点意见供参考：第一，加强资格刑的针对性，对有关条文增设剥夺政治权利刑，同时取消对死刑罪犯一律附加判处剥夺政治权利终身的规定；第二，采用资格刑的分项适用原则，方法可以采取不改变分则有关条文，而在总则第 50 条中增列出第二款，其内容可以表述为："根据具体情况，也可以剥夺上述一项或几项权利。"这样，就可以消除刑罚过量之弊，剥夺有著述的死刑罪犯的出版权问题亦迎刃而解，

三、关于现阶段刑罚适度性问题

刑罚适度性问题是研究刑罚与犯罪间适应性的问题。罪刑相适应作为一项原则为各国刑法所遵循，但是这项原则并不是僵死的教条，同一性质的犯罪，在不同社会及同一社会不同时期里，由于环境的差异和变化，其社会危害程度有较大差别，因而适用的刑罚也有差别，这并不违反罪刑相适应原则，相反，它正好体现了这一原则。因此，随着社会环境和条件的变化，及时研究刑罚的适度性问题十分必要。

　　我国现阶段刑罚轻重的"度"如何掌握，应采取重刑化还是轻刑化，这个问题时有文章涉及。从刑罚的实际状况来看，如果以生命刑的适用率作为一条划分标准的话，我国刑法在颁布时，只有 15 个条文可以适用死刑，占挂有刑罚的分则条文总数的 15.6%。随后几年，全国人大常委会以立法解释的形式对刑法作了一定程度的修改，较大幅度地增加了死刑适用条款，目前刑法可适用死刑的条文已达 30 条，比例为 30.33%，较之刑法制定之初增加了近一倍。如果加上军职罪的规定，则总共有 40 个条文 50 多个罪名可适用死刑，死罪数占整个罪名的 1/4 强。上述统计数字如果不能说明我国刑罚采取的是重刑化，至少可以表明我们在逐步向重刑化发展。那么现阶段我国刑罚到底应该采取重刑化还是轻刑化呢？笔者认为，轻刑化作为一种发展趋势，应给予足够的重视，但就目前来讲，全面采用轻刑化条件尚不充分。适宜的做法应该是发挥各种刑罚的不同功能，宽严相济，轻重并用，有针对性地适用刑罚。这里，我们应该破除一种观念，即一讲"严打"，就不问对象、条件如何，片面强调死刑、无期徒刑的适用，似乎只有这样才能体现"严"。其实刑罚轻重不只表现在刑种之间的差别上，同一刑种内，不同刑期的选用、不同罚金数的确定、没收财产的不同比例，均能体现出刑罚适用的轻重宽严。因此，正确的做法应是既在刑种上，也在刑度上体现刑罚的宽严。在具体掌握刑罚的轻重宽严时，必须针对不同的对象而确定。例如，对于偶发的经济罪犯，主观恶性不严重，可以采取经济刑为主、人身刑为辅的做法，这样既可消除他再犯的能力，也有利于其思想上的改造。总之刑罚轻重应当适宜，轻刑种可以体现重刑思想，重刑种也可以体现轻刑思想，关键是如何运用，只强调重罚或只追求轻刑的观念都是不妥当的。

论剥夺政治权利刑*

剥夺政治权利刑，是我国刑法所规定的一种刑罚方法。新中国成立以前，在革命根据地就曾经采用过这种刑罚方法。新中国成立初期，一些单行刑事法规中也规定了这一刑种。1979 年我国首部刑法典颁布，在总则中明确规定了剥夺政治权利刑为附加刑，并与其他刑种一道形成了具有我国特色的刑罚体系。1997 年修订刑法时，再次确认了这一刑种并沿用至今。为准确评价与合理适用该项刑罚，本文拟就剥夺政治权利刑的内容、适用对象和适用方式作一些粗浅的研究。

一、剥夺政治权利刑的内容

剥夺政治权利，是指剥夺犯罪人参加管理国家及有关政治活动的权利。在我国，公民享有的政治权利的范围十分广泛，如"选举权、被选举权和言论、出版、集会、结社、通信、人身、居住、迁徙、宗教信仰自由及游行、示威等自由"以及"参加管理国家，担任公职和享受荣誉称号等权利"。广泛的政治权利是民主政治的必然要求，而任意地限制与剥夺政治权利则是专制政治的一个危险信号。因此，对于剥夺政治权利刑的内容，或者说哪些权利可以剥夺是一个十分谨慎的问题，同时也是学术界长期争议的一个问题。根据刑法第 54 条的规定，剥夺政治权利包括剥夺下列权利：（1）选举权与被选举权；（2）言论、出版、集会、结社、游行、示威自由的权利；（3）担任国家机关职务的权利；（4）担任国有公司、企业、事业单位和人民团体领导职务的权利。上述内容的设置是否合适、范围宽窄如何，有必要逐项加以分析。

关于第一项权利，选举权与被选举权是公民参与管理国家的一项最基本

---

* 原载《贵州民族学院学报》2002 年第 5 期。

的权利，同时也是一项无争议的政治权利，依法剥夺相关犯罪人的选举权与被选举权，是有关国家资格刑中剥夺公权的一项重要内容。由于"选举权的行使可以使本人的政治见解通过被选举人带到政权机构中去；而被选举权的行使则可能直接参与国家各级政权机构的活动，从而使自己的政治见解得以体现。因此，选举权与被选举权是剥夺政治权利首要的剥夺对象"。我国刑法在剥夺政治权利刑中，将选举权与被选举权的剥夺列在第一项中是恰当的。

关于第二项权利，即行使言论、出版、集会、结社、游行、示威的权利可否剥夺，在法律界存在着肯定与否定两种观点，这两种观点都以宪法作为依据。否定说认为，言论等自由是宪法赋予公民的民主政治不可缺少的基本权利，宪法并未确认这些权利可以在一定条件下被剥夺，因而刑法关于剥夺这些权利的规定与宪法不符，并与我国现阶段民主政治建设相悖。肯定说认为，上述权利虽然是宪法赋予公民的，但宪法同时又规定公民在行使自己权利的时候不应妨害他人行使这些权利，并不得危害社会利益，这正是刑法将上述权利作为资格刑剥夺内容的宪法根据。对于这个问题，个人认为不宜将宪法的规定作为论证的依据。宪法除了规定公民享有言论等自由权外，同样也规定了公民享有选举权与被选举权等一些权利，而对于刑法规定剥夺选举权与被选举权的问题在学界并无相应争议，其原因就在于选举权与被选举权作为一项无争议的政治权利，加以剥夺为惩治犯罪所需要，当然应当成为剥夺政治权利的主要内容。同样在分析公民言论等自由是否应当剥夺时，也应该从这些权利是否表现为政治权利以及是否需要剥夺着手进行。那么公民享有的言论、出版等自由权是否属于政治权利，对于这个问题，不能一概而论。就宪法权利而言，宪法规定公民享有言论、出版、集会、结社、游行、示威自由的权利，乃是从一般意义上作出的，它既包括政治性的言论等自由，也包括非政治性的言论等自由，为广义的自由权。对于宪法规定的这些权利，不应简单地将之归结为政治权利，而应把它看成是一项公民应当享有的自然权利。至于刑法规定剥夺的言论等自由权，则是针对政治性的言论等自由，并不包括非政治性的那一部分，不能把它等同于宪法意义上的权利，亦即宪法所规定的是公民的自然权利，刑法所规定的是公民的政治权利。作为一项政治权利，纳入剥夺政治权利刑当中是可以的，问题在于如何操作。比如公民的出版自由权，对于被剥夺政治权利的犯罪人来说，如果其出版带有政治性倾向的著作，当然应当予以禁止，但如果其撰写了一篇纯自然科学方面的论文，是否也不允许他投稿发表？个人认为还是应该有所区分。现在的问题是由于对宪法与刑法所规定的言论等自由权不加区别等同看待，故某人如果因犯罪被剥夺政治权利，则从理论上讲其无论政治性的还是非政治性的言论、出版等自由权均将受到剥夺，而不可能区别对待。因此有必要在刑法的规定中设置一定的限制，比如在刑法第 54 条第 2 项之前加上"政治性的"限制，明确表明刑法所要剥夺的乃是属于政治性的那一部分权利，以示其与宪法的规定有所不同。当然实践中确实如有的学者提出的那样，会存在难以区别掌握的问题，即执行机关有时候会不太容易把握哪些属于政治性的东西，哪些属于非政治性的东西，但这不应该成为立法的障碍。法律的制定应以规范、严谨、够用为前提，同时体现正义的精神，至于执行中可能会出现的问题，应当通过司法程序解决，而不应反过来制约立法。况且即使目前法律未就言论等自由权作政治上的限制规定，在执行当中，要做到真正限制某人的言论等自由同样也有困难，因此有必要在立法上对这个问题加以完善。

关于第三项权利，即担任国家机关职务的权利。国家机关包括国家权力机关、行政机关、审判机关、检察机关及军队等，由于这些机关的特定职能和重要性，在这些机关担任职务，就意味着直接参与了国家管理活动，因此我国刑法将此项权利列为剥夺政治权利刑的内容是恰当的，不少国家的刑法中也都有类似的规定。

关于第四项权利，即担任国有公司、企业、事业单位和人民团体领导职务的权利。上述单位由于具有"国有"性质，在其中担任领导职务，实际上是受国家委托行使一定的管理权，这种国家委托的管理权可以认为是一种政治性的权利。在当前经济犯罪现象日趋严重，惩治贪污腐败斗争形势严峻的局面下，有针对性地剥夺有关犯罪分子担任这些部门领导职务的权利是必要的。

二、剥夺政治权利刑的对象

根据我国刑法的规定，剥夺政治权利刑的适用对象包括：（1）危害国家安全的犯罪分子；（2）严重破坏社会秩序的犯罪分子；（3）被判处死刑、无期徒刑的犯罪分子；（4）刑法分则规定独立适用剥夺政治权利的有关犯罪的犯罪分子。

关于第一类对象，剥夺其政治权利乃刑法设置剥夺政治权利刑的题中应有之义，不必赘述。

关于第二类对象，有两点值得思考：一是所谓严重破坏社会秩序罪，根据刑法第 56 条的规定，是指故意杀人、强奸、放火、爆炸、投毒、抢劫等严重破坏社会秩序的犯罪，对于这些犯罪，一般都设置了死刑或无期徒刑，由于刑法已专门规定对于被判处死刑、无期徒刑的犯罪分子必须剥夺政治权利，因此这里所指的是那些未被判处死刑、无期徒刑的情况。这些犯罪虽然从性质上讲属于严重破坏社会秩序的犯罪行为，但因达不到判处死刑或无期徒刑的程度，从危害后果上看已不是十分严重，有无必要也都附加剥夺政治权利，值得推敲。二是就现有规定来看，也存在操作上的困难。刑法规定"对于故意杀人、强奸、放火、爆炸，投毒、抢劫等严重破坏社会秩序的犯罪分子，可以附加剥夺政治权利"，前面列举的六种犯罪不难掌握，但对于"等严重破坏社会秩序的犯罪分子"，具体指哪些犯罪分子，则是不明确的。严格来讲，这样的规定并不符合罪刑法定的要求，而且还会造成司法过程中的不统一，导致同样的犯罪在有的地方适用了剥夺政治权利刑，有的地方却没有适用。对于这个问题，可从两方面来考虑：一是取消刑法关于对严重破坏社会秩序的犯罪分子附加剥夺政治权利的规定，从而消除对"等严重破坏社会秩序的犯罪分子"难以统一掌握的弊端；二是如果认为对于这类犯罪分子其罪行即使未达到判处死刑、无期徒刑的程度，也有必要给予剥夺政治权利的处罚，则直接在刑法中列出具体的罪名，不要再使用"等"之类的笼统规定，以保证刑法的统一执行，消除执法上的不平衡。

关于第三类对象，对于被判处死刑、无期徒刑的犯罪分子，因其所犯罪行的严重性，已经导致了矛盾性质的转化，附加剥夺政治权利，从政治上作出否定性评价，无疑体现了我国刑法的任务和刑罚的目的。争议的问题是，对于被判处死刑立即执行的犯罪分子，生命已不存在，剥夺其政治权利终身的积极意义何在？对此，一般认为："首先，这类罪犯所犯罪行特别严重，国家既然剥夺了他们的生命，就应当同时剥夺其政治权利，以表示政治上对其谴责和否定。其次，死刑判决从宣告经核准到执行须经过一定的时间，在此期间死刑罪犯可能遇到特赦而不执行死刑，如遇赦免而原判决未附加剥夺政治权利终身则要另作剥夺政治权利的判决。再次，如果罪犯生前有著作，其生命被剥夺后，其亲属还有可能代其行使出版权。剥夺这类罪犯政治权利终身，就有了禁止其亲属代行这种权利的法律根据。"笔者认为，上述认识有可斟酌之处，就第一点、第三点而言，如果确实反映了立法者的意图，则立法时的这种考虑未免陷于重复。刑法第54条规定应予剥夺的各项权利中，除第2项中的出版权外，其余所有权利都依附于生命权，以生命的存在为前提，随着死刑犯的被处决，这些权利亦随其生命而一同消失。亦即当法院作出一项死刑判决时，其判决本身已经包含了对罪犯有关政治权利的剥夺，体现了对罪犯政治上最严厉的否定，没有必要在形式上再适用剥夺政治权利刑。此外，对犯死罪者适用刑罚，从预防犯罪来讲，着眼点仅在一般预防，如果具有最强烈震慑力的死刑判决仍不足以遏制其他不稳定分子的犯罪欲望，则形式上的剥夺政治权利亦是徒劳，对于领刑人来讲，还会造成多余的刑罚。至于出版权问题，如前所述，对于非政治性的著述，特别是那些纯自然科学的著作，属于全人类共同的文化财富，无论由谁所著，并不能改变其造福于全人类的客观效果，如果因著者犯罪使其不能及时出版甚至永远遭到埋没，无疑是社会的一大损失，因此这方面的出版权不应纳入剥夺之列。对于涉及政治内容方面的著述，应当剥夺其出版权，但可以采用剥夺政治权利刑的分项适用制度解决（后文将作论述）。就第二点来看，虽然我国宪法中有关于特赦的规定，但有关法律并未作出相应的具体规定，而且自1980年我国首部刑法施行至今，国家也从未作出过特赦的决定，缺乏实践价值。就算将来可能会出现特赦的情况，根据过去的实践，涉及的范围也很窄。当然这并不能在理论上排除前引第二种情形的发生，即便如此，如果需要对某些特赦犯剥夺政治权利，也可以在颁布特赦决定时作出附加条件的规定，而不必因此一概对死刑立即执行的罪犯附加剥夺政治权利终身。

关于第四类对象，刑法分则规定独立适用剥夺政治权利刑的条款共18条，涉及26个罪名。这些犯罪主要表现为一些扰乱社会管理秩序，有的并带有某种政治性目的，或者造成政治性影响的行为，对这些犯罪适用剥夺政治权利的刑罚，针对性明确，有利于发挥刑罚的预防功能，维护社会的稳定，因而是恰当的。但要指出的是立法时对于适用主体的考虑存在不足，比如在渎职罪一章中，不少由国家机关工作人员构成的职务犯罪，本应剥夺犯罪人一定期限内担任国家机关职务的权利，但法律并没有相应规定独立适用剥夺政治权利，而且这些犯罪的最高刑均达不到无期徒刑，从性质上讲也不属于严重破坏社会秩序的犯罪，不能附加剥夺政治权利，从而削弱了我国刑法设置这一刑种的目的性，值得引起注意。

在剥夺政治权利刑的适用对象上，还有两个问题存在争议：一是对外国人犯罪是否适用本刑，存在着立法上的不完善。从理论上讲，外国人不享有中国公民所享有的法定政治权利，而对于不存在的东西既无法剥夺也无从剥夺，但我国刑法对于剥夺政治权利的对象，并没有作出对外国人不适用的除外规定，因而从法律的角度看并不能排除对有关犯罪的外国人适用剥夺政治权利刑的可能。虽然过去在司法实务中有的地方出现过对在我国犯反革命罪的外国人只判处主刑，不附加适用剥夺政治权利的判例，但严格地讲，这种判决并没有明确的法律依据，问题的出现正如有的学者指出的"与刑法……的规定不严谨有关"，因此应当修改刑法条文，明确规定"对于构成反革命罪的中国公民应当附加剥夺政治权利"。笔者赞同这一观点，但必须指出，外国人除了可能构成危害国家安全的犯罪外，也可能因普通刑事犯罪被判处无期徒刑以上刑罚，依照现行刑法规定，也应当附加剥夺政治权利，故修改刑法时应单设一条，明确规定剥夺政治权利不适用于外国公民，而不仅仅是不适用于构成危害国家安全罪的外国人。第二个争议的问题是对于未成年人适用本刑是否合适。根据刑法规定，不满18周岁的未成年人犯罪，最重可以判处无期徒刑，从而应当附加剥夺政治权利，从立法上看，规定是明确的。赞同的观点认为：被判处无期徒刑的未成年人所犯之罪特别严重，不剥夺政治权利不足以达到对其改造的目的。因此，刑法的规定是正确的。反对的观点认为：从未成年人犯罪的特点出发，对未成年人适用较为严厉的剥夺政治权利刑，显得过于严苛，限制了未成年人接触社会、进行正常生活的条件，不符合我国刑罚的目的，而且，不满18周岁的犯罪人，实际上尚未享有宪法赋予的政治权利。剥夺本来就不享有的权利，没有任何实际意义。笔者认为，对于未成年人，以不适用剥夺政治权利刑较为合适，此种刑罚方法政治性色彩浓厚，加诸于未成年人身上，总觉得不是滋味，甚或还会造成某种错觉。其实出于对未成年人的特殊保护，刑法已经规定了不得对未成年人适用死刑，那么为什么不能考虑取消剥夺政治权利的规定呢？且不说剥夺未成年人的政治权利是剥夺了其本来就不享有的权利，没有实际意义，仅就改造目的而言，对于一般的未成年人来讲，也许尚不清楚政治权利为何许物，有什么意义，他们关心的是如何度过漫长的牢狱生活，怎样重新获得自由，至于政治权利这种他们从未行使过，不甚清楚也无法摸着的对他们来讲纯概念性的东西，就很难装进其简单的大脑中。如此，又如何达到改造之目的？当然也不排除有的未成年人少年老成，对政治权利的意义了解透彻，然而越是如此，其承受心理越加脆弱。对于一个思想尚不成熟，心理情感均不稳定的未成年人来说，一旦得知自己终身失去政治权利，即便将来减刑出狱，仍有数年为政治上丧权之人，谁能说清楚其不从此破罐子破摔，难服改造呢？其实早在刑法修订之前，便不时有人呼吁，希望能够修改这方面的规定，遗憾的是刑法修订时此意见未被采纳。但是，理论上的探讨并未结束。

三、剥夺政治权利刑的适用方式

刑罚的适用方式，是指对刑罚内容的具体采用做法。当立法者在制定一项刑罚措施时，必然要对该刑罚量的规定性作出回答，以便于法院在适用刑罚时做好定量分析，适量选用。例如，在我国刑法中，判处死刑的，可以立即执行，也可以缓期执行；没收财产，包括没收部分财产和全部财产；对于罚金，应当根据犯罪情节决定罚金数额；对管制、拘役、有期徒刑，也都作了不同期限的规定，以便法院选择适用。剥夺政治权利刑的适用方式，便是指的对该刑种所含的各项权利全部剥夺还是部分剥夺的问题。关于这个问题，各国刑法采取的做法各有特点，总的可分为三种情况：一是以专条列举出应予剥夺的各项权利，一旦法院作出判决，所含各种权利都要剥夺。二是根据具体情况，由法院选择剥夺其中一项或几项权利。如意大利刑法典第 28 条在列举了 7 项权利后，以专款规定："法律规定在哪些情况下褫夺公职的适用范围仅以上述某几项为限。"三是对应当剥夺的权利不作专条列举，而是根据犯罪主体身份情况及所犯罪行性质不同分别剥夺相应的权利。如瑞士联邦刑法典第 51 条至第 54 条的规定。上述三种做法中，第一种虽然操作简便，但可能会造成刑罚过剩，由于各项权利间并无必然联系，对有些犯罪人来说全部加以剥夺毫无实际意义，而且有悖刑罚个别化原则和刑法谦抑精神。相对来看，后两种做法较为可取，采用分项分类适用的方式，有利于发挥刑罚特殊预防的作用，增强刑罚目的性和针对性，取得刑罚适用的最佳效果。就我国现行刑法的规定而言，乃是采用的第一种立法例，即一经判处剥夺政治权利，刑法第 54 条所列举的四项权利全部都要剥夺，这种刑罚适用方式，值得重新审视。首先，从刑法规定的各种刑罚方法来看，有的刑罚是可分的，如管制、拘役、有期徒刑、罚金、没收财产、剥夺政治权利等，有的是不可分的，如无期徒刑。对于可分的刑罚，刑法一般都规定了可以选择一定的刑期、金额适用，甚至对于死刑也可以采用立即执行和缓期执行两种方式，那么对于剥夺政治权利为何不能采用分项选择适用的方式？可以说这种刑罚适用方式整体上的不统一显现出了立法技术的不完善，从而缺乏科学性。其次，刑法第54条规定的各项权利并没有形成一个紧密相连、密不可分的整体，各项政治权利彼此间是相对独立的，这一情况本身就对该刑种分项适用提出了要求。再次，从刑罚目的性来看，刑罚的适用在于预防犯罪，而剥夺政治权利是一项针对性很强的刑罚方法，如果某国家机关工作人员利用其职权进行犯罪，则剥夺其借以犯罪并可能再犯的那一部分权利，结合主刑的适用就可达到刑罚惩罚犯罪、预防犯罪的目的。在此范围外，还要同时剥夺他其他与犯罪不相干的权利，如剥夺其根本未曾有过的在企事业单位担任领导职务的权利，就会显得目的性淡化甚至模糊，从改造效果来看，或许还会适得其反。最后，刑罚的适用应体现经济性原则，以适度、够用为前提，过度的刑罚只会造成改造心理的逆反，并且增加执行工作量，而剥夺政治权利刑的不分项适用，客观上就会造成多余的刑罚，出现刑罚过剩，不符合刑罚适用的经济性要求。根据以上分析，建议我国刑法参照有关国家的做法，如意大利或瑞士联邦刑法典的立法例，采用剥夺政治权利刑的分项执行制度，从而加强该刑罚手段的针对性，以期达到最佳的刑罚适用效果。

关于犯罪追诉时效几个问题的研究[*]

依职权对各种犯罪进行追诉，是司法活动的一项重要内容，但这并不意味着一切犯罪问题都要通过刑事诉讼程序来解决，对于那些事过境迁，已无实际追究价值的犯罪，也可以在诉讼之外寻求解决途径，从而保证司法部门有足够的力量面对现实犯罪的挑战。立足于此，一般各国刑法对于犯罪的追诉都作了时间上的限制，我国刑法也有这方面的限制，具体讲即刑法第 87 条至第 89 条所规定的内容。上述三个法条基本确立了追诉一般犯罪的时间期限，计算方法和时效例外等原则。但仔细研究即可发现，对于一些特殊类型的犯罪，并不能够直接适用这些规定解决时效问题，否则便会违背刑法确立的平等原则。问题的出现，既有个别犯罪设计上的欠妥当，也有时效制度制定上的原因，以下分别论述之。

一、关于单位犯罪的追诉期限问题

单位犯罪的追诉期限，包括对犯罪单位的追诉期限和对单位中有关自然人的追诉期限。首先，就单位的追诉期限来看，我国刑法并未就此作出明确的规定，刑法关于追诉时效的规定，都是针对自然人犯罪而设置的，并不涉及单位犯罪问题。^① 既然刑法未对单位犯罪设置追诉期限，从逻辑上讲，对于

---

* 原载《甘肃政法学院学报》2002 年第 4 期，《贵州审判》2002 年第 2 期转载。

① 刑法第 87 条规定"犯罪经过下列期限不再追诉：（一）法定最高刑为不满五年有期徒刑的，经过五年；（二）法定最高刑为五年以上不满十年有期徒刑的，经过十年；（三）法定最高刑为十年以上有期徒刑的，经过十五年；（四）法定最高刑为无期徒刑、死刑的，经过二十年……"上述期限的确立，所依据的均是自由刑和生命刑，而这些刑罚只能对自然人犯罪适用，不能适用于单位犯罪，因此我国刑法所确立的追诉时效只对自然人犯罪有效，对单位犯罪无效。

单位犯罪就可以无期限追诉，显然，这不符合设立追诉制度的立法初衷。而且，对自然人限制追诉时间，对单位无期限追诉，也不符合人人平等的刑法精神，这是存在的一个问题。其次，就单位中有关责任人员的追诉期限来看，现行刑法的规定也不明确。从一个方面看，由于对这些人的处理乃是比照个人犯罪处罚，可以根据应适用的法定最高刑确定追诉期限。但从另一个方面看，对单位犯罪采用无期限追诉，对单位中的责任人员则限期追诉，那么当过了一定期限后，势必只能追诉单位而不能追诉个人，这就违背了对单位规定的两罚原则。但如果对单位的责任人员不限制追诉时间，那么与单纯自然人犯罪相比，后者尚且经过一段时间后可以不再被追诉，前者作为单位犯罪连带受罚者却要遭到无期限追诉，岂非严重不公？这是存在的又一个问题。上述两个问题的存在，严重影响了刑法追诉时效制度的科学性和公正性。解决的办法只能是通过重新立法，补充确定单位犯罪的追诉制度，内容既要有对单位的追诉期限，也要包括对有关责任人员的追诉时限，以弥补现行刑法的不足。鉴于我国刑法对单位犯罪采用的是无限额罚金制，对单位犯罪确定追诉时效可根据其有关责任人员应当适用的法定最高刑比照刑法第87条的规定处理，即仍然按照5年、10年、15年、20年四种期限设置，而且同一期限既适用于单位，也适用于单位中的责任人员，二者间统一起来，便于操作，也体现了刑法平等原则。

二、对过失犯罪如何计算追诉时效的两种观点

我国刑法第15条第1款规定："应当预见自己的行为可能发生危害社会的结果，因为疏忽大意而没有预见，或者已经预见而轻信能够避免，以致发生这种结果的，是过失犯罪。"在这里，法律明确规定了过失行为必须造成危害结果才以犯罪论处。司法实务中，往往出现先有过失行为，经过一段时间后才引起危害结果发生的情况，对这种情况，应该以行为发生时还是以结果发生时为犯罪之日？一种观点认为，应当以行为发生之日为犯罪开始之日，并开始计算追诉时间。理由是：既然该过失行为必然造成危害社会的结果，行为和结果间具有刑法上的因果关系，那么该行为对社会就具有危害性。同时在故意犯罪中也会出现行为和结果相继发生的情形，但在计算追诉时效时只能从行为发生之日起算。既然如此，对于社会危害相对较轻的过失犯罪来说，如果其追诉时效不是从行为发生之日，而从结果出现时起计算，就显得

既不公平，也不合理了。另一种观点认为，应该从结果发生之日起计算追诉时效，因为过失犯罪以结果论，在结果尚未发生之前，任何过失行为都仅是一个对社会有潜在危险的行为，但并不是犯罪行为，对其加以刑事追诉于法无据。至于故意犯罪中也会发生行为与结果相继出现的问题，由于故意行为一旦实施即构成犯罪，自然应当予以追诉，与过失犯罪相比较，二者都是从犯罪发生时起开始追诉，适用同样的追诉前提条件，故并无不当。笔者持后一种观点，同时对前一种观点中故意和过失两种犯罪分别从行为发生时和结果发生时计算追诉时效失之不公的看法亦有同感。追诉犯罪行为和计算追诉时效是两个相关但不同一的问题。对于过失犯罪，在其结果尚未发生之前，我们不能将过失行为定性为犯罪行为，在这个阶段既不存在追诉犯罪的问题，自然也无从谈起计算时效。对于故意犯罪，其行为的发生即是犯罪的发生，无论最终是否出现实际的危害结果，也应对该犯罪行为加以追诉，但在计算追诉时效时，则应考虑从结果发生之日起计算，这样便不至于发生对过失犯罪计算追诉时效反而严于故意犯罪的不合理现象。从我国刑法的规定看，也有相应的立法例，刑法第 89 条第 1 款规定："追诉期限从犯罪之日起计算。犯罪行为有连续或者继续状态的，从犯罪行为终了之日起计算。"这里所谓从犯罪行为终了之日计算，理论上并不排除行为终了之前对犯罪的追诉。同理，对于故意犯罪，当危害结果晚于行为发生时，其追诉时效也应从结果发生时起开始计算。为了防止今后在司法实务中再出现争论，建议在刑法第 89 条第 1 款末尾增加规定："犯罪行为和犯罪结果未同时发生的，从结果发生之日起计算。"①

三、关于巨额财产来源不明罪的追诉期限问题

所谓巨额财产来源不明罪，是指国家工作人员的财产或者支出明显超过合法收入，差额巨大，而本人又不能说明其来源是合法的行为。从犯罪构成来看，包含两个要素：一是行为人的财产或者支出明显超过合法收入，差额巨大；二是本人不能说明来源合法。对于由此而构成的犯罪如何计算追诉期限？根据刑法规定，追诉期限从犯罪之日起计算，就本罪而言，其犯罪成立

---

① 即将该款设计为："追诉期限从犯罪之日起计算；犯罪行为有连续或者继续状态的，从犯罪行为终了之日起计算。犯罪行为与犯罪结果未同时发生的，从结果发生之日起计算。"

的时间，应该从行为人拥有来源不明的巨额财产，同时又不能说明来源合法时起确定。① 而从法律角度讲，有权要求当事人对自己的财产来源举证说明其合法性的只能是司法机关，而且也只有司法机关才能作出其财产来源是否合法的判定。如果司法机关作出了关于当事人财产来源不合法的判定，巨额财产来源不明罪便告成立，但这时从程序上讲，已经进入了刑事诉讼阶段，② 亦即巨额财产来源不明罪发生于诉讼程序运行过程中。当其成立时，行为人已处于启动的刑事诉讼程序的侦查、起诉或审判阶段，在这个时候，对于行为人并不存在追诉或不追诉的问题，行为人面临的只能是承担刑事责任大小的问题。换言之，就巨额财产来源不明罪讲，不存在追诉时效的限制，任何时候只要发现行为人拥有来源不明的巨额财产，而本人又不能说明来源合法时，都可以加以追诉。上述分析如果成立，便带出一个不容回避的问题，既然刑法对于自然人犯罪在追诉时间上均有限制，巨额财产来源不明罪就不应是一个例外。没有理由在对贪污、受贿等更为严重的职务经济犯罪限制追诉的同时而对巨额财产来源不明罪采用无期限追诉这样一种个罪例外的做法。那么如何解决这个问题？笔者个人认为，解决的途径不在于对追诉时效的修改，③ 而应该是对巨额财产来源不明罪的罪状重新设计。即将现行刑法第 395 条第 1 款修改为："国家工作人员拥有来源不明的巨额财产的，其来源不明财产以非法所得论，处五年以下有期徒刑或者拘役，不明财产予以追缴。"根据这一罪状描述，只要行为人拥有来源不明的巨额财产，即构成巨额财产来源不明罪，无须专门将本人不能说明来源合法的内容写进罪状中，因为"来源不明"所指的就是行为人不能说明合法来源而又无法查清非法来源的财产部分，没有必要在法条中重复同一内容。这样，巨额财产来源不明罪在客观方面的构成要件就只有一条，即国家工作人员拥有来源不明的巨额财产，满足这一条件，犯罪即告成立。其犯罪发生之日为非法所得发生之日，而不是本人不能说明来源合法之时，其追诉期限也应从非法所得发生时起计算，超过追诉时效的，就不得再追诉。

---

① 在此之前，无论是非法所得发生之日，还是非法所得发现之日，都不能认为已经构成犯罪，只有在满足了本罪的另一构成要件，即本人不能说明来源合法时，才能认为构成了犯罪。

② 缘于此，有学者将巨额财产来源不明罪称为"程序之罪"。

③ 从立法技术上看，难以找到有效修改方案。

略论危险驾驶罪

随着我国急速迈入汽车时代，方便人们出行的同时，一个新的名词"马路杀手"逐渐频繁地出现在报纸、网络、电视中。近年来，飙车、醉驾引发的重大交通事故时有发生，民众对此深恶痛绝。有关调查显示，2009 年全国查处酒后驾驶案件 31.3 万起，其中醉酒驾驶 4.2 万起。① 鉴于危险驾驶的严重危险性和对社会的危害性，刑法修正案（八）增设了危险驾驶罪，以彰显刑法的人本关怀和对生命的尊重。

所谓危险驾驶罪，根据刑法修正案（八）第 22 条的规定，是指在道路上驾驶机动车追逐竞驶，情节恶劣的，或者在道路上醉酒驾驶机动车的行为。

该罪犯罪构成表现为：

一、犯罪主体

犯罪主体为年满 16 周岁以上且在道路上驾驶机动车的自然人。关于驾驶人的身份，并不要求必须是专职驾驶人员，同时也不要求是否执有有效的驾驶证件。亦即无论专职驾驶人员或非专职驾驶人员，有驾驶证照还是没有驾驶证照，只要实施了危险驾驶的行为，均可成为本罪的犯罪主体。

二、犯罪的主观方面

一般来看，犯罪的主观方面应为故意，即行为人明知自己的危驾行为可能导致危害公共安全的后果，却仍然放纵自己。需要把握的是，行为人对于实害结果的是否发生，主观上并不追求，而是抱一种听之任之、漠不关心的放任态度。如果行为人希望通过危驾行为追求某种社会危险结果的发生，则

---

① 原载《人民公安报》2011 年 2 月 26 日第 4 版。

无论是否造成具体的实害结果，其行为均不再构成危险驾驶罪，而应当以危害公共安全罪、侵犯人身权利罪或侵犯财产罪中的相应罪名定罪。因此，本罪在主观方面只能是间接故意，缺乏直接故意的犯罪形态。

一个需要研究的问题：根据刑法修正案（八）第22条第2款的规定，危险驾驶，同时构成其他犯罪的，依照处罚较重的规定定罪处罚。这里，立法者的立法本意是为了使危险驾驶罪与其他相关的罪名如交通肇事罪、以危险方法危害公共安全罪等衔接起来，避免重罪轻罚，放纵犯罪。但由此引出一个问题，如果行为人以危险驾驶的方式同时触犯了交通肇事罪，即应以交通肇事罪定罪处罚，但交通肇事罪是典型的过失犯罪，于是便发生了犯罪形态的转变，即由间接故意形态的危险驾驶罪转换为过失形态的交通肇事罪。然而，由于危险驾驶罪本身只能由故意构成，不存在过失状态下的危险驾驶罪，[①] 因此当行为人在间接故意的心理状态支配下实施了一个危险驾驶的行为，同时又发生了某种危害社会的结果而触犯了交通肇事罪时，是否可以这样认识，就危害结果而言，其主观心理状态则是出于过失，从而可以对其按照交通肇事罪定罪处罚。这个认识符合法律的规定，但却存在一个理论上的障碍，即当行为人以间接故意的心态实施了危险驾驶的行为，并由此造成了具体的危害后果时，该后果的发生乃是其放任的结果，并不同时存在对后果的发生应当预见而没有预见或者已经预见但轻信能避免的情形，在这种情况下，对行为人依照以危险方法危害公共安全罪等故意犯罪处理没有什么问题，但以过失犯罪定罪处罚显然不当。这是一个方面，从另一个方面来看，撇开理论不谈，事实上在刑法修正案（八）出台以前对因醉酒等发生交通事故构成犯罪的案件多是以交通肇事罪处理的，由于当时刑法中并没有关于危险驾驶罪的规定，所以不存在理论上的障碍。但当主观上只能以故意构成，客观上不具备实害后果的危险驾驶罪入刑后，便产生了理论与实际的背离。问题要么出在危险驾驶罪成罪条件的设计上，要么出在刑法第15条对于过失犯罪的界定上，值得关注和进一步研究。

---

① 根据刑法第15条的规定，过失犯罪以结果论，仅有过失行为而未造成具体危害后果的，不以犯罪论处。

三、犯罪的客观方面

本罪在客观方面表现为在道路上驾驶机动车追逐竞驶，情节恶劣的，或者在道路上醉酒驾驶机动车的行为。简单地讲，包括两种行为：一为飙车，二为醉驾。就前者而言，是指行为人在道路上驾驶机动车追逐竞驶。这里所说的"追逐竞驶"，从字面上理解，应是二人以上分别驾驶机动车在道路上相互追逐竞驶，既包括多人事先约定分别驾驶机动车在道路上相互追逐竞驶，也包括个人在驾驶过程中因负气、逞强等原因与其他车辆追逐竞驶，或者个人因追求极速的快感或炫耀而驾驶机动车在道路上强行追逐超越其他车辆。因此无论是多人还是单个个体的飙车行为，均不影响犯罪的成立。根据法律规定，飙车构成犯罪，必须同时具备"情节恶劣"的条件。关于"情节恶劣"的把握，由于该行为入罪时间过短，目前尚未见到这方面的判例，很有必要由最高司法机关作出相应的司法解释，以便于操作和各地统一执行。个人认为，一般而言，以下几种情况可视为情节恶劣：在城镇道路飙车引起公众恐慌和愤慨的；因飙车而造成交通秩序严重紊乱的；酒后或服用毒品、精神麻醉类药品后在道路上追逐竞驶的；无证驾驶机动车在道路上追逐竞驶的；多人或多次驾驶机动车在道路上追逐竞驶的；驾驶报废车辆在道路上追逐竞驶的；因飙车行为导致交通事故被行政或刑事处罚过又再犯的；驾驶营运车辆、特种车辆或公务用车在道路上追逐竞驶的；以及在严重超载的情况下在道路上追逐竞驶的，等等。关于本罪的认定，还有一个问题需要明确，即车速超过什么限度可视为飙车。对此，同样应由司法机关给出一个统一的评价标准。个人认为，这个标准的制定，应当综合考虑各种因素，如驾驶车辆的性能，所行驶道路的限速情况，营运车辆、危险物品运输车辆和一般普通车辆的区别，人口稠密区域和人烟稀少地区的差别等。上述关于"情节恶劣"的司法解释和"飙车"的认定标准，是今后司法实务过程中统一执法，避免司法随意性和维护法律权威所必需的基本条件，同时也是"飙车"这样的行为作为一种新型犯罪入刑后，为帮助社会公众了解法律的基本内容，掌握成罪的基本条件，避免踩踏法律红线所应当做的工作，应当给予充分的重视。

与飙车行为并列入刑的另外一种情形是醉酒驾驶，而这也正是本次刑法修订确立危险驾驶罪这一新罪名的主要立法动因。与飙车行为相较，醉驾行为表现得更为频发，社会关注度更高，各界的讨论也更为热烈。在有关的讨论中，除了依据刑法的谦抑精神对立法的必要性的争论外，主要集中在两个问题上：一是对醉酒标准的掌握，二是应否对醉驾入刑设置一定的限制条件。关于第一个问题："醉驾犯罪"，核心的问题是醉酒的标准，即如何根据行为人的饮酒量、神志状况来判断其在驾驶机动车过程中是否处于醉酒状态。根据《车辆驾驶人员血液、呼气酒精含量阈值与检验》的规定，驾驶人每百毫升血液酒精含量大于或者等于 20 毫克的为酒后驾驶，大于或者等于 80 毫克的为醉酒驾车。这个标准是单纯以血液当中的酒精度作为判断驾驶人是否醉酒的依据，而排除不同个体间对酒精耐受量的差异。有人提出，从医学的角度来看，不同的个体对酒精的耐受量是不一样的，有的人超过 200 毫克仍很清醒，不是醉酒状态，而有的人达到 20 毫克就已经什么都不知道了。因此在确定醉酒时，是单纯的以血液当中的酒精含量来界定，还是根据其表现界定，对这类情况一定要考虑进去。① 对于第二个问题，有人提出对醉酒后驾驶机动车不问情节一律追究刑事责任，实践中可能涉及面过宽，要避免情绪化立法扩大打击面，建议在情节把握上应当更加细化，应增加"情节严重"等限制性条件。对于以上两个问题，有关方面认为，醉酒驾车的标准是明确的，与一般酒后驾车的区分界限清晰，并已执行多年，实践中没有发生大的问题。至于增加规定"情节严重"等限制性条件，具体执行中难以把握，也不利于预防和惩处这类犯罪行为。② 个人认为，关于前一个问题，首先如果根据不同个体来界定，实践中实难操作，而且可能造成执法不统一甚至司法腐败，而设置一个具体的量上的标准，既便于司法掌握，有利于降低执法成本，也便于驾驶人的自我把持和判断。另外，还可消除驾驶人的侥幸心理，避免有些人自恃酒力而擅闯红线。因此，用定量的方式确定醉酒的标准更为合理。关于第二个问题，除了同样存在具体执行中难以把握的困难外，从保护社会公共安全的角度讲，对醉酒驾驶这样一种高度危险的行为，将其作为行为犯入罪，将会起到更为有效的预防和惩治作用，而这也正好契合了醉驾入刑的立法旨意，因此没有必要再作额外的入罪限制。

　　除了以上讨论外，对于刑法修正案（八）第 22 条，学者们认为尚有进一步完善的空间，如缺乏对危险驾驶船舶、飞行器的规定。另外，如服用毒品、

---

　　① 《法制日报》2011 年 1 月 15 日第 3 版。
　　② 《法制日报》2011 年 2 月 24 日第 3 版。

精神麻醉类药品后驾驶机动车的，严重超载驾驶的，或者驾驶不符合规定的报废车辆等危驾行为，是否也应当与醉驾、飙车一样入罪，值得认真研究。

危险驾驶罪是一种行为犯罪，亦即只要实施了危险驾驶的行为，即构成危险驾驶罪，如果在实施危险驾驶行为的同时又造成了实际的损害后果触犯其他罪名的，根据刑法修正案（八）第22条第2款的规定，应当依照处罚较重的规定定罪处罚。由于该罪在刑法中系最轻的罪名，其法定最高刑仅为6个月拘役，如果因危驾又同时构成其他犯罪的，事实上只能依照同时构成的相关罪名定罪处罚，而不可能依危险驾驶罪定罪。但这并不能单纯地得出危险驾驶罪不具备任何实际损害结果的判断，当在危险驾驶的过程中造成了路人的轻微伤害或一般的车辆擦刮等非犯罪构成所要求的结果时，由于该行为并未同时构成其他犯罪，故只能对其按危险驾驶罪定罪处罚。这里需要把握的是，该损害结果的存在，并不导致行为同时构成其他犯罪，而其发生与否，亦不影响危险驾驶罪的成立，因而其性质属于成罪条件以外的一般情况下对量刑具有影响的情节。

四、犯罪客体

危险驾驶罪补充规定在刑法分则"危害公共安全罪"一章中，其侵犯的同类客体为公共安全，直接客体为道路交通安全和正常的交通管理秩序。

刑法修正案（八）自2011年5月1日正式施行后，出现了一个有趣的现象，在5月1日修正案生效当天，各地纷纷抢抓醉驾第一人，并在很短时间内迅速完成审判程序，而这也成为了各种媒体兴趣十足的热门话题。从目前所看到的报道显示，5月1日零时4分重庆警方查获的廖某某醉酒驾驶案（经血液采样鉴定，驾驶人廖某某每百毫升血液中酒精含量为129.9毫克）为已披露的全国第一案，截至当天凌晨3时，全市共查处涉嫌醉酒驾车人员16名。① 而"北京醉驾刑拘第一人"李某某案（驾驶人李某某每百毫升血液中酒精含量为159.6毫克）则已于5月17日作出了一审判决，李某某领刑拘役2个月、罚金1000元。② 与李某某同罪名同天宣判的知名音乐人高某某案更

---

① 《人民公安报》2011年5月2日第1版。
② 《法制日报》2011年5月18日第8版。

是引人注目，高某某醉驾发生于 2011 年 5 月 9 日，从案发到一审宣判不到半个月。① 然而，这还不是最快的纪录。据悉，全国首例"醉驾入刑"的判决是在 5 月 5 日作出的，被告人侯某某醉驾行为发生于 5 月 1 日，5 月 5 日河南省舞钢市人民法院即对侯某某作出了拘役 4 个月的一审判决。②

"'我从 1975 年开始在法院工作，经历了中国从无法到有法，再到修改法的一系列过程。但是，我从没见过一项法律法规的条文像醉驾入刑这样，从制定到执行，如此之迅速。'一位曾在最高人民法院工作多年的北京律师向《法制日报》记者这样评价'醉驾入刑'后各地一派'争抢第一人'之景"，《法制日报》如是报道。③ 该报道同时指出："事实上，自 5 月 1 日醉驾正式入刑之后，围绕这个主题的各种纷争就没有间断过。最高人民法院有关方面更是罕见地接连发布指导意见。事实上，由醉驾入刑还引发了诸如醉驾是否存在自首、是否可适用缓刑等一系列亟待明确的法律问题。"

5 月 10 日，最高人民法院一副院长在重庆召开的全国法院刑事审判工作座谈会上谈道，并非醉酒驾驶就一律构成刑事犯罪。此言一出，立即引起舆论一片哗然。④ 有人认为"如此解释好似釜底抽薪"，有人担心这可能会为开脱"官驾"预留口子。亦有不少人从另一个方面考虑对这一提法表示认同，认为各地抢判"第一案"并非好事。笔者的认识是，撇开立法合理性不说，刑法修正案（八）对于"醉驾"成罪条件的规定是明确的，在法律未作修改前，只要行为人酒后在道路上驾驶机动车，且每百毫升血液中酒精含量达到或超过 80 毫克，其行为即触犯了刑法修正案（八）第 22 条的规定，除外情形只能是行为缺乏上述成罪条件中的某一必要条件。但是，这并不意味着不需要考虑刑法的相关规定，危险驾驶罪和刑法中规定的所有其他犯罪一样，在处理的时候同样应当考虑不同的情节，如犯罪的时候不满 18 周岁或已满 75 周岁的，自首、立功或如实供述自己罪行的，符合缓刑条件的等，对于这些情况就应该分别给予从轻、减轻、免予刑事处罚，或者适用缓刑；在强制措施的采用上，也应当慎用拘留、逮捕等羁押型措施。应该说，这些本来并不

---

① 《法制日报》2011 年 5 月 18 日第 8 版。
② 《法制日报》2011 年 5 月 12 日第 7 版。
③ 《法制日报》2011 年 5 月 18 日第 8 版。
④ 《法制日报》2011 年 5 月 12 日第 7 版。

是问题，更不存在所谓的"法律不明确"，但由于各地抢抓抢判，偏重严惩一个方面所造成的忧虑，以致"引发了诸如醉驾是否存在自首、是否可适用缓刑等一系列亟待明确的法律问题"的误判。因此就当前一段时期来看，在坚持严格执法的前提下，如何防止司法浮躁，全面贯彻宽严相济刑事政策，准确、全面适用法律，充分发挥法对社会的引导功能，应是我们关注的侧重点。

论"生产、销售伪劣商品罪"*

当前，我国经过二十余年的改革开放，经济上取得了长足的发展，与此同时，在经济领域内也存在着不少消极的东西，这些东西制约、限制和阻碍了经济建设的健康发展，其中一个突出的问题便是大量的伪劣商品充斥市场。由于生产、销售伪劣商品可获取高额非法利润，不仅严重损害广大消费者的利益，影响国家外贸出口事业的发展和经济建设，而且常常造成人身伤亡和重大公私财产的破坏，对社会危害十分严重。针对这种情况，全国人大常委会于 1993 年 7 月 2 日通过了《关于惩治生产、销售伪劣商品犯罪的决定》。1997 年修订刑法时，立法机关将上述决定收入刑法分则"破坏社会主义市场经济秩序罪"一章中，并形成该章第一节的内容。该节共有 10 个法条，其中第一条（刑法第 140 条）设计了生产、销售伪劣商品罪，其余各条（刑法第141 条至第 148 条）分别规定了生产、销售特定伪劣商品的情形，从而为严厉惩处生产、销售伪劣商品的犯罪，保障人们身体健康和人身、财产安全，保护用户、消费者的合法权益，维护社会经济秩序，提供了必要的法律依据。

一、生产、销售伪劣商品罪的概念和犯罪构成

生产、销售伪劣商品罪，是指生产者、销售者在产品中掺杂、掺假，以假充真、以次充好或者以不合格产品冒充合格产品，销售金额数额较大的行为。

（一）本罪侵犯的客体是国家对产品质量的监督管理活动

国家为了保障人们身体健康和人身、财产安全，保护消费者的合法权益，

---

* 原载《法制生活报》1994 年 7 月 8 日第 3 版。

维护社会经济秩序，对商品生产和商品销售过程中的质量问题极为重视，在各生产、销售行业中制定了大量的产品质量标准，并通过各种方式对产品质量进行监督、管理，以保证生产、销售合格、优质商品和禁绝伪劣商品在市场流通。与此相反，一些不法单位和个人为获取高额非法利润，采用各种手段生产、销售伪劣商品，逃避监督和检查，致使大量的伪劣商品进入流通领域，严重干扰了国家对商品质量的监督管理活动，破坏了正常的社会经济秩序，因此必须依法予以严厉惩处。

生产、销售伪劣商品罪的犯罪对象是伪劣商品，包括在产品中掺杂、掺假以次充好的劣质品，以及以假充真、以不合格产品冒充合格产品的伪造品。至于伪劣商品的种类，法律未作限定，但如果生产、销售的系刑法第 141 条至第 148 条规定范围之内的特定伪劣商品，应按各条确定的罪名定罪处罚。

（二）本罪在客观方面表现为生产、销售伪劣商品的行为

生产销售伪劣商品，是指生产者、销售者在生产、销售的商品中掺杂、掺假、以假充真、以次充好或者以不合格产品冒充合格产品。本罪是一个选择性罪名，不要求行为人同时具有生产和销售两种行为，只要具有其中一种行为就构成犯罪，罪名则应根据具体行为确定，如果有销售行为的，定销售伪劣商品罪，既生产又销售的定生产、销售伪劣商品罪。

生产、销售伪劣商品，须具备销售金额数额较大这一条件才以犯罪论处，销售金额数额不大的不构成犯罪。根据法律规定，构成本罪，销售金额数额较大以"五万元"为构成犯罪的起点。

（三）本罪的犯罪主体为商品的生产者和销售者

本罪的犯罪主体既可以是自然人，也可以是企业、事业单位。企业、事业单位犯本罪的，其直接负责的主管人员和其他直接责任人员应承担刑事责任。

（四）本罪的主观方面是故意

行为人一般具有故意生产、销售伪劣商品牟取非法利润的目的。

二、处理生产销售伪劣商品罪的几个问题

（一）关于法条的选择

刑法第 149 条规定，生产、销售本节第 141 条至第 148 条所列产品，不构

成各该条规定的犯罪，但是销售金额在5万元以上的，依照本节第140条的规定定罪处罚；生产、销售本节第141条至第148条所列产品，构成各该条规定的犯罪，同时又构成本节第140条规定之罪的，依照处罚较重的规定定罪处罚。本条包含两层意思：其一，由于刑法第140条与刑法第141条至第148条的关系是一般与特殊的关系，第140条所指的伪劣商品包括一切伪劣商品，第141条至第148条则是对生产、销售特定伪劣商品犯罪的专门规定，因此生产、销售第141条至第148条规定的特定伪劣商品构成各该条之罪的，应适用各该条的规定处罚；没有构成各该条之罪，但销售金额在5万元以上的，则可直接适用第140条的规定按生产、销售伪劣商品罪处罚。其二，如果生产、销售刑法第141条至第148条规定的特定伪劣商品构成各该条之罪，同时其销售金额又达到5万元以上的，构成刑法第140条规定的生产、销售伪劣商品罪。对此不按数罪并罚，而是依照处罚较重的规定定罪处罚。这是我国刑事立法中首次规定法条竞合时适用法律的原则。这一规定消除了今后处理这类问题时可能出现的分歧。

（二）罪与非罪、罪与罪的界限

生产、销售伪劣商品和生产、销售有一般质量问题的商品、等外品、处理品二者间有质的不同，后者不存在以次充好、以假充真等问题。因此，如果对自己生产、销售的等外品、处理品、有质量问题的次品不故意隐瞒其真实情况，不搞虚假掩饰的，不能以生产、销售伪劣商品罪论。但如果针对上述商品采取以次充好等方式坑害用户和消费者，情节严重、销售金额数额较大的，则应以生产、销售伪劣商品罪论处。

实践中要注意查处为生产、销售伪劣商品提供帮助的行为。对于支持、纵容他人生产、销售伪劣商品或者明知他人生产销售伪劣商品而为其提供生产、销售的场所以及资金、证明、发票、合同书、银行账号或者仓储、保管、运输等便利条件而从中牟利的，应按生产、销售伪劣商品罪的共犯论处。

刑法修订之前，原刑法曾有关于投机倒把罪的规定。最高人民法院、最高人民检察院也曾专门发布过《关于当前办理经济犯罪案件中具体应用法律的若干问题的解答（试行）》，该解答中明确将"在生产、流通中以次顶好、以少顶多、以假充真、掺杂使假的"行为划为投机倒把行为。刑法修订时，废除了投机倒把罪，故在处理这类案件时，对于以次顶好、以假充真、掺杂使假的行为，如果销售金额在 5 万元以上的，应按生产、销售伪劣商品罪论处。

生产、销售伪劣商品罪所采用的掺杂、掺假，以假充真，以次充好或者以不合格产品冒充合格产品均带有欺骗性质，与诈骗行为很相似，两罪的区别主要为：（1）客体不同。前者是国家对商品质量的监督管理活动，后者是公私财产所有权。（2）发生的场合不同。前者发生在工商业活动运行过程中，以实际存在工商业活动为前提，后者不以工商业活动为前提，即使有时与一定的工商业活动有关，也仅是以此作为诈骗的手段，并不真的从事工商业活动。（3）构成犯罪的数额要求不同。前者要求销售金额达到 5 万元以上才以犯罪论处，后者则以 500 元为构成犯罪的数额起点。（4）主观目的不同。前者以获取非法利润为目的，后者以非法占有公私财物为目的。

对违反公司法犯罪有关问题的研究[*]

《中华人民共和国公司法》（以下简称《公司法》）于 1994 年 7 月 1 日生效实施。为配合该法的施行，根据《公司法》第十章的规定，全国人大常委会于 1995 年 2 月 2 日通过了《关于惩治违反公司法犯罪的决定》（以下简称《决定》）。本文拟就该规定所确立的罪名、罪状、适用范围及与现行刑法规定的受贿罪、贪污罪、挪用公款罪的关系等问题作一些初步的研究。

一、关于罪名

《决定》第 9 条至第 11 条所规定的犯罪与受贿罪、贪污罪、挪用公款罪在犯罪的客观方面有相同和相似之处，但它并不是简单地对后者犯罪构成范围的重复或扩大，而是对新的犯罪行为的立法确定。我们认为，可以把《决定》第 9 条至第 11 条规定的犯罪罪名分别确定为：（1）公司人员受贿罪（第9 条），即采用明示主体的方式确定该罪罪名。这一称谓既反映了该罪"受贿"这一犯罪的本质特征，同时也在主体范围上使之与一般受贿罪区别开来，便于司法实务活动中具体运用和操作。（2）侵占罪（第 10 条）。《决定》第10 条明确规定："挪用本单位资金数额较大不退还的，依照本决定第 10 条规定的侵占罪论处。"在这里，罪名本身已经通过明示的形式在同一法律中确定下来，应该说其称谓如何已无须再行推理求证，然而如何将公司内发生的侵占财物的行为和社会上一般侵占财物行为从罪名上加以区分值得进一步考虑。我们认为，就后者而言，因其行为对象为一般公私财物，主体为一般主体，如果上升为犯罪，则罪名以笼统的"侵占罪"或"侵占财物罪"称呼较为合

---

* 与肖常纶合著，原载《法学杂志》1996 年第 1 期，收入《我国当前经济犯罪研究》文集，北京大学出版社 1996 年版。

适，而《决定》所指的侵占罪，如果称之为"侵占公司财物罪"，则既能反映出该罪质的规定性，也能反映出其特定的发生范围，而不致发生因罪名范围过宽而导致社会上一般人对该罪理解上的困惑。（3）挪用公司资金罪（第11条）。采用这一罪名，不但反映了该罪犯罪的本质特征，而且因挪用公款罪中的"公款"虽与本罪指向的公司资金具有一定程度上的包容关系，但二者毕竟不是同一概念。

二、关于罪状

（一）主体

公司人员受贿罪、侵占罪、挪用公司资金罪（以下简称三罪）的犯罪主体在范围上是完全一致的，在身份上均要求具备"公司董事、监事或者职工"这一条件，为特殊主体。根据《公司法》的有关条款，公司董事、监事的产生有明确的规定。至于公司职工的范围，除了厂长、经理、部门负责人和一般职员外，是否还包括直接从事生产、劳务的人员？对此，有关法律未作明确规定。我们认为，在公司内从事生产或其他劳务的工人可以成为上述三罪的犯罪主体。需要明确的是，这里所说的工人必须是经过公司正式录用的人员。对于那些未经正式录用程序、不在册的、短期的或临时雇用的人员，因其不属于"公司人员"，不能成为三罪的犯罪主体。但是，根据《决定》第14条的规定，有限责任公司、股份有限公司以外的企业职工有上述犯罪行为的，适用《决定》定罪处罚。

（二）主观方面

三罪的行为人在主观方面都是出于直接故意。

（三）客体

三罪侵犯的客体不尽一致，公司人员受贿罪侵犯的客体首先在于因行为人受贿后实施不正当行为而使公司的正常经营管理活动受到破坏；其次，该不正当行为破坏公平竞争原则，使社会经济秩序受到严重干扰，为复杂客体。侵占罪侵犯的客体是公司财物的所有权。挪用公司资金罪的客体则是公司资金的所有权，但并非所有权的全部权能均受到侵犯，而仅是一定期间内侵犯了公司资金所有权中的占有权、使用权和收益权。

（四）客观方面

三罪在行为人利用职务上的便利犯罪这一点上是相同的，不同的是除具体行为方式上的差异外，侵占罪行为人还可以利用工作上的便利实施犯罪。

三、比较与界定

公司人员受贿罪与受贿罪、侵占罪与贪污罪、挪用公司资金罪与挪用公款罪在立法上有重复之处，但彼此又是相互独立、不容混淆的。为便于适用，有必要就相对应的罪与罪间进行比较并加以界定。

（一）公司人员受贿罪与受贿罪

《决定》和《关于惩治贪污罪贿赂罪的补充规定》（以下简称《补充规定》），就立法上来比较，二者间存在着多处差异，这些差异的立法确定，制约和界定了两罪不同的发生范围，为区分罪与罪间的界限提供了依据。其表现在主体上的差异，这里着重讨论集体经济组织工作人员和其他从事公务人员与公司人员的关系问题。根据最高"两院"在《关于执行〈关于惩治贪污罪贿赂罪的补充规定〉若干问题的解答》（以下简称《解答》），《补充规定》所说的集体经济组织无论在权属问题上还是分配形式上都不同于《公司法》所说的有限责任公司和股份有限公司，即使这些组织冠以"公司"名称，也并不是真正意义上的公司，所以其工作人员不是本文所说的"公司人员"。但《决定》第14条专门规定："有限责任公司、股份有限公司以外的企业职工有本决定第九条、第十条、第十一条规定的犯罪行为的，适用本决定。"因此，今后凡属于集体经济组织内部职工收受贿赂的犯罪，都应该按照《决定》的规定处理，而不再适用《补充规定》。关于"其他从事公务的人员"利用职务上的便利收受贿赂的问题，有待进一步的立法完善或尽快作出司法解释予以解决。表现在行为上的差异，两罪在索贿问题上规定一致，但在收受贿赂构成犯罪的条件上有不同之处。受贿罪要求行为人在接受他人财物的同时必须为他人谋取利益才以犯罪论处，而公司人员受贿罪没有这一限制，并且在犯罪对象上前者限定在"财物"范围内，后者没有使用财物这一概念，而是直接使用"贿赂"的称呼，故从发生范围上比较后罪大于前罪。

（二）侵占罪与贪污罪

两罪需要界定的地方主要有三处：贪污罪的主体为国家工作人员，集体经济组织工作人员，其他经手、管理公共财物的人员。如前所述集体经济组织一般以集体所有制企业的形式存在，其工作人员的贪污行为今后应根据《决定》第 10 条、第 14 条的规定处理，不应再以贪污罪论处。至于"其他经手、管理公共财物的人员"，根据《决定》的精神，目前除了在基层群众性自治组织中经手、管理公共财物的人员和受委托从事公务的人员外，其余人员均应划到侵占罪主体范围内，其侵占企业财物的行为不再适用《补充规定》处罚。贪污罪在客观方面表现为使用侵吞、盗窃、骗取等方法实施犯罪，侵占罪的客观方面《决定》未作具体规定，我们理解侵占罪只要犯罪主体和犯罪发生的场所上不同于贪污罪，其行为方式与贪污罪没有什么区别，都是一种对公司财物的侵占犯罪行为，只是侵占的具体行为方式不同而已。构成侵占罪，行为人须"利用职务或者工作上的便利"，此处在立法上比贪污罪增加了"利用工作上的便利"。

（三）挪用公司资金罪与挪用公款罪

两罪在行为方式上基本一致，区别主要体现在两点：一是犯罪对象不同，前者为公司资金，后者为公款；二是犯罪主体不同，其不同处与侵占罪和贪污罪的区别一致。

关于修改刑法第 141 条的几点意见[*]

目前，买卖人口行为对社会造成的危害日趋严重，最近召开的全国高级人民法院院长会议指出，今年第一季度拐卖妇女、儿童的犯罪已成为严重刑事犯罪中的一个突出的问题。然而现有法律对于买卖人口行为的处罚规定却存在不少问题，如只规定卖方构成犯罪，而未将买人行为作为犯罪加以明确。由于这种立法上的片面性，造成对买人行为难以惩罚或打击不力，致使拐卖人口的犯罪近年来日益增加，严重地影响了社会治安综合治理的开展。因此，对刑法第 141 条必须进行修改。

一、刑法第 141 条不完善的主要表现和完善的必要性

（一）在买卖人口的行为中，刑法只规定惩罚卖方，失之片面

由于买卖人口是"买"与"卖"双方的行为，因而刑法对双方均应视其对社会的危害程度，作出相应的处罚规定。

首先，从收买人口行为的社会危害性看，对收买人口应规定为犯罪，并给予必要的处罚。行为的社会危害性是犯罪的最本质的特征。收买人口行为的严重危害性具体表现在以下四个方面：

（1）收买人口者与拐卖人口的犯罪分子一样，直接违反了宪法关于公民人身自由的规定，严重损害了妇女、儿童的身心健康，侵害了公民的人身权利。我国宪法第 37 条第 1 款规定："中华人民共和国公民的人身自由不受侵犯。"不少收买人口者认为"我出钱将你（被收买者）买来，你一切都得听从我的"。否则，就以不准出门、打骂等手段限制被收买人的人身自由，有的

---

* 与李续志合著，原载《贵州法学》1989 年第 5 期。

收买人稍不如意即将受害妇女转卖他人，致使有的女青年被多次转卖，受到百般凌辱；有的妇女被收买人严密监视看管，逃跑一次，抓回就毒打一次。

（2）收买人口在客观上助长了拐卖人口的犯罪活动。拐卖者和收买者是人口买卖的双方当事人，缺一不可。如果没有众多的收买者，则拐卖者的营利目的就难以达到；而正是由于收买者越来越多，使人口的"价格"越来越高，才使拐卖人口的犯罪活动日益增加。我国虽然经过 1983 年的严厉打击，依法严惩了一批拐卖人口的犯罪分子，使拐卖人口的犯罪活动有所收敛，但自 1985 年下半年以来，部分地区拐卖人口的犯罪又有增多的趋势。1986 年上半年，全国公安机关立案的拐卖人口案件比 1985 年上半年上升 2.3 倍。据贵州省高级人民法院统计，全省 1988 年审结的拐卖人口案件为 154 件，涉及被告 1593 人，分别为 1987 年结案的 238 件、442 人的 3.1 倍和 3.6 倍。1989 年全省第一季度受理的拐卖人口案件就接近 1987 年全年的受案件数，而涉及的被告人则比 1987 年全年的总数还多 12%。最高人民法院、最高人民检察院、公安部等六个单位 1986 年发出的《关于坚决打击拐卖妇女儿童犯罪活动的通知》在分析拐卖妇女儿童的犯罪活动增加的主要原因时指出："有些基层干部、群众法制观念淡薄，认为收买妇女、儿童不违法，而是办好事成人之美；甚至有的包庇、支持、参与拐卖妇女、儿童犯罪活动，竭力阻挠解救被害妇女、儿童的工作。"大量事实表明，人口收买者的错误认识和违法行为，不论其主观愿望如何，都在客观上助长了拐卖人口的犯罪活动，因而是拐卖人口犯罪的"帮凶"。不对收买者进行严肃处理，是很难把拐卖人口的犯罪活动控制住的。

（3）收买人口者与拐卖人口的犯罪分子一样，都把人口视为商品，这是与现代文明社会绝对不相容的丑恶现象。它严重侵犯了妇女、儿童的人身权利和民主权利，破坏了道德风尚，给受害者及其家庭造成痛苦和不幸。有的家庭为寻找亲人，变卖家产，负债累累；有的为此气急交加，患病身亡；不少人为此不能坚持正常生产和工作。不难看出，这种视人口为商品的买卖妇女、儿童的行为，对"两个文明"建设起着极大的破坏作用。

（4）收买妇女为妻的行为违反婚姻自由原则，严重影响了婚姻法的贯彻实施。我国婚姻法第 5 条规定："结婚必须男女双方完全自愿，不许任何一方对他方加以强迫或任何第三者加以干涉。"为保障实行婚姻自由原则，婚姻法第 3 条第 1 款作出了禁止性规定："禁止包办、买卖婚姻和其他干涉婚姻自由的行为。"拐卖人口的买方将被害妇女收买为妻，这种以金钱为手段而形成的买卖婚姻，不可能使女方"完全自愿"。因而是严重违反婚姻自由原则的。这种买卖婚姻是对受害妇女人身自由和民主权利的践踏，是对婚姻法实施的严重破坏。

其次，从收买人口行为所侵犯的客体看，对收买人口行为也应规定为犯罪，并给予必要的处罚。有人提出收买人口的行为没有犯罪客体，不符合犯罪构成的理论，因而不能规定为犯罪。这种看法是不符合实际情况的。收买人口行为侵犯的是复杂客体，它不仅侵犯了妇女、儿童的人身权利，而且妨害了社会管理秩序，怎么能说它没有犯罪的客体呢？至于有的妇女为了逃避不理想的婚姻，或者因家庭生活困难而自愿与买方同居生活，是否应规定为犯罪的问题，由于买方虽然未侵犯该妇女的人身权利，但仍是收买人口的行为，它妨害了社会管理秩序，因此，仍应规定为犯罪，只是可以作为一种从轻处罚的情节加以考虑。

再次，从我国立法例看，对于双方行为构成犯罪而规定处罚的，在刑事法律中并不少见，如刑法第 185 条既规定了受贿罪的处罚，又规定了行贿罪的处罚，从一个问题的两个方面分别作出规定，防止了片面性。又如全国人大常委会 1988 年 1 月《关于惩治走私罪的补充规定》中，除对走私罪的情况和处罚作出了详细规定外，还在第 7 条中规定了"直接向走私人非法收购国家禁止进出口物品的，或者直接向走私人非法收购走私进口的其他货物、物品，数额较大的"这两种行为，"以走私罪论处"。这个《补充规定》的上述内容，是对刑法第 116 条只规定走私一方的处罚，而未规定收买走私物品者的处罚的一种完善，从而使刑事法律能够适应新形势的需要，更加有力地打击走私犯罪。

（二）对卖方的规定也不够全面

"拐卖"二字概括不了目前社会上贩卖人口的各种情况，如抢、盗婴儿。有的犯罪分子闯进住宅将婴儿抢走；有的到医院妇产科婴儿室盗走刚出生的幼婴。又如，有的犯罪分子当着被害妇女的面，以向收买人要"抚育费"转交其父母为由吞没钱财。此外，还有的人专门从事坐地转手倒卖妇女、儿童的犯罪活动，由于"拐卖"一词并不能概括这些行为，所以 1984 年最高人民法院、最高人民检察院、公安部在《关于当前办理人口案件中具体应用法律的若干问题的解答》中，通过扩张解释把这些行为作为拐卖妇女、儿童的犯罪论处。因此，本条亦有修改的必要。

（三）未针对性地规定罚金刑

刑罚中的罚金，是指人民法院判处犯罪分子向国家缴纳一定数额金钱的刑罚方法。刑法从我国实际出发，规定适用罚金的犯罪共计 19 条，主要是贪财图利或有关财产的犯罪。我国刑法理论认为，出于贪利动机的犯罪，是剥削阶级思想的反映，针对犯罪分子的剥削阶级思想，予以一定金钱的剥夺，从经济上加以打击，正是对他们有效的惩罚和教育。同时，罚金是一种轻刑，执行起来也比较简便，因而对非出于贪利动机的某些轻罪，也可以适用。拐卖人口罪是一种明显的贪利型犯罪，故应从经济上予以打击，因而应该规定罚金刑。司法实践证明，对于那些犯罪情节较轻的犯罪分子适用罚金刑，不予关押，有利于防止在狱中受到"交叉感染"的消极作用，利于对犯罪分子的改造，能起到特殊预防的作用

二、修改刑法第 141 条的具体建议

基于上述分析，我们建议对刑法第 141 条作以下修改：

第一，将拐卖人口罪扩大为买卖人口罪，从而解决前述关于本条不完善的第一、第二个问题。有的学者提出将本条改为"贩卖人口罪"。我们认为，"贩卖"虽然可以包括"盗"、"贩"、"拐"，但仍不能包括"买"的问题。而事实上，"买方"是助长有关人口犯罪的一个重要原因，其行为本身也是违反宪法和婚姻法的严重违法行为，在刑法上不规定对其予以必要的处罚，一方面很难达到减少这类犯罪的目的，另一方面也严重破坏了法律的尊严。因此，将刑法中的"拐卖人口罪"改为"买卖人口罪"，并规定给予买卖双方以一定的刑事处罚是完全必要的。有人担心，将"买方"作为犯罪主体，会增加社会不安定的因素。这种担心是不必要为。因为将"买方"规定为犯罪主体正是为了进一步严厉打击买卖人口的犯罪，保证社会的安定。只有对收买人口的行为规定为犯罪，才能更有效地遏制贩卖人口的犯罪，维护社会的安定。要区分罪与非罪的界限，防止扩大打击面，凡是收买他人为妻，或者收买他人儿童收养的，由于其是视人口为商品，侵犯妇女、儿童的人身权利的严重违法行为，因此，应规定为犯罪，对于本人为贪图钱财，自愿做他人

之妻，男方以较大数额财物回报的，或者被收养儿童的生父母自愿，收养方自觉给予一定的抚养费用表示酬谢的，不应视为收买人口的行为，故不构成犯罪。对于买卖人口的犯罪，应规定一般情节、严重情节和特别严重情节，分别处罚，使之罪刑相适应。对于贩卖人口罪犯的处罚，除现行刑法已有规定者外，还应将高法、高检有关司法解释中的规定概括在条文中，作出适当的处罚规定。由于在买卖人口的犯罪中，"卖方"的社会危害性较"买方"严重，因而对"卖方"的处罚要比对"买方"的处罚更重。对于收买人口的罪犯兼犯有强奸妇女、奸淫幼女、非法拘禁、伤害、侮辱、杀人、重婚、破坏军婚等罪，或者阻止解救受害妇女、儿童而构成妨碍公务罪的，应按数罪并罚的规定处罚。收买人口者事先与贩卖人口者共谋约定以金钱或财产利益收买被害人，或者既收买人口又对贩卖人口者出谋划策拐卖人口的，或者合谋参与转手倒卖妇女、儿童从中牟利的，均应作为情节严重或特别严重，予以从重处罚。

第二，增加罚金刑。鉴于本罪中卖方以营利为目的，买方以金钱作为犯罪的手段，因而应有针对性地增加罚金刑。对于犯罪分子不仅从人身上进行惩罚，而且在经济上给予打击，有利于达到特殊预防的目的。对于买卖人口的犯罪分子必须并处罚金；其中情节较轻的，可以单处罚金。鉴于对刑法的修改有一个深入研究探讨和立法的过程，以及收买人口行为的严重社会危害性，在对刑法第141条修改完善之前，必须对拐卖人口行为中"买主"一方依法进行严肃处理。从现实情况看，可将此种行为分为两类，分别情况处理。第一类是按刑法规定，收买人口而又触犯有关罪名的，如触犯重婚、破坏军婚、非法拘禁、暴力干涉婚姻自由、强奸、奸淫幼女、侮辱、伤害、杀人、妨碍公务、拐卖人口（共犯）等罪名的，应按刑法分则的有关条款之规定处罚；构成数罪的，按数罪并罚的规定处罚。第二类，仅有收买人口行为，而未触犯其他罪名的，对于此类情况，虽目前不能以犯罪论处，但由于其行为具有相当严重的社会危害性，因而除加强法制教育外，应根据不同情况，按照《治安管理处罚条例》等有关法律、法规的规定，给予劳教、行政拘留、罚款等非刑事处罚。

对诬告陷害罪处罚规定的认识*

　　刑法第 138 条规定："严禁用任何方法、手段诬告陷害干部、群众，凡捏造事实诬告陷害他人（包括犯人）的。参照所诬陷的罪行的性质、情节、后果和量刑标准给予刑事处分。国家工作人员犯诬陷罪的，从重处罚。"比较刑法分则各章，本条的规定较为特殊，其条文后半部分没有规定具体的法定刑，而是要求参照有关情形处断，至于如何参照，刑法未作进一步的规定。为此，谈一点肤浅认识，供司法实践参考。

　　根据刑法第 138 条的规定，我国刑法对于诬陷行为在定性时没有采用"诬告反坐"原则，在量刑时则要求"参照所诬陷的罪行的性质、情节、后果和量刑标准给予刑事处分"。即在刑事处罚上实行"反坐"。也就是说，我国现行刑法对诬陷罪实行的是"罪名独立，刑罚反坐"的相对原则。需要明确的是，所谓刑罚反坐，并非指诬陷别人犯多重的罪，就按那个罪对诬陷者处多重的刑。因为刑法已规定只能参照各有关情节给予刑事处罚，不应绝对相等。这主要是考虑到虽然诬告者诬陷别人犯了某罪，但实际上并不存在那样的犯罪行为，比如甲诬告乙贪污了 5 万元的现金，而事实上乙并未贪污，也没有发生 5 万元国家财产被非法侵占的危害后果，如果严格对甲按贪污 5 万元的处刑标准量刑，显然不符合罪刑相当原则。因此，刑法规定应参照诬告别人所犯罪行的性质、情节、后果和量刑标准四个方面全面考虑对行为人的处罚。这里，就有一个审判工作中究竟如何"参照"的问题。对此，关键是要掌握参照的罪行性质、参照的情节、参照的后果和参照的量刑标准的内容是什么。（1）参照的罪行性质。即参照罪，指行为人为诬陷他人而捏造的那个罪，如为诬陷而捏造他人犯了盗窃罪，则盗窃罪就成为对行为人量刑的参

---

　　* 原载《司法交流》1988 年第 4 期。

照罪。掌握参照罪的意义在于，为诬陷他人而捏造的罪名不同，被诬陷者所蒙受冤屈的程度和可能受到的"处罚"也就不同，对于行为人，在选择刑种和考虑刑度上亦应随之不同。且由于刑法对各种犯罪在处罚上的差异规定，也使得审判工作中对不同的被告人适用不同的刑罚成为可能。（2）参照情节，包括两种情况：一是行为人本身实施犯罪的情节。如出于什么样的动机诬告他人，使用的犯罪手段、预期的目的等；二是编造别人犯罪的情节，如编造别人在何时何地犯罪、出于什么样的动机、采用什么方式犯罪、犯罪发展的阶段如何、造成了怎样的后果等。量刑时，不仅要参照行为人本身实施犯罪的情节，同时要参照他编造的别人犯罪的情节，因为后者制约着被害人受害的程度，从而影响诬告者行为的社会危害大小。（3）参照后果。系指诬告行为造成的直接和间接的危害后果，以及所捏造的他人的犯罪后果，前者如对被害人造成的精神痛苦、健康损害、名誉和经济损失的程度、被害人是否因此受到行政或刑事上的处罚、处罚的轻重，以及有关部门因调查处理此案而造成的人力、财力的消耗等。后者指诬陷他人犯罪后果的轻重，如前例中甲诬陷乙贪污了 5 万元现金，这就同诬陷别人贪污 1 万元不同，量刑时亦应有所区别。（4）参照的量刑标准，即行为人诬告的那个罪的法定刑。审判工作当中，处理诬陷案件，对被告人行为的社会危害大小，只有通过上述四个方面全面衡量，才能作出客观的评价，从而正确的适用刑罚。

上面谈到处理诬陷案件应掌握的一般量刑原则，司法实践中，有时会遇到这种情况：诬陷者诬告别人犯了数罪，对于诬告罪犯，应如何量刑处罚？由于刑法第 138 条规定对诬告者应参照所诬陷的罪行性质、情节、后果和量刑标准等情况来处罚诬告者，那么对于诬告者可否按照其诬告别人所犯的数罪分别量刑，然后根据数罪并罚的原则合并处罚呢？例如，某甲捏造事实，诬告某乙犯有盗窃罪、强奸罪，由于甲的诬告，致使乙受到了数罪并罚。对甲可否根据刑法规定的盗窃罪、强奸罪的处罚标准，参照其他情节，分别确定其刑事责任，然后数罪并罚呢？对此，回答是否定的。道理很简单，我国刑法总则规定的数罪并罚，其唯一适用条件是一人犯数罪，诬告陷害罪在刑法分则中是一个单独的罪名，即使行为人诬告别人犯了多种罪行，就其本人来说，其行为只构成一个诬告陷害罪，而不是随之构成数个罪（罪名不反坐），当然也就不按"数罪"并罚。有人提出不能并罚，则刑法第 138 条又要求参照行为人捏造的各个罪名的量刑标准处罚，参照时如不并罚，就不好处理，在刑法总分则间似乎出现了冲突。另外，由于行为人的诬告，被害人可能或已经按照"数罪"受到了并罚处理，如对行为人反而不能数罪并罚，会导致罚不当罪，也很难令被害人平复。我们认为，刑法总分则间（第 64 条、第 138 条）的规定是一致的，不存在所谓冲突。前文已经谈到，本罪刑罚反坐只是相对的，如果绝对化，就会罪刑相悖，罚过于罪，正是基于这点，刑法才规定只能"参照"处理。从词义上说，所谓"参照"并非绝对按照，刑法分则第 138 条使用这个词，当然考虑到了总则的有关规定，立法者的原意是明确的。至于如何参照，除了按照前文所论及的一般原则掌握外，考虑到这种情况的特殊性，在具体确定刑罚时，可以从行为人捏造的数罪中，根据刑法的相应规定，选择其中处罚最重的一个罪的法定刑作为量刑的标准，同时结合其他罪名的处罚要求，从严掌握量刑幅度。如前例中，在某甲诬告某乙犯的盗窃罪、强奸罪二罪中，强奸罪的处罚最为严厉，即应以此罪的法定刑作为对某甲的选定刑，在此基础上，根据盗窃罪的处罚要求，选定刑中从重掌握刑度。注意这里讲的是"从重"，不是"加重"，加重是升格，可以改变刑种，刑法对于应该加重的情况有专门的规定，诬告陷害罪不在规定之列，不能加重处罚。

对诬陷别人犯数罪的行为人不能搞数罪并罚，是否会导致重罪轻判、罚不当罪呢？这个问题不能一概而论。一般来说，由于刑法分则规定的量刑幅度较大，可选择的刑种也多，处理时有充分的选择余地，绝大多数场合能够避免出现罚不当罪的情况。当然在个别时候，如所诬陷各罪规定的处罚标准一致或趋向一致时，也可能会出现罪刑不相适宜。我们认为，这个问题的存在，不是适用数罪并罚的理由，正确的途径，应当是有关部门通过刑法修改或司法解释，使问题得以解决。

论我国刑法的劳动保护*

劳动保护，是指国家为了保障劳动者安全从事生产，防止职业危害，依法享有劳动权益而采取的措施，包括劳动保护制度的制定，劳动保障制度的具体实施，及对违反劳动保护制度行为的惩处等。刑法的劳动保护，是国家劳动保护的一个重要方面，即国家对那些严重违反劳动保护法规的行为，通过刑事立法的方式作出禁止性规定，并对违反这些规定的行为以刑罚的方法加以处罚。由于刑法保护的社会关系十分广泛，为便于研究，可以将刑法中有关劳动保护的条款统称为劳保刑法（属劳动刑法范畴）。本文拟就我国劳保刑法的内容、不足及完善作一初步探讨，并祈赐教。

一、刑法劳动保护的内容

我国刑法中，直接涉及劳动保护的条款共有两条，分别为第 135 条和第 244 条，即关于重大劳动安全事故罪的规定和强迫职工劳动罪的规定，分述如下。

（一）重大劳动安全事故罪

本罪是指工厂、矿山、林场、建筑企业或其他企业、事业单位的劳动安全设施不符合国家规定，经有关部门或单位职工提出后，对事故隐患仍不采取措施，因而发生重大伤亡事故或者造成其他严重后果的行为。其基本构成特征为：（1）侵犯的客体是厂矿企业、事业单位的劳动安全；（2）主体为厂矿企业、事业单位负责劳动安全设施的直接责任人员；（3）主观方面为过失；（4）客观方面表现为本单位的劳动安全设施不符合国家规定，经有关部门或

---

* 原载《工会理论与实践》2002 年第 4 期，中国人民大学复印报刊资料《刑事法学》2002 年第 12 期全文转载，获第六次贵州省哲学社会科学优秀论文三等奖。

者单位职工提出后，对事故隐患仍不采取措施，因而发生重大伤亡事故或者造成其他严重后果的行为。从该罪的规定来看，主要是针对厂矿企业、事业单位内部发生的安全责任事故，而追究负责劳动安全设施的直接责任人员的刑事责任。其刑法学依据在于，单位具体负责劳动安全设施的人员，因其不负责任的态度，使已存在的事故隐患未能及时得以消除，最终导致重大安全责任事故发生，其行为造成了严重的社会危害后果，其主观上具有刑法学意义上的过失，因而应作为犯罪加以处罚。本罪的成立，以实害结果的产生为前提，符合我国刑法关于"过失犯罪以结果论"的原则规定。① 但却引出了另一相关的问题，即行为人故意隐瞒重大事故隐患，使相关法益处于潜在的危险威胁当中，但尚未发生现实的危害结果，则依据现行刑法无法追究行为人的刑事责任。这种被动等待事故发生而采取的事后补救的做法值得商榷。一些国家和地区的刑法在类似的规定中对于是否实际发生危害后果并不作为区分罪与非罪的条件，而仅是作为处罚轻重的依据。如我国台湾地区刑法第189条规定："损坏矿坑、工厂或其他相类之场所内关于保护生命之设备、致生危险于他人生命者，处1年以上7年以下有期徒刑。因而致人于死者，处无期徒刑或7年以上有期徒刑。致重伤者，处3年以上10年以下有期徒刑。因过失犯第1项之罪者，处6个月以下有期徒刑，拘役或300元以下罚金。从事业务之人，因业务上之过失犯第1项之罪者，处2年以下有期徒刑、拘役或500元以下罚金。"② 意大利刑法第437条："不放置用于预防灾祸或劳动事故的装置、设备或信号的，或者对之进行移动或者损坏的，处6个月至5年有期徒刑。如果行为导致灾祸或事故的发生，处以3年至10年有期徒刑。"第451条："因过失而未放置或者移动用于灭火、抢救、灾祸或劳动事故救护等目的的设备或其他工具，或者使之不可使用的，处于1年以下有期徒刑或者20万至100万里拉罚金。"③ 上述规定，可资我国立法借鉴。此外，从犯罪主体的范围来看，刑法第135条规定为"直接责任人员"，所谓直接责任人员，只能理解为负责企、事业单位劳动安全设施的专门人员，包括主管、分

---

① 刑法第15条："应当预见自己的行为可能发生危害社会的结果，因为疏忽大意而没有预见，或者已经预见而轻信能够避免，以致发生这种结果的，是过失犯罪。"

② 张知本、林纪东编：《最新六法全书》，台北大中国图书公司1992年版。

③ 黄风译：《意大利刑法典》，中国政法大学出版社1998年版。

管该项工作的直接领导人员，以及具体从事劳动安全设施设置、检查、维护和安全防范的人员。但实践中往往出现劳动安全设施不符合国家规定，经有关部门或者单位职工，甚至是直接负责劳动安全设施的人员提出后，单位因种种原因而未采取有效措施，从而导致重大安全事故的发生，在这种情况下，单位的行为是事故发生的原因，单位应当承担相应的刑事责任，采用代罚制转由个人代替单位承担刑事责任，于情于理均有不妥。另外，即使是由于有关直接责任人员的过失行为而导致重大安全事故的发生，作为单位也负有不可推卸的管理责任。因此，有必要重新设计本罪的主体范围，单位犯本罪的，由单位和有关责任人员共同承担刑事责任。

（二）强迫职工劳动罪

本罪是指用人单位违反劳动管理法规，以限制人身自由的方法强迫职工劳动，情节严重的行为。其基本构成特征为：（1）侵犯的客体是劳动者的人身自由权利和劳动自由权利。（2）犯罪主体为用人单位的直接责任人员，即强迫职工劳动的具体决策者与具体实施者。（3）主观方面为故意，即明知非法强迫职工劳动会发生侵犯职工人身自由权利的结果，并且希望或放任这种结果发生。（4）客观方面表现为违反劳动管理法规，以限制人身自由的方法强迫职工劳动，情节严重的行为。限制人身自由的方法，是指将职工控制在一定范围、一定限度内的方法，如采取禁止、监视等手段不准职工外出，不准参加社会活动等。强迫劳动，是指违背职工意愿以及有关法规，迫使职工从事超体力、超时间的劳动或是职工不宜从事的劳动。关于强迫劳动，根据劳动法第32条第2项的规定，包括以暴力、威胁、限制人身自由三种方法进行强制，而刑法第244条没有把以暴力、威胁方法强迫劳动写入条文中，故对于以暴力、威胁的方式强迫职工劳动的行为不宜以强迫职工劳动罪处理。鉴于暴力、威胁属于对职工的虐待行为，有必要在刑法中增设虐待用工罪，规制该种行为。就目前来说，对于后果不严重的暴力、威胁行为，根据罪刑法定原则，不得以犯罪论处。如果使用暴力造成职工重伤、死亡的，应按故意伤害罪或故意杀人罪处理。关于本罪行为是否同时触犯非法拘禁罪的问题，由于刑法规定构成本罪必须采用限制人身自由的方法，由此形成以下几种认识：一是认为该罪为牵连犯，行为人的目的是强迫职工劳动，但所采用的强迫手段牵连触犯了非法拘禁罪，属手段牵连。二是认为该罪为吸收犯，其限制人身自由的行为为强迫职工劳动的前行必为行为，从而包容到强迫职工劳动行为中而被吸收。三是认为该罪既非牵连犯，也非吸收犯，而是一个独立的犯罪行为。笔者持第三种认识，因为根据刑法第244条的规定，所谓强迫职工劳动，就是采用限制人身自由的方式进行强迫，而不包括其他行为（如暴力、威胁），行为人只有限制职工人身自由一个行为，并不存在后续的其他强迫职工劳动的行为，如果没有限制人身自由，其无论采用其他何种方法强迫职工劳动，均不构成本罪，故不发生牵连或吸收关系。限制职工人身自由，已经成为本罪犯罪构成客观方面的唯一要件，以此为支撑，才能成立强迫职工劳动罪，否则该罪便付诸阙如，故本罪为纯正一罪。

二、刑法劳动保护的不足

前述两个方面的内容，构成了我国劳保刑法的范围。分析刑法劳动保护的客体，会发现一个显而易见的问题，即刑法设定的劳动保护范围过于狭窄，尚有不少应通过刑法规制的行为处于刑事立法的盲区，显现出刑事立法的不足。这些行为主要包括：

（一）招用童工

新中国成立前，童工现象十分普遍，新中国成立后，国家通过法律形式明文禁止使用童工。然而近些年来，不少地区，特别是沿海地区童工现象死灰复燃，一些企业和个体工商户为了获取廉价劳动力，置国家法律于不顾，肆无忌惮地使用童工，致使大批中小学生中途辍学，既干扰了义务教育法的实施，又严重影响了少年儿童的人身安全和身心健康成长，引起社会各界高度重视。但目前对于这种行为，根据有关规定，只能给予罚款，即使情节严重、屡教不改的，也仅限于责令停业整顿或吊销营业执照等行政处罚，不能给予刑事处罚，从而不能有效遏制这种行为的发展与蔓延。

（二）虐待用工

在一些地区的私营企业、外资企业、乡镇企业、承包租赁企业和个体经济组织中，经营者为了获取超额利润或其他原因，强迫工人超体力劳动，对不服从者往往采取殴打、禁闭、体罚、人格侮辱等方法予以制服；有的为了降低生产成本与投入，拒绝改善劳动场所条件，强迫工人在阴暗、潮湿、卫生条件极差的环境中工作，严重损害工人身体健康。由于刑法只设置了家庭成员间发生的虐待罪及监管人员对被监管人实施的虐待被监管人罪，对上述行为未作规定，从而不能给予刑事制裁。

（三）隐瞒重大事故隐患

司法实务中，单位出于种种原因，如怕影响生产、盲目追求效益、担心停产整改、不愿承担整改资金等，对于存在的重大事故隐患隐瞒或拖延不报，从而造成主管部门不能及时了解隐患情况，不能及时采取措施解决，并因此而屡屡酿成重大安全事故。对于这种隐瞒重大事故隐患，严重危及公共安全的行为，应当予以刑事制裁。但我国刑法和有关法规只规定对重大事故隐患不采取措施，并且实际导致了重大事故发生的才追究刑事责任；对于隐瞒重大事故隐患，危及公共安全但尚未实际造成严重后果的，只能给予批评教育。①

（四）职业病扩散与蔓延

新中国成立以来，政府十分重视职业病的防治工作，从 20 世纪 50 年代开始，国务院及有关部委便先后制定出台了多个关于防止沥青中毒、防止矽尘危害等有关职业病防治的决定和办法，全国人大常委会并于 2001 年 10 月27 日通过了《中华人民共和国职业病防治法》，各地区、各部门为此也做了许多工作，并取得了一定的成效。但是，在有些地区和行业，职业病现象仍然十分严重。这里面，既有属于客观条件限制方面的原因，也存在着大量人为的因素。如一味重视生产，疏于防治；在生产作业中，不按国家有关规定进行保护式作业；缺乏防尘、防毒、防辐射配套设施与措施，硬性上马生产；转嫁职业病危害，将产生职业病危害的作业转移给不具备职业病防护条件的单位和个人；生产工艺落后，资金缺乏，拿不出配套防止职业病专款，又不关、停、并、转。有的地方，由于种种原因，对于既发职业病，采取封锁消息、拖延不报、低调对待的方式，致使发病范围进一步扩大。对于上述种种现象，虽然国务院有关规定和职业病防治法都规定要严肃处理，直至交由司法机关追究法律责任，但刑法中并无相应的惩治条款，难以作出相应的处罚。

以上分析表明，在刑法劳动保护的客体中，尚缺乏职工健康权利、人格

---

① 劳动部《重大事故隐患管理规定》第 23 条："对存在的重大事故隐患隐瞒不报的单位，应给予批评教育，并责令上报。"

权利的相应内容，对于劳动安全保护的范围也不全面，亟待通过新的立法予以完善。

三、刑法劳动保护的完善

根据第二部分的论述，建议在我国刑法中增设以下罪名：

（一）招用童工罪

本罪是指违反国家法律法规，招用未满 16 周岁童工，情节严重的行为。其基本犯罪构成为：（1）侵犯的客体为国家对未成年人的特殊保护制度。国家为了保障未成年人接受正常教育，健康成长，在《未成年人保护法》、《教育法》、《劳动法》以及其他相关法律法规中，制定了一系列保障制度，明确规定了未成年人所应享有的各项权利以及各种特殊保护措施，而招用童工的行为正是对这种特殊保护制度的破坏，其结果不仅剥夺了未成年人接受教育的权利，而且还会对他们的身心健康带来严重影响，故应受到刑罚制裁。（2）犯罪主体为一般主体，包括单位和个人。（3）犯罪主观方面为故意，即行为人明知国家法律禁止而故意招用童工，其动机一般是为了降低成本，获取廉价劳动力。如果行为人主观上不知所招用的是未满 16 周岁的人，不构成犯罪。（4）犯罪客观方面表现为违反国家法律法规，招用未满 16 周岁童工，情节严重的行为。所谓情节严重，主要表现为：一次招用多名童工或多次招用童工的；因招用童工被行政处罚而再次招用童工的；抗拒改正，坚持招用童工的；以及虐待童工，情节严重的等情形。对于招用童工达不到以上严重程度的，不以犯罪论处，可予以罚款、责令停业整顿、直至吊销营业执照。此外，根据劳动法规定，文艺、体育和特种工艺单位依照国家有关规定，履行审批手续，并保障其接受义务教育的权利，可以招用未满 16 周岁的未成年人。

（二）虐待用工罪

本罪是指虐待用工，情节恶劣的行为。其基本犯罪构成为：（1）侵犯的客体是工人的人身权利。（2）犯罪主体是一般主体。（3）主观方面是故意。（4）客观方面表现为以体罚、殴打、禁闭、凌辱人格、强迫超体力劳动、强迫工人在条件极差的环境中劳动等方式虐待用工，情节恶劣的行为。所谓情节恶劣，主要表现为：造成用工轻伤的；对多人或多次实施虐待行为的；手段残忍、影响恶劣的；造成被虐待者精神失常、自杀或其他严重后果的等。如果虐待用工，致人伤残、死亡的，应当依照刑法第 234 条、第 232 条的规定，以故意伤害罪、故意杀人罪定罪处罚。

（三）隐瞒重大事故隐患罪

本罪是指企业、事业单位违反国家规定，故意隐瞒重大事故隐患，足以造成重大责任事故，危及公共安全的行为，其基本构成特征为：（1）侵犯的客体是职工的生命安全和重大公私财产的安全。（2）犯罪主体是特殊主体，为企业、事业单位。（3）主观方面是故意，即明知存在重大事故隐患而故意隐瞒不报。犯罪动机一般是出于盲目追求生产效益，担心停产整改，或不愿承担整改费用等，但如果主观上是为了追求重大事故的发生而故意隐瞒事故隐患，则不构成本罪，应按以危险方法危害公共安全罪论处。（4）客观方面表现为故意隐瞒重大事故隐患，足以造成重大责任事故的行为。所谓隐瞒，是指单位故意隐瞒事故隐患，不按规定向主管部门和当地政府报告。重大事故隐患，是指可能造成死亡 10 人以上，或直接经济损失 500 万元以上的事故隐患。① 足以造成重大责任事故，是指因隐瞒事故隐患不报，足以造成重大责任事故随时发生，严重危及生命及财产安全。如果隐瞒一般事故隐患，不足以造成重大责任事故的，不以犯罪论处。

（四）职业病扩散罪

本罪是指厂矿企业、事业单位及其他经济组织的劳动卫生防护设施不符合国家规定，经有关部门或者单位职工提出后，仍不采取有效措施，因而造成职业病发病与扩散，情节严重的行为。其基本构成特征为：（1）侵犯的客体是职工的身体健康权利；（2）犯罪主体为厂矿企业、事业单位、其他经济组织负责劳动卫生防护设施的直接责任人员，单位也可构成本罪主体；（3）主观方面是过失；（4）客观方面表现为单位的劳动卫生防护设施不符合国家规定，经有关部门或者单位职工提出后，仍不采取相应措施，因而导致大面积职业病暴发与扩散，严重损害职工身体健康的行为。因此，成立本罪在客观方面首先要求劳动卫生防护设施不符合国家规定。如果不存在这一前提条件，而是由

---

① 劳动部《重大事故隐患管理规定》第 4 条第 3 款："重大事故隐患是指可能造成死亡 10 人以上，或直接经济损失 500 万元以上的事故隐患。"

于其他原因造成的，不成立本罪。其次，本罪属于不作为形式的犯罪，即必须是在有关部门或单位职工提出后，仍不采取措施，才能成立犯罪。最后，必须是造成了大面积职业病暴发与扩散，没有发生这样的严重后果，犯罪亦不成立。此外，对于转嫁职业病危害，将产生职业病危害的作业转移给不具备职业病防护条件的单位和个人，并因此造成职业病发病与扩散的，也应以本罪论处。这里所说的职业病，根据《中华人民共和国职业病防治法》第2条的规定，是指企业、事业单位和个体经济组织的劳动者在职业活动中，因接触粉尘、放射性物质和其他有毒、有害物质等因素而引起的疾病。认定本罪时，应以职业病的实际发生与扩散作为是否成立犯罪的依据，职业病诊断由省级以上人民政府卫生行政部门批准的医疗卫生机构承担，并由设区的市级以上地方人民政府卫生行政部门组织职业病诊断鉴定委员会进行鉴定。

对完善刑法第 187 条规定的几点意见[*]

我国刑法分则第八章第 187 条规定："国家工作人员由于玩忽职守，致使公共财产、国家和人民利益遭受重大损失的，处五年以下有期徒刑或者拘役"。这一条在条文叙述上虽然采取了叙明罪状的立法方式，但由于对"玩忽职守"这一核心问题没有、也不好作具体说明，从而带来了一些问题。就刑法分则第八章关于"渎职罪"的规定来看，全章共有 8 个法条，所规定的属于渎职方面的罪名仅 7 个，其中就有 3 个是针对司法人员的，1 个是针对邮电工作人员的，其余 3 个虽针对一般工作人员，但其中第 185 条、第 186 条两条的规定都有明确的范围，而第 187 条关于玩忽职守罪的规定又太笼统，这种状况带来的后果是一些职务方面的犯罪找不到相应的条款定罪，无法对号入座，最后只好要么不作犯罪处理，要么统统以玩忽职守罪论处，造成了玩忽职守罪外延的不断膨胀。近年来，陆续制定的一些单行刑事法律和非刑事法律的刑法规范中，不少都写上："违反本法规定，造成……的，对直接责任人员比照刑法第一百八十七条追究刑事责任。"事实上，违反这些法律构成的犯罪很多已突破了刑法第 187 条规定的犯罪构成，但由于第 187 条规定本身的不明确，又没有其他更为适宜的条款，只好以之比照，致使玩忽职守罪成了"口袋罪"、"不管罪"，给司法审判工作带来困难。针对这种状况，亟须采取相应措施，完善有关立法，为准确及时打击玩忽职守的犯罪行为提供明确、具体的法律依据。为此，本文提出几点意见，以供参考。

首先，要明确玩忽职守罪的范围。正确适用刑法第 187 条的关键是掌握其规定的范围。这里，应主要把握三个问题：（1）明确本条同刑法其他类似规定的界限（已有不少文章和教科书论及，不再重复）。（2）正确理解"玩

---

* 原载《司法交流》1988 年第 1 期。

忽职守"的含义。据有的辞书说："玩忽职守，一般表现为工作上的官僚主义，马虎草率、漫不经心、严重不负责任，不正确执行或不执行自己的职责。"① 笔者赞同这种解释。这样，就将那些属于滥用职权、逾越职权，以及对危害结果持故意态度的渎职行为，从玩忽职守范围内分离出来。但由于辞书的解释仍属学理性解释，因此有关部门应作出一个明确的有效解释，以便司法部门遵照执行，解决玩忽职守罪包容太广、太杂的状况。（3）大致界定一个后果范围，为司法部门定性量刑提供必要的参数。从第 187 条的规定看，玩忽职守，必须造成了"公共财产、国家和人民利益遭受重大损失"的后果，才以犯罪论处，施以刑罚，反之不以犯罪论处。由于"重大损失"一语为模糊概念，实践中不好把握，从而出现了对造成同样后果的行为有的地方作为犯罪处理，有的地方不作为犯罪处理的情况。因制定刑法时要求法条条文简明，不好对"重大损失"作具体规定，这个工作就需要有关部门通过法律解释来完成。过去最高人民法院、最高人民检察院曾对走私、投机倒把、贪污、盗窃、诈骗、受贿等经济犯罪的数额作出过具体的规定，解决了各地司法机关在处理这几种犯罪时遇到的一些实际问题。对于玩忽职守罪，同样应该而且也可以作出具体的司法解释。玩忽职守行为造成的后果不外乎两种：一是公私财产的损失，二是人身伤亡。对前者，可根据损失财产数额来确定一个大致的犯罪界限；对后者，可根据伤亡的程度、人数来确定。同时造成了两种后果的，应把两者结合起来考虑。有了这样一个大致的标准，就可大大减少处理这种案件时因罪与非罪界限不好掌握带来的偏差。

其次，有必要增设新罪名，对"渎职罪"一章加以补充、完善，使司法部门在处理一些职务上的犯罪时有法可依，避免再出现不论是否适宜，统统以玩忽职守罪论处的情况。至于具体应增加哪些罪名，有的学者提出可增设以权谋私、专横跋扈、滥用职权、逾越职权等罪。对这个问题，本文不作具体论证，仅就立法的方法谈一点意见。目前，国内正处在改革时期，其中经济体制改革尚需进一步深化，政治体制改革刚启动，很多问题需要摸索、试验。在这种情况下，对刑法本身进行修改补充的时机还不成熟。而"随着改革和建设的需要颁行必要的单行刑事法律，已被我国法制实践经验证明是一种绝对需要的行之有效的方法。这是因为，单行的刑事法律主要集中解决一

---

① 高格、孙占茂主编：《刑事法学词典》，吉林大学出版社 1987 年版，第 111 页。

定时期、一定情况下同某类犯罪作斗争的急需。其内容主要对刑法分则一些犯罪的修改和补充，因而它既具有制定迅速，利于及时打击犯罪和保卫改革的优点，又具有先行试用、待考验成熟时才纳入刑法典本身，保持刑法典更高程度的稳定性和成熟性的特点"。[①] 因此，对渎职罪的补充，由全国人大常委会以决定的形式制定单行刑事法律比较妥当。全国人大常委会在制定单行刑事法律时，应采取叙明罪状的方式，用词要准确、针对要明确，需要时也可在制定法律的同时对有关问题作出立法解释，避免又引起一些不必要的争论。也有的学者提出，补充修改刑法时，应多采用空白罪状的方法，利用空白罪状所具有的包容性和超前性解决法律的协调问题，以适应改革发展的要求。这种方法应是切实可行的。单行刑事法律颁行后，再制定其他非刑事法律时，就要注意法律间的协调统一，凡是其他非刑事法律的规范中要求追究刑事责任的行为，在比照刑法某条处理时，一定要符合该条的犯罪构成。一些超出玩忽职守罪范围的职务上的犯罪就可以直接引用单行刑事法律的条文处理，防止再出现需要追究刑事责任的行为内容和罪名不相吻合、罪和刑不相适应的状况，同时也减轻了刑法第 187 条的负重和超载。

再次，关于玩忽职守罪的处罚问题。刑法第 187 条在法定刑的规定上也不尽完善。表现为两点：一是处罚太轻；二是没有针对性地规定剥夺政治权利刑。就前者来讲，我们知道，刑法所遵循的一个基本原则是罪刑相适应，而第 187 条规定的 5 年以下有期徒刑远不能抵消因玩忽职守罪造成的严重后果。现阶段我们评价行为的价值，应以是否有利于商品经济发展和是否有利于民主政治建设为标准。从玩忽职守罪来看，其后果不但造成了巨大的经济损失，妨碍商品经济发展（这方面有大量的报道见诸于报端），更进一步严重败坏了党和政府的威信，妨碍政治体制改革，危害社会主义民主政治建设。比较刑法分则规定的各种过失犯罪，玩忽职守罪的社会危害性并非最轻，目前还有进一步增大的趋势，但在处罚规定上其法定最高刑却是最低的（其他过失犯罪一般最高法定刑均为 7 年，最为严重的可达 15 年）。因此，应适当提高玩忽职守罪的法定刑，以体现罪刑相适应原则，更好发挥刑法保障体制改革的作用，并取得刑法在过失犯罪处罚规定上的协调统一。就后者来讲，刑法所指的政治权利包括选举权与被选举权，宪法第 35 条规定的各种权利，

---

① 《论单行刑事法律与刑法的发展完善》，载《法学季刊》1987 年第 4 期，第 10 页。

以及担任国家机关职务和企事业单位、人民团体领导职务的权利。玩忽职守罪的主体虽然不是出于故意而犯罪，但犯罪主体均由国家工作人员构成，这些人都担负着一定的职务，而且其中不少身居要职，正是由于他们严重的官僚主义作风，对自己职责范围内的事漠不关心，敷衍了事，马虎草率，玩忽职守，置国家利益和人民生命财产于不顾，从而造成严重恶果，构成犯罪。对此，仅单纯处以徒刑或拘役是不够的，针对他们的渎职行为，理应从法律上明确宣示剥夺他们的政治权利，发挥刑法在这方面惩罚犯罪、预防犯罪（尤其是一般预防）的功能。

瓮安黑社会性质组织犯罪的
特征、危害、成因及治理对策
——瓮安事件的犯罪学分析*

一、瓮安县黑社会性质组织概况

（一）"玉山帮"

"玉山帮"是瓮安县最大的涉黑组织，发起人叫李发芝。1999 年正月初六，李发芝招集社会闲散人员韩波、卢保霖、熊教勋、聂奇超等二三十人在玉山镇政府招待所食堂聚会，喝鸡血酒、拜关公像，结拜为异姓兄弟，成立"兄弟会"。推举出以李发芝为首的 10 位"大哥"（后增为 11 人），其余皆为兄弟，内部排定了位次，订有明确帮规，入帮有一定的仪式。因多数参与者是瓮安县玉山镇人，故又称"玉山帮"。帮会成立初期，主要活动范围在玉山镇，行为方式主要是寻衅滋事、敲诈、聚众斗殴等。2002 年，帮会大哥李发芝等人因在甘肃酒泉诈骗被抓，李发芝被酒泉市法院判刑 13 年。帮会骨干成员韩波、卢保霖、熊教勋等提出帮中不能"群龙无首"，于是召开帮中大会，推举韩波、卢保霖、熊教勋等人为"老大"，主管帮会全盘事务，订立新的帮

---

* 本文系瓮安"6·28"事件发生后，根据组织安排，笔者带领一个调研组前往当地，在历时二个月实证调查的基础上形成的《瓮安"6·28"事件分析》调研报告（该调研报告获第九次贵州省哲学社会科学优秀成果调研报告类二等奖）中的《犯罪学分析》分报告（分报告完成人：刘鹏、孙利、褚琰）。其主要内容分别收入《刑法理论与实务热点聚焦》文集，中国人民公安大学出版社 2010 年 9 月出版；第二届当代刑事司法论坛《刑事司法热点问题研究》文集，北京师范大学出版社 2011 年 8 月出版。获第三届全省高校人文社科优秀成果论文类一等奖，2009 年度全省政法系统优秀调研文章一等奖。

规，进一步强化了内部控制，同时开始扩充势力并向玉山镇以外发展。因争夺地盘，"玉山帮"与当时在县城里名气最大的"叶八二帮"发生冲突，先后进行大规模的聚众械斗两次，均以"玉山帮"的"胜利"而告终，由此在县城站稳了脚跟。随着"玉山帮"实力和影响的不断扩大，其骨干成员也"各显神通"，分别发展自己的"小弟"，"小弟"又收"小弟"，最终形成了以韩波、卢保霖、熊教勋等人为首，层次、等级、组织分明，人数多达 400余人（截至目前查明）的瓮安县第一大帮会，势力范围不仅遍布瓮安，还在周边的开阳、福泉、湄潭等县、市发展分支，并且在广东、广西的一些地方设立"办事处"。"玉山帮"通过开设赌场、夜总会、放高利贷、抢劫、绑架、贩毒、强买强卖、非法采矿、替人讨债、设立汽车接待站强行拉客，垄断两广客源，插手民间纠纷，向矿主敲诈、占干股、收取保护费等违法犯罪方式（目前查明玉山帮涉嫌罪名 22 个），聚敛了大量非法钱财，经济实力与日俱增。到 2007 年、2008 年，以韩波等人为首的二代核心成员为逃避打击，已逐步转向"正当行业"并寻找好"接班人"，如果不是此次"6·28"事件的发生，其第三代领导层即将被推出。

（二）"叶八二帮"

叶八二学名叶仕章，因在家中排行老八而得名。叶仕章自幼习武，其在20 世纪 80 年代时只是县城里一个普通的"小混混"，在 20 世纪 80 年代后期，开始在社会上招收一帮人（其中有部分是在校学生）跟随其习武。为了扩大势力和影响，他们在县城内进行打架斗殴、开设赌场、收保护费、敲诈等违法犯罪活动，逐渐横霸一方。"叶八二帮"成型于 2000 年左右，主要的敛财行为是开设赌场，方式是从中抽利、"放水"（即高利贷）、替人讨债等。赌博方法简单，金额较大，通常是"苞谷子"，赌资有时达上百万，参赌人员有时多达数百人。"叶八二帮"利用赌博等犯罪手段虽聚敛了一定的钱财，但风险也比较大，于是在 2005 年以后也染指矿山，经济实力迅猛增长。"叶八二帮"最大的特点是懂得规避法律以达到逃避打击的目的，表现在帮会成立时没有举行任何仪式，组织形式松散，入会时口头拜大哥即可，有事的时候才纠集在一起。截至目前已查明帮会成员 90 余人，涉嫌罪名达 7 种。

（三）"邹昭喜帮"

邹昭喜本人是个体私营矿长，并在其他 4 个矿占有股份。1994~1995 年间，邹昭喜招集谢敏蛟（小名建喜）、向宗扶（徐小勇）、杨勇等20余人喝血酒、拜关公、磕头结拜为异姓兄弟，成立"兄弟会"，邹昭喜为大哥。其目标和宗旨是"帮中兄弟要互相帮助、共同富裕"，方式是进行经商，"富带贫"。1996年邹昭喜、谢敏蛟等人因流氓罪被判刑劳改，帮会处于离散状态。邹、谢等人出狱后分别在2000年和2003年，又招集向宗扶等人进行结拜，再推邹昭喜为大哥，并制定了帮规，大肆发展成员、扩充势力，采取收保护费、替人讨债、赌博、经营矿业等方式，聚敛了大量钱财。同时其骨干成员谢敏蛟和向宗扶通过分别发展自己的"小弟"，在帮会中又形成了两股势力，被当地人称为"建喜帮"和"徐小勇帮"。目前查明帮会成员110余人，涉嫌罪名达9种。

（四）"刘军帮"

刘军学名刘昌君，小名刘军。在20世纪90年代中期，刘昌君与周建德等人结成"八兄弟"，推举周建德为大哥，后周建德死亡，该组织自然解散。2002年7月，刘昌君为确立自己在瓮安县黑道上的强势地位，纠集肖代松、徐祥、郑大华、倪彬彬、李继彬等12人，在家中摆设酒宴，成立"弟兄会"，推举刘昌君为大哥，其他人各有分工。刘昌君制定了明确的帮规："有事大家一起上；成员每年交纳一定的会费；每年的农历正月初八聚会一次；帮会成员有事要互相帮助。"此后不断有人因不同目的加入该帮会，其骨干成员郎开金又在社会无业人员和中小学中发展帮会成员，成立"鸡家帮"，①成为"刘军帮"的一支。刘军帮以暴力、威胁或其他手段，拉拢、腐蚀一些基层干部加入帮会或为其所用，在瓮安县雍阳镇形成非法控制，并向周边的玉华乡、建中镇、草塘镇及邻县福泉等地渗透。该帮通过抢劫、盗窃、诈骗、开设赌场、赌博、非法采矿、开办砂石厂等手段聚敛钱财、扩大经济实力，用以支付帮会活动，购买作案工具，支付组织成员费用等。目前查明帮会成员90余人，涉嫌罪名近10种。②

---

① 因郎开金绰号"小鸡鸡"，并要求跟他的"小弟"（除学生外）都要理"鸡冠头"发型，故而得名。

② 根据访谈"6·28"专案组打黑组毛明俊组长内容整理，访谈时间：2008年8月26日15点30分、8月29日11点，地点：瓮安县公安局、县委党校，参加人：调研组成员刘鹏、孙利、褚琰。

（五）"冷老二帮"

冷老二学名冷先发，因在家中排行老二而得名。冷先发从 1991 年开始混迹社会，1997 年 10 月因聚众斗殴，被判有期徒刑 1 年。出狱后于 2000 年加入"叶八二帮"，以赌为生。2002 年，冷先发认为叶仕章为人不仗义而脱离了"叶八二帮"，决定另立山头。从 2003 年开始，伙同其三弟冷先平、四弟冷先友在瓮安县雍阳镇开设"冷氏寄卖行"、"天福寄卖行"，以此为据点，先后将刘朝军、李天福等多人收为小弟，并尊称其为"二爷"或"二哥"。冷先发规定了不成文的帮规：一是必须听从上层的指令。二是组织内部的成员之间必须团结。三是组织成员之间互相帮助，有事一起上。四是不准组织成员跳槽，要听上层的话，如不听安排要打断脚。五是不准出卖组织内部的兄弟，如果出卖，就要受到血的惩罚。六是集中购买、保管和使用作案工具（大关刀、砍刀和钢管等凶器）。随后，冷先发、冷先平有组织地带领该组织成员在瓮安县等地不断进行寻衅滋事、聚众斗殴、放高利贷、开设赌场、敲诈勒索、赌博等违法犯罪活动，在瓮安县社会上的名声和影响越来越大。2008 年 3 月，为了进一步扩大自己在瓮安县社会上的控制力，在冷先发的默许下，"冷老二帮"骨干成员李天福将时为瓮安三中学生的周吉高、付凯、江勇、田景鸣等 35 人收为小弟。通过五年多的发展，"冷老二帮"逐步形成了以冷先发、冷先平为第一层次，以冷先友、李天福、刘朝军、石华友、冉波、刘旋、宋丹等人为第二层次，以周吉高等瓮安三中学生为第三层次，以周吉高、宋吉各自所带的小弟为第四层次的人数众多的黑社会性质组织。"冷老二帮"通过赌博、敲诈勒索等手段非法敛财数十万元，具有较为强大的经济实力。目前查明帮会成员 50 余人，涉嫌罪名达 5 种。①

（六）其他帮会

瓮安县的帮会情况十分复杂，除上述五个涉黑组织外，20 世纪 80 年代初期曾经出现过"青龙帮"、"斧头帮"、"飞鹰帮"、"铁血黑虎帮"、"十三太保"等帮会恶势力。这些帮会恶势力通过打架斗殴、收取保护费、寻衅滋事、故意伤害等违法犯罪行为，曾给当地社会治安造成了恶劣影响。20 世纪 90 年代中期至今，帮会现象由于受到众多因素的影响，发展迅猛，且黑、恶势力

---

① 材料来源："6·28"专案组提供。

盘根错节，呈交叉、融合现象，一些类黑组织和恶势力团伙在当地乡、镇、村中称王称霸、为害一方，如"杨老九帮"等。此外，诸如所谓"杀猪协会"、"运输协会"以及"姨妈会"、"同学会"、"老乡会"、"战友会"等帮会组织、民间组织和小团体遍布全县，帮派风气十分盛行。

二、瓮安县黑社会性质组织的特征、特点及发展趋势

（一）瓮安县黑社会性质组织的法律特征

以"玉山帮"、"叶八二帮"、"邹昭喜帮"、"刘军帮"、"冷老二帮"五个涉黑组织为例，根据全国人大常委会2002年4月28日的立法解释，瓮安县涉黑组织已经具备黑社会性质组织的特征：

1. 形成了较稳定的犯罪组织，人数较多，有明确的组织者、领导者，骨干成员基本固定。玉山帮等五个涉黑组织多经历了十年左右或更长时间的发展过程，都有明确的组织者、领导者，有基本固定的骨干成员。其间虽有个别为首分子被判刑坐牢，但其所在"组织"并未因此而消失，而是通过再推"大哥"或待入狱首领刑满释放后东山再起，以维持其所在涉黑组织的存续，具有相当的稳定性。

2. 有组织的通过违法犯罪活动或其他手段获取经济利益，具有一定的经济实力以支持该组织的活动。非法采矿、设赌抽利、放高利贷、替人讨债、替人摆平事端等违法犯罪行为是"玉山帮"等五个黑社会性质组织敛财的共同渠道。在利用经济实力支持帮会组织活动方面，"玉山帮"、"刘军帮"等都用非法聚敛的钱财集中购买犯罪工具，支付组织及成员的日常费用，摆平事端，资助成员出逃等。

3. 以暴力、威胁或者其他手段，有组织地多次进行违法犯罪活动，为非作歹，欺压、残害群众。上述五个涉黑组织具有一个共同的特点，即都采用暴力、威胁或者其他手段，大规模地进行聚众斗殴、寻衅滋事等违法犯罪活动，以行凶、故意伤害等方式进行作案，作案时间长、次数多，群众敢怒不敢言，严重影响当地治安秩序。

4. 通过实施违法犯罪活动，或者利用国家工作人员的包庇、纵容，称霸一方，在一定区域或行业内，形成非法控制或重大影响，严重破坏经济，破坏社会秩序、生活秩序。如"玉山帮"、"叶八二帮"、"邹昭喜帮"、"刘军

帮"均采用暴力、威胁等手段染指瓮安矿产资源,强行收取保护费,占干股,敲诈,或直接从事矿山经营。"玉山帮"大哥聂奇超,采用暴力、威胁、欺骗、拉拢等方式,强拉客源、自定票价,与运管所负责人勾结,基本垄断了瓮安的长途客运,破坏了正常的营运秩序,给国家税收造成了巨大损失,其本人则聚敛了大量的非法财富。

(二)瓮安县黑社会性质组织的特点及发展趋势

瓮安县黑社会性质组织除具备一般黑社会性质组织的基本法律特征外,与贵州省过去发生的黑社会性质组织案件相比较,具有以下特点:

1. 组织结构更趋严密。组织结构的严密程度是衡量黑社会性质组织成熟程度的一个重要标准,也正因为如此,不少学者指出,有组织犯罪的能量绝非自然人个人犯罪的简单相加,它有着单独犯罪和团伙犯罪不可比拟的破坏力。从贵州省过去破获的黑社会性质组织案件来看,这些黑社会性质组织大多是由流氓犯罪团伙发展而来,形成时间短,规模小,组织结构相对简单。而瓮安县的黑社会性质组织,尤其是玉山帮,其组织结构已达到相当的严密程度。

事例一:"玉山帮"内部组织结构图

以玉山帮为例,其内部组织结构已达六至七层,最上一层为"大哥",共有10人,另有一名成员因表现突出被封为"幺哥",为"大哥"层级。除本部外,在珠藏镇及邻县还设有分支,在广东、广西设有"办事处"。管理上实行"下管一级"的管理模式,帮会内部人员扯皮,各自找自己的"大哥",由双方上一层级"大哥"协调解决,低层级成员不得越层找"大哥"。帮内定有帮规,内容为:(1)有福同享,有难同当;(2)上层安排下一层必须做到;(3)下层有事,由上层"大哥"摆平;(4)大家兄弟要团结,有大事小事必须到场;(5)按时交纳会费;(6)兄弟有困难,帮内出钱解决。加入帮会要履行仪式。每年正月初六全帮聚会,喝鸡血酒,拜关公像,敬香。对帮会成员违反帮规的,内讧的,叛帮的,以及违反潜规则的,则予以坚决惩罚,直至开除出帮。集中购买、保管、使用作案工具,聚众械斗时则规定本帮成员一律臂缠白布条,后改为戴白手套,最后又统一改为口衔吸管、香烟,以便识别。

2. 具有相当的经济实力。经济实力是黑社会性质组织赖以存在和发展的物质基础，也是其追求的基本目标。从贵州省已破获的黑社会性质组织案件来看，总体尚不具备较大的经济实力，而瓮安县的黑社会性质组织其经济实力则已达到相当的规模。

事例二：已掌控的涉黑组织部分经济实力

目前已扣押、冻结的"玉山帮"涉黑资金即达 260 余万元，扣押车辆 10 余台，每台价值 10 余万至五六十万不等。扣押邹昭喜价值 100 余万元的"凯迪拉克"高档轿车一辆、瓮安县中心城区 7 层楼房一栋。另据了解，不少帮会成员已搬到县城富人区居住或在都匀、贵阳等地购买房产。

3. 形成时间长，参与人数众多，青少年参与帮会情况突出。瓮安县几个主要帮会，如"玉山帮"、"叶八二帮"、"邹昭喜帮"、"刘军帮"等，其形成时间多在 10 年以上，且参与人数众多。据了解，目前掌握的"玉山帮"参与人数已达数百人，"叶八二帮"、"邹昭喜帮"、"刘军帮"、"冷老二帮"也都超过或接近百人。参与人员中，有个体业主、农民、无业人员、学生，以及相当数量的公职人员和企事业单位人员（包括人大、政法机关、政府部门、教师、医生、驾驶员等）。这当中，青少年占有相当比例，如"冷老二帮"中以周吉高为首的第三层次，成员均由瓮安三中学生构成，"玉山帮"目前已掌握的涉案人员中，"80 后"人群即占到 25% 左右。比较贵州省过去破获的黑社会性质组织案件，其形成时间一般较短，人员较少，且多由"两劳"释放人员构成，但涉及公职人员情况不明显，未成年人参与其中表现亦不突出的情况，瓮安县的情况较为特殊。

4. 一定程度上超越了地域限制，向泛区域化发展。"玉山帮"是瓮安第一大帮派，其成立之初，成员多为玉山镇人，后逐渐向外扩展，经过与其他帮派争夺地盘，在县城站稳了脚跟并很快在全县形成影响，近年来开始向周边县份渗透，在湄潭、余庆开设了赌场，并且依托其把持的汽车接待站在广东、广西等地建立分支机构，其影响已超越县域范围并达至省外。这与贵州省过去那些影响限于某一城镇狭小范围的黑社会性质组织相比，具有较大的区别。

5. 具有一定的欺骗性和隐蔽性。瓮安县的帮会组织长期处于公开和半公开状态，但并未引起有关部门的高度重视，其中一个重要的原因就在于其带有一定的欺骗性和隐蔽性。如其涉黑组织头目一般并不直接参与具体的犯罪，而是匿于幕后。在替他人催款讨债中，凭借帮会势力威慑而不是直接采用暴力胁迫。瓮安是一个矿产资源大县，近年来涉黑组织开始涉足这一领域，通过"合法"形式经营矿山，攫取大量金钱，一般不再直接进行犯罪活动。其成员中，有的出于种种目的，竟然混入我党组织内，如"玉山帮""大哥"卢保霖，骨干成员陈建洪、穆志春、冉义明、陈胜龙等，通过不同方式，先后骗取了党员身份。"玉山帮"另一"大哥"韩波，在汶川地震发生后，带领一些帮众捐款捐物，卢保霖还以党员名义缴纳了特殊党费，给外界以虚假印象，博取了社会好感。

6. 涉黑组织出现整合趋势。

事例三：涉黑组织横向联合

2008 年年初，"玉山帮"与"叶八二帮"经过协商，并有两名长期以赌为业的社会闲散人员参与，共同出资 90 万元，在瓮安县城富人区花竹苑筹建商务会所用以聚赌，5 月份资金到位，6 月开始装修，"6·28"事件发生后，涉黑组织受到打击，此事才未得以完成。①

这一事件表明，涉黑组织已开始由争夺地盘街头喋血、划分势力范围明争暗斗转为利益均沾、互相合作。若继续发展下去，其实力将迅速扩张，并最终造成坐大失控的局面。

分析以上特点，可以得出以下认识：瓮安县黑社会性质组织已趋于成熟或已发展到成熟阶段（如"玉山帮"）。根据有关资料显示，当前我国黑恶犯罪呈现四个新趋势：一是涉黑组织社会危害不断加剧，隐蔽性增强；二是黑恶势力经济实力快速扩张；三是黑恶势力政治领域渗透能量日增；

---

① 根据访谈"6·28"专案组打黑组毛明俊组长的内容整理。访谈时间：2008 年 8 月 29 日 11 点，地点：瓮安县县委党校，参加人：调研组成员刘鹏、孙利、褚琰。

四是黑恶势力出现整合、联合苗头。① 从瓮安县的情况来看，当地的黑社会性质组织不同程度的在这四个方面都有表现，在有的方面还相当突出，必须引起高度重视。

三、瓮安县黑社会性质组织的社会影响及危害

（一）形成政府职能替代，严重损害党的执政根基

瓮安县在经济迅速发展的同时，社会矛盾也随之凸显出来。移民搬迁、城建改造、违章建筑拆除、矿群纠纷处理、国企改革改制中侵占国有资产、侵犯群众利益、下岗职工就业等问题时有发生，而政府职能未能有效发挥，暴露出政府执政能力弱，处置不力。由于一些问题得不到及时处理，甚至需要涉黑组织出面解决，为涉黑组织介入提供了伸展空间，并使它们社会影响不断扩大。

事例四：涉黑组织头目协调"讲数"

浙江老板刘××购买玉山一个煤矿，涉黑组织成员以给该煤矿做了前期投入为由，勒索 50 万元。刘××找到玉山镇政府，镇政府把价格降到 20 万元，玉山镇镇长、书记请"玉山帮""大哥"韩波出面协调，最终以 15 万元成交。②

事例五：插手民事纠纷

某国家机关工作人员购买了一辆车，交给汽车租赁公司经营。租车人租赁后将车转给他人驾驶，结果发生交通事故，造成他人损失、自身车辆损害共计 2 万多元。这是一起简单民事纠纷，该工作人员多次向有关部门反映未果，责任人又以生活困难为由拒不赔偿，该工作人员后通过其亲属找到"玉山帮""大哥"韩波。韩波安排手下编造车辆过户手续，虚假卖车协议，制造

① 参见《公安内参》2008 年第 20 期，第 10 页。
② 根据访谈"6·28"专案组打黑组毛明俊组长的内容整理。访谈时间：2008 年 8 月 29 日 11 点，地点：瓮安县委党校，参加人：调研组成员刘鹏、孙利、褚琰。

车辆产权属"玉山帮"的假象。找到责任人后不到 3 天,责任人拿了 1 万元到该工作人员家中,并表示余款两天后还清。①

事例六:"第二法庭"

"玉山帮"大哥熊教勋(又名熊卫国),多次为他人摆平事端,代行个别职能部门职权,当地一些老百姓称其为"第二法庭",其含义不言而喻。②

"一个黑老大比十个公安局长管用","找公二哥不如找黑大哥",社会上的这些说法是有原因的。从民事纠纷到行政许可、行政处罚甚至涉嫌刑事犯罪,当群众通过正常渠道向政府反映情况却无法解决其正当要求时,必然会寻求私力救济,甚至会转向"办事效率高、服务态度好"的涉黑组织寻求帮助。"有事找组织"变成"有事找黑道"。如果说政府工作人员请涉黑组织头目协调"讲数",涉黑组织拥有法院"职能"还只是一种对政府职能的间接替代,那么涉黑组织吸纳基层村干部,帮会成员混入政府职能部门,帮会头目骗取党员身份,力图控制党的基层组织,则表现出了黑社会性质组织直接控制、把持基层组织的趋势。

事例七:村委会主任加入"玉山帮"

涉黑组织利用基层干部谋取利益的心理,吸收基层政权组织重要干部加入其组织。如玉山镇百花村村委会主任胡志发,为从当地矿山开采中获利,直接加入"玉山帮"黑社会性质组织。③

事例八:帮会成员骗取人大代表身份

瓮安县公路管理段职工胡瑞忠,1996 年左右与邓少伦、任帮忠、汪晓春、

① 根据访谈"6·28"专案组打黑组毛明俊组长的内容整理。访谈时间:2008 年 8 月 29 日 11 点,地点:瓮安县县委党校,参加人:调研组成员刘鹏、孙利、褚琰。
② 根据某专案组成员查案过程中了解到的情况整理。
③ 材料来源:"6·28"专案组提供。

张德发、熊教勋等在中坪成立"互助会"（"玉山帮"前身），是 1999 年拜李发芝为大哥的最早的"玉山帮"成员。作为帮会成员，胡瑞忠在工作中利用职务之便为"玉山帮"大开绿灯，放纵该帮把持矿山拉矿车辆超限超载问题不予查处。这期间，胡"成功"当选瓮安县第 15 届人民代表大会代表，并于 2008 年 6 月瓮安事件发生当月加入中国共产党。①

事例九：玉山帮头目混入党组织

玉山帮大哥卢保霖 2003 年 6 月 27 日被玉山镇中火村党支部发展为预备党员，在其关于入党动机的供述中自称"入党就是为了能够当上村干部，这样就做什么事都比较方便了"。②

黑社会性质组织经济方面有一定的保障时，必将涉足政治领域，并力图通过利益代言人使其犯罪活动合法化、公开化。主要表现为局部性地控制和威胁地方政权，实为"第二政府"，这种情况在我国一些地方特别是乡镇、农村表现突出，形成了恶势力、土皇帝，具有极大的反动性和危害性，往往造成基层党政部门瘫痪，形同虚设；向政府机关、特别是向司法机关渗透，以"糖衣炮弹"俘虏公职人员，寻找保护伞；操纵选举，在政府部门培植"代言人"；通过捐资捞取一些民间组织或者行业协会的主席、会长等职务甚至骗取"人大代表"、"政协委员"身份，捞取政治资本。公安部提供给中共中央的报告中就指出，在部分省区，如广东、辽宁与四川的部分县市，黑恶势力已经有相当规模，甚至渗透到政府内部选取"代理人"，协商安排地方政府领导人及人大、政协领导人。③

"千里之堤溃于蚁穴"，国家对此必须高度重视，绝不能坐视基层堡垒从内部被攻破。

（二）腐蚀影响青少年，争夺社会接班人

在瓮安，青少年因各种缘由加入帮会的现象，与贵州省过去破获的黑社

① 材料来源："6·28"专案组提供。
② 材料来源："6·28"专案组提供。
③ 左吴、潮龙起：《黑恶势力"保护伞"的危害及其防治》，载《甘肃社会科学》2005 年第 5 期，第 87 页。

会性质组织案件相比较显得较为突出和特殊。如目前已掌握的"玉山帮"涉案人员中，"80后"人群即占到25%左右，"冷老二帮"中以周吉高为首的第三、第四层次成员均由瓮安三中40余名学生构成，其他帮也有类似情形。这些情况说明，黑恶势力已将黑手伸向了我党事业的接班人。涉黑组织一方面通过大肆发展青少年以壮大自己的实力，另一方面通过青少年的"拼杀"扩大势力范围和影响。通过帮会的违法犯罪行为，对他们进行潜移默化的影响，造成他们价值观、人生观、世界观的取向扭曲，进而影响到其周围的人群。

青少年的整体素质如何，决定着我们民族的前途与命运。如果青少年的教育培养工作做好了，他们就是祖国的接班人，反之，就有可能成为我们事业的掘墓人。因此说青少年是祖国的未来和希望，他们的健康成长，是我们必须高度重视的一项重要工作，是关系到我们的事业千秋万代后继有人的大事，瓮安县所提示的这种潜在的危害性应当引起高度重视和警惕。

（三）导致社会治安恶化，群众严重缺乏安全感

就全国而言，涉黑组织坐大，必然会导致社会治安形势严峻，群众缺乏安全感。瓮安县帮派林立，制贩假钞、涉毒、涉暴犯罪等突出，① 各种社会矛盾尖锐复杂。在对该县的问卷调查中，群众安全感仅为59.3%，低于全省平均水平11.9个百分点，对公安机关的满意度只有67.5%，低于全省平均水平7.1个百分点。截至2007年年底，全县登记在册吸毒人员523人，其中县政府所在地雍阳镇吸毒人员277人，刑释解教人员1029人，艾滋病患者100余人。② 据瓮安县公安局相关数据，2005年至2007年查处治安案件1676起，调解民事纠纷445起；这3年共立刑事案件1895起，破1120起，平均破案率59%。③ 但据瓮安县公安局知情同志介绍，破案率远低于此。2008年上半年，刑事案件立案数高达445起（仅破获136起），"两抢一盗"发案突出。④ 当地流传着"好人散了伙，坏人结了帮，治安搞不好，难以奔小康"的顺口溜，

---

① 据当地群众反映，瓮安县草糖镇在民国时期就有制贩假钞的传统，新中国成立后，这一传统一直保持，打击屡禁不绝。

② 闽政、张玉光：《瓮安事件"必然性"解析》，载《公安内参》2008年第30期，第15页。

③ 材料引自瓮安县公安局：《瓮安县2005—2007年刑事案件、治安案件侦破查处情况》。

④ 引自瓮安县公安局刑侦大队：《历年相关数据统计材料》，2008年8月31日。

以示对社会治安的不满。省委书记石宗源同志在走访时问到治安情况时，一位群众说："我不敢说实话，因为你保护不了我。"①

事例十："玉山帮"炫耀实力

2006年10月，百余名"玉山帮"成员为争夺势力范围，与珠藏镇本地帮会"铜枪会"械斗，"玉山帮"手拖大关刀、钢管等凶器在珠藏镇街上排成四列气势汹汹地行进，炫耀武力。事件发生过程中，两名警察到现场处置，反被"玉山帮"众冲到路边，警察鸣枪仍制止不住。黑恶势力的嚣张气焰可见一斑。②

事例十一：执法人员缺乏安全感

部分政法机关人员反映，他们自身也都缺乏安全感。某公安民警谈道，平时在晚上遇到帮会成员喝醉酒闹事的时候，他们一般情况下是不敢去管的，而是自己绕道而行。某法官反映，他在街头遇到帮会成员与群众发生纠纷，上前劝解双方通过法律渠道找法院解决，一帮会成员气焰嚣张地指着他说："我认识你是法院的，你不要在这里啰嗦。"该法官顿时不敢再言。③

事例十二：学生"教导"老师

某女教师大学毕业分到瓮安县第一中学任教，其学生告诫她，晚上9点

---

① 闽政、张玉光：《瓮安事件"必然性"解析》，载《公安内参》2008年第30期，第15页。

② 根据访谈瓮安县公安局刑侦大队张保康副大队长内容整理。访谈时间：2008年9月1日下午5点30分，地点：瓮安县打黑办，参加人：调研组成员孙利、褚琰。

③ 据调研组成员走访和座谈会材料整理。材料引自2008年8月28日20点30分调研组教育部门座谈会教师代表情况介绍。参加人：吴成军、范大裕、李金国、褚琰、孙利。

以后不要出门，避免"大水冲了龙王庙，一家人不认一家人"。① 其含义有两层，一是涉黑组织已渗透至学校，二是说明治安状况的恶化和社会混乱。

（四）插手经济领域，形成一定垄断

当前我国涉黑组织的主要目标是快速攫取经济利益，对象是高利润、管理薄弱的行业、市场，瓮安县的涉黑组织亦是如此。"邹昭喜帮"的"奋斗"目标——"帮中兄弟互相帮助，共同富裕"，很具有代表性。他们靠暴力、威胁等手段垄断经营，迅速实现资本原始积累，有的已具有很强的经济实力，甚至能够左右个别地方的经济发展。"玉山帮"大哥聂奇超就是以暴力、威胁和其他手段，非法控制了瓮安长途客运业务。矿产资源是瓮安的支柱产业，铁矿、硫铁矿、磷矿、煤矿和稀有金属钼矿、锶矿储存量丰富。各大帮派通过威胁、暴力等方式均控制了大量的矿产资源。

事例十三：涉黑组织垄断部分矿产资源

"邹昭喜帮"大哥邹昭喜个人就拥有数个矿山，而且都有合法手续，个人资产上千万元；"玉山帮"通过占干股、出资购买、收固定保护费、诈骗等方式，控制了四个矿山；"叶八二帮"敛财方式原为开设赌场，2005 年开始在玉华镇开采钼矿，该组织经济基础以两者并重；"刘军帮"开设沙场、碎石厂、开采煤矿、硫铁矿，作为涉黑组织的经济基础。②

瓮安县的黑社会性质组织，已初具操纵某些区域经济的势头。

（五）形成帮会风气

瓮安县有形形色色的各种帮会，部分群众以认识黑老大为荣，不以加入帮会为耻。如"玉山帮"的帮规中，开除出帮是最严厉的处罚，有别于其他地方黑社会性质组织。这种情况说明，部分群众对于帮会有较强的认同感、归属感。从瓮安县帮会成员成分分析，有下岗失业的工人、农民、小商业经

---

① 根据访谈"6·28"专案组打黑组毛明俊组长的内容整理，访谈时间：2008 年 8 月 29 日 11 点，地点：瓮安县县委党校，参加人：调研组成员刘鹏、孙利、褚琰。

② 根据访谈瓮安县公安局刑侦大队副人长张保康的内容整理，访谈时间：2008 年 9 月 1 日 17 点 30 分，地点：瓮安县打黑办，参加人：调研组成员孙利、褚琰。

营者、无业人员和因各种原因辍学的青少年、在校外租住的学生，甚至包括国家机关工作人员，其中大多数参与者的动机是迫于社会治安恶化而寻求庇护。但不容忽视的是，帮会大哥"有钱"、"讲义气"、"势力大"、"有面子"的现实亦是吸引群众，尤其是分辨能力不强的青少年效仿的重要原因。此外，历史上瓮安帮会组织观念的影响，也使得瓮安帮会现象非常普遍，成为社会常态。各种帮派、协会遍布瓮安县，其成员甚至包括妇女和在校学生。据目前统计数据，瓮安黑社会性质组织参与人数已近千人。

四、瓮安黑社会性质组织产生、发展、坐大原因分析

（一）产生原因分析

1. 社会原因

（1）社会结构变迁中的阶层变化为黑社会性质组织滋生提供了条件。社会结构，是指构成社会的基本要素的自然组合状态，如社会的阶层结构、经济结构、文化结构等。随着我国改革开放的深入和发展，社会结构呈现多元化的发展趋势，瓮安县的经济结构由较为稳定的农业经济主导转变为工业经济主导。在这个过程中，大量农业用地被征用，城乡收入差距加大，稳定的农业人口发生变化，农村出现大量无地人口。同时，国有企业改革的深化，大量工人开始下岗。随着瓮安县发现大量矿产资源，吸引了大批官员、外地老板，各社会阶层人员纷纷参与"淘金"，出现了一批新贵阶层。这种社会阶层的剧烈变迁造成了原有社会结构预定的社会功能遭到破坏，产生了功能失调性的社会问题。21 世纪初，瓮安县虽然已出现"玉山帮"、"叶八二帮"、"邹昭喜帮"等，但在此阶段，上述帮会还处于涉黑组织雏形阶段，罪恶不彰。随着社会结构变迁，这些帮会逐渐建立了稳固的经济基础，为黑社会性质组织的生成提供了条件。

事例十四：无序开采政策为涉黑组织提供"商机"

黔南州国土资源局与移民开发局于 2002 年发布"对库区矿产资源实行抢救性开采的通知"，提出要加快对辖区磷矿、硫铁矿、铅锌矿等矿产资源的开采，玉山镇据此大开招商引资和矿业开采之门，无须办理证照，甚至无须开采手续，就可随意开采。帮会势力利用这种千载难逢的商机，依靠暴力、恐吓等手段，吃干股、提供保护抽成、强行承包、收购矿山，并逐渐垄断矿石销售和运输市场，迅速积累了雄厚的经济实力，[①] 由一般的帮会势力或类黑组织发展到黑社会性质组织。

（2）政府失语，公共权力"失范"给黑社会性质组织存在腾出了空间。所谓公共权力，就是人民大众的权力，是人民赋予国家机关行使的权力。行使公共权力的根本目的就是为公众服务、为公众谋权益、对公众负责。相应的，公众就有权利知晓行政机构及公职人员行使职权的具体情况，而行政机构及公职人员也有义务告知公众其行使职权的范围、内容和结果。权力行使公示制度，增强权力行使透明度，是公共行政管理部门必须履行的职责，也是其应尽的义务。公权力的不当行使，会给政府造成严重危机：如政府政务公开力度不够，造成老百姓对国家政策不理解、误解，进而产生新的矛盾，而政务不公开则有可能存在暗箱操作，黑色交易；没有真正落实"执政为民"的理念，唯上不唯下，没有为老百姓谋福利，为老百姓造福，老百姓没有真正得到实惠；对于群众的合理诉求，采取推诿、回避、搁置态度，对社会存在的诸多问题视而不见，沉默不语，不作为；一些部门及其工作人员则千方百计地利用手中的公权力，从事各种实际上的利己活动或乱作为。这些问题在瓮安均有表现，在有的方面则相当突出和尖锐。如此，老百姓"仇官"，政府失信于民进而成为新的社会问题。由于公共权力失范和政府失语，失望的百姓求官无助，便转而寻找其他途径救济。另外，也为黑恶势力借机扩大势力，拓展生存空间提供了条件。

事例十五：投资者寻求黑道"救济"

一些企业主特别是外来投资者为确保人身、财产安全，转而寻求黑恶势力的庇护。县城某沙场业主为确保安全，不惜出重金并携带名烟名酒登门恳求"玉山帮"头目曾清锋到其沙场充当保安。[②]

---

① 引自《瞭望》新闻周刊，载中国新闻网，http://sina.com.cn，2008 年 9 月 18 日 11：30。

② 材料来源："6·28"专案组提供。

事例十六：公共权力"失范"，群众利益受损

2003 年，永和镇后坝村蔡冲煤厂承包商刘仕林与后坝村因承包协议产生纠纷，后坝村诉至法院。经法院判决未能维护村民的合法权益，村民通过正当的途径无法解决，遂采取挖坏通往矿区的自建简易公路等方法阻止承包商继续强行采矿。2004 年 2 月 2 日，刘仕林纠集 80 余人，人人戴白手套，手持马刀、钢管等凶器，与当地村民发生械斗，导致 8 人受伤。事后县政府出面协调，在副县长郑×的主持下，双方就承包底数进行协商，村民要求承包底数每年 15 万，矿主只同意出 11 万，郑×最后说只能出 8 万，村民认为达不到他们的要求，双方协议不成。目前该村 1300 多名村民仍在四处上访。该事件说明，瓮安县相关领导不当行使公权力，损害了群众的利益，也为黑恶势力提供了活动空间。①

事例十七：政府"失语"，职能部门不作为

"叶八二帮"骨干成员黄志敏自 20 世纪 90 年代末期开始在瓮安县城设赌，多年来只被黔南州公安机关查处过两次。十多年中，瓮安当地公安机关没有查处过一次。②

（3）畸形社会需求导致了犯罪市场的产生。瓮安县城内，大街小巷遍布歌舞厅、按摩中心、洗浴中心、赌场、酒吧、典当寄卖行等，农村则普遍存在高利借贷、地下钱庄，这些社会边缘产业多是黑恶势力发展的最初土壤，众多黑恶组织发展正是通过对这些社会管理"灰色地带"的填补和对"地下经济"的操控，捞取了自己的"第一桶金"，积累了组织赖以生存发展的原始资本。

（4）不良社会风气，为黑社会性质组织提供了"养分"。黄、赌、毒等畸形社会需求不仅为黑恶组织借以捞取了原始资本，同时也严重败坏了社会

---

① 根据水和镇后坝村民上访材料整理。
② 材料来源："6·28"专案组提供。

风气。由于相关部门查处不力，使当地人认为黑恶势力"有本事、能耐大"，反而觉得利用这些方式"致富"简便、快捷，从而造成一些人不思正业的怪现象。

事例十八：新农村建设示范点，村民家轮流设赌

雍阳镇云星村朵云村民组是城关镇树立的新农村建设的示范点。"叶八二帮"在该组村民胡忠明家设立赌场，并每天支付200块钱的"场地费"和50块钱的"劳务费"。其他村民见此比自己种地"来钱快"，纷纷找到叶仕章，要求将赌场设置在自己家中，并安排好轮流在各家设赌的时间表，村里则将这种违法行为视为发展本村经济的一种快捷方法。受利益的驱使，村民之间为争夺开设赌场的时间先后、场次多次发生纠纷，甚至亲兄弟反目成仇，村民无心劳作搞生产。[1]

在瓮安，由于社会风气差，关系网复杂，办事难，所以人们普遍希望寻求一定的社会关系网以便有事相互关照。涉黑帮会中的"有大事小事都到场"的帮规，不仅包括打架斗殴，还包括各种社会应酬，人们在办酒时以能有帮会成员尤其是有帮会"老大"到场为最有面子。在当地，各式各样的酒席，[2] 名目众多，甚至还有"阴寿酒"，[3] 均以到场人多，"人气旺"为荣。

在瓮安当地，人们办酒的目的除了追求面子、显示人缘外，还有一个重要原因就是借机敛财。瓮安民间流传着这么一句话："三年不办酒，混都混不走。"其包含两层意思：一是证明自己在当地是否有地位、有面子，二是可以把以前送出的礼钱借此回收，所以很多人以各种名目来办酒敛财。

事例十九：办酒风（一）

搬新居请吃酒是当地一种常见的办酒事由，人们经常被请吃"搬家酒"，可往往吃完后发现，一套新居竟有数家人在借此办"进新房酒"。

---

① 材料来源："6·28"专案组提供。
② 当地人称"办酒"为"过四五"，4加5为9（酒），以避免直接提及吃酒。
③ 所谓"阴寿酒"是指为死者办"生日酒"。

事例二十：办酒风（二）

一乡镇干部，夫妇都在乡镇工作，没有其他收入，这两年来送出了不少礼钱，但自己却没有借口办酒，怎么办？干脆就对外说他们在都匀买房了，请亲朋好友在当地吃"搬家酒"，"先把礼钱捞回来再说"。

为了扭转这种风气，2007年8月3日，县委、县政府联合下文，禁止党政干部以办酒为名进行敛财。这本是净化民风，约束官员的应有举措，但却产生了两个与其初衷完全相悖的结果。一是有相当一部分领导干部在此之前获悉了内情，于是纷纷"抓紧"提前办酒。当此文件在8月3日正式下发后，普通干部和群众恍然大悟，直呼上当。① 二是此文件实际上并未取得预期效果，却使干群矛盾更为尖锐。如今瓮安的办酒之风依然，而缺乏监督查办机制，不具操作性的官样文章却使政府形象进一步受到损害。

2. 经济原因

（1）市场经济引发利益格局调整，给黑恶势力的滋生和发展提供了条件和机会。瓮安县10年前还是传统的农业大县，在改革开放的初期经济相对滞后，人们的生活水平相对较低，经过近年来的经济建设，经济状况有了明显的改观。与此同时，从20世纪90年代中后期开始，改革开放带来的阵痛逐渐表现出来，主要体现在：企业改制引发的纠纷，城市建设拆迁引起的纠纷，移民安置引起的纠纷，在农村为争夺土地、山林、矿藏等产生的纠纷大量出现，有些地方为此发生大规模的械斗或群体性事件。而此时，一些利益主体为达到自己的目的，寻求利益更大化，便采用拉帮结伙，结成一定组织的形式，以便相互支持、保护，维护既得利益，如渔和乡以彭发刚、彭发贵、陈璋为首的村霸、矿霸恶势力团伙等。②

（2）分配方式的重大变化，造成贫富不均的现实，促使黑恶势力犯罪的欲望和能力得以增强。社会主义市场经济的发展，促进了生产力的不断进步，

---

① 根据访谈村民×××内容整理，访谈时间：2008年9月16日19点30分，地点：瓮安县水利宾馆，参加人：调研组成员李金国、杨胜勇。

② 根据访谈瓮安县公安局刑侦大队张保康副大队内容整理。访谈时间：2008年9月1日17点30分，地点：瓮安县打黑办，参加人：调研组成员孙利、褚琰。

同时多种分配方式并存，也使地区之间、产业之间、行业之间、单位之间以及个人之间在分配上拉开了差距。尤其是瓮安丰富的矿产资源的开发，拉大了贫富不均的现实，使得相当一部分人产生了"仇富"心态，并进而转化为对财富的强烈欲望。一部分人"为致富走捷径"，不择手段地攫取钱财，而通过帮会势力可以为他们的敛财之路提供最方便的捷径。"玉山帮"、"邹昭喜帮"、"刘军帮"等涉黑组织大肆染指瓮安的矿产资源就很好地说明了这一点。

3. 文化教育原因

（1）帮会文化的影响。帮会文化是中国传统文化的次文化之一，其文化内容主要表现为三方面：一是拉帮结派的行帮思想，如"哥们义气"、"江湖义气"、"多个朋友多条路"等；二是帮会的行为和道德准则，如"有福同享、有难同当"，"为朋友两肋插刀"，"不反水"（不出卖同伙）等；三是帮派形成的特殊语言（黑话）、"符号"使他们之间有认同感。改革开放后瓮安的经济得到了发展，但由于生产力水平不高，经济发展很不平衡，导致县城流动人口急剧增加，无业人员大量存在，不良社会风气盛行，帮会文化又开始死灰复燃，为黑恶势力的滋生和发展提供了温床。瓮安县遍布大大小小帮会组织十几个，可以说，帮会文化是这些帮会及地下组织存在的文化土壤。

（2）不良文化的传播和引导。不良文化的公开传播对于在文化需求饥渴期而模仿性强、可塑性大的青少年以及缺乏辨识力的农民而言，具有相当的教唆、示范、鼓励作用。尤其是暴力文化（影视暴力、网络暴力、游戏暴力、文学暴力、语言暴力、玩具暴力等）以多种形式出现在我们周围，不断地侵蚀人们的价值观体系。对瓮安县的调研表明，县城中小学生（尤其是住校生及校外租住生）课余时间进网吧现象严重，学校周边网吧较多，经公安机关整治及教师暗查，收效甚微，不良网络文化对学生影响甚大。

（3）信仰危机是形成黑社会性质组织的深层文化原因。商品经济负效应（自私自利、个人主义）的影响，使人们陷入了无法回避的道德困境，出现信仰危机，人们的伦理观念和价值观念发生了很大的变化。在法律与体制不完善的条件下，少数人想趁改革开放中秩序不规范的环境，钻空子，达到暴富的目的。但是，靠合法劳动，难以迅速暴富。因此，他们受帮派、宗派的启发，以历史上的哥们义气为联络精神支柱，组织一定人员，形成势力，成立非法组织。刚开始，组织形式可能是朦胧的，慢慢发展"壮大"，最终形成名副其实的黑社会性质组织。韩波、卢宝霖、李发芝等从最初成立"兄弟会"，到形成"玉山帮"，再经 10 年"奋斗"成为现在瓮安第一大帮会和贵州省"标本性"黑社会性质组织，正是沿循了这一发展轨迹。

（4）中小学教育存在较大的误区。首先，多年来国家提倡素质教育，但现实中仍然是"穿新鞋、走老路"，学校还是严重存在重"智"不重"德"、重"优"不重"劣"现象，成绩代表一切，对差生、可能辍学（由于受到升学率的影响和家庭经济的原因，初中升高中时有将近一半的初中毕业生面临辍学可能）的学生放任自流，冷落、歧视他们，使他们过早流入社会，一些未成年人由混迹社会走向混迹黑社会，为黑恶势力泛滥提供了充裕的人力资源。其次，瓮安县教学质量较好，这是公认的事实，也正因如此，县城里的 4 所中学学生众多，而学校硬件设施跟不上，造成班级过大、老师照顾不周和约 60%~70% 的学生在校外租房，埋下了诸多隐患。再次，学校政治思想教育、感恩教育、法制教育等的缺失或流于形式，使得学生在缺乏正面引导的同时，在帮派文化盛行的社会氛围中和市场经济的侵蚀下，形成错位的价值判断和扭曲的人生观。最后，缺乏心理教育和引导，很多学生由于背负着太多的希望，而当他们遇到困难或挫折时，不知道如何宣泄、解压，一旦达到某一"临界点"，其行为和后果就难以预料。

4. 心理原因

黑社会性质组织生成的心理原因，由两个层次的心理因素构成，其一为组织为首者的心理表现，其二为一般成员的心理表现。

组织为首者的心理表现：

（1）占有欲。占有欲主要是指对财富占有的欲望，即希望通过垄断一定的经济，占有一个行业或一个地区的经济命脉来获取暴利。在瓮安，有的帮会组织垄断矿生意，有的把持长途客运，有的把持娱乐场所等，正是这种欲望的行为外化。

（2）统治欲。所谓统治欲就是要树立自己的最高权威。瓮安县涉黑组织头头要属下称他们为"大哥"，管理上实行"下管一级"的管理模式，帮会内部人员扯皮，各自找自己的大哥，由双方上一层大哥协调解决，低层成员不得越层找大哥，这实际上是要把自己封为尊神而拥有至高无上的地位。黑社会性质组织的大哥这种心理权威性是黑社会性质组织的本质决定的，为首分子必须享有绝对控制权威，目的是保障内部人员行动的一致。

（3）心理凝聚力（黑色精神凝聚力）。涉黑组织内部纪律要求成员们必须听从大哥指挥，服从大哥命令。这种盲目的凝聚力使其成员在帮会集体行动过程中为取得非法利益，敢于赴汤蹈火，在所不辞。往往犯罪活动成功之后，有功者可得到很高奖励或报酬。如"玉山帮"一成员因表现突出被越级提拔为"幺哥"。另外，在黑社会性质组织内部推崇传统的"哥们义气"、"江湖义气"，在思想深处形成精神凝聚支柱。这就是黑社会性质组织较为稳固的凝聚力的心理基础。

一般成员的主要心理表现：

（1）寻求庇护心理。这在个体户中表现明显，对水晶宫发廊老板、博彩美发厅老板的交代材料分析，他们投靠"玉山帮"，就是为了寻求庇护，找靠山，为了在瓮安站住脚。

事例二十一：个体业主寻求帮会庇护

某代培驾校负责人因在瓮安县城开办代培驾校，而"玉山帮"主要成员聂奇超在银盏乡也开办了一家代培驾校，因招生而形成竞争。聂奇超放言要砍掉其手脚，该驾校负责人由于害怕而加入"叶八二帮"，以寻求保护。①

（2）自我表现心理。这在青少年中表现明显，他们认为自己在家庭、学校、社会上得不到承认和重视，而在帮会内部则能够使这种寻求他人重视与承认的心理得到满足。如有的青少年说："加入'玉山帮'后，在街上走起来前呼后拥，很风光，能展示自己。"

（3）"好玩、好奇"心理。这在部分年龄小、涉世不深的少年身上表现明显。他们认为加入帮派组织能称兄道弟，叫大哥好玩，实际是模仿他人行为而加入。

（4）"好面子"心理。他们认为帮会在瓮安有名气：一是成员较多；二是大哥有钱；三是关系较硬。参加后家中遇红白喜事帮中兄弟皆会参加，在街坊邻居中很有面子。

（5）"物欲"满足心理。一方面，青少年没有立业，但却对富足的成年人生活一心向往之；另一方面涉黑组织在某种程度上能够提供这样的经济享

---

① 材料来源："6·28"专案组提供。

受。例如"建喜帮"规定"帮中兄弟要相互帮助，共同富裕"，这很有吸引力。

5. 法律层面原因

目前，我国惩治黑社会性质组织和包庇、纵容黑社会性质组织犯罪的法律体现在刑法第 294 条中，在罪名设定、刑罚设置、执行和证人保护等方面存在较大缺失。在犯罪构成设计上，没有把控制特征作为黑社会性质组织犯罪的本质特征加以突出，罪状描述上突出强调"称霸一方，为非作恶，欺压、残害群众"，致使一些隐藏较深、披着合法外衣、暴力特征不明显的犯罪集团无法以有组织犯罪打击。同时，司法机关对黑社会性质组织的四个特征证据的要求把握不一致，也导致不能满足当前打黑除恶工作的需要。而刑罚轻缓、未规定财产刑等缺陷，使得法律威慑力不足。由于违法成本低，罪刑失衡，很容易使黑恶势力或其保护伞缺乏必要的畏惧感，不惜铤而走险。

（二）瓮安县黑社会性质组织发展、坐大原因

1. 党政领导重视不够，基层政权控制力薄弱

瓮安党政领导片面重视经济效益、政绩工程，忽略了社会治安问题。20 世纪末，瓮安县黑恶势力进入发展阶段，社会治安形势开始恶化。2000 年后，帮会行为愈演愈烈，形形色色的帮会组织遍布瓮安县，社会治安进一步恶化。2000 年年初，全国统一部署"打黑"工作，党政领导依然敷衍塞责，并未实质性开展"打黑除恶"工作。2006 年的县"两会"上，县人大和政协均有代表提出瓮安帮会泛滥导致社会治安差、群众缺乏安全感的议案，仍未引起县委、县政府的重视。①

从当前情况来看，瓮安县社会控制力受到一定的削弱，较为明显地反映在基层政权建设方面，具体表现为基层组织领导选拔缺乏民主性，不注意听取群众的意见和涉黑组织渗透基层组织。

事例二十二："狼窝"与"虎口"

铜锣乡通土坝村村支书赓德均涉嫌犯罪后，上级领导不顾群众反对，强

---

① 根据访谈"6·28"专案组打黑组毛明俊组长的内容整理。访谈时间：2008 年 8 月 29 日 11 点，地点：瓮安县县委党校，参加人：调研组成员刘鹏、孙利、褚琰。

行安排其弟赓××继任村支书。群众评价为"才出狼窝，又入虎口"。①

类似事例参见本报告事例七、八、九。

涉黑组织对基层政权的侵蚀，会导致国家基层政权出现严重变异和退化，如果不能被有效遏制，将加剧社会失序，产生灾难性的社会、政治后果。

犯罪社会学认为，任何一种犯罪现象，背后都有孕育它的社会土壤。瓮安县涉黑组织猖獗，一方面是由于转型期社会结构逐渐分解，基层政权控制力薄弱，为黑社会性质犯罪组织、地方恶势力发育提供了土壤；另一方面，则是政府的不作为。二者互为因果，形成恶性循环，这是瓮安县黑社会性质组织发展、坐大的关键原因。

2. 政法机关对涉黑犯罪认识不足，打击不力

瓮安县公安机关对于"打黑除恶"工作缺乏重视，没有认真地组织过"打黑除恶"的专项斗争。瓮安"6·28"事件之前虽然设置了"打黑办公室"，但负责人由刑侦大队教导员兼任，而不是由领导挂帅，办案人员也只有4人（还需兼职刑侦工作），仅配备面包车一辆，且无专项办案经费。② 打黑专门机构不专职，难以发挥职能作用。

公安机关、人民检察院和人民法院对于涉嫌黑社会性质组织案件，缺乏整体作战意识，没有认识到打黑除恶斗争的重要性、艰巨性，不敢碰硬，没有形成合力。"6·28"事件发生之前，政法机关对黑恶势力犯罪均以"非法持有枪支罪"、"故意伤害罪"等罪名作个案处理，未能从黑社会性质组织犯罪的整体和高度来认识，③ 致使涉黑组织长期存在并滋生蔓延，帮派林立。

除此之外，涉黑组织犯罪手段具有隐蔽性，"软暴力"特点突出。如涉黑组织头目一般并不直接参与具体的犯罪，而是在幕后操纵；在行为方式上通常披上"合法"外衣或借助帮会势力威慑而非直接采用暴力胁迫。这种特点也使得公安机关在收集证据上难度大大增加，客观上形成难以打击的局面。

---

① 根据与村民访谈内容整理。时间：2008年8月31日，地点：瓮安县名豪酒店，参加人：调研组成员李金国、褚琰、孙利。

② 根据访谈瓮安县公安局刑侦大队张保康副人队长内容整理。访谈时间：2008年9月1日17点30分，地点：瓮安县打黑办，参加人：调研组成的孙利、褚琰。

③ 材料引自2008年8月27日20点20分调研组召开瓮安县政法单位座谈会法院代表情况介绍。参加人：刘鹏、李金国、褚琰、孙利。

3. 涉黑组织利用群众寻求庇护心理，拉拢腐蚀青少年，扩大势力

瓮安县治安案件、刑事案件发案居高不下，2002 年至今，年刑事发案数不低于 650 起（这个数字是依立案数推算而来，实际发案数当远高于此）。2007 年，瓮安县城连续发生 4 起爆炸案，至今未能破案。[①] 社会治安状况的极端恶化，导致社会安全感的严重缺失，而社会安全感的缺失，则与涉黑组织的猖獗密切相关。由于政府对此认识不足，相关部门打击不力，一些社会成员便转而寻求涉黑组织庇护，从而促成其进一步坐大，由此形成因果悖论。

据相关资料，绝大多数青少年加入帮派的目的，是没有安全感，避免被人欺侮。瓮安县每年有 6000 多名初中毕业生，但高中、职业中学因教学设施、师资不足，仅能吸收 50% 左右，大量初中生无书可读。另外在学校周围民房有大量学生租住，校园周边社会治安恶化。安全感匮乏是"玉山帮""80后"青少年占到该帮 25% 的重要原因，青少年参与比例高成为瓮安县涉黑组织的一个显著特征；小商业者加入帮派的原因，也是为了自身安全，寻求帮会的保护。如此就陷入了一个恶性循环，缺乏安全感而加入涉黑组织，涉黑组织力量增强；涉黑组织坐大则进一步威胁社会治安，这又会导致更多的人加入涉黑组织，促使其进一步坐大。

4. 涉黑组织出现整合趋势，实力增强，势力坐大

近年来瓮安县涉黑组织开始出现力量整合，整体实力增强，形成进一步坐大的趋势。从表现形式上看，涉黑组织的整合分为横向联合与纵向吸收两种方式（横向联合参见本报告事例三），纵向吸收表现为大帮吞并小帮，小帮依附大帮，帮会成员有交叉隶属不同涉黑组织现象。

事例二十三：涉黑组织纵向融合

已经被打掉的瓮安县玉华乡兰登林、李立章、唐虎江恶势力团伙，该团伙成立于 2007 年 7 月，9 月拜"刘军帮"第二层次的吴次帅（绰号吴老九）为大哥，隶属于"刘军帮"；以龚贤礼为首的"龚老三帮"，龚贤礼又为"叶八二帮"的第二层次人员；郎开金是鸡家帮帮主，下面有 20 多个"兄弟"。郎开金

---

① 材料引自瓮安县公安局刑侦大队：《历年相关数据统计材料》，2008 年 8 月 31 日。

的大哥是"刘军帮"第二层次人员刘光宇,"鸡家帮"则隶属于"刘军帮"。①

瓮安县涉黑组织由内讧争斗到协作发展,交叉整合,出现规模迅速增大、实力大幅增强、能量明显提升势头,从而对社会治安和各种正常社会秩序形成更大威胁。

5. 帮会风气起到"助推"作用

瓮安县解放之前,帮会风气非常盛行,新中国成立以后帮会势力土崩瓦解。近些年来,经济转型期出现的"社会失范",给瓮安帮会文化的复活提供了土壤。在物质化的价值导向下,一些人逐渐形成"有权合法捞,无权不法捞"的心态,认同通过非法、暴力的手段获得财富。对于其中一小部分人来说,涉黑组织甚至成为一种生存状态。从瓮安涉黑组织的成员来看,其中相当一部分来自社会下层,瓮安县原为农业大县,经济基础较差,贫富差距不大,社会矛盾不突出。在经济由农业主导向工矿业主导的转换过程中,由社会资源分配失衡造成贫富差距以及造成此差距的扭曲社会公正原则的机制,使得这些来自社会最底层的群体悲观消沉、愤世嫉俗,很容易聚集成小集团,通过团体方式进行活动,并且产生了"仇富"、"仇警"、"仇官"心理。涉黑组织"有福同享、有难同当"、"共同致富"的帮会理念存在着一定的群众基础,极易取得认同感。在这种社会认知下,同单位中几个人可以结成帮,同种职业也可以形成"协会",林林总总的帮会组织在瓮安县泛滥。因此帮会风气不仅是涉黑组织滋生的文化土壤,而且也是其得以发展、坐大的"助推剂"。

6. 腐蚀、拉拢干部,寻求政治"保护伞"

黑社会性质组织的坐大与干部官员腐败,两者之间是天然的"共生"关系。事实证明,哪里的黑恶势力猖獗,哪里的腐败现象就严重。瓮安黑社会性质组织之所以能形成屡打不掉的局面,往往与权力部门的个人腐败和渎职有密不可分的联系,黑社会性质组织相当一部分拥有一定的权力保护网,利用各种关系和机会拉拢、腐蚀一些权力部门的工作人员,以利于实施犯罪和逃避打击;而一些国家机关工作人员也常为一己私欲,利用职务之便为这些犯罪分子提供保护和支持,甚至与他们互相勾结,从而使其犯罪更加猖獗。

---

① 资料来源:"6·28"专案组介绍。

由于涉黑势力在政府工作人员中寻求"保护伞"，导致执法环境恶化，各种社会关系网变得异常复杂，公安机关打击违法犯罪的阻力加大。贵州省公安厅厅长崔亚东同志指出："对于黑恶势力。当地公安机关虽然多次打击，但就案办案，没有彻底铲草除根，没有深挖保护伞，最终酿成大祸。"① 基层民警反映："我们出去抓赌，10 次有七八次扑空，内部有人通风报信。"②

事例二十四：政治"保护伞"——派出所长"撑伞"

原瓮安县公安局民警杨育平在先后任珠藏镇和中坪镇派出所所长期间，"玉山帮"头目卢宝霖（杨、卢系"干老亲"）、韩波、熊教勋，以及赵毅、刘仕洪、黄元等人在其辖区设立赌场，杨育平不仅纵容赌场经营，从中占"干股"分红，还多次、及时地为韩波、卢宝霖开设的赌场通风报信，以逃避打击。当县公安局接到群众举报要求派出所进行查处时，杨育平先与韩、卢"沟通"，再带领派出所民警到赌场砸啤酒机做样子，对相关人员则采取象征性的罚款了事。③

事例二十五：政治"保护伞"——反渎局长"打伞"

原瓮安县检察院反渎职侵权局局长潘建华，与"玉山帮"老大韩波、卢宝霖、熊教勋等结识后，为了"共同的经济利益"而走到一起。之后，潘建华利用自己的职务之便，"获取"了小河口磷矿，勾结韩波等人共同敲诈勒索个体矿主吴洪科、舒从耀。分别从中获利数十万元。

2002 年 10 月，"玉山帮"成员卢宝霖等人聚众斗殴，为逃避打击，韩波事后找到时任瓮安县旅游局局长的潘建华帮忙，潘建华利用各种关系，使卢宝霖最后只交了 1000 元保证金和一份保证书外，未受到其他任何法律处理。

---

① 闽政、张玉光：《瓮安事件"必然性"解析》，载《公安内参》2008 年第 30 期，第 15 页。

② 资料来源：瓮安县××镇公安民警×××访谈笔录。访谈时间：2008 年 8 月 27 日上午 8：30—11：30，地点：瓮安县名豪酒店 211 室。记录人：李金国、杨胜勇。

③ 资料来源："6·28"专案组提供。

2004 年 4 月 18 日，"玉山帮"成员韩波、熊教勋等人在荔波县某夜总会与人斗殴，时任荔波县旅游局局长的潘建华为其"疏通"，使韩波等人未受法律追究。[①]

事例二十六：涉黑组织"寻伞"

2006 年圣诞节，玉山帮大哥韩波、卢保霖出资邀请瓮安县公安局多名中层干部、民警，到贵阳某夜总会娱乐消费。[②]

7. 滥用警力现象严重，非警务活动使警察职能错位、越位

"警不从警、一警多能"，警察从事与自己职能无关的事务，导致公安机关法律主体地位丧失。非警务活动使警察职能错位、越位，警务活动缺位，导致一些地方警民关系恶化、公安形象受损。长期的警察职责不明与警力滥用，是导致群众冲击公安机关的直接原因。职责不明导致警察长期从事非警务活动，总是处于社会各种矛盾的风口浪尖上。在瓮安，各种矛盾纠纷包括移民、矿群、违章建筑拆迁等，均出动警力，且愈演愈烈。前任公安局局长说："这三类矛盾长期以来没有得到妥善解决，群众的诉求至今没有回应，而一旦发生群体性事件，就把公安机关推上第一线。你说群众对公安机关怎么会有好印象？"[③]基层警察大量参与非警务活动，导致原本匮乏的警力更加不足；由于警力不足，装备有限，公安内部近年来招募大量的协警。协警从事警务活动，代表警察形象，由于没有经过严格的警务技能培训，业务素质普遍较低，有的甚至着制式警服，佩戴警衔，着装不规范，影响警察形象；执法不守法，"吃、拿、卡、要"，欺压群众，纵容黑恶势力，严重影响了警察的声誉。[④]

---

① 资料来源："6·28"专案组提供。

② 根据访谈某派出所所长内容整理，访谈时间：2008 年 9 月 15 日 9 点，地点：瓮安县水电宾馆，参加人：调研组成员刘鹏、孙利、褚琰。

③ 瓮安县公安局前任局长申××感言。闵政、张玉光：《瓮安事件"必然性"解析》，载《公安内参》2008 年第 30 期，第 14 页。

④ 资料来源：瓮安县××镇公安民警×××访谈笔录。访谈时间：2008 年 8 月 27 日上午 8：30—11：30，地点：瓮安县富豪酒店 211 室。参加人：吴成军、李金国等。

　　非警务活动导致警力不足，引起治安、刑事案件发案率高，破案率低，社会治安不好，引起民众对政府的不满。当前我国正处于刑事、治安案件高发期，应该减少公安机关非警务活动，提高破案率，控制发案率，以确保社会稳定。滥用警力，以暴制暴，警察都处在纠纷的第一线，用专政的手段来对待人民群众，其结果是加剧干群关系不和、警民关系紧张和民众与政府的对立。

　　瓮安县前任公安局局长说："这些年，我的工作失误，我从不逃避；但不是我们的问题，我要替公安澄清。"这里所要澄清的问题就是"动辄对群众施以暴力，只会沦为地方政府的'打手'，公安机关便失去了群众基础、失去了权威、为群众所仇恨"。① 在基层，许多地方政府和官员把警察当作看家护院的"治民工具"来使唤。且在警力如此紧张、民警严重超负荷工作的情况下，警察却要参加大量与他们的职责不相干的非警务活动；基层派出所更是"上头千根线，下头一根针"，既分散了精力，造成资源的浪费，也会对社会产生不良的影响。基层警察的非警务活动主要是帮助政府其他职能部门从事计划生育、土地征收征用、房屋拆迁、矿山安全、整脏治乱、调解纠纷、催款追债以及配合工商、烟草、环保、医药等部门执法等，这些事务应当由其他职能部门来完成。

　　警察长期的非警务活动导致警民关系紧张。有群众说："出动警察，政府把我们当敌人。"② 暴力解决问题意识在民众中逐步形成。"当一些政府部门总是用暴力解决问题时，民众也会学习用暴力来满足自身诉求。一位女学生溺水事件终于引爆了一些人的暴力倾向，结果造成了震惊全国的'瓮安事件'。"③ 英国政治家伯克说："罪恶的手段一旦得到宽容，很快就为人民所利用。"暴力让暴力的对象也习得暴力，结果是"以暴制暴"，当初的施暴者甚

---

　　① 《如何拯救"力不从心"的公安机关》，载《公安内参》2008 年第 30 期，第 27~28 页。

　　② 资料来源：瓮安县永和镇后坝村村民蔡××、刘××访谈记录。访谈时间：2008 年 9 月 16 日下午 2：20—3：53，地点：瓮安水电宾馆 201 室。记录人：李金国。

　　③ 《现代快报》载：《暴力是种致命的传染情绪》，参见《公安内参》2008 年第 33 期，第 22 页。在云南孟连县，胶农的合理诉求长期得不到解决，当地政府维护橡胶公司的利益，不惜动用警力。这种暴力处置问题的方式，引起胶农的暴力反弹，胶农用刀对付警察。

至无辜者都难以避免。"以暴制暴",社会无法安宁,"瓮安事件"、"孟连事件"就是明证。① 警察职能的行使不当,"面对公众不满情绪特别是一些较为激烈的行为,不是积极地疏导协调、解决冲突,而是先想到如何对上封锁消息,对下打压,甚至不惜动用警力压制。长远来看,'以暴制暴'的结果往往会引起更大的'暴',造成更大范围、更深程度的社会不满和不稳定"。②

事例二十七:习以为常的非警务活动

根据瓮安县公安局不完全统计,2006 年以来,组织上百人力处置的群体性事件就高达 10 次,其中大部分属于非警务活动。至于规模小、出动警力少的非警务活动根本无法统计,民警们都已习以为常。③ 以瓮安县治安大队治安科为例,2005 年 10 月之该科仅有 3 名民警,始终有一人常年忙于非警务活动。④

事例二十八:警察职能错位,警民关系受损

瓮安县法院为修建办公楼,征用雍阳镇中心村农民的土地,群众认为每平方米 25 元的补偿标准太低,不同意征用,但在县领导的要求下,公安局出动公安和武警 100 多人,把村民团团围住,强行把地里即将成熟的包谷和稻田里新插的稻秧推倒压烂,土地被强行征用,严重侵害了村民的合法权益,也损害了警民关系。

---

① 《现代快报》载:《暴力是种致命的传染情绪》,参见《公安内参》2008 年第 33 期,第 22~23 页。

② 张炜东:《对公众不满情绪影响社会稳定的思考》,载《公安内参》2008 年第 19 期,第 19 页。

③ 材料引自 2008 年 7 月 24 日瓮安县公安局材料:《我局近三年来处置群体性事件情况》。

④ 材料引自 2008 年 7 月 22 日瓮安县公安局治安大队材料:《瓮安县公安局治安管理现状存在问题及下步打算》。

五、对策分析

（一）一般对策分析

1. 社会对策

（1）党委和政府要树立科学的发展观、稳定观，树立正确的政绩观和求真务实的民本观，把构建和谐社会落到实处。第一，和谐社会的首要问题是社会稳定，因此，首先党和政府应以科学的发展观来对待稳定问题，即应以动态、全面、协调的眼光看待稳定，要允许一定程度的社会不稳定，允许群众有宣泄自己不满的途径，正确面对出现的冲突和事件。第二，党和政府应树立正确的政绩观，要把群众满意作为考核任用党政干部的标准。第三，党和政府应把群众利益摆在第一位，尤其是弱势群体的合法权益。第四，政府政务要公开，加大宣传力度，保证信息公开、畅通，自觉接受群众、媒体的监督。第五，政府领导，特别是主要领导要重视，充分认识打黑除恶斗争的重要性、紧迫性、长期性、艰巨性、复杂性，增强忧患意识和处事的预见性。"6·28"事件提醒我们：只要当地有黑恶势力存在，哪怕只是一个起因简单的事件，也容易被黑恶势力插手其中、煽动利用，以此向政府挑衅，造成不可挽回的影响。

（2）发挥基层组织的战斗堡垒作用，加强党风廉政建设。第一，要充分发挥基层组织的战斗堡垒作用，不让黑恶势力有机可乘。管理好辖区内的社会治安问题，配合公安司法机关及时、准确地发现和打击黑社会性质犯罪，将之消灭在萌芽初发阶段。第二，要加强各类基层组织的廉政建设，铲除黑恶势力在基层滋生的土壤。在广大基层管理组织中深入进行反腐败斗争，既要防止基层干部为黑社会性质组织"保驾护航"，又要防止某些基层干部自身堕落为黑社会性质组织的首要分子或骨干成员。杜绝"政治保护伞"现象的再次出现。第三，要加强政法部门的廉政建设。政法机关是反黑斗争的最前沿阵地，也是治理黑恶势力犯罪的主力军。凡是与黑社会性质犯罪有牵连，助纣为虐的政法人员，一经发现，要坚决清理出政法队伍，构成犯罪的，从重处罚。第四，加强党政领导部门的廉政建设，防止身居领导职务的党政官员与涉黑犯罪分子勾结，利用行政手段，个人身份、地位影响干扰司法机关反黑工作，为黑社会性质组织的各种非法政治、经济活动大开绿灯。要充分发挥各级纪检、监察部门和检察机关的监督、检察作用，对与涉黑犯罪分子勾结，包庇纵容其犯罪行为的，一定要严肃处理，绝不姑息，绝不手软。第五，加强各级各类经济职能部门的廉政建设，如银行、计委、工商部门、基建管理部门等，堵塞黑社会性质犯罪向合法经济领域渗透的途径，截断其开辟新的更加隐蔽的经济来源。

2. 经济对策

政府在进行经济改革的同时，由于社会的变革必然会给社会带来不可避免的阵痛，要利用经济、法律等手段解决这些问题，关注民生，尤其是弱势群体的合法利益。主要是：建立合理的分配体系，减少社会摩擦。建立完善的社会保障体系，保障低收入群体的生活稳定，增强人们对主体社会的信任感和依赖感，从而减轻社会压力和社会紧张。实行合理的分配制度，减轻人们的仇视心理，减少社会对立和社会冲突。[1]

（1）不断完善社会保障体系。虽然我国在这方面做了大量的工作，但还存在许多问题，如"管理体制混乱"、"社会保障权利的不平等，城乡差别过大"、"公民的社会保障权利没有健全的法律保障"、"社会保险统筹基金的征收缺乏严格意义上的立法作为最后保证"[2] 等，所以应加快制定相应的法律、行政法规或地方性法规，建立一整套完善的社会保障法律体系。

（2）黑社会性质组织在向经济领域渗透的同时，往往通过各种手段进行"洗钱"，对国家、集体和个人造成巨大的经济损失，严重破坏经济建设和金融市场秩序。他们到手的大笔不义之财通常是通过地下钱庄放贷谋利，利用房产和证券抵押套现，投资办厂、开设饭店、夜总会、游乐场所、利用典当行业进行"洗钱"等，这种情况在瓮安县同样存在。对此，各有关部门尤其是金融机构等部门要积极配合，采取相应措施，发现、掌握和控制其经济活动规律与资金运行，尽一切可能打击、削弱其经济基础，使其失去存在与发展的土壤。

---

① 梁平仁、陈清浦：《黑社会性质犯罪成因及控制体系研究》。资料来源，http://www.studa.net/sifazhidu/061110/1631395.html。

② 何士清：《以人为本与法治政府建设》，中国社会科学出版社 2006 年版，第 211～222 页。

3. 文化对策

犯罪率的高低，往往取决于两个文明的协调发展程度。随着我国改革开放的进一步深化，物质文明有了较大的发展，但精神文明建设相对滞后，因而，预防黑社会性质组织犯罪，应加强、提高精神文明的建设和发展步伐，培养具有美德和善行的社会风气的形成。首先，政府相关部门应加大教育、文化投入，配套并完善文化、体育、教育设施，丰富群众的业余文化生活，培养人们良好的兴趣爱好。其次，通过各种途径，教育、提高公民的道德观念和素养，规范人们行为。再次，学校要"教书"、"育人"两不误，不能片面追求升学率，更要加强学生综合素质的培养和提高。切实落实和加强校园法制教育，不仅使学生对事情的判断有道德标准，还要有法律底线，使学生能够运用法律标准辨别是非。要在学校开设心理辅导课程，学会正确的排解压力。要开展感恩教育和"红色"教育，树立正确的人生观、价值观、世界观，增强道德修养。关注、解决"留守儿童"的教育问题，教师要根据孩子们生理和心理的特点，有效地采取各种措施，做到有的放矢，全面、高效地关注留守儿童的成长。

4. 心理对策

（1）净化社会环境，减少消极刺激源，消除犯罪诱因。个体心理的形成受所处特定社会历史条件制约，黑恶势力犯罪心理的形成亦如此。我国社会处于转型时期，社会转型时期诱发的诸多"病症"，是黑恶势力犯罪滋生的基本原因；传统文化中的宗族、帮会文化是黑恶势力犯罪滋生的文化基础；社会控制机制的某些失范为黑恶势力犯罪滋生提供了客观条件；腐败现象是黑恶势力滋生、发展的重要条件；基层政权组织软弱涣散，为黑恶势力犯罪的滋生提供了空间条件。诸多不良社会环境因素，极大地影响着黑恶势力犯罪心理的形成。因此，心理对策之一，就是不断完善社会功能，净化社会环境，减少消极刺激源，消除犯罪诱因。

（2）塑造健康的人格。黑恶势力犯罪个体往往表现为人格品质的欠缺或变异，如强烈的权力欲、占有欲、脱离客观现实的对财富的无止境和不择手段的追求，实际是在意识因素、需求结构、意志结构等方面未完全社会化，存在价值观错误、道德感缺乏、法制观念淡漠、个人需要脱离社会实际，低级需要占主导地位，精神需要空虚、反动、性格冲动等缺陷。这就要求社会、学校、家庭要互相配合，在教育方式和内容上取长补短，使每一个社会成员形成适应于社会与文化的人格，掌握社会所公认的行为方式。

（3）加强犯罪心理矫正工作。所谓犯罪心理矫正，即采取适当的方法和措施，矫正犯罪心理，使犯罪人改恶从善。对黑恶势力犯罪成员进行心理矫正的目的是消除犯罪人的反社会意识，改变其消极个性品质，重新树立正常的意识结构，接受教化形成正常的人格。黑恶势力犯罪成员大多反社会心理意识深重，道德素质低下，如不刻意消除反社会意识，重返社会后，遇到消极因素与不良情境刺激与影响，必然故态复萌，报复社会，危害严重。所以，在刑罚执行过程中，要加强犯罪心理的矫正工作，以消除他们心理上的反社会意识。

犯罪心理矫正不仅仅是监管部门的任务，也是社会的任务，家庭、学校、单位、公安司法机关都应视犯罪心理矫正为己任，互相配合，以求达到最佳效果。犯罪心理矫正一般是指两个层次：一是处遇制度，二是技术方法。处遇（处理待遇）制度本身的实施，如对犯罪分子的关押、教育、劳动改造等制度的实施，对犯罪人犯罪心理就具有某种影响和矫正作用。为提高犯罪心理矫正工作的效果，亦需要一定的技术方法，如开展心理咨询，加强心理健康教育，采取脱敏训练，厌恶疗法，认知疗法等心理治疗方法，才能矫正其犯罪心理，预防重新犯罪。

5. 法律对策

针对现行法律存在的问题提出以下完善建议：

（1）修改刑法第294条第1款。针对当前黑社会性质组织犯罪所表现出来的"软暴力"特征和"漂白"趋势，有必要对刑法第294条第1款的罪状描述作出修改，重点突出其有组织性和反社会性，相对弱化其暴力性，以适应新形势下打击有组织犯罪的实际需要。

（2）提高相关罪名的法定最高刑。①提高组织、领导、参加黑社会性质组织罪的法定最高刑。根据刑法第294条的规定，"10年有期徒刑"是组织、领导、参加黑社会性质组织罪的最高刑罚，虽有数罪并罚的规定，但在限制加重原则的框架内，20年有期徒刑实际成为黑社会性质组织罪的最高刑。这种相对轻缓的刑罚设置，对于此类危害性极大的犯罪来说，难以收到刑罚的效果。在一些国家，与轻刑化潮流相悖，长期自由刑、生命刑在打击黑社会组织犯罪时普遍适用。我们认为，国内一些学者提出的在现行刑法规定的处罚幅度基础上，增加一个加重条款，即"情节严重的可处10年以上有期徒刑直至死刑"是可行的，有利于严密法网，确保对这类犯罪的打击力度。②提高包庇、纵容黑社会性质组织罪的法定最高刑。国家机关工作人员包庇、纵容黑社会性质组织犯罪，助纣为虐，其社会影响十分恶劣。很多时候，包庇、纵容行为本身比涉黑分子的作恶更令社会难以接受和痛恨。因此在提高黑社会性质组织罪的最高法定刑的同时，也应相应提高包庇、纵容黑社会性质组织罪的法定最高刑。即在刑法第294条第4款的基础上增加刑格，具体可表述为："情节特别严重的，处10年以上有期徒刑或者无期徒刑。"

（3）增设财产刑。追求经济利益是黑社会性质组织犯罪的主要目的，同时经济实力也是黑社会性质组织规模不断坐大的重要条件。将黑社会性质组织的非法财产予以没收或追缴，能斩断黑社会性质组织的经济命脉，从根本上断绝其再生基础。因此，我国刑法对黑社会性质组织犯罪没有设置财产刑，无疑是个重大缺陷。最高人民法院《关于审理黑社会性质组织犯罪的案件具体应用法律若干问题的解释》第7条规定："对黑社会性质的组织和组织、领导、参加黑社会性质组织的犯罪分子聚敛的财物及其收益，以及用于犯罪的工具等，应当依法追缴、没收。"这一规定在某种程度上对刑法条文进行了弥补，但在具体执行时也存在一些问题。譬如，如何认定和查清黑社会性质组织和组织、领导、参加黑社会性质组织的犯罪分子聚敛的财物及其收益？有的国家规定对于重大有组织犯罪的罚金刑，应依照犯罪人财产价值的总额来判处，不限于司法机关查明的犯罪数额；有的国家则规定了举证责任的倒置，以便于调查行为人短期内聚敛起来的巨额财产的来源，在实践中收到了良好的效果。在完善我国黑社会性质组织犯罪财产刑时可资借鉴。

（4）规定特别的侦查措施和证据制度。由于现在涉黑案件呈现了新的发展趋势，给打击此类犯罪增大了侦破难度，与此相适应，应采取相应的手段提高对黑社会性质组织犯罪的侦破能力，如允许更多地使用特殊技术手段。同时，放宽秘密侦查力量在工作中的法律限制。加强对黑社会性质组织的监控、监视能力，扩大侦查权限，诸如窃听电话、监视电子邮件内容、放宽对银行记录进行监视等措施。①

在证据制度方面，除根据黑社会性质组织的特征收集、掌握相关证据外，

① 阮方民、王晓著：《有组织犯罪新论——中国黑社会性质组织犯罪防治研究》，浙江大学出版社2005年版，第120页。

针对黑社会性质组织犯罪的特殊性，在证据认定方面存在一定的难度，对此亦可考虑借鉴国外的举证责任倒置制度。例如，根据参加涉黑组织聚会、仪式等行为即可推定其为黑社会性质组织成员，对于这种法律上的推定只有被推定者的反证才能推翻。再如，放宽证据的审查，不再要求黑社会性质组织的组织者和领导者与该组织或其他成员的具体犯罪行为之间有直接的或密切的因果关系，而只需证明其成员的犯罪行为符合该组织的总体意图，其组织者、领导者就应同时承担刑事责任。

采取特殊的证人制度（强制作证，接纳污点证人、卧底证人，加强对证人的保护）。如规定证人在必要时可以不亲自出庭作证，而采取录音、笔录等形式；证人的姓名、身份、家庭住址、工作单位等个人资料应予保护，公民一旦成为指认黑社会性质组织犯罪的证人，就有权利享受公安机关特殊保护，特别是对卧底证人更要加强保护工作。① 对于污点证人可根据具体情况采取诉辩交易，鼓励其作证等。

（二）特殊对策分析

从对瓮安县黑社会性质组织形成发展的成因分析可以看出，虽然导致其产生的因素在全国范围内具有一定的规律性和普遍性，但有的问题在瓮安显得更为突出，表现出一定的特殊性。针对这些突出问题，需要在以下几个方面进一步提高认识，加大工作力度。

1. 站在必要的高度，深刻认识打黑除恶斗争的重要性和紧迫性，重拳出击，除恶务尽

瓮安县人口 47 万，县城人口不到 7 万，在县城这个弹丸之地，现已查清的黑社会性质组织即达 5 个之多，人数近千人，"黑"患之重，实为罕见。对于这种特殊的情势必须采取强势手段，以彻底铲除瓮安县黑社会性质组织。

打黑除恶决心必须坚决，力度必须足够，否则不足以震慑犯罪分子。若给黑社会性质组织犯罪分子以喘息之机，将导致黑恶势力在瓮安县死灰复燃，进一步危害社会治安，对此必须要有清醒的认识。党委、政府和政法各部门要在充分认识、高度重视当前打黑除恶斗争的重要性和紧迫性的基础上，通过不间断的"严打"专项整治，创造良好的社会环境，推进和谐社会的构建，

---

① 陈宝亚：《论我国黑社会性质组织犯罪的立法完善》，载知识在线网，2007 年 9 月 5 日。

以巩固党的执政根基。

2. 加强基层组织建设，提高社会控制能力

瓮安县涉黑组织的坐大，与基层权力部门"失控"有直接关系。因此，在严厉打击之外，还需要以综合手段，强化基层政权，推进依法行政，完善社会服务，提高社会控制力。

提高社会控制力有两个途径：一方面是加大维稳力度，认识到"群众利益无小事"，改变"五难"① 作风，采取认真、负责、亲民的态度，通过及时化解移民、拆迁、矿群纠纷等矛盾，避免群众怨气累积；另一方面要完善社会福利，加强精神文明建设、文化建设，以及社会教化、道德约束等提高"软实力"的途径，清除瓮安县的不良帮会文化，来积极维持人们对社会规范的认同。二者同等重要，不可偏废。通过这两条途径，化解群众"仇富、仇警、仇官"心理，增强社会安全感，让群众"有事找政府"，遇到困难能得到政府、社会的救助，铲除帮会风气产生的根源。

从现有实践看，运用国家专政力量对涉黑组织进行坚决而深入的打击，是最直接的对策。在中央层面，可借助政治体制优势连续组织专项行动来打击涉黑组织，但在基层，尚需从制度上防范涉黑组织对公权力的渗透。只要政府有所作为，基层政权发挥作用，黑社会性质犯罪组织，绝不可能坐大。正因如此，防范和打击涉黑犯罪不能仅仅局限于政法机关，政府要在转型期切实履行职能，加强基层组织建设，防止公共权力异化，以制度规范权力运行，消除公权力运作过程中，各种游离原则要求轨迹的模糊行政行为，不给私欲的非理性要求留下可乘之隙。

3. 政法机关相互配合、各司其职，形成打击合力

打黑除恶斗争是一项长期艰巨的工作，公安机关与其他相关职能部门要注重形成合力重拳出击，对涉黑犯罪要强调打小打早，露头就打，除恶务尽。形成合力体现于两个层面，一是公安机关内部合力，二是政法部门横向协作。

（1）公安机关自身内部要形成合力。打黑除恶斗争仅仅依靠打黑专业队是远远不够的，瓮安县"6·28"事件之前只有四名刑侦民警兼职打黑工作，"6·28"事件之后，2008 年 7 月 8 日成立了"打黑除恶领导小组办公室"，

---

① 指某些政府机关工作人员"人难找、门难进、话难听、脸难看、事难办"办事作风。

下辖编制 13 人的打黑除恶专业队。虽然有了专门队伍，还必须整合各种力量，公安机关内部要杜绝"各人自扫门前雪"的部门本位主义，各警种要形成内部联动。在打黑除恶专业队、派出所、刑侦、经侦、治安、监管等部门建立横向协作运行机制，实现案件通报、协商制度，及时通报情况信息，联手行动，做到分工不分家，保证工作成效。各派出所、户政部门通过人口管理，积极收集案件线索，对可疑人员逐一上网比对或电话、信函查询；监管部门加强深挖余罪工作，进一步挖掘犯罪线索。交警、刑警、治安、派出所民警加强围追堵截演练，提高快速合成作战能力和出警速度；网监、通信、指挥中心严密网上和监控卡点的监控力度，加大追逃和指挥效率，形成查、追、堵、挖多管齐下的整体作战格局。同时还需强化与外地及上级公安机关的联动。针对瓮安县涉黑组织泛区域化的趋势，应当加强与外地警方，特别是周边县市的联络，开展经常性的情报信息交流，建立打击涉恶犯罪案件的联席会议制度，共同商讨对策，做好区域性警务协作，构建起有效的打黑除恶工作协作网络。

（2）政法机关要形成合力。政法机关要切实加强协作配合，推动打黑除恶长效机制建设。针对瓮安帮会风气严重的现象，公安机关要积极争取党委政府的重视和支持，与法院、检察院、司法行政和纪检监察等部门密切协作配合，不断统一执法思想，建立健全打黑除恶协作机制。瓮安县黑社会性质犯罪组织是从一般的违法犯罪活动起家的，之所以最终发展为黑社会性质犯罪组织，原因之一是当地公、检、法三机关对他们开始的"小打小闹"认识不足，对涉黑犯罪认识不统一，有的认为是普通的刑事案件，有的把帮帮伙伙的相互厮杀，简单地认为是"黑吃黑"、"狗咬狗"。把那些打架斗殴、欺行霸市的行为孤立起来，当作是一般治安案件处理，而未联系起来作全面分析，没有看清其本质和危害的严重性，因而对涉黑组织掉以轻心，麻痹大意。正是在这样的认识下，"玉山帮"、"叶八二帮"、"邹昭喜帮"等涉黑组织逐渐扩张，最终发展为带有黑社会性质的犯罪组织。

打黑除恶斗争应在党委的统一领导下，各政法部门形成打击合力。各政法机关依据所掌握的案件事实与证据，对究竟是否属涉黑犯罪可能会发生分歧，这一点在瓮安县公安局与检察院、法院之间已有体现。特别是到了法院审理阶段，由于证据要求更严，证明标准更高，对于案件出现公诉机关指控的部分犯罪事实证据不足以认定指控罪名，以及发现被告人具有影响定罪量刑重要情节等情况需要核实时，合议庭和承办法官应及时与侦查、公诉机关进行沟通，以便侦查、公诉机关及时补充证据或者提出意见，确保案件审理的质量和效果。要在认定黑社会性质组织犯罪案件的性质、区分黑社会性质组织犯罪和恶势力犯罪案件上统一认识、统一标准，严格执行刑法和司法解释的规定。要采取实事求是的态度，正确理解"宽严相济"的刑事司法政策，对瓮安县的情势有清醒的认识，坚决打击涉黑犯罪，决不能养虎为患。

鉴于瓮安县黑社会性质组织犯罪涉案者众多，青少年参与较为突出，劳教劳改部门需要切实提高教育改造质量，坚决贯彻落实"改造第一、生产第二"和"教育、感化、挽救"的方针，在矫正劳教人员和罪犯的违法犯罪心理结构上下工夫，促使其向良性转化，以防范其重新违法犯罪。1996 年，"邹昭喜帮"主要成员邹昭喜、谢敏蛟等 12 人因犯流氓罪被瓮安县人民法院判处刑罚。自 2000 年起，这些成员陆续刑满释放后，继续纠合实施犯罪，还拓展出"建喜帮"、"徐晓勇帮"两个分支，其帮会势力进一步坐大，更甚于刑罚处罚之前。① 这说明监狱并未有效发挥行刑职能，刑罚功能未能得到充分发挥，应当引起充分重视。

4. 实行"一把手"问责制，确立责任倒查制度

（1）健全党委、政府"一把手"问责制。黑社会性质组织的产生、发展与坐大，与党政一把手不重视有着重要的因果关系。"6·28"事件的发生，与一把手长期忽视瓮安县黑社会性质组织猖獗的状况密切相关。一把手应充分认识到黑恶势力对社会稳定的巨大危害，打黑除恶的目的是为了人民，打黑除恶的方针是依靠人民，打黑除恶的战果要惠及人民。对此，应有相应的制度加以规制，明确"一把手"责任，打黑除恶应当纳入"一把手"工程。一把手在任期内，对于黑恶势力打击不力或放任不管，应当追究其相应责任并制度化，构成"保护伞"的，严格追究刑事责任。

（2）建立公安机关责任倒查制度。为全力打击涉黑犯罪，公安机关应严格实行责任倒查制度。一旦出现涉黑犯罪失控的局面，将严格追究领导及责任部门、责任人的责任，促使其兢兢业业，切实履行工作职责。

一是实行领导责任倒查。凡因领导不力和工作失职，对辖区内黑恶势力熟视无睹，不查不管，致使其坐大成势，形成黑社会性质组织的，应当追究

---

① 资料来源："6·28"专案组提供。

当地公安机关一把手的责任。为避免该制度落空，具体操作层面可明确规定适用溯及既往原则，即使相关领导离任，在其担任公安机关负责人任期内，如有黑社会性质组织存在，并在其离任 3 年内发案，该领导亦应当承担责任。

二是实行摸底排查责任倒查。摸排工作不深不细，留有死角死面，对本地黑恶势力犯罪线索应当发现而没有发现，或者故意瞒报、漏报，或者对群众举报、上级通报的黑恶势力犯罪线索不调查、不核实的，要严肃追究相关警种和部门负责人的责任。

三是实行办案责任倒查。在办理黑恶势力犯罪案件过程中，对群众反映强烈或上级交办及挂牌督办的案件，故意降低案情严重程度，或弄虚作假久拖不查，或徇私枉法，办关系案、人情案、金钱案的，以及在工作中为黑恶犯罪分子通风报信、提供帮助，充当"保护伞"的，视情节依纪依法追究责任。

5. 打黑除恶必须重打"保护伞"

要把严厉打击、彻底铲除黑恶势力的"保护伞"作为打黑关键环节来抓。充当"保护伞"的案件线索，要予以高度重视，并迅速组织专门力量，快查快办。对那些与黑恶势力有牵连、为黑恶势力活动提供便利的，或与黑恶势力串通一气、充当"保护伞"的党员干部特别是领导干部，必须严肃处理。确保查办案件工作取得良好的政治和社会效果。[1]

6. 创造良好执法环境，杜绝非警务活动

根据调研组召开政法机关代表座谈会及从其他渠道了解到的情况，执法环境差是瓮安县公、检、法三机关的共同认识（各地普遍存在这种情况，但在瓮安县尤为突出），公、检、法部门处理涉黑案件，往往会遭到各种各样的干扰，严重影响办案。对此，党政领导要切实支持政法部门，同时政法部门也要坚定自己，排除干扰，依法办案。

公安机关处在打黑除恶的第一线，除了要排除上述干扰之外，必须保证杜绝大量的非警务活动，要进一步强化警察职能，在没有发生严重妨害公务、扰乱治安秩序或刑事案件等情况时，不能随意动用警力，要通过制度化来落实。因此，在进一步落实《人民警察法》中有关警察职责的同时，各地应当

---

① 引自中央纪委常委、监察部副部长王伟在全国继续深化打黑除恶专项斗争电视电话会议上的发言，2008 年 5 月 5 日。

出台规范动用警力的措施，遏制随意动用警力的问题。公安部关于《公安机关处置群体性治安事件的规定》中指出：由公安机关出警直接处置的应当仅限于群体性治安案件，即共同聚众实施的违反国家法律、法规、规章，扰乱社会秩序，危害公共安全，侵害公民人身安全和公私财产安全的行为；而对于那些尚未影响社会治安和公共秩序的集体上访，发生在校园内、单位内部的罢课罢工事件尚未发生行凶伤人或打砸抢行为的，以及由其他人民内部矛盾引起、尚未激化、可以化解的群体性行为都不得动用警力直接处置，更不得使用警械和采取强制措施。

解决这一问题首先在体制上应从"条块结合，以块为主"转向"条块结合，以条（垂直）为主"。当前，可以考虑在省级以下的公安机关实行垂直领导，重点在人事、经费上归口管理。其便于统一指挥、统一协调、统一行动，对群体性事件反应迅速，避免层级障碍；另一方面，在执法中避免地方保护主义的干扰。政府首先要从财政上保证公安机关的经费，包括工资福利、办案经费等，体现"从严治警、从优待警"；其次，应该严格按照法律的规定实施警务活动和执行公务，任何人不能超越法律，让民警从事非警务活动。同时，要提高各级公安民警的素质，加强法治观念，对于非警务活动拒绝执行。

当前，应当制定动用警力的报批制度，这是防止非警务活动发生的有力保障。各级党委、政府要依法行政，支持公安机关依法履行职责，任何组织和个人不得随意指派、调用公安民警从事非警务活动。确因工作需要调用民警的，要通过程序报请批准，确保主要警力、时间、精力用于安全防范和治安管理；对于违反规定滥用警力造成严重后果的，应按规定追究有关领导的责任。

7. 建立涉黑信息情报收集制度，加强对涉黑信息的分析与应用

瓮安县公安机关涉黑情报信息获取能力严重不足。2004 年前，县公安局刑侦大队依靠罚没款支撑，还可物建特勤耳目。2004 年以来至"6·28"事件发生前，实行办案经费包干，刑侦大队 42 人每月经费共计 15000 元，用于开销车辆修理费、汽油费、业务接待费、办公耗材、省内出差费尚捉襟见肘，遑论开销特勤耳目费用。① "6·28"事件发生之后，上级领导高度重视公安

---

① 根据访谈瓮安县刑侦大队副大队长张保康内容整理。时间：2008 年 9 月 25 日 16点 20 分，访谈人：孙利。

机关工作，给予了强有力的经费保障。公安机关要抓住机会，切实做好基层基础工作，建立健全涉黑情报信息收集制度，做到"耳聪目明"。

（1）加强与相关部门协作，拓宽涉黑信息渠道。由于瓮安县涉黑犯罪组织大多开办娱乐场所、饭馆、长途客运汽车接待站、矿产企业等经济实体，从事非法经营活动，存在违反工商行政管理法规和偷税漏税等行为。经常涉足文化娱乐场所、宾馆及其他高档消费场所，有的直接将其作为活动的据点，进行赌博等违法犯罪活动。工商、税务、文化、商业等部门了解它们大量的违法犯罪情况。公安机关要与上述部门建立信息收集制度，加强与工商、税务、文化、商业等部门的协作配合，拓宽涉黑信息渠道。

（2）抓好治安管理工作，树立"情报导侦"理念。在做好治安管理工作的同时，进一步拓宽视野，健全打击涉黑组织的情报信息网络。一方面要注意在日常办案和对特种行业、租赁房屋人员管理、刑嫌调控工作中发现涉黑涉恶势力犯罪线索；另一方面，要组织专门力量主动深入涉黑组织容易涉足的行业、场所开展专项调查、侦控，从中发现一批涉黑犯罪线索。提高发现能力，切实树立"情报导侦"理念，强化对涉黑组织活动情报信息的收集、管理和研判，强化对重点人员的动态管理，及时发现涉黑组织犯罪苗头。

（3）多渠道、多途径发现线索，建立涉黑情报信息库。要善于从群众举报线索中、从普通刑事案件或者治安案件中、从社会信息中、从可疑事件中发现涉黑组织犯罪的蛛丝马迹；通过开通举报电话、举报箱等多种方式获取线索，及时开展调查侦查；劳改劳教部门要切实做好违法犯罪人员的教育改造工作，适时开展狱内侦查；始终保持斗争主动性，广泛物建场所治安耳目、专案特情打入涉黑组织内部，搜集深层次情报，拓展涉黑犯罪情报信息收集渠道。在做好上述工作的基础之上，大力加强涉黑情报信息库的建设，切实提高对涉黑犯罪的打击能力。

8. 建立青少年犯罪防控机制，加强法制教育

对于青少年的教育必须站在培养合格接班人的高度，决不允许学生成为涉黑组织的后备军，对抗社会。

（1）加强法制教育，树立遵纪守法理念。瓮安县许多学生加入涉黑组织，主要是因为法律意识淡薄、法律知识缺乏，有的甚至就是"法盲"。所以，在学校教育中，必须扎扎实实地开展法制教育。第一，要将法制教育课程从思想政治教育课程中分离出来，结合常见多发的未成年人犯罪，对不同年龄的

学生进行针对性的预防犯罪教育。第二，要努力实现法制教师队伍的专业化，积极推进中小学聘请兼职法制副校长或法制辅导员工作。第三，加强法制教育教学的研究，推广先进经验和优秀法制示范课。第四，针对瓮安县帮会风气浓郁现象，重点加强学生对涉黑犯罪的认识。

（2）净化校园周边环境。瓮安县校园周边社会治安状况差，涉黑组织成员寻衅滋事、收保护费、调戏女学生等现象屡见不鲜。在当地，从小学生到高中生，父母接送成为一道独特风景。[①] 近段时间在打黑除恶专项斗争开展过程中，社会治安状况明显改善，但不能懈怠，要切实保障校园周边治安状况良好，避免黑恶势力抬头继续腐蚀侵害青少年。同时要注重校园周边网吧等娱乐场所治理整顿工作，瓮安"6·28"事件发生之前，学校周边网吧泛滥，国家禁止在校园周边设立网吧、游戏厅等相关规定成一纸空文，学生在网吧、游戏厅打架斗殴，出现流血事件屡见不鲜，甚而发生血淋淋的杀人悲剧，必须予以高度重视。

（3）加大教育投入，重视辍学学生、校外租住生和"留守少年"问题。瓮安县是教育大县，历年高考成绩名列黔南州前两名，但是，这种耀眼成绩的背后，是初中升高中近50%淘汰率的残酷现实。这意味着每年有3000多名初中生无法正常升入高中，这部分学生有相当一部分被迫辍学，流失在社会上，极易被涉黑组织腐蚀拉拢，裹入其中。如"6·28"事件中，"叶八二帮"成员李永贵为显示能耐，邀约宋炳成等5名年龄在17~20岁的帮会成员，在事件中煽风点火、推波助澜，起到了极坏的作用。其中李永贵、宋炳成等人均系初中毕业后的辍学学生。[②]

此外，由于学校住宿满足不了学生住校需要，学生在校外租房现象严重，"留守少年"现象普遍。瓮安一中只能满足800余人在校居住，有1700多人要在校外租房；二中只能满足900人住校，1000多人在校外租房；三中共有在校生3442人，而学校只能满足200人住宿。[③] 另据瓮安县关工委统计数据，截至2008年4月，全县"留守儿童"多达10030人。

---

① 材料引自2008年8月28日20点30分调研组教育部门座谈会教师代表情况介绍，参加人：吴成军、范大裕、李金国、褚琰、孙利。

② 材料来源："6·28"专案组提供。

③ 根据访谈瓮安一、二、三中校长整理。访谈人：调研组成员范大裕、杨胜勇，时间：2008年8月27至29日。

针对这些瓮安较为特殊的问题，有必要加强相应工作：

第一，增加教育投入，加强师资力量，扩大办学规模，加大教育基础设施建设。切实保障学生有学可上，避免学生辍学现象发生，满足学生住宿要求，重点解决学生校外租房问题，消除学校管理盲区，不留下黑恶势力腐蚀渗透的空间。

第二，加强对"留守少年"的常规管理和教育工作。充分利用学校现有资源，通过集中力量办好寄宿学校、选派"留守少年"心理辅导员、建立"爱心帮扶"小组等方式解决好"留守少年"问题。

六、结语

通过本文对瓮安"6·28"事件的犯罪学思考，可以作出以下分析：

第一，与贵州省过去发生的黑社会性质组织案件相比，瓮安地区黑社会性质组织无论在存续时间、参与人数、经济实力以及内部组织结构严密程度等方面，都有了很大的发展，而且活动范围在一定程度上突破了地域限制，向泛区域化发展，尤其是涉黑组织相互间已经出现整合趋势。一个值得思考的现象是，当地的黑社会性质组织，发展到后期，其暴力性特征已渐弱化，而"软暴力"倾向表现明显，特别是一些涉黑组织头目，已开始通过涉足"正当行业"，进行"漂白"。我们认为，由这种"软暴力"和"漂白"行为所显示出来的隐蔽性和欺骗性，正好说明了黑社会性质组织已走向成熟发展阶段。

结论：瓮安地区黑社会性质组织已趋于成熟或已发展到成熟阶段。其中，瓮安县第一大帮会"玉山帮"，在法律特征、组织特点、行为方式和发展趋势等方面表现最为典型，其成型化和成熟程度均超过其他帮会以及贵州省过去已查处的涉黑组织，堪称"标本性"黑社会性质组织。

第二，关于瓮安"6·28"事件的发生与黑社会性质组织的关系。通过调研组在当地一个多月的调研，截至目前尚未见到涉黑组织或其头目以"组织"的形式组织、策划、煽动或直接参与"6·28"事件的相关证据材料。但是，这并不表明二者间不具有任何联系。事实上帮会成员"自发"参加聚众冲击和打、砸、抢、烧的并不在少数，而相当的人都是为了在帮中"兄弟"和"大哥"面前"露脸"，在社会上显示能耐，帮会影响显而易见。更为重要的是，瓮安长期存在的社会治安状况恶化，群众严重缺乏安全感，与黑恶势力猖獗有直接的联系。而安全感的缺失，又促使群众对政府和公安机关产生不满，当不满情绪积蓄到某种临界点时，势必通过一定方式向外宣泄。众多"6·28"事件的参与者中，不少人在被问及为何参与时，都明确地表达了由于安全感的缺失而对政府和公安机关产生的怨气。这表明，黑恶势力肆虐是导致"6·28"事件产生的诸多因素中，非常重要的一个方面，二者间具有十分密切的联系。

结论：黑社会性质组织的存在与猖獗，是瓮安"6·28"事件产生的重要原因。

习水 "8·15" 案的刑事法分析[*]

习水县人民法院于 2009 年 4 月 8 日对被告人袁××容留、介绍卖淫，冯××、母××、陈×、冯×、李××、陈××、黄××嫖宿幼女一案进行了开庭审理。在庭审过程中，习水县人民检察院发现案件事实和证据发生了新的变化，于 2009 年 4 月 21 日依法将全案撤回补充侦查。经过公安机关补充侦查，根据全案的事实和证据，习水县人民检察院认为袁××的行为涉嫌强迫卖淫犯罪且情节特别严重，可能判处无期徒刑或无期徒刑以上刑罚。故以被告人袁××涉嫌强迫卖淫犯罪，被告人冯××等涉嫌嫖宿幼女犯罪，报送遵义市人民检察院审查起诉。① 对于本案，在罪名认定和诉讼程序方面都存在不同看法。对本案的定性，争论焦点主要集中在被告人冯××等人构成强奸罪还是嫖宿幼女罪。② 在程序方面，主要是对习水县人民检察院在庭审过程中主动撤案、补充侦查后报送上级人民检察院审查起诉的做法还存在争议，甚至有人认为司法机关是因为舆论压力才退回补充侦查、提级审理等。③ 基于此，笔者以目前披露的案件事实为基础，根据《中华人民共和国刑法》、《中华人民共和国刑事诉讼

---

  * 与王占洲合著，原载《贵州警官职业学院学报》2009 年第 3 期。

  ① 《检方解释贵州习水性侵幼女案提级审理原因》，载新浪网新闻中心（http://www.sina.com.cn，2009 年 5 月 18 日 11：55，正义网—检察日报）。

  ② 《贵州习水 8·15 公务员嫖宿幼女案受害对象受胁迫 嫖宿一说受质疑》，载高中生网（http://www.gzs.cn/html/2009/4/11/135462-0.html）。《贵州习水嫖宿幼女案提级审理起诉罪名成焦点》，载中国新闻网（http://www.chinanews.com.cn/gn/news/2009/05-18/1696323.shtml）。

  ③ 《贵州习水"嫖宿幼女案"提级审理》，载财经网（http://www.caijing.com.cn/2009-05-18/110167966.html）。《贵州习水县嫖宿幼女案争议四起》，载搜狐新闻（http://news.sohu.com/s2009/piaosuyounv090409/）。

法》等刑事法律法规和司法解释对本案中引起争议的相关问题作出分析。

一、习水"8·15"案的刑法分析

部分网友认为，习水县人民检察院和遵义市人民检察院对被告人冯××等人的行为定性不准，认为其行为不应构成嫖宿幼女罪而应构成强奸罪（奸淫幼女），并认为只有如此才更有利于对幼女的保护和对涉案官员的打击。① 还有人认为，设立嫖宿幼女罪既欠缺法理基础，实际效果也不好，建议应将嫖宿幼女罪废止。② 从道义上讲，笔者不仅同样痛恨涉案官员的无耻也支持上述这些观点，这些观点基于对幼女的保护都有很客观的理由，而且强奸罪与嫖宿幼女罪的并立在法理上也确是个非常值得商榷的问题。但在通过刑法修正案废止嫖宿幼女罪之前，还必须尊重现行刑法的权威性，必须依照现行刑法的规定定罪量刑。也即对刑事案件的处理固然需要考虑到社会效果，但认定罪名最关键的根据还是全案犯罪事实所符合的现行刑法规定的犯罪构成，因而，笔者在此处对本案定性的分析仅是基于现行刑法和司法解释所作的纯技术分析。

（一）强奸罪与嫖宿幼女罪的区别

根据《中华人民共和国刑法》之规定，强奸罪包括两种类型：一类是普通强奸，即违背妇女意志，使用暴力、胁迫或者其他手段，强行与妇女发生性关系的行为；另一类是奸淫幼女，即奸淫不满 14 周岁的幼女的，以强奸

---

① 《到底是"嫖宿"还是"强奸"?》，载搜狐新闻（http://news.sohu.com/s2009/piaosuyounv090409/）。

② 见《中国妇女报》2003 年 4 月 10 日，《人民政协报》2009 年 4 月 20 日第 B04 版。

论，从重处罚。①。嫖宿幼女罪，是指嫖宿不满14周岁的幼女的行为。② 强奸罪（奸淫幼女）与嫖宿幼女罪具有一定的相似性，因为两罪在客观方面都表现为行为人与不满14周岁的幼女发生性行为。故而，笔者主要讨论强奸罪（奸淫幼女）与嫖宿幼女罪的区别。从犯罪构成上看，两者主要有以下区别：

1. 两者侵犯的犯罪客体不同

强奸罪（奸淫幼女）侵犯的客体是幼女的身心健康权利，具体而言就是幼女的身体和精神正常发育和健康成长的权利。嫖宿幼女罪侵犯的客体是良好的社会道德风尚和幼女的身心健康权利。③

2. 两者的客观表现不同

两者在客观方面的区别主要表现在是否存在卖淫行为。

强奸罪（奸淫幼女）在客观方面表现为与不满14周岁的幼女发生性关系的行为。由于幼女身心发育不成熟，缺乏辨别是非的能力，不理解性行为的后果和意义，也没有抗拒能力，因此，除非法律特别规定（如嫖宿幼女罪），否则不论行为人采用什么手段，也不论幼女是否愿意或者外表是否发育成熟，只要与幼女发生性关系，就构成强奸罪（奸淫幼女）。嫖宿幼女罪在客观方面表现为嫖宿不满14周岁的幼女的行为，即行为人以金钱或者其他财物为代价与卖淫的幼女发生性行为。这是在幼女主动、自愿、被迫或者基于某种原因

---

① 《刑法》第236条：以暴力、胁迫或者其他手段强奸妇女的，处三年以上十年以下有期徒刑。

奸淫不满十四周岁的幼女的，以强奸论，从重处罚。

强奸妇女、奸淫幼女，有下列情形之一的，处十年以上有期徒刑、无期徒刑或者死刑：

（一）强奸妇女、奸淫幼女情节恶劣的；

（二）强奸妇女、奸淫幼女多人的；

（三）在公共场所当众强奸妇女的；

（四）二人以上轮奸的；

（五）致使被害人重伤、死亡或者造成其他严重后果的。

② 《刑法》第360条：明知自己患有梅毒、淋病等严重性病卖淫、嫖娼的，处五年以下有期徒刑、拘役或者管制，并处罚金。嫖宿不满十四周岁的幼女的，处五年以上有期徒刑，并处罚金。

③ 马克昌主编：《刑法学》，高等教育出版社2003年版，第635页。

正在从事卖淫活动的情况下，行为人明知卖淫者为幼女而进行的嫖宿行为。①
需要注意的是幼女在嫖宿行为当时的态度起到决定性作用，即使幼女此前受
到强迫卖淫者的胁迫或基于其他原因而同意卖淫，但只要幼女此时不同意卖
淫，即其态度是明确的反对甚至抗拒，则表明幼女此时并没有从事卖淫，如
行为人使用欺骗、暴力、胁迫等手段与之发生性关系的，则应当成立强奸罪。

3. 两者的主观方面也有区别

两者在主观方面的区别主要表现在行为人是否明知卖淫行为。

强奸罪（奸淫幼女）在主观方面表现为故意，即行为明知对方是幼女而
故意实施奸淫行为。明知包括知道对方是幼女和应当知道对方是幼女，在此
基础上决意实施奸淫行为，就具备了强奸罪（奸淫幼女）的主观要件。嫖宿
幼女罪在主观方面也表现为故意，即明知卖淫者是幼女而进行嫖宿的行为。
其明知内容包括两方面：一方面是明知对方是卖淫者，也即行为人在实施行
为之前已经与对方就卖淫嫖宿达成了意思表示的合意。该项合意是构成嫖宿
幼女罪的必要前提，如果没有认识到对方是卖淫者，仅仅认识到对方是幼女
而与之发生性行为，则应按强奸罪（奸淫幼女）处理。而且该项合意也并非
只要达成就必然导致嫖宿幼女罪，只要在行为实施之前幼女改变意思表示不
再同意嫖宿，而行为人继续使用欺骗、暴力、胁迫等手段与之发生性行为的，
也应成立强奸罪（奸淫幼女）。另一方面是明知卖淫者是幼女，《最高人民检
察院关于构成嫖宿幼女罪主观上是否需要具备明知要件的解释》将此具体规
定为"行为人知道被害人是或者可能是不满十四周岁幼女"。② "行为人知道
被害人是不满十四周岁幼女"，是指行为人作为嫖客，明确知道被嫖宿的对象
是幼女。这里只要求行为人知道被嫖宿对象是幼女，对知道的具体途径没有
特殊限制，可以是卖淫幼女告诉的，可以是介绍卖淫者或其他人告诉的，也
可能是行为人本来就知道的等，均不影响犯罪的成立。"行为人知道被害人可
能是不满十四周岁幼女"，是指行为人根据被嫖宿对象的实际情况或其他原因
认识到其可能是幼女。对行为人认识的方式也没有特殊限制，通常是行为人

---

① 张明楷著：《刑法学》，法律出版社 2003 年版，第 888 页。

② 《最高人民检察院关于构成嫖宿幼女罪主观上是否需要具备明知要件的解释》规
定："行为人知道被害人是或者可能是不满十四周岁幼女而嫖宿的，适用《刑法》第三百
六十条第二款的规定，以嫖宿幼女罪追究刑事责任。"

通过观察对方的生理特征发现的，也可能是介绍卖淫者或其他人告诉行为人的。不论何种情况，也均不影响犯罪的构成。[①]

4. 两者的犯罪主体不同

两者都是自然人犯罪主体，但承担刑事责任的年龄起点不同。

强奸罪（奸淫幼女）的犯罪主体是已满 14 周岁具有辨认控制能力的自然人。而嫖宿幼女罪的犯罪主体是已满 16 周岁具有辨认控制能力的自然人。只要符合上述条件，行为人是何职业、是何身份均不影响犯罪的构成。

（二）本案被告人冯××等人的行为符合嫖宿幼女罪的犯罪构成

1. 从犯罪客体上看

本案被告人冯××等人的行为侵犯了良好的社会道德风尚和幼女的身心健康权利。对此有些人不太理解，认为同样是与幼女发生性关系的行为，有的人是只侵犯幼女的身心健康权利，为什么被告人冯××等人却是主要侵犯了良好的社会道德风尚？是否受其身份的影响？等等。笔者认为，这种顾虑是不必要的，因为这种现象是基于法律规定而存在的，同样的危害行为受到不同外界因素影响时，其侵犯的犯罪客体就会产生差别。这在刑法上是较普遍的现象，如故意杀人行为，当其单独存在时其侵犯的是公民的生命权利应定故意杀人罪；当其存在于抢劫过程中时，如行为人在以暴力方法实施抢劫过程中故意致被害人死亡，其侵犯的客体就包括公私财产所有权和公民的生命权利，主要客体是公私财产所有权，对其应当认定抢劫罪（致人死亡）；而当其存在特殊防卫过程中时，如对正在进行行凶、杀人、抢劫、强奸、绑架以及其他严重危及人身安全的暴力犯罪，采取防卫行为，造成不法侵害人伤亡的，不负刑事责任。与幼女发生性关系的行为可能侵犯不同客体也属正常情况，当其单独存在时，其侵犯的只是幼女的身心健康权利；但当其与幼女的卖淫行为共同存在时，其就不仅侵犯了幼女的身心健康权利，更主要的是侵犯了良好的社会道德风尚，基于社会整体利益高于个人或特定群体利益的价值取向，立法机关将良好的社会道德风尚确定为嫖宿幼女罪侵犯的主要客体，也因此将嫖宿幼女罪放在了危害社会管理秩序罪一章中。

[①] 林立军：《对嫖宿幼女罪主观上的明知应如何认识》，载《检察实践》2005 年第 2 期。

2. 从犯罪客观方面看

本案被告人冯××等人实施了嫖宿不满 14 周岁的幼女的行为，其以金钱或者其他财物为代价与卖淫的幼女发生性行为。有些人认为，在本案中涉案幼女的行为不属于卖淫行为，被告人冯××等人的行为不符合嫖宿幼女罪的客观要件，理由有：一方面，涉案幼女均不满 14 周岁，不仅身心发育不成熟且缺乏辨别是非的能力，更不理解性行为的后果和意义，不具有性行为的决断能力，故其不可能实施卖淫行为；另一方面，涉案幼女并非为了金钱或财物自愿出卖身体，而是在受到"打毒针、拍裸照、殴打"等手段胁迫后才被迫就范，显然不能认定为卖淫幼女。① 笔者认为上述两方面理由均有片面之嫌，以下分别讨论。

首先，理由一试图完全否定幼女与卖淫行为之间的联系，笔者认为其虽注意到相关法律法规对该种行为性质的规定，但忽略了该种行为作为事实在社会实践中的客观存在。如果仅仅从法律行为的角度看，幼女当然不能成立卖淫行为的主体。根据《中华人民共和国治安管理处罚法》第 66 条之规定，② 卖淫行为是达到责任年龄具有责任能力的自然人为了获取一定数量的钱财故意与不特定的他人发生性关系的行为。而治安管理违法行为的责任年龄为已满 14 周岁，③ 涉案幼女均未达到该责任年龄，其当然不可能构成法律层面的卖淫行为。从这个意义上讲，的确可以否定幼女与卖淫行为之间的联系。但如果从事实行为的角度看，就不能简单否定这种行为的存在。当某个特定的幼女在特定的时间、地点、为获取钱财与特定的嫖客达成了性交易的合意、并基于此合意实施了具体的性交易行为时，幼女卖淫作为事实行为就已经客观存在了。据目前多家媒体的报道，嫖宿幼女行为并不只存在于本案中，也不只存在于贵州省习水县，其他省市也有发生，某些地方人民法院甚至已经

---

① 《习水嫖宿幼女案受害对象受胁迫 嫖宿一说受质疑》，载搜狐新闻（http://news.sohu.com/20090411/n263323858.shtml）。

② 第 66 条：卖淫、嫖娼的，处十日以上十五日以下拘留，可以并处五千元以下罚款；情节较轻的，处五日以下拘留或者五百元以下罚款。在公共场所拉客招嫖的，处五日以下拘留或者五百元以下罚款。

③ 第 12 条：已满十四周岁不满十八周岁的人违反治安管理的，从轻或者减轻处罚；不满十四周岁的人违反治安管理的，不予处罚，但是应当责令其监护人严加管教。

判处过嫖宿幼女犯罪（包括政府官员的嫖宿幼女犯罪）。[①] 可以说某些幼女与嫖客之间的性交易已经在社会生活中客观存在，尽管是让所有善良的人感到痛心的客观存在，但其一旦发生就不可能只以人的主观意志而改变。因此，从事实层面上讲，不能绝对否定幼女与卖淫行为之间的联系。这种法律行为与事实行为的分离在对未成年人行为的考察中是较为普遍的现象，如不满14周岁的幼女甲故意杀死乙，尽管基于刑法对刑事责任年龄的规定该行为不能构成故意杀人罪，但甲实施故意杀人行为导致乙死亡的这一事实毕竟还是客观存在的，不可能仅以人的主观意志就否定其存在，更不可能因为不构成犯罪就赋予其合法性。在此还需要注意的是，根据《中华人民共和国治安管理处罚法》之规定，嫖娼行为是指达到责任年龄具有责任能力的自然人支付一定数量的钱财以换取与不特定他人发生性关系的行为。行为人针对幼女实施此行为与嫖宿幼女行为一样，都不以法律意义上的幼女卖淫行为作为必要前提，只要存在事实层面的幼女卖淫行为就足以构成。明知对方是幼女的构成嫖宿幼女罪，应当追究刑事责任；不明知对方是幼女的构成嫖娼行为，应当给予治安处罚。

其次，理由二试图以幼女所受到的胁迫来排除嫖宿行为。笔者认为，其虽注意到了非正常性行为中胁迫对定性的影响，但忽略了胁迫并非必然导致强奸罪，实施胁迫的行为人不同、发生胁迫的具体场合不同也会对定性产生不同的影响，也未注意该胁迫行为是否被告人冯××等人实施的行为，故而出现罪名认识的偏差。在本案中，如果是被告人冯××等人以欺骗、引诱或强迫手段对非卖淫的幼女实施奸淫，则其当然构成强奸罪；但如果幼女是被被告人袁××等人（而非被告人冯××等人）强迫卖淫，则并不要求区分幼女实施卖淫行为的主动性或被动性，只要求客观上存在卖淫（交易）行为即可。也就是说，即使幼女是在被告人袁××等人胁迫下不得已卖淫，只要被告人冯××等人与其没有形成共同犯罪行为——授意被告人袁××等人强迫幼女向自己卖淫，而且在交易时幼女同意嫖宿行为或者没有明确的拒绝或反抗行为，那么其与卖淫幼女发生性关系的行为就符合嫖宿幼女罪的客观要件。根据目前披露的

---

① 《浙江爆出人大代表嫖宿幼女案》，载 http://www.sina.com.cn/2009-04-18/16:35. 大河网—河南商报；《宜宾官员嫖宿幼女案处理妥当么》，载 http://www.acla.org.cn/pages/2009-5-15/s51876.html。

案件事实看，并无证据表明被告人冯××等人授意或参与强迫，那么在客观上存在性交易的情况下，其行为符合嫖宿幼女罪的客观要件。

3. 从犯罪主观方面看

本案被告人冯××等人是基于主观故意实施的嫖宿幼女行为，即明知嫖宿的对象是不满 14 周岁的幼女，仍然对其实施嫖宿行为。根据目前披露的案件事实看，被告人冯××等人通过被告人袁××等人的介绍实施嫖宿行为，也即在事前就已经对嫖宿对象的基本情况有所了解，既明知对方是卖淫者，也明知卖淫者是幼女，甚至有的被告人还主动要求介绍人提供幼女卖淫者。① 基于此，笔者认为被告人冯××等人的行为符合嫖宿幼女罪的主观要件。但如个别媒体发布的情况属实——"据当时的受害女孩 13 岁的李某回忆道，当时她面对嫖客的动手动脚时，都吓得不知所措，而且被强迫进行那个事时，她哭求，反抗，也无济于事，这些可以当她爷爷辈和父亲辈的人，露出了狰狞的嘴脸，强行对她进行了性侵犯！"② 则被告人的行为肯定不符合嫖宿幼女罪的主观要件，因为被告人在与幼女发生性行为之前已经认识到幼女对性行为的否定态度，依然违背其意志强行对其进行了性侵犯，此种行为只能构成强奸罪（奸淫幼女）。

4. 从犯罪主体方面看

嫖宿幼女罪的犯罪主体是已满 16 周岁具有辨认控制能力的自然人。而本案被告人冯××等人均为正常成年人，完全符合嫖宿幼女罪的犯罪主体要件。

综上，笔者认为本案被告人冯××等人的行为完全符合嫖宿幼女罪的犯罪构成，应当认定为嫖宿幼女罪。

二、习水"8·15"案的刑事诉讼法分析

（一）习水县人民检察院应当在法庭审理过程中要求补充侦查

笔者认为，习水县人民检察院在法庭审理过程中要求补充侦查，是根据

---

① 《贵州习水嫖幼案追踪与深思》，载中国期刊网（http://www.chinaqking.com/fl/2009/32643_2.html）。引自中青在线——中国青年报 2009 年 4 月 9 日 8：10。

② 《热帖：干部嫖宿幼女　受害女童背上"无期徒刑"》，载人民网（http://edu.people.com.cn/GB/8216/37769/9119883.html）。

案件审理的需要，依法行使其诉讼权利。理由如下：

1. 习水县人民检察院有权在法庭审理的过程中要求补充侦查

补充侦查，是指公安机关或人民检察院依照法定程序，在原有侦查工作的基础上，就案件中的部分事实、情况重新进行侦查的诉讼活动。① 根据补充侦查发生阶段的不同，可将其分为审查批捕阶段的补充侦查、审查起诉阶段的补充侦查和法庭审理阶段的补充侦查。本案所涉及的就是法庭审理阶段的补充侦查。根据《中华人民共和国刑事诉讼法》第 165 条②之规定，在法庭审理过程中检察人员发现提起公诉的案件需要补充侦查时，可要求法庭延期审理以开展补充侦查工作。据此，习水县人民检察院有权在法庭审理过程中要求补充侦查。

2. 习水县人民检察院有必要在法庭审理过程中要求补充侦查

根据《人民检察院刑事诉讼规则（修正）》第 384 条③之规定，在法庭审理过程中发现事实不清、证据不足，或者遗漏罪行、遗漏同案犯罪嫌疑人，需要补充侦查或者补充提供证据的，公诉人应当要求法庭延期审理。也可以说在这种情况下，要求法庭延期审理以开展补充侦查也是检察机关的一项法定义务。在 4 月 8 日的庭审过程中，习水县人民检察院的公诉人员发现案件事实和证据出现了新的变化，也即在法庭调查中发现了证明被告人袁××涉嫌实施强迫卖淫犯罪的相关证据，这与原来起诉的容留、介绍卖淫犯罪存在明

---

① 樊崇义主编：《刑事诉讼法学》，中国政法大学出版社 1999 年版，第 291 页。

② 第 165 条：在法庭审判过程中，遇有下列情形之一，影响审判进行的，可以延期审理：

（一）需要通知新的证人到庭，调取新的物证，重新鉴定或者勘验的；

（二）检察人员发现提起公诉的案件需要补充侦查，提出建议的；

（三）由于当事人申请回避而不能进行审判的。

③ 第 384 条：法庭审理过程中遇有下列情形之一的，公诉人应当要求法庭延期审理：

（一）发现事实不清、证据不足，或者遗漏罪行、遗漏同案犯罪嫌疑人，需要补充侦查或者补充提供证据的；

（二）发现遗漏罪行或者遗漏同案犯罪嫌疑人，虽不需要补充侦查和补充提供证据，但需要提出追加或者变更起诉的；

（三）需要通知开庭前未向人民法院提供名单的证人、鉴定人或者经人民法院通知而未到庭的证人出庭陈述的。

显区别。为了取得确实、充分的证据，客观真实地反映案件事实，从而保证人民法院对袁××等被告人作出公正的判决，习水县人民检察院有必要在法庭审理过程中要求补充侦查。

（二）本案中关于习水县人民检察院撤回起诉的提法不准确

相当多的资料称习水县人民检察院撤回起诉，笔者认为这种提法是不准确的，习水县人民检察院并未撤回起诉而只是将案件移送有管辖权的人民检察院审查起诉。理由如下：

1. 在公诉案件审理中撤回起诉是具有特定内涵的诉讼活动

撤回起诉，是指人民检察院在案件提起公诉后、人民法院作出判决前，因出现一定法定事由，决定对提起公诉的全部或者部分被告人撤回处理的诉讼活动。①《中华人民共和国刑事诉讼法》中尚无关于撤回起诉的明确规定。②《人民检察院刑事诉讼规则（修正）》第 351 条规定了撤回起诉的三类法定事由，即发现不存在犯罪事实、犯罪事实并非被告人所为或者不应当追究被告人刑事责任的，可撤回起诉。《最高人民检察院关于公诉案件撤回起诉若干问题的指导意见》第 3 条将人民检察院撤回起诉的条件具体规定为"（一）不存在犯罪事实的；（二）犯罪事实并非被告人所为的；（三）情节显著轻微、危害不大，不认为是犯罪的；（四）证据不足或证据发生变化，不符合起诉条件的；（五）被告人因未达到刑事责任年龄，不负刑事责任的；（六）被告人是精神病人，在不能辨认或者不能控制自己行为的时候造成危害结果，经法定程序鉴定确认，不负刑事责任的；（七）法律、司法解释发生变化导致不应当追究被告人刑事责任的；（八）其他不应当追究被告人刑事责任的"。

2. 本案中不具有撤回起诉的条件

在 4 月 8 日的庭审过程中发现的新情况是被告人袁××涉嫌实施强迫卖淫犯罪，这一新情况不仅不是"不存在犯罪事实、犯罪事实并非被告人所为或者不应当追究被告人刑事责任"等撤回起诉的法定事由，而是被告人的比原公诉内容更为严重的犯罪事实。也即在庭审过程中发现本案存在强迫卖淫的犯罪事实、该犯罪事实涉嫌由被告人袁××所为且应当据此追究袁××的刑事责

---

① 《最高人民检察院关于公诉案件撤回起诉若干问题的指导意见》第 2 条。

② 暴洁、钱芳：《刑事公诉案件撤回起诉的司法实践与思考》，载《中国检察官》2008 年第 1 期。

任。因而，笔者认为本案完全不具有撤回起诉的法定条件，在此情况下检察机关不能撤回起诉。

3. 本案属于因级别管辖引起的案件移送

一般来讲，当案件提起公诉后，人民检察院发现被告人的真实身份或者犯罪事实与起诉书中叙述的身份或者指控犯罪事实不符的，可以要求变更起诉，不得撤回起诉。① 但当人民法院认为不属于其管辖或者改变管辖的，由人民法院决定将案件退回人民检察院，由原提起公诉的人民检察院移送有管辖权的人民检察院审查起诉。② 本案庭审中所发现的新犯罪事实不仅与起诉书原指控的犯罪事实不符，而且已经引起了管辖权的变化。故而其既不能撤回起诉，也不能简单变更起诉，而是应当将案件移送有管辖权的人民检察院审查起诉。据此，笔者认为可以通过此程序终止习水县人民法院对本案的审理活动，而不必由习水县人民检察院撤回起诉。

（三）本案中不存在"提级审理"

本案中，习水县人民检察院向遵义市人民检察院移送案件是无管辖权的人民检察院向有管辖权的人民检察院所作的案件移送，遵义市人民检察院向遵义市中级人民法院提起公诉是刑事审判级别管辖的基本要求。理由如下：

1. 本案属于遵义市中级人民法院管辖的第一审刑事案件

在我国，级别管辖是审判管辖中的一项具体内容，是指不同级别人民法院之间在审理第一审刑事案件范围或权限上的分工。③ 它解决的问题是哪些案件应由哪一级人民法院进行第一审审判，当然它也同时解决了哪些案件应由哪一级人民检察院提起公诉的问题，因为我国的检察院和法院都是对应设立，同级别的检察院向同级别的法院提起公诉。以中级人民法院和市人民检察院为例来看，《中华人民共和国刑事诉讼法》第 20 条规定了中级人民法院管辖的第一审刑事案件，即"中级人民法院管辖下列第一审刑事案件：（一）反革命案件、危害国家安全案件；（二）可能判处无期徒刑、死刑的普通刑事案件；（三）外国人犯罪的刑事案件。"那么，相应也要由市人民检察院对这些

① 《最高人民检察院关于公诉案件撤回起诉若干问题的指导意见》第 5 条第 1 项。
② 《最高人民检察院关于公诉案件撤回起诉若干问题的指导意见》第 5 条第 3 项。
③ 姚丽主编：《刑事诉讼法学》，中国法制出版社 2006 年版，第 65 页。

案件提起公诉。本案中，被告人袁××的行为涉嫌强迫卖淫犯罪且情节特别严重，可能判处无期徒刑或无期徒刑以上刑罚。① 因此，依法应由遵义市人民检察院向遵义市中级人民法院提起公诉。

2. 本案应当并案审理

《最高人民法院关于执行〈中华人民共和国刑事诉讼法〉若干问题的解释》第 5 条规定："一人犯数罪、共同犯罪和其他需要并案审理的案件，只要其中一人或一罪属于上级人民法院管辖的，全案由上级人民法院管辖。"本案中，被告人袁××涉嫌强迫卖淫犯罪，其行为与被告人冯××、陈×、冯×、李××、陈××、黄××涉嫌嫖宿幼女的犯罪行为在事实和证据方面都有密切的关联，并案审理更有利于查明全案案情，更有利于案件的正确、及时处理。基于此，应当将袁××强迫卖淫犯罪与冯××等嫖宿幼女犯罪并案审理。

3. 本案不符合级别管辖变通的条件

级别管辖变通也就是通常所说的"提级审理"，依《中华人民共和国刑事诉讼法》第 23 条之规定："上级人民法院在必要的时候，可以审判下级人民法院管辖的第一审刑事案件；下级人民法院认为案情重大、复杂需要由上级人民法院审判的第一审刑事案件，可以请求移送上一级人民法院审判。"也即在某些特殊情况下上级人民法院可以提审本应由下级人民法院审理的第一审刑事案件，下级人民法院也可以请求向上级人民法院移送本应由自己审理的第一审刑事案件。"本应由下级人民法院审理"是适用级别管辖变通或"提级审理"的必要前提，在本案中如要考虑级别管辖变通或"提级审理"，首先就要求案件应当由习水县人民法院管辖，才有可能由遵义市人民法院进行级别

---

① 刑法第 358 条：组织他人卖淫或者强迫他人卖淫的，处五年以上十年以下有期徒刑，并处罚金；有下列情形之一的，处十年以上有期徒刑或者无期徒刑，并处罚金或者没收财产：

（一）组织他人卖淫，情节严重的；

（二）强迫不满十四周岁的幼女卖淫的；

（三）强迫多人卖淫或者多次强迫他人卖淫的；

（四）强奸后迫使卖淫的；

（五）造成被强迫卖淫的人重伤、死亡或者其他严重后果的。

有前款所列情形之一，情节特别严重的，处无期徒刑或者死刑，并处没收财产。

为组织卖淫的人招募、运送人员或者有协助组织他人卖淫行为的，处五年以下有期徒刑，并处罚金；情节严重的，处五年以上十年以下有期徒刑，并处罚金。

管辖变通或"提级审理"。但本案依法应由遵义市中级人民法院管辖，因此本案的移送不属于级别管辖变通或"提级审理"。相应地，将习水县人民检察院向遵义市人民检察院移送本案看作级别管辖变通或"提级审理"也是不准确的。

"量刑建议"的技术分析

——以《人民法院量刑指导意见(试行)》为视角*

量刑建议作为人民检察院对提起公诉的被告人,依法就其适用的刑罚种类、幅度及执行方式等向人民法院提出的建议,是检察机关公诉权的一项重要内容。[①] "我国的量刑建议自 20 世纪末发轫以来,已经走过了十余年的历史。"[②] 经过多年的研究和探索,终于在《关于规范量刑程序若干问题的意见(试行)》中明确提出了"对于公诉案件,人民检察院可以提出量刑建议。量刑建议一般应当具有一定的幅度"。《关于规范量刑程序若干问题的意见(试行)》由最高人民法院、最高人民检察院、公安部、国家安全部、司法部联合制定,并于 2010 年 10 月 1 日起在全国法院全面试行,因而此规定也被多家主流媒体称为"检察机关量刑建议权首次被明确"。[③] 如果仅就量刑建议制度建设本身而言,检察机关量刑建议权获得全部司法机关的认可的确可视为标志性的进步;但相对于检察机关量刑建议权预设目标的实现而言,[④] 却仍然任重道远。因为在刑事诉讼中检察机关量刑建议权并不是孤立存在的,作为检察机关公诉权的一项重要内容,其在行使过程中不可避免地会面对需要与其他诉讼权利相互协调的问题。故而,为增强量刑建议制度的可操作性,确

---

* 与王占洲合著,原载于《江西警察学院学报》2011 年第 2 期。

① 参见《人民检察院开展量刑建议工作的指导意见(试行)》。

② 朱孝清:《论量刑建议》,载《中国法学》2010 年第 3 期。

③ http://news.china.com/zh_cn/news100/11038989/20101002/16172669.html http://legal.people.com.cn/BIG5/12870806.html.

④ 如"制约量刑裁判、明确证明责任、预设监督标尺的效力,提高量刑的公开性、公正性和公信力,保障当事人诉讼权利,强化对量刑裁判的制约监督,提高公诉质量和水平等"。

有必要站在各种诉讼规则和刑罚制度综合运用的立场，结合《关于规范量刑程序若干问题的意见（试行）》、《人民检察院开展量刑建议工作的指导意见（试行）》，特别是《人民法院量刑指导意见（试行）》等相关规定来考察检察机关行使量刑建议权过程中存在的技术问题。

一、检察机关的量刑建议可以参照但不应受制于《人民法院量刑指导意见（试行）》

自 2010 年 10 月 1 日起《人民法院量刑指导意见（试行）》已经在全国法院全面试行，其对量刑的基本方法、常见量刑情节的适用、常见犯罪的量刑等内容作了原则性规定，而且还要求各高级人民法院要结合当地实际，按照规范、实用、符合审判实际的原则要求，依法、科学、合理地进行细化，以保证实施细则的规范性、实用性和可操作性。[①] 这就使得如何处理与《人民法院量刑指导意见（试行）》的关系成为量刑建议不得不面对的问题，笔者认为检察机关的量刑建议可以参照但不应受制于《人民法院量刑指导意见（试行）》。

最主要的理由是量刑建议的预设目的要求其不应受制于《人民法院量刑指导意见（试行）》。量刑建议是量刑规范化改革的重要组成部分，也是检察机关参与量刑规范化改革、依法履行法律监督职能的重要内容，其既有利于保障当事人的诉讼权利，也有利于强化对量刑裁判的监督制约，促进法院公正量刑。但如果检察机关完全依照《人民法院量刑指导意见（试行）》，则很难保证通过量刑建议实现对人民法院量刑活动的法律监督和对自由裁量权的有效规范。以江苏省的情况为例，因江苏省法院较早地制定了全省统一的量刑标准，江苏省检察机关的量刑建议几乎完全参照这一标准，因此造就了极高的量刑建议采纳率。但这种几乎完全参照法院内部规定进行量刑建议的做法早就受到质疑，一方面，如果检法两家已经完全就量刑达成默契，此时的量刑建议是否还能具有法律监督的内涵？另一方面，法院的内部规定是否就完全合理？[②] 笔者对此深以为然，尽管《人民法院量刑指导意见（试行）》

---

① 参见《最高人民法院关于印发〈人民法院量刑指导意见（试行）〉通知》。

② 刘丹、邓思清：《量刑建议制度探析——以重庆市 A 区检察院量刑建议工作为调查分析样本》，载《西南政法大学学报》2009 年第 6 期。

是最高人民法院根据中央关于深化司法体制和工作机制改革的总体部署，经过深入调研论证，并广泛征求各方面意见的情况下制定的，但究其本质却仍属人民法院对自由裁量权的自我规范或约束。事实上，各高级人民法院制定的相关实施细则也是呈现出越来越细化的趋势，在此情况下如将法院内部的量刑指导意见作为绝对标准只可能在实质上虚化检察机关量刑建议的作用。因而，检察机关在提出量刑建议时应当辩证地对待这一量刑指导意见，可以参照，但不应为追求量刑建议的高采纳率而忽视自身基于公诉和法律监督对案件事实的理解。一般来讲，刑事审判的重要目的之一就是希望通过不同视角的辩论和冲撞还原或认识案件的客观真实，尽管这种客观真实也只是相对而言的，但如果在实质上缺少了基于检察思维对案件的考量，由此产生的刑事审判结论也是不充分的。

当然，检察机关的量刑建议能否在《人民法院量刑指导意见（试行）》面前坚持自己的主张，也与检察机关自身对量刑建议的认识有很大的关系。量刑建议既然是检察机关公诉权的一项重要内容，量刑工作的效果自然也应当如其他工作一样被纳入到检察机关的工作考核范围之内。尽管量刑建议工作尚处于探索和初步实践的阶段，还未纳入考核范围，但随着此项改革的深入推进，终究会被纳入。[①] 因而，对此项工作设置的考核指标是否科学合理将会直接影响到量刑与《人民法院量刑指导意见（试行）》的关系。对此，我们认为有必要设立一个相对确定的评判标准，以法院采纳和量刑预判作为并重的判断要素。人民法院是否采纳量刑建议当然是评判某一特定量刑建议价值的重要条件，因为量刑建议的直接目标即为被法院采纳。但其决不能作为评判某一特定量刑建议价值的唯一条件，否则无法避免检察人员在提起量刑建议时，为追求高采纳率而主动配合审判人员的思路，以致最终在无形中被置于《人民法院量刑指导意见（试行）》的控制之下。因而还需要"被法院采纳"之外的评判标准——量刑预判，量刑预判实际也就是量刑建议的核心特点，量刑建议是检察机关在人民法院对案件定罪量刑之前，依据尚未最终确认的事实和证据对量刑所作的预先判断。就其所处的诉讼阶段和掌握的判断依据而言，要求其与人民法院的最终量刑判决完全吻合是不客观的。作为

---

① 刘丹、邓思清：《量刑建议制度探析——以重庆市 A 区检察院量刑建议工作为调查分析样本》，载《西南政法大学学报》2009 年第 6 期。

一种对人民法院量刑判决的预先判断，只要能够证明量刑建议与当时所掌握的事实、证据之间的一致性，就不应否定其准确性。以量刑建议中对累犯从重处罚的建议为例，基于刑法对累犯的规定，在人民法院判决之前并不能确定累犯是否成立。① 因为"后罪应当判处的刑罚是有期徒刑以上刑罚"，是指根据犯罪的社会危害性程度以及其他各种量刑情节，某一犯罪实际有可能被判处有期徒刑以上刑罚，而不是指某一法定刑中包括有期徒刑。按照对累犯法律规定的理解，只有在法官对被告人量刑后，才能认定被告人是否构成累犯。② 由此可见，量刑建议中对累犯从重处罚的建议是否准确，不仅仅取决于检察人员依据法律规定和客观事实对量刑的预判，更多地还要受制于量刑建议前期的公诉意见和后期的法院判决。故而，如果能够证明量刑建议与当时所掌握的事实、证据之间的一致性，也应当认定其准确性。

二、《人民法院量刑指导意见（试行）》的大量非刚性规定也为量刑建议的适当参照留下了必要的空间

在该意见中，只对极少数原则性问题采用了"应当"的表述，如"综合全案犯罪事实和量刑情节，依法应当判处拘役、管制或者单处附加刑，或者无期徒刑以上刑罚的，应当依法适用"。或"对于未成年人犯罪，应当综合考虑未成年人对犯罪的认识能力、实施犯罪行为的动机和目的、犯罪时的年龄、是否初犯、悔罪表现、个人成长经历和一贯表现等情况，予以从宽处罚"等。而在其他情况下均规定为"可以"，如"宣告刑为三年以下有期徒刑、拘役并符合缓刑适用条件的，可以依法宣告缓刑；犯罪情节轻微，不需要判处刑罚的，可以免予刑事处罚"。"故意伤害致一人轻伤的，可以在六个月至一年六个月有期徒刑幅度内确定量刑起点"等。依照对刑事法律规范的通常理解，当规定为"可以"时即表明存在选择的可能性，如在"对于自首的犯罪分子，可以从轻或者减轻处罚。其中，犯罪较轻的，可以免除处罚"中，"可以"就意味着选择的可能性，可以从轻、减轻或者免除处罚，也可以不从轻、减轻

---

① 根据我国刑法规定，构成累犯前罪所判处的刑罚和后罪应当判处的刑罚均是有期徒刑以上刑罚。我国刑罚把累犯视作一种性质较为严重的犯罪人类型，并作为一个从重处罚的情节。

② 刘晓燕：《从累犯认定看量刑规范与量刑建议》，载《中国检察官》2010 年第 4 期。

或者免除处罚，无论哪种选择只要具有充分理由都属于合法之选择。我们以指导意见对故意伤害罪的量刑规定来看，其规定"故意伤害致一人轻伤的，可以在六个月至一年六个月有期徒刑幅度内确定量刑起点"，在此表面看来是将"六个月至一年六个月有期徒刑"确定为故意伤害致一人轻伤的量刑起点幅度。但其所包含的内容却并不仅限于此，基于选择性规定的特点和特定案件的具体情况，既可以在六个月至一年六个月有期徒刑幅度内确定量刑起点，也可以在六个月至一年六个月有期徒刑幅度之外确定量刑起点。一般来讲，对于某些极为特殊的情况的量刑，只要处于三年以下有期徒刑、拘役或者管制的范围之内，也都不应将其归于违法。故而，我们认为检察机关的量刑建议应充分利用《人民法院量刑指导意见（试行）》相关规定的可选择性，依据法律规定和客观事实提出适合的量刑建议。

三、检察机关的量刑建议应加强说理

根据《人民检察院量刑建议书格式样本（试行）》之规定，人民检察院量刑建议书包括首部、被告人姓名、案由、起诉书文号、行为触犯的法律、涉嫌罪名、法定刑、量刑情节、建议的法律依据、建议的主刑种类及幅度、执行方式、附加刑种类、尾部等。如依此格式制作检察机关量刑建议，对于法律规定明确不会产生歧义的情况，应当说已足以反映检察机关对于量刑的态度和观点，量刑建议一般也会被人民法院采纳。但对于规定不明或者可能产生歧义的情况，仅凭客观事实和法律依据尚无法直接避免结论的多种可能性时，依此格式制作的检察机关量刑建议则会暴露出明显的问题——缺乏说理，既不能让法官接受自己的观点，也不能使被告人、辩护人心服。特别是在面对《人民法院量刑指导意见（试行）》和各高级人民法院的相关实施细则时，如无充分说理，人民法院基本不可能在相同或相似案情下采纳指导意见之外的量刑建议。对此检察机关的量刑建议只可能出现两种结果，要么为获得采纳而完全参照人民法院的量刑指导意见，要么为坚持自己认为正确的意见而最终不被人民法院采纳，应当说两种结果都不是检察机关愿意接受的。

我们可以通过缓刑的适用说明这一问题。缓刑的适用条件在刑法中虽有明确的规定，即"对于被判处拘役、三年以下有期徒刑的犯罪分子，根据犯罪分子的犯罪情节和悔罪表现，适用缓刑确实不致再危害社会的，可以宣告缓刑"。但其中的实质性条件"根据犯罪分子的犯罪情节和悔罪表现，适用缓

刑确实不致再危害社会的"却是难以具体把握的抽象性认识，对此即使是法官也不容易准确把握。《人民法院量刑指导意见（试行）》对缓刑的适用也只是作出原则性的规定，即"宣告刑为三年以下有期徒刑、拘役并符合缓刑适用条件的，可以依法宣告缓刑"。但有些地方高级法院在制定指导意见的实施细则时，则作出了详细的规定，如《山东高级人民法院〈人民法院量刑指导意见（试行）〉实施细则》就不仅明确规定适用缓刑的情形还规定了不适用缓刑的情形，其规定"对判处拘役、三年以下有期徒刑的被告人，有悔罪表现，积极赔偿因其行为所造成的损害，同时具有下列情形之一的，可以适用缓刑：（1）过失犯罪的；（2）正当防卫或者紧急避险超过必要限度造成不应有损害的；（3）犯罪预备、中止、未遂的；（4）共同犯罪中的从犯、胁从犯；（5）犯罪后自首或者立功的；（6）初犯、偶犯；（7）未成年人、聋哑人、盲人或者年满七十周岁的老年人；（8）民间纠纷引起的危害不大的犯罪；（9）被害人有明显过错的；（10）其他可以适用缓刑的情形"。同时也规定了"下列情形一般不宜适用缓刑：（1）犯故意杀人、绑架、爆炸、抢劫、强奸等严重暴力犯罪或其他恶性犯罪的；（2）有组织犯罪中的主犯、团伙犯罪中的首要分子、在当地影响较大的黑恶势力分子或其他共同犯罪中情节较重的主犯；（3）惯犯、流窜作案危害严重或者曾因同一性质违法行为在三年内被处以两次以上行政处罚的；（4）教唆他人实施犯罪导致严重危害结果或者教唆未成年人犯罪的；（5）故意犯数罪且均被判处有期徒刑以上刑罚的；（6）有故意犯罪前科、刑罚执行完毕十年内或者缓刑考验期满十年内再次故意犯罪的；（7）法定刑为十年以上有期徒刑的被告人被减轻处罚的；（8）适用缓刑可能激化矛盾的；（9）符合本意见个罪限制适用缓刑的规定的；（10）其他不宜适用缓刑的情形。符合第（1）至（9）项共同犯罪中的从犯、胁从犯，可以适当从宽掌握"。此外还明确规定了不适用缓刑的情形和对未成年人如何适用缓刑的情形。① 面对这些明确规定，如果认识一致量刑建议中有无论证和说理都无问题，因为人民法院不可能无故否定本部门的量刑指导意见；但如果认识不一致或者超出了细则规定的范围，问题就会凸显出来——没有充分的论证和说理仅凭一般的事实和法律依据如何能够说服法官放弃本部门的指导意见转而采纳检察机关的量刑建议。

---

① http://wang197009.blog.163.com/blog/static/6786577820101027333328448/.

当然，我们在此强调的说理并不仅仅是简单的就事实说理，而是基于充分的法理根据所作的系统分析。仍以缓刑的适用为例，检察机关如要在认识不一致或者超出了细则规定的范围时达到自己的目的，就有必要构建起符合法理的缓刑适用条件判断机制，否则难以在量刑指导意见和实施细则面前有力地主张自己的量刑建议，因为量刑建议既无强制性内容，量刑建议不被采纳也不会必然引起抗诉。① 这套符合法理的缓刑适用条件判断机制应当既能对实施细则已明确规定情形作出正确与否的判断，同时也能够对超出了细则规定范围的情形作出准确的分析判定，也只有如此量刑建议的价值才能得以真正实现。

---

① 《人民检察院开展量刑建议工作的指导意见（试行）》第19条规定："人民检察院收到人民法院的判决、裁定后，应当对判决，裁定是否采纳检察机关的量刑建议以及量刑理由、依据进行审查，认为判决、裁定量刑确有错误、符合抗诉条件的，经检察委员会讨论决定，依法向人民法院提出抗诉。人民检察院不能单纯以量刑建议未被采纳作为提出抗诉的理由。人民法院未采纳人民检察院的量刑建议并无不当的，人民检察院在必要时可以向有关当事人解释说明。"

法理、宪法与行政法学篇

试论雅典宪法民主化的演进*

　　一般来说，宪法是近代资产阶级革命的产物。从最广泛的意义上说，宪法是一批规则，用以管理一个有组织的团体的事务。这个团体可以有其他的细则，但是所有其他的细则都必须符合基本规则即宪法的规定。从这个意义上讲，早在资产阶级革命以前，宪法即已出现。事实上，在古希腊城邦时代，国家的法律就已分为根本性的法规和非根本性的法规。在雅典设有专门保护根本法的不法申诉制度。这说明古希腊人在他们那个时代至少对下面这一点是认识到了的：存在着某一种法律，这种法律在地位上和效力上都高于其他的法律。但这并不是今天所说的宪法。亚里士多德说："相应于城邦政体的好坏，法律也有好坏，或者是合乎正义或者是不合乎正义。这里，只有一点可以确定的，法律必然是根据政体（宪法）制定的。"① 因此，在古希腊人的心目中，宪法和政体是一回事。恩格斯在评论梭伦改革时，直接把有关规定雅典政体的法律称为"宪法"，后来的史家们也都采用了这个提法。讨论雅典的宪法史，应该首先弄清其"宪法"的含义。

一

　　早在荷马时代（公元前 11～9 世纪）希腊的原始氏族制度已开始解体。随着经济的迅速发展，贫富差距日趋扩大，组成社会的人群分化成各个阶级和阶层。到公元前 6 世纪，希腊各地已出现了众多的城邦国家。在这些国家中，旧的部落首领（巴息力斯）的政权被取消了，氏族贵族把原有的氏族制

---

　　* 原载《法学探索》1989 年第 1 期。
　　① ［希腊］亚里士多德著：《政治学》，商务印书馆 1965 年版，第 148 页。

度变为自己统治的工具，建立了少数氏族贵族统治的"寡头政治"。这便是这一时期一般希腊国家的情况。雅典城邦此时亦处于贵族寡头统治之下，国家的最高权力机关是贵族会议，"管理最大多数的和最重要的国事"，① 会议成员由曾任执政官的人组成，终身任职。而"国家高级官吏之任用都以门第和财富为准"。② 因此，一般家庭出身的人和贫穷者是无权过问政治的。这时候还保留着氏族制度时的民众大会，但已仅具形式。国家最高行政机关为执政官，由九人组成，最初为终身职，后来改为十年一任，最后改为一年一任，行使对军事、宗教事务、家族事务、法律事务等方面的领导。如前所述，执政官的选任是受到门第和财富的限制的，大多数人处于无权和被奴役的地位。亚里士多德在叙述了这一时期的雅典宪法后说："宪法的制度便是这样，多数人被少数人奴役，人民起来反抗贵族，党争十分激烈，各党长期保持着互相对抗的阵势，直到后来他们才共同选择梭伦为调停人和执政官，把政府委托给他。"③ 梭伦立法，开始了雅典一系列政治民主改革的先声。嗣后有克利斯提尼、阿菲埃尔特、伯里克利等一次比一次深入的社会改革。这些改革有一共同特点，即限制和打击氏族贵族势力，提高平民的社会政治地位和经济地位，并用宪法的形式肯定下来。虽然几次改革的具体目标不同，由于上述共同特点。到公元前443年伯里克利担任首席将军后，雅典进入了奴隶制民主的全盛时期。亚里士多德写道："他（梭伦）规定全体公民都有被选为公众法庭陪审员的机会，这确实引入了民主精神，有些批评家所以要责备梭伦也就在这一点上。他们论证梭伦把审判一切案子的权力交给那些由拈阄法复选出来的公民法官所组成的法庭，实际上就消灭了另外的两个因素（资产、才德）。在梭伦以后，这些法庭的权威即日渐增强，历任的执政官好像谄媚僭主那样谄媚平民，于是雅典的政体终于转成现世那种'极端民主'的形式。阿菲埃尔特和伯里克利削减了元老院的职权，伯里克利又颁行了给予陪审员（公民法官）出席津贴的制度，这样每一群众领袖（平民英雄）都相继努力抬高了平民势力，直到今天，大家所同见的政体就是沿着这一路径演进的结

---

① ［希腊］亚里士多德著：《雅典政制》，商务印书馆1959年版，第5页。
② ［希腊］亚里士多德著：《雅典政制》，商务印书馆1959年版，第5页。
③ ［希腊］亚里士多德著：《雅典政制》，商务印书馆1959年版，第8页。

果。"① 雅典政体的演变之所以走上这样一条道路，是与它国内阶级斗争的形势密切相关的。在雅典曾先后交替存在着两种主要的社会矛盾：一是平民与贵族的斗争，二是奴隶与奴隶主的斗争。虽然两种斗争都是长期的、剧烈的，但平民和贵族的矛盾可以通过某种方式在一定程度上予以解决。为了加强奴隶主阶级的力量，保证对奴隶阶级的奴役统治，雅典通过压制少数贵族，提高广大平民地位的方法，在自由民内部实行"直接民主"的政治统治形式，由整个奴隶主阶级来掌握国家政权，这种形式有利于协调自由民内部的关系，对巩固奴隶主阶级的统治秩序发挥了巨大的作用。

在雅典，政治民主化经历了从奠定基础到确立和完善这样一个过程，用以记载民主政治内容的雅典宪法亦经历了同样的发展过程。其向民主化方向的演进是同雅典经济、政治、阶级力量对比等关系的变化紧密相联的。雅典国家的最终形成以克利斯提尼废除氏族部落代之以地域部落为标志。在这之前，构成城邦雅典基础的是阿提卡的四个氏族部落，农业经济在社会经济中占主要成分，建立于其上的国家机器代表了拥有大量土地的氏族集团的利益，贵族享有极大的政治、经济特权。随着商品经济的发展，民主力量日益壮大，为了摆脱经济上受奴役、政治上无权的地位，平民和贵族进行了长期的斗争，这一斗争促使了国家机关向民主的方向转化。克利斯提尼改革后，社会经济比重发生了变化，商品生产超过农业生产占据重要地位，大量贵族由经营土地转向了工商业。由于氏族部落的废除，氏族集团已不复存在，而梭伦取消债务奴役制，又为雅典实行剥削奴隶劳动的高级形态——对输入奴隶的剥削创造了有利条件。经过近一个世纪的发展，奴隶取代了自由民，成为社会的主要劳动力，社会的主要矛盾亦由平民与贵族的斗争转变为奴隶与奴隶主阶级的斗争，阶级矛盾的不可调和性促使了国家机关的不断强化。与此相适应，雅典宪法民主化的进程可分为两个阶段：第一个阶段从梭伦改革到克利斯提尼改革，推动其发展的主要力量是平民与贵族的斗争。这一阶段是民主政制（宪法）的确立时期。第二阶段从克利斯提尼以后至伯里克利时代，推动的力量主要是奴隶与奴隶主阶级的斗争。这一阶段可称为民主政制（宪法）的完善时期。

纵观雅典史，我们看到，在国家与法的历史演变中，顺应历史潮流的个

---

① ［希腊］亚里士多德著：《政治学》，商务印书馆 1965 年版，第 103～104 页。

人活动居于十分突出的地位，这是雅典历史的一大特点，是研究雅典宪法可以借助的一条重要线索。

二

（一）民主政制（宪法）的确立时期：梭伦立法至克利斯提尼改革，经历约一个世纪

本期中，梭伦改革结束了贵族寡头统治，为民主政治的确立创造了必要的前提，庇色斯特拉托遵循梭伦立法的精神，从事建设事业，发展工商业，为民主政治准备了条件，克利斯提尼在梭伦改革的基础上进行了新的更进一步的立法活动，最终在雅典形成了一整套民主的国家机构和制度。

公元前 594 年，在贵族与平民的激烈斗争中，梭伦作为各派共同推举的调停人、仲裁者和执政官开始了他的改革。梭伦出身贵族，但其家庭早已衰落，本人曾长期从事商业活动，这种身份是他获得平民和贵族双方信任的一个原因。但梭伦的改革最后并未使双方满意，"很多贵族因为他取消债务而和他不睦，而两派亦都因调处结果大失所望，改变了对他的态度，因为平民期待他制定法律，重新分配一切财产，而贵族则希望他或者恢复以前的制度，或者只是略加变更；但梭伦双方都不讨好，尽管他如果随意袒护一方，就有成为僭主的可能，他却宁愿遭受双方仇视，而采取曾是最优良的立法，拯救国家"。① 我们知道，亚里士多德是反对纯粹的穷人或富豪的法制的，在他看来，前者是"极端"的民主政治，后者则是寡头政治，他认为"最好的政治社会是由中等阶级的公民组成的"。因此，他对梭伦改革提高平民的经济政治地位而不使他们得到更多，打击贵族同时又不让他们失去太多倍加赞赏是很自然的。不过从当时的情况看，梭伦所采取的措施应该说是适宜的。当时社会处于激烈动荡中，贵族在政治经济上占优势，他们希望恢复以前的旧秩序，保持既得利益；平民在人数上占优势，作为平民中的下层自由民，既对他们经济上的贫困怨愤，又对政治上无权不满；而平民中的富有阶层——工商业阶层和富裕农民则渴望改变自己在政治经济地位上的不相称状况。梭伦采取了一种调和的办法，他通过划分财产等级，使工商业阶层和富裕农民得以参

---

① ［希腊］亚里士多德著：《雅典政制》，商务印书馆 1959 年版，第 13 页。

加国家管理，取消了贵族的寡头统治，同时又使他们保住了较多的政治权利；对贫民大众，他用取消债务奴役，颁布土地最大限度法令，重新规定度量衡制和改革币制等经济手段来提高他们的经济地位，使他们有希望通过财产的增加而参加国家的管理。虽然梭伦在一定程度上调和了阶级矛盾，但不能因此否认他的改革是一次革命性变革，因为他结束了贵族寡头政治，为雅典民主政治奠定了基础。他没有完全满足平民的要求，给贵族以更严重的打击，这不能归过于他。由于历史的原因，氏族集团拥有很大的势力，任何想要彻底推翻并铲除贵族政治而代之以平民政治者，都要顾虑到这种强大的传统力量，在一开始时只能采取一种较为妥协的办法，以待平民力量的进一步增强。梭伦改革，严重打击了氏族贵族，但他不能，也不敢走向极端。后来庇色斯特拉托建立了僭主政治，他也基本上没有变动梭伦的宪法，只是到了平民力量已充分成长起来后，才有克利斯提尼进一步的立法改革。然而我们也看到，即使是在民主力量最强盛的伯里克利时代，还在形式上保留着贵族会议，这已经是在梭伦改革以后 150 多年了。因此，梭伦在他那样的时代所采取的改革措施是符合当时客观情况的，改革结果未使双方满意，这正是他的成功之处。

梭伦的宪法所确立的是一种金权政治，而不是民主政治，但他却为建成一个繁荣强盛的雅典，为"主权在民"、"轮番为治"的雅典民主政治的确立准备了条件。他赋予古老的民众大会以新的生命，建立了 400 人议事会和陪审法庭两个新的机关，后来这三个机构逐渐成为雅典自由民行使民主权利的最重要场所，构成雅典民主宪法的基础。这时贵族会议仍握有很大的权力，不过已失去了往日独尊的地位，新建立的 400 人议事会享有与它同样重要的权力。作为"一条船上的两只锚"，这两个机关在雅典政治生活中都发挥着重要作用。

梭伦改革后的一段时期内，雅典没有发生更大的骚乱，但斗争并未停止，参加斗争的有三个集团：一是海岸党，主要由工商业者组成，他们是梭伦改革的受益者，要求保存梭伦的制度；二是山地党，主要由居住在阿提卡山区的贫困农民组成，他们对梭伦的改革不满意，希望重新分配土地；三是平原党，由居有平原土地的贵族组成，他们要求恢复梭伦以前的秩序。这三派分别代表了雅典自由民中保守、激进和反动的三种力量。其中山地党和平原党居于斗争的两极，但彼此力量有限，要想压倒对方，必须与海岸党联合起来。

作为海岸党，当然不愿恢复寡头统治，他们希望发展工商业，这需要一个充分自由的环境、一个民主的制度来保证，他们也需要市场，而人数众多的贫民的富裕化将为他们提供一个极好的市场，因此他们的利益和贫民更为接近，这就注定了平原党的命运。公元前 546 年，被放逐的山地党首领庇色斯特拉托在下层自由民的支持下回到雅典，确立了他的僭主地位，氏族贵族遭受了新的失败。庇氏的统治一共持续了 20 年之久，这期间他主要做了两件事：一是把没收的逃亡贵族的土地分给无地和少地的农民，满足他们重分土地的要求，"并实施无息的国家贷款以供贫民之需。又减轻最贫穷居民的赋税，而实施百分之十的所得税，以便把贫者的负担转加到较为富裕的集团"。① 二是大力发展工商业"在他统治下，雅典油酒出口增加，陶器业发展起来了——不仅作为容器的粗陶，雅典的精美陶器开始代替科林斯，西息温占领了国外市场。他发展海外贸易，发展造船业，城市居民增加了。……开始建设城市，从商业和租税得来的财产，用来兴办巨大的公共建筑物"。② 虽然僭主政治和梭伦立法的原则是那样的不相容，但庇氏这两项措施却贯彻了梭伦立法的精神，客观上为建立民主政治创造了坚实的基础，经过长期的和平发展。雅典初步强盛了，平民力量成长起来，人民要求更多的权力，这时候他们不单反对贵族，对僭主统治也感到不能忍受了，新的变革势在必行。公元前 510 年，庇色斯特拉托的儿子希比亚的僭政被推翻。公元前 508 年，贵族首领伊萨哥拉斯在斯巴达的扶持下担任执政官，对此，平民更加不满。贵族出身的克利斯提尼站在平民一边，领导了这次斗争并取得胜利。随后，克利斯提尼担任执政官，开始了他著名的社会改革。克利斯提尼改革是梭伦改革的继续，但由于两人所处的历史背景不同，梭伦时代，平民和贵族尚处于势均力敌的地位，克利斯提尼时代，平民力量已超过了贵族而大大发展了。如果说，梭伦是"在财产关系上开始了他的侵犯"，其改革侧重于经济方面，那么，克利斯提尼则主要致力于政治上的改革。

首先，他废除了组成阿提卡的四个旧氏族部落，代之以十个新的地区性部落，每个新部落均由不毗连的三个区域组成，一个在沿海地带，一个在雅

---

① ［苏联］狄亚可夫、尼科尔斯基著：《古代世界史》，高等教育出版社 1959 年版，第 305 页。

② 顾准著：《希腊城邦制度》，中国社会科学出版社 1982 年版，第 128 页。

典城及其近邻，一个在中央内陆地带。就今天来说，这样的行政区划并不利于国家管理，但在那时却具有极大的意义。我们知道，雅典存在着山地党、海岸党和平原党三个集团，它们是依自然地理条件——这种地理条件促成了三个不同的经济集团的形成——划分的。打破这样的地理条件，把不同地方的居民划在同一部落，少数显贵处于大多数拥护民主制度的人的监视之下，对于防止贵族势力复辟，也对预防某些野心家利用某一集团势力建立僭主统治具有重要意义。另外，以区域划分居民代替氏族血缘的划分，使雅典社会由氏族制度向国家的演变最终完成，"氏族制度的最后残余也随之而灭亡了"。

其次，克利斯提尼加强了民众大会和议事会的作用。梭伦时代，民众大会每年只召集四次会议，现在，它至少每 36 天就要召开一次，它不再仅是被动地对议事会的提案表示赞同或反对，而是主动地对它的工作加以监督和控制。议事会由 400 人增为 500 人，作为最高行政机关，其首脑享有"行政首长"的荣誉头衔。至于贵族寡头统治时期作为最高权力机关和最高行政机关的贵族会议和执政党，虽然还保留在克利斯提尼的宪法里，但它们的作用已大大降低，权力受到限制，不再处于显要的地位。

最后，克利斯提尼在宪法中增加了一项新的制度——贝壳放逐法。规定在每年之初由议事会向民众大会询问有无采取弹劾的必要，如有必要，即召开特别的民众大会，在大会上采用公民投票的方法决定是否对被弹劾者加以流放。如果与会的大多数人赞同，受弹劾者即被流放十年，流放期满后可回归雅典并恢复原有的一切权利。这是一种原始的弹劾制度，其建立具有两重意义：一是加强对民主政治的保护；二是扩大公民的权利。对于推行"直接民主"政制的雅典来说，这无疑是一个既简便又合理的制度。然而这项制度是不完善的，由于程序上规定得极为简单，对于某人的放逐只要参加投票者以简单多数通过即可成立，没有其他任何机构对之加以监督、复核，而且究竟什么样的行为才是对国家有危害的行为，并没有明确的规定，因此很容易为某些人或集团所利用，成为党争的工具。克利斯提尼的宪法最终确立了民主政治，至此，平民在同贵族长达近一个世纪的斗争中取得了决定性胜利。"现在社会以及政治的制度建立于其上的阶级对抗，已经不是贵族与平民之间的对抗，而是奴隶与自由民之间的对抗，被保护民与公民之间的对抗了。"①

---

① 恩格斯著：《家庭私有制和国家的起源》，人民出版社 1954 年版，第 114 页。

恩格斯这里是指社会主要矛盾的转移，作为贵族，并不甘心已经遭受的失败，一段时期内他们同平民的斗争仍继续存在并且有时表现得还很激烈，只不过这种斗争已不再是社会的主要矛盾而已。

（二）民主政制（宪法）的完善时期：克利斯提尼改革后到伯里克利时期，经历了半个多世纪

在这一阶段中，阿菲埃尔特加强了民众大会等国家机关的权力和作用，建立了违宪审查制度；伯里克利颁布了各种不同的津贴制度，鼓励全体公民参加国家的政治活动。在国家管理体制上，初步形成了三权分立与制衡，各种民主的制度和机构均趋于完善。克利斯提尼改革后，雅典的奴隶制经济迅速发展起来。奴隶劳动日益成为社会的主要劳动，一般的自由民家庭都有三五个奴隶替他们干活，不少大奴隶主往往拥有四五十，甚至上百个奴隶。这些奴隶主要被集中在手工作坊里做工，也有的被主人作为"工具"出租给别的奴隶主役使，还有不少被使用于采矿业，著名的劳立翁银矿就有几千名奴隶在那里劳动。奴隶劳动的强迫性，决定了其劳动生产率的低下，而廉价的奴隶劳动又排斥了大部分自由民的劳动。这样，为了满足增长的社会需要，就须不断增加奴隶的数量。到伯罗奔尼撒战争前夕，雅典的奴隶已多达三十余万，而自由民连同他们的妻子儿女在内还不到十万人，这一事实本身就是对奴隶主的极大威胁。由于当时雅典的奴隶制正处于蓬勃发展时期，奴隶制生产的危机尚未充分显示出来，大规模的奴隶暴动是没有的。奴隶的反抗采用了比较温和的形势，如怠工、毁坏工具、逃跑等，但这已使统治者感到不安了。为了加强奴隶主阶级的力量，雅典国家进一步调整自由民内部的关系，即平民与贵族的关系，逐步使所有自由民都能平等地参加国家管理。从这个意义上讲，奴隶与奴隶主阶级的对立，促使了奴隶制的民主政制的完善。但是，这一完善仍然是通过平民与贵族的斗争来实现的。

希波战争以后，雅典建立了它海上强国的地位。其外港——庇里犹斯海港成为当时希腊世界著名的大商港。整个爱琴海的贸易为雅典所控制，从爱琴海到黑海有了自由的海上通道，雅典商人频繁来往于黑海沿岸，小亚细亚、爱琴海和希腊本土之间。从殖民地输入的粮食、奴隶和各种原料大为增加，本土输出的油酒及手工业制品也不断增多。贸易的往来刺激了工商业的发展，从事航海、手工业、商业的人越来越多，以工商业奴隶主为主的平民的力量

更加壮大。而这时贵族会议却乘希波战争攫取了很大的特权，它甚至可以否决民众大会的决议，平民不能容忍这样的状况，民众运动再度兴起。经过一段时间的较量，公元前 462 年，民主派首领阿菲埃尔特当选为将军，成为雅典的实际领导人。阿菲埃尔特认为，民主政治的最大敌人乃是握有对国家机构、法律与风化的最高监督权的贵族会议。因此他上台后，立即着手进行改革贵族会议的准备。第二年，阿菲埃尔特改革了这个机构，把大部分权力转交给民众大会、议事会和陪审法庭，仅保留了它对某些刑事犯罪的审判权。从此，贵族会议便一蹶不振。

此外，阿菲埃尔特还赋予陪审法庭以保护宪法的权力。依该项权力，陪审法庭可以根据公民的起诉审查民众大会通过的法案是否违反雅典的民主宪法。对违法的申诉是雅典的一项独特的法律制度，设立这项制度的目的是为了防止不良法案在民众大会上通过。设立的根据在于雅典人认为法律有根本法与非根本法之分，根本法即是宪法，一切其他的法律都必须根据宪法来制定，因此对于违背宪法精神的法律应加以废除，对提出违法法案的人必须给予严惩。为了防止这项权利的滥用，又规定如果申诉者的控诉不实，对申诉者本人也要加以处罚。违法申诉制度的确立有利于维护雅典宪法的稳定性和最高权威，对巩固奴隶主阶级的统治起了很大的作用。由于雅典宪法是不成文的，给陪审法庭在审理违法申诉案件时带来了极大的灵活性，法庭可以根据需要，对法案是否违法作出有利于奴隶主阶级利益的判决，这表明雅典统治者在管理国家方面已有了相当丰富的经验。

阿菲埃尔特的活动替伯里克利的改革铺平了道路。当公元前 443 年伯氏以"首席将军"身份开始他的改革时，作为整体的贵族集团已失去了反抗的力量，贵族分子只能以普通公民的身份享受每个公民都能享受的权利，不再拥有过去的特权。这就使伯里克利所推行的各项措施得以顺利实施，同时也决定了他改革的特点：即着重改善贫民的经济状况，培养全体公民的政治素质。他通过发放公职津贴（将军一职除外），使贫穷者能够实际参加国家的各项管理活动；在士兵、水手中实行给薪制；以"武装殖民"方式满足要求土地者的愿望；对那些失业者、闲散分子，让他们参加付酬的市政工程建设，他又实行了观剧津贴制度，鼓励公民观看戏剧，从中接受教育。因为当时的戏剧（喜剧和悲剧）讨论的都是有关国家组织、战争、和平及青年的教育等问题，通过观剧使人们对这样的问题进行思索，提高他们的政治素质。关于古希腊戏剧的作用，苏联历史学家塞尔格耶夫有过一段评论，他说："希腊城邦底一般文化的高度水准，在很大程度上应该归功于组织民众、教育民众、启发民众的戏剧。演剧与民主的城邦是不可分离的，城邦的民主而没有演剧是不能想象的，有时候全城大概有一半人口都往观剧。"①

伯里克利的改革使雅典民主政制达到了最完善的地步。全体公民都有资格参加国家管理担任任何一级的国家官吏，公职人员由选举产生，任职期满后必须提出自己的工作报告，不称职者要受到法庭审判或撤职处分。各种公职人员间除军事管理方面外，一般都没有直接的梯级隶属关系，不存在终身职。合议的职务多于独任的职务。没有臃肿腐朽的官僚阶层，更没有被奉为神明的君主，一般来说，人人都是统治者，又都是被统治者。人民行使民主权利的场所主要有三个：民众大会、500 人议事会和陪审法庭。自梭伦以来，这三个机构经过不断的演变发展，已成为雅典最重要的国家机关，构成了雅典宪法最基本的部分。其组织分工如下：民众大会由全体公民组成，决定国家的一切内外政策，任命官员并对他们进行监督和审查，最高的立法权属于民众大会。经过大会讨论通过的具有一般性规范的决议，是当时雅典法律的重要渊源，一切公民均须遵守。500 人议事会由十个地域性部落按抽签法每个部落选出 50 名代表组成。它负责执行民众大会的决议，处理日常的国家行政事务，并有权预先审核提交民众大会讨论的议案。陪审法庭由每个部落选出600 人共 6000 人组成，实行独立审判，公开辩论的司法原则，法官判决时采用秘密投票的方式。除了负责审理各类重要的案件以及对普通案件的再审外，还有权审查批准民众大会通过的法律草案，并拥有违宪审查权。这种国家机关间的职能分工表明，当时雅典已经出现了历史上最早的"三权分立"的雏形，由民众大会行使立法权，500 人议事会掌握行政权，陪审法庭掌握司法权。不过这种分立十分粗糙，并不严密，三权之间互有渗透，如 500 人议事会享有部分的审判权，陪审法庭具有一定的立法职能等。不能把它简单地等同于现代资产阶级在同封建主义作斗争中所提出的三权分立，西欧封建社会末期，资产阶级为了获取自身的发展，要求把一部分权力从封建势力的代表者国王手里转移到资产阶级手里，从而提出了分权学说，因此具有阶级分权的意义。而在雅典，三机关的成员均由自由民构成，在他们之间并不存在阶

---

① ［苏联］塞尔格耶夫著：《古希腊史》，第 313 页。

级分权的问题，他们的分权是同一阶级内部成员的分工，是机关职能的分立。他们所考虑的是三项（议事、行政、司法）权力机构的各种组织形式，在合成为一政体时，可能具有哪些搭配方式。①

雅典除了存在三权分立的形式外，同时还具有制衡的因素，表现在三方面：

一是对立法权的牵制。民众大会掌握国家的立法大权，但它并不能擅自制定任何法律。当一个法律草案提出时，必须送交 500 人议事会讨论，然后对经过议事会讨论的草案进行表决，如果表决通过，还必须由陪审法庭加以审查，只有在陪审法庭批准以后，这个草案才成为正式的法律。因此，严格地说民众大会享有的只是对法律的创议权。除了立法程序上的制约外，陪审法庭可以根据控诉就具体的案件审查某项法律是否违反雅典的基本法，这种司法审查很好地预防了不良法案的提出和通过。

二是对行政权的牵制。贝壳放逐法对防止僭主复辟，保护民主政治起了重要作用。除此之外，它作为民众大会行使的一项权力，而体现了对行政权的制约。雅典的行政职权主要握在 500 人议事会手里。但有关军事方面的行政权则由十将军委员会行使。由于议事会是合议的机构，独任制的将军比议事会议员处于更为优越的地位，加上希波战争的爆发，使得将军的作用大为加强。雅典没有国家元首或政府首脑，将军在实际上成为国家的最有权力者。修昔底德说："雅典在名义上是民主政治但在事实上权力是在第一个公民手中。"由于将军并不像其他公职人员那样每年向民众大会汇报工作，且可连选连任，所以很容易形成行政职能高于其他两项职能的局面。民众大会掌握了弹劾权，对可能出现的将军的专横，对行政权的扩大起到了抑制作用。

三是对司法权的牵制。雅典设有各种专门的法院管辖不同的案件。对于划归最高审判机关陪审法庭审理的有关政治上和公务上的犯罪，民众大会具有编制判决案的权力，特别重要的国事犯罪案件，则由民众大会亲自审判。

三权分立与制衡，在一个奴隶制的国家里，能够建立这样一套严密的管理体制，说明其宪政的发展确实达到了极为完善的程度。

雅典事实上存在着三权分立，决非历史的偶然。亚里士多德在《雅典政制》中曾提到过一件事，他说："议事会从前本有通过罚金，监禁和死刑判决

---

① ［希腊］亚里士多德著：《政治学》，商务印书馆 1965 年版，第 309~310 页。

案的最高权力，但是，有一次，议事会已经把吕锡马库斯交付公众的行刑吏了，他正在坐着等死的时候，阿罗柏刻的优美里德斯却救了他，优美里德斯说，公民未经陪审法庭判决不得处死，到了陪审法庭举行审判的时候，吕锡马库斯却得免罪，……人民因而剥夺议事会判处死刑、监禁和罚金的权力，定出法律，凡议事会所通过的罪和罚的判决案必须由法官送交陪审法庭，而陪审官的任何投票都应当具有最高效力。"① 议事会被剥夺审判的最高权力，当然不会仅因这一件案子的错判，雅典长期以来具有民主的传统和自由的意识，不论是单人的僭主统治，还是少数人的寡头统治，都是他们不能接受的。可以设想，人们对议事会既掌握行政权同时又握有审判权是感到不妥的。因此，一当机会出现，他们便立即从议事会手里把审判的最高权力交给陪审法庭，由专门的司法机关来行使。这从一个侧面说明，雅典的权力分立是符合其民主精神的，是民主政制的重要内容。

雅典的三权分立对后世亦有影响，亚里士多德的《政治学》是在考察了包括雅典在内的古希腊 150 多个城邦国家的基础上写成的，正是在这本书里，他提出了分权与制衡的问题。孟德斯鸠亦对雅典的三权分立作过直接的考察，其分权思想的形成在一定程度上是受到了雅典的启发的，在其名著《论法的精神》一书中，他写道："司法权不应给予永久性的元老院，而应由选自人民阶层中的人员，在每年一定的时间内，依照法律规定的方式来行使（例如在雅典）：由他们组成一个法院。"② 至于现代资产阶级国家的三权分立，我们知道，其依据是来源于孟德斯鸠的分权理论。

三

雅典宪法民主化演进的全部历史表明，雅典国家走向奴隶制经济的繁荣和国家的强盛，乃是雅典宪法确立和坚持民主政治的结果。

希腊各国由于受大殖民运动的影响，都在不同程度上发展了一定的商品经济。此外，它们大多离海较近，有利于发展海外贸易。但是要使商品经济得到充分的发展还需要有一个民主的制度和自由的环境，这种条件，大多数希腊国家，如以斯巴达为首的伯罗奔尼撒同盟各国是不具备的。在雅典，贵

---

① ［苏联］亚里士多德著：《雅典政制》，商务印书馆 1959 年版，第 49 页。
② ［法］孟德斯鸠著：《论法的精神》上册，商务印书馆 1961 年版，第 157 页。

族专政时亦不具备这样的条件。梭伦立法，为工商业的发展和工商奴隶主集团掌握政权开辟了道路，这是梭伦宪法的主要贡献。克利斯提尼的改革确立了民主政治，阻滞商品生产的障碍消除了。民主政治使工商业奴隶主牢固地掌握了国家政权，推行了诸如奖励有技艺的工匠移居雅典、兴办市政工程、鼓励对外贸易等一系列有利于发展手工业和商业的政策，社会经济因此获得了迅速的发展。希波战争中，雅典依靠其强大的经济能力大力建设海军，战后跃升为希腊最大的海上强国，并被参加"提洛海上同盟"的各国奉为盟主。以后，虽然出现过氏族贵族的反动，但雅典宪法始终坚持民主政治并不断把它推向完善，从而保证了雅典经济的繁荣和国家的强盛。

雅典民主政制确立以前，社会的主要矛盾是平民反对贵族的斗争，斗争的长期性和激烈程度表明贵族的统治已经完全不能适应日益发展的商品生产的需要，雅典统治阶级清楚地看到了这一点并找到了解决这一矛盾的方法，这就是推行大规模的立法改革。他们深知不改革是没有出路的，只有通过改革，建立适合商品经济发展的民主政制，满足平民的政治要求，才能推动社会的进步，避免国家走向衰亡。在这种思想指导下，雅典先后发生了克利斯提尼、阿菲埃尔特、伯里克利等人领导的著名社会改革运动，雅典的民主政制正是在这一系列立法改革中建立和发展起来的。

雅典在确立民主政制的过程中所进行的立法改革，积累了丰富的历史经验。

首先，雅典在推行政治民主改革的过程中，经历了一场激烈的改革与反改革的斗争。贵族为了保持其世袭特权，进行了长期的、顽固的反抗，采用了诸如收买拉拢，勾结外国势力干涉，甚至暗杀等各种手段，妄图阻止改革的进行。但是，这一切并没有动摇民主派坚持改革的决心，他们认识到只有坚持改革，才是雅典的唯一出路。在短短的一百多年里，雅典连续进行了四次大的社会改革，而且一次比一次深入，使雅典宪法不断向民主化的方向前进，最终迎来了民主政治的全盛时期，贵族的反抗遭到了彻底的失败。雅典的斗争表明，改革是不可抗拒的历史潮流。但要取得斗争的胜利，还必须具备坚韧不拔的毅力，只有坚持下去，持之以恒，才能取得改革的成功。

其次，雅典统治阶级在坚持立法改革的同时，审时度势，循序渐进，根据不同时期阶级斗争的形势和阶级力量的对比，制定相应的斗争策略使改革在客观条件许可的范围内，有目的有步骤地逐步推进，不致走向极端，激化矛盾，使斗争双方同归于尽，从而导致立法改革的夭折。例如，梭伦改革前，贵族势力远远超过平民，在这种情况下，德拉古立法，颁布成文法典，虽然这一改革措施丝毫也没有损害贵族的实际利益，但是，它却结束了世代由贵族垄断法律的局面，这是民主派取得的初步胜利，也是在当时条件下所能够取得的最大胜利。到了梭伦改革时，平民力量已经发展到了和贵族势均力敌的地步，相应地，梭伦改革也采取了一种中庸调和的方法。他在谈到他改革的指导思想时说："我所给予人民的适可而止，……我拿着一只大盾，保护两方，不让任何一方不公正地占据优势。"实际上，梭伦的改革在一定程度上是侵犯了贵族的利益的，只不过由于当时在雅典推行政治民主化的尝试还是第一次，平民尚不具备直接管理国家的经验和政治素质，而拥有强大势力的贵族决不会放弃自己的特权，因此梭伦不敢也不能够在反对贵族的道路上走得太远，只能像他说的那样"适可而止"，否则为调停贵族与平民的冲突而进行的改革反而会引起更严重的暴乱，改革也会归于失败。亚里士多德说，梭伦在那样的情况下采取的是最优良的立法，从而拯救了国家，这种说法是不无道理的。然而到了伯里克利改革时，平民，尤其是工商奴隶主集团的势力已大大超过了贵族，这就使得他可以大刀阔斧地进行立法改革，把雅典民主政治推进到了它的全盛阶段。

最后，雅典的每次改革都拥有十分广泛的社会力量，这是推行大规模的社会改革所必不可少的。一个有趣的现象是，领导雅典实行政治民主改革的几位领袖人物均出身于贵族，然而他们却都站在平民一边，这从一个侧面反映了平民力量的威力，广大的平民是雅典社会改革的坚实基础。但是在另一方面，平民的斗争也必须要有其组织者和领导者，卓越的领袖人物的作用不容忽视。历史上，由于缺少天才的领导者，致使改革半途而废或走向极端的例子是不少的。雅典在推行社会改革的过程中涌现出了许多优秀的领袖人物，在他们各自所处的那个时代，顺应历史的发展，组织和领导了平民反对贵族的斗争，并取得了胜利。其中有些人，如梭伦，具有伟大的人格，宁愿让"已经进网的鱼跑掉"也不愿僭主窃取政权，而是根据具体情况，坚持他的改革，从而受到了人们的崇敬。民主派首领阿菲埃尔特为坚持立法改革惨遭政敌杀害，付出了生命代价。在他倒下之后，由伯里克利继承其未竟事业，把立法改革推进到了一个新的阶段，取得了更加辉煌的成就。无可辩驳的历史事实表明，雅典的立法改革，既找到了坚实可靠的社会力量，更有能够组织和发挥这支社会力量的杰出领袖人物，把雅典的民主政治不断推向前进。雅典为建立和完善其民主政制，坚持进行立法改革的历史经验，可以使我们在加强社会主义民主和法制建设的过程中，获得一些宝贵的启示，同时，也为我们提供了一些有益的借鉴。

行政法中蕴涵的限度理念[*]

　　与其他部门法领域一样，在行政法领域限度理论同样也发挥着重要的作用。行政法作为调整行政关系、规范行政组织及其职权、行政行为的条件与程序以及对行政活动予以监督的法律规范，其功能所指向的对象以及其所期望解决的问题在本质上也就是行政权力的限度——政府行政权力义务与行政相对人权利义务的界限。

一、行政法理论都是围绕行政权力的限度来认识或设计相关制度

　　行政法的理论基础问题是行政法赖以存在和发展的根本性问题，其中包含行政法的部门法特点，行政法的存在目的、主要内容、功能和作用、价值取向等基本问题。当然，基于不同的价值观对上述问题的认识也不尽相同，并因此形成了不同的观点和理论，如管理论、控权论、平衡论、服务论、公共利益论、公共权力论等。但笔者认为，无论哪一种理论其核心内容都是基本一致的，都是围绕行政权力的限度认识或设计相关制度的。以下以其中最有代表性的三种理论——管理论、控权论和平衡论为例来说明这一问题。

　　首先，控权论的称谓与其内容完全一致，认为行政法的本质就在于对政府权力的限制和控制，通过限制和控制政府权力以保障个人的权利和自由，从而实现政府权力的合理限度。控权论原来只是英美法系国家的主流理论，但在我国改革开放以后控权论也对我国行政法理论产生了较大的影响。在英美法系国家中，基于行政法限制和控制政府权力的特征很多学者也将行政法称之为"控权法"。如英国行政法学者韦德就直接将行政法定义为"控制政府

---

　　[*] 与王占洲合著，原载《贵州警官职业学院学报》2014 年第 2 期，中国人民大学复印报刊资料《宪法与行政法学》2014 年第 10 期全文转载。

权力的法"，① 美国行政法学者戴维斯则认为"行政法是有关行政机关权力和程序的法律，其中特别包括了有关对行政行为进行司法审查的法律"。② 也可以说，英美法系国家的控权论是在认识到个人与国家存在不平等的基础上，为避免处于弱势一方的公民个人的权利自由受到处于强势一方的政府的不恰当的压制，而对政府权力作出的必要的限制和控制。简言之就是，只要能够实现对公民个人权利自由的保护，就不惜削弱政府的公权力，将公民个人权利自由置于保护的首位，而政府的公权力则处于明显的次要地位。这与英美法系国家自身的历史发展过程是相一致的，无论是英国的君主立宪制还是美国的联邦共和制都经历过与君主强权的博弈，都是根源于公民对个人权利自由的不倦追求，他们害怕出现政府公权如同君主强权一般再度凌驾于公民个体的权利自由之上，因而在他们的思想体系中强调的是政府公权源于公民私权，政府公权服务于公民私权，政府公权不得侵犯公民私权等。产生于这一思想体系的控权论当然也继承了这一主张，在处理政府公权与公民私权的关系时，首先考虑的是对政府权力的限制和控制，除非政府公权的增加确实有利于对公民私权的保护，也就是说将政府公权限制于保护公民私权的必要限度之内，或者说只有在公民私权不足自保的领域才需要政府公权的介入，超出这一限度即为可能损害公民私权之因素，应当予以限制和控制。从这个意义上讲，我们认为控权论所指的对政府权力的限制和控制也可称为政府公权的消极限度，其研究的核心为政府公权可以缩小在何种范围之内。

其次，管理论所要解决的核心问题实际也是国家管理权力的限度，尽管不能说管理论无视公民个人的权利自由，但与控权论严格限制行政公权不同的是管理论更为关心行政公权要大致何种程度才足以有效实现国家的管理职能。"在整个计划经济时代，无论是前苏联、东欧各国，还是改革开放前的我国，占主导地位的仍然是管理论"。③ 在管理论中行政法也被称为管理法，"行政法作为一种概念就是管理法，更确切一点说，就是国家管理法……行政法规范调整苏维埃国家管理范围内的社会关系，即在社会主义和共产主义建

---

① H. W. R. Wade. *Administrative law*. oxford, 1982, p. 4.

② K. C. Davise. *Administrative law text*. West publishing co. 1972, p. 1.

③ 姜明安主编：《行政法与行政诉讼法》，北京大学出版社、高等教育出版社 1999年版，第 75~76 页。

设中为了完成国家任务和行使国家职能而进行实际组织工作的过程中产生的关系"。① 从这个意义上讲，行政法也就是调整国家管理关系、规定国家管理的原则和制度的法，是保障行政权的有效行使、提高行政效率、维护公共利益和社会秩序的法。尽管持管理论的学者在强调保障政府行政公权有效施行的同时也从不否认对公民个人的权利自由所应当给予的保护，但问题在于政府的行政公权被放在首要地位，其逻辑基础为只有在政府有效发挥其管理职能时，公民的个人权利自由、公共利益和社会秩序才可能得以维护，基于此，当政府行政公权与公民个人权利自由发生冲突时，首先考虑的是政府的行政公权，其次才是公民个人的权利自由。这一点在苏联时期表现得尤为突出，目前的朝鲜也是如此，近期其实施的币制改革使得普通公民十数年的积蓄一夜之间化为乌有，无论其出于何种维护国家利益的考虑都难以证明这种做法的合理性，一些激进的论者甚至指出这种做法根本就是对公民私权肆无忌惮的侵害。② 当然，如果仅仅因为这些情况的存在就对管理论全盘否定也是不客观的，管理论在历史上曾经有过的正当性是无可辩驳的，故而与其否定管理论的合理性还不如说管理论自身是一种适合于特定历史时期的理论，是特定历史的特定产物。客观地讲，管理论在其创立之初是具有其合理的理论和事实根据的。③ 在苏联建立初期社会主义政权极不稳固，作为唯一的社会主义国家处于各种反对势力的包围之中，这一时期的首要任务就是巩固政权、恢复和发展国民经济、解决国家和人民的基本生存问题，在此任务完成之前空谈公民个人私权和控制政府行政权力是毫无意义的，而管理论所提出的强调和加强政府的集中管理更有利于解决此时的各种迫切问题。具体到行政法领域，就表现在行政法的指导思想上在处理行政主体与行政相对人的关系上强调命令与服从关系、强调领导和管理。客观地讲，管理论的不合理性主要体现在特定历史条件发生变化之后的故步自封，当社会主义国家政权相对巩固，国家的社会、经济、政治等已经发展到应当给予公民私权足够的尊重和重视时，

① 马诺辛等著：《苏维埃行政法》，黄道秀译，群众出版社 1983 年版，第 29 页。

② 《朝鲜币制改革的深层原因令人不寒而栗》，载 http://hi.baidu.com/wjxhawking/blog/item/0d18af4558dc6d2ccefca339.html。

③ 方世荣、石佑启主编：《行政法与行政诉讼法》，北京大学出版社 2005 年版，第 27 页。

管理论仍然还在过分强调政府的管理权力。但不管怎么说，管理论的核心也仍然是政府权力的限度，只不过其追求的是政府为实现其管理职能所需要的最大限度的权力，这就导致在处理政府公权与公民私权的关系时，首先考虑的是对政府行政权力能否满足管理国家的需要，只要是为了管理国家的需要政府行政权力可以得到最大限度的扩张，相应地公民私权也可以受到最大限度的限制。从这个意义上讲，我们认为管理论所指的政府权力的限度也可称为政府公权的积极限度，其研究的核心为政府公权可以在何种范围之内最大限度的扩张。

再次，平衡论作为行政法的基础理论是在吸收了管理论与控权论的合理因素的基础上，由我国著名行政法学家罗豪才教授等人于 20 世纪 90 年代所创立的。相对管理论与控权论而言，其并未片面强调政府公权的积极限度或消极限度中的某一个方面，也即其既不是将一切行政制度设计都建立在对行政公权的不当增长损害私人权利的可能性的过度考量上，也不是为了实现政府的集权和集中管理而忽视对公民个人私权的保护或者将公民个人私权置于政府公权之下的次要地位，而是更多地关注行政相对人权利与政府行政公权之间的非对抗性和实现公共利益与个人利益双赢的可能性，因而我们也可以认为平衡论所追求的最终目的就是政府行政公权与公民私权达到平衡的临界点——两种权利义务达成良性互动的合理限度。平衡论认为政府行政公权与行政相对人权利应该处于总体平衡状态，基于此，行政法应该是"平衡法"，它既要保障行政权的有效实施，也要严格保护行政相对人的基本权利，既要防止行政权的滥用和违法行使，也要避免对行政公权的过度限制致使行政效率的低下。其主张"行政权既要受到控制，又要受到保障；公民既要受到保护，又要受到约束；行政权与公民权之间也应既相互制约，又要相互平衡。行政法可以表述为调整行政关系和基于行政关系而产生的监督行政的法律规范体系"。① 尽管平衡论产生于 20 世纪 90 年代我国建设社会主义初级阶段理论逐步形成的时期，是在那个特定历史时期经济领域开始全面建立社会主义市场经济体制、政治领域开始进一步扩大社会主义民主、社会主义法制建设逐步完善所导致的必然产物，但在进入 21 世纪我国在政法经济等各个领域都取得了举世瞩目的巨大发展之后，平衡论仍然显示出强大的生命力。一方面，

---

① 罗豪才著：《现代行政法的平衡理论》，北京大学出版社 1997 年版，第 10~17 页。

266 / 刘鹏法学文集 / LIUPENG FAXUE WENJI

平衡论能够较其他理论更好地适应社会主义初级阶段政治经济发展的需要，也能够更好地反映社会主义初级阶段行政法的本质特征和重点任务——妥善处理社会整体发展与公民个人发展之间的可能发生的冲突。因为平衡论既重视行政相对人的权利也未忽视政府行政主体行政效率的提高，既承认政府行政公权与行政相对人私权之间的潜在冲突性但也更重视对两者共性的发掘，并提出对其中任何一方的过度限制都不可能达成最佳的社会整体发展，因为对于一个群体的发展而言，最佳的结果不是群体或个人中的某一方面实现成果最大化，而是群体中的每一个成员都做对自身和群体最有利的事，追求和实现的都是对自身和群体最有利的成果——社会整体利益和公民个人利益的共赢。要此基础之上，平衡论相对于其他理论对政府行政公权或公民个人权利的单方限制，更注重调动行政主体和行政相对人的积极性，对两者既要约束又要激励，促使两者形成良好的互动关系。另一方面，平衡论也是一个开放的与时俱进的理论，既接受实践的检验，也随着社会的发展不断完善和丰富自身，其与构建社会主义和谐社会的基本精神是完全一致的。胡锦涛同志指出，"实现社会和谐，建设美好社会，始终是人类孜孜以求的一个社会理想，也是包括中国共产党在内的马克思主义政党不懈追求的一个社会理想。根据马克思主义基本原理和我国社会主义建设的实践经验，根据新世纪新阶段我国经济社会发展的新要求和我国社会出现的新趋势新特点，我们所要建设的社会主义和谐社会，应该是民主法治、公平正义、诚信友爱、充满活力、安定有序、人与自然和谐相处的社会"。① 因而也可以说平衡论所追求的权利平衡实际上就是社会和谐，而实现公共利益与个人利益双赢的平台实际上也

---

① 《胡锦涛强调扎实做好工作大力促进社会和谐团结》，载 http://news. xinhuanet. com/newscenter/2005-02/19/content_2595497.htm。民主法治，就是社会主义民主得到充分发扬，依法治国基本方略得到切实落实，各方面积极因素得到广泛调动；公平正义，就是社会各方面的利益关系得到妥善协调，人民内部矛盾和其他社会矛盾得到正确处理，社会公平和正义得到切实维护和实现；诚信友爱，就是全社会互帮互助、诚实守信，全体人民平等友爱、融洽相处；充满活力，就是能够使一切有利于社会进步的创造愿望得到尊重，创造活动得到支持，创造才能得到发挥，创造成果得到肯定；安定有序，就是社会组织机制健全，社会管理完善，社会秩序良好，人民群众安居乐业，社会保持安定团结；人与自然和谐相处，就是生产发展，生活富裕，生态良好。这些基本特征是相互联系、相互作用的，需要在全面建设小康社会的进程中全面把握和体现。

就是我们所要建设的社会主义和谐社会。从这个意义上讲，平衡论的核心也仍然是权利的限度，只不过其追求的既不是政府为实现其管理职能最大化所需要的最大限度的权力，也不是为保护公民私权而对政府行政公权做出的最大限度的限制，既不是政府公权的积极限度也不是政府公权的消极限度，而是政府公权与公民私权达成平衡的限度，是为了构建社会主义和谐社会而在两者之间作出的必要限制和自我限制，也可以说其就是公民私权与政府行政公权之间的平衡限度。

二、行政法律关系反映了各方主体行使权利履行义务的合理限度

行政法律关系是行政法对由行政活动产生的各种社会关系加以调整后，所形成的行政主体相互之间、行政主体与行政相对人之间以及行政主体与其他各方之间的权利义务关系。在行政法律关系中各主体权利义务相互对应，各方在行使权利的同时都必须履行义务，各方的权利义务都处于相互制约之中，相应地，一项具体的行政法律关系也应当是处于这种制约和被制约关系所形成的限度之内，或者也可以说行政法律关系也就是反映了各方主体行使权利履行义务的合理限度。

首先，行政法律的基本内容是指行政法律关系主体相互之间的权利义务。尽管行政法律关系的主体较为广泛，行政主体与不同的相对方发生关系时可能形成不同的法律关系，相应的在不同行政法律关系中的具体权利义务也各有区别，但有一点却是各种行政法律关系所具有的共性特征——即无论何种类型的行政法律关系中的权利义务都是有限的权利义务且权利义务之间还互为限度，同一行政主体的权利义务是如此，不同行政主体之间、行政主体与行政相对人之间及监督主体与行政主体之间的权利义务也是如此。例如，行政主体与行政相对人之间的权利义务关系，从基本特征上讲，行政主体具有权力与行政相对人具有义务的关系表现为一种以行政主体为主导的、不对等的权力与义务结构，但这并不意味着行政主体对行政相对人具有无条件性的绝对性的支配性。事实上，除非在处理自然灾害、突发事件、战争等紧急状态下必须首先满足行政主体行使权力的特殊情况之外，这种权力义务结构甚至都不是两者之间关系的主要部分。通常情况下，处于主导地位的应当是与之相反的权利义务结构，通过这种权利义务结构强调行政相对人对行政主体的限制，因而也可以说这种权利义务结构为权力义务结构设定了必要的限度，

以限制行政主体行使权力不超过合理界限。当然，需要注意的是我们在上述分析中所指的权利义务结构处于主导地位在很大程度上主要是通常的认识或主要是理论上的认识，在社会实践中经常会发生行政主体权力凌驾于行政相对人权利之上的情况，其反映的就是权力义务结构超出合理限度所导致的结果。

其次，行政法律关系的产生也受制于特定的法定理由和行政法的规定，一项具体的行政法律关系的产生也即在法定限度内满足了产生行政法律关系的全部必要条件。一般来讲，行政法律关系的产生是指因法定事由出现后，行政法律关系的主体之间按行政法规定的权利义务模式形成的必然的权利义务关系。① 由此我们可以看出，行政法律关系必然首先满足两个前提条件才可能得以产生，其一是行政法已经规定了权利义务的模式，其二是客观上已经具有了适用行政法规定的权利义务模式的法定条件——法律事件和法律行为。这两项条件实际上也就为行政法律关系的产生划定了清晰的边界，在此限度之内能够产生行政法律关系，反之则不行。如法律事件无论是社会事件还是自然事件虽然都是不以人们的意志为转移的事件，但也并非只要有具体的事件发生就会引起行政法律关系，而要求这一具体的事件必须处于行政法规定的权利义务模式的限度之内。我国户籍法规规定"婴儿出生后一个月以内，由户主、亲属、抚养人或者邻居向婴儿常住地户口登记机关申报出生登记。弃婴，由收养人或者育婴机关向户口登记机关申报出生登记"。这就是表明行政法规已经设定了户口登记法律关系的法定模式，当然仅有此规定并不能直接产生户口登记法律关系，还必须要有自然人出生这一法定事件，自然人一旦出生无论其亲生父母的态度如何均不影响户口登记法律关系的形成，户主、亲属、抚养人、邻居、收养人或者育婴机关都有权利完成该项行政法律关系。就法律行为与行政法律关系的产生而言同样也是如此，法律行为是产生行政法律关系的最主要的法律事实，但这种法律行为也只能是行政法预先规定的行为，即行政法预先将此行为纳入了能够引起行政法律关系的权利义务模式之中。如公安机关有权通过处以具体的治安管理处罚要求非法持有 5 克海洛因的违法行为人承担 5 天行政拘留和 1000 元罚款的义务，但前提必须是《治

---

① 方世荣、石佑启主编：《行政法与行政诉讼法》，北京大学出版社 2005 年版，第 37 页。

安管理处罚法》已经明确规定对非法持有鸦片不满 200 克、海洛因或者甲基苯丙胺不满 10 克或者其他少量毒品的违法行为人可以处 10 日以上 15 日以下拘留，还可以并处 2000 元以下罚款。也就是说，如果没有法律作出的对特定行为处以治安管理处罚的相关规定，则公安机关不能对该特定行为给予治安管理处罚，也就不能引起治安管理处罚法律关系。

再次，行政法律关系的变更就其实质而言就是在法定限度内产生的局部变化。行政法律关系的变更，是指在法律关系产生后因一定的原因而发生了局部的变化。这里特别要注意的是只有法定限度内的原因才可能导致行政法律关系的变更，超出了法定的限度则可能形成新的行政法律关系而不仅仅是原行政法律关系的变更。主体的变化可发生行政法律关系的变更，但必须限定于主体的变更不影响原权利义务。例如，某企业未经环境保护行政主管部门同意，擅自拆除或者闲置防治污染的设施，污染物排放超过规定的排放标准，被环境保护行政主管部门责令重新安装使用，并处罚款。但在缴纳罚款之后将治污染的设施重新安装使用之前，该企业被其他企业兼并，也即行政法律关系中的主体发生了变化，但这种变化并不影响原权利义务的质和量，只不过是由兼并后的企业继续承受原企业重新安装使用防治污染设施的义务。但是主体的变化超出了影响原权利义务的必要限度，改变了原权利义务的质和量时，则不再是行政法律关系的变更，而是行政法律关系的消失了。如前例中某企业不是被兼并而是依法宣告破产了，则重新安装使用防治污染设施的义务也因没有承接主体而随之消灭。再如客体的变化也可能引起行政法律关系的变更，但必须限定于客体发生的变化不影响原权利义务。根据我国《海洋环境保护法》之规定："海岸工程建设项目的环境保护设施，必须与主体工程同时设计、同时施工、同时投产使用。环境保护设施未经环境保护行政主管部门检查批准，建设项目不得试运行；环境保护设施未经环境保护行政主管部门验收，或者经验收不合格的，建设项目不得投入生产或者使用。"某海岸工程建设项目的环境保护设施未达到规定要求即投入生产、使用的，被环境保护行政主管部门责令其停止生产，并处 10 万元的罚款。在停止生产并缴纳了 10 万元罚款之后，该海岸工程建设项目的建设单位主动完善并使用了环境保护设施，此时应可视为客体发生了不影响原权利义务的变化。因为停止生产是为了避免造成实际的环境污染，而完善并使用了环境保护设施也能达到同样的效果，故该项行政法律关系只是发生了变更。但如果超出了客体发生的变化不影响原权利义务的限度则不能发生行政法律关系的变更，如被处以行政拘留的违法行为人就不可能用缴纳罚款来换取行政拘留执行期间的人身自由。基于此，我们认为行政法律关系的变更只能是合理限度内的原因所引发的局部变化。

最后，在行政法律关系的消灭中也存在着限度问题，如行政法律关系的各方主体在处理自己的权利时就会受到不同的限制。行政法律关系的消灭是指原行政法律关系不再存在，包括主体、客体和内容的消灭。其中行政法律关系的主体可以通过放弃权利导致行政法律关系消灭，但需要注意的是并非所有的行政法律关系都可以放弃自己的权利，某些特定行政法律关系主体根本不能放弃权利而使行政法律关系消灭。在行政法律关系的各方主体中，行政相对人可以通过放弃权利而使行政法律关系消灭，因为行政相对人的权利属于自己可以自主处分自己的权利，一旦他们放弃权利也就意味着他们基于自己的意志免除了行政主体承担的相应义务，从而也就消灭了双方原有的行政法律关系。如依我国《国家赔偿法》之规定，如果行政机关及其工作人员在行使行政职权时以殴打等暴力行为或者唆使他人以殴打等暴力行为造成公民身体伤害的，受害人有要求行政机关赔偿的权利，该行政机关也依法负有赔偿的义务，也就是说因为行政机关的违法行为导致其与受害人之间形成了行政赔偿法律关系。行政机关的行为在引起该行政赔偿法律关系时起到了决定性的作用，但在决定该行政法律关系以何种形式结束时则由受到伤害的行政相对人掌握更多的主动权，因为行政相对人的权利属于可由自己自主支配的权利，只要其处于意志自由的状态就可以决定行使或者放弃该项权利，一旦他们作出了放弃行政赔偿权利的决定，也就免除了行政主体的赔偿义务，从而导致双方行政赔偿法律关系的消灭。与行政相对人相反，行政主体放弃权利则受到了严格的限制，除非是国家赋予的行政权力之外的其他权利，否则行政机关不得随意放弃，因为国家赋予的权力对于行政机关而言既是权力同时也是义务，行政机关有权力实施某行为也就意味着其有义务实施某行为，而义务是不得放弃的。如在治安案件调查结束后，对那些确有依法应当给予治安管理处罚的违法行为，公安机关应当根据情节轻重及具体情况对违法行为人作出处罚决定。在此作出处罚决定既是公安机关的权力也是公安机关的义务，这种权力是不能放弃的，如果公安机关在应当作出处罚决定时放弃了权力导致了治安处罚法律关系的消灭，则公安机关就不仅仅是放弃权力还是不依法履行自己的义务，应当对此承担相应的法律责任，该具体违法行为的受害人或监督机关也可要求公安机关依法履行职责，并且还可追究其行政不作为的法律责任。由此可见，即使对权利的放弃也必须受到必要限度的限制，超出了限度不仅不能消灭行政法律关系还会在此基础之上形成新的行政法律关系。

三、行政法基本原则所揭示的核心也是权力义务的限度

行政法的基本原则是指反映现代民主宪政精神，集中体现行政法的目的和价值，贯穿于行政法规范之中，并指导行政法的制定、执行和遵守，规范行政行为实施和行政争议解决的基本准则和原理。其蕴涵着行政法的精神实质，是行政法的具体原则和规则存在的基础，也是行政法理论中带有基础性、根本性的问题。[①] 行政法的基本原则是行政法在控制行政权的过程中逐步形成并由行政法学者概括和总结出来的，是人们对行政法现象的理性认识。尽管由于受到不同法域、不同政治体制、不同历史背景等因素的影响，人们对行政法基本原则有着不同的表述，但无论是何种表述都有一个共同点，那就是它们都是围绕着一个具有统一性和稳定性的基本精神把数量众多、易于变动的行政法规范贯穿起来，而这一基本精神就是权力义务的限度。

首先，合法行政的实质就是在合符法律规定的限度内行使行政权。一般来讲，合法行政是依法行政原则的首要内容，要求行政机关实施行政职权必须依法律法规进行，否则行政机关不得作出影响行政相对人权益或增加行政相对人义务的决定。具体体现在职权法定、依照法律规定行政、法律优先和法律保留四个方面。职权法定反映了行政职权在实体内容上的限度，其要求所有行政权力的取得必须都源于法律的创设和规定，行政权力的行使都必须以法律为依据。我们可以从两方面理解职权法定为行政职权所设定的限度，一方面职权法定是行政职权在内容、范围和行为限度上确保合法的根据，唯有由法律创设和规定的行政职权是行政主体据以行政的依据，否则行政主体不得为之，从另一方面讲职权法定也就意味着逾权无效，法律法规在规定行政权力的同时，必然会在行政权力的时间效力、空间效力、运用程度、运用

---

① 方世荣、石佑启主编：《行政法与行政诉讼法》，北京大学出版社 2005 年版，第48 页。

方式等方面设定必要的界限，超越这些界限行使行政职权即为不合法。如《治安管理法》规定殴打不满 14 周岁的人应处 10 日以上 15 日以下拘留，并处 500 元以上 1000 元以下罚款，则公安机关在处理此类案件时就决不能依自己的好恶对违法行为人处以超过 15 日的行政拘留。依法的规定行政也可被认为是对行政职权在适用程序上的限制，其要求行政主体行使行政职权不仅不得超越法定的权限，还必须遵循法定的程序。这也是法律为了保证程序正义而对行政主体实施行政行为的方式、步骤、时限、顺序等所设立的必要限度，毕竟非依法定程序取得的证据或得出的结论都是不可靠的。法律优先则反映了不同位阶层次的法律文件的效力限度，法律优先"亦即法律对于行政权之优越地位，以法律指导行政，行政作用与法律抵触者应不生效力"。① 具体而言就是法律、行政法规、行政规章的效力依次而定，下一位阶的法律规范不得与上一位阶的法律规范相抵触，否则即为无效。也就是说下一位阶的法律规范的效力限度就是必须建立在与上一位阶的法律规范不相抵触的前提之下。法律保留的实质也可以理解为行政权力的设立限度，其要求凡有关限制或剥夺行政相对人基本权利的重大立法事项必须由立法机关通过法律规定，行政机关不能通过行政法规加以规定，除非已经取得了立法机关的法律授权。总的来说，合法行政实际也就是要求行政主体必须在法律规范已经划定的限度内来设立或行使行政权力。

其次，合理行政的实质是行政自由裁量权的合理限度，是在合法行政的基础上对行政权力所作的进一步限制。合理行政要求行政主体不仅应当依据法律的明文规定实施行政行为，还必须同时不违背公平正义的基本要求。之所以要考虑公平正义的要求主要是因为自由裁量权的存在，更深层次的原因是社会生活的复杂性和行政活动的复杂性。面对这种复杂性行政法律规范不可能在细节上完全同步发展，甚至可以说行政法律规范永远也不可能赶上社会的变化，因而行政法律规范做不到对每种行政权力都作出全面的具体的规定，太过细致则可能使得行政法对一些不可预知的新情况无法调整。基于法律规范的稳定性和严肃性也不可能随变随改，为了尽管可能适应社会生活的复杂性和快速变化，其必然要在符合法律规范的前提下针对一些可能出现的

---

① 成仲模著：《行政法之基础理论（增订新版）》，台湾三民书局 1994 年版，第 5 页。

新情况作出预见性或原则性规定，使得行政主体对这种新情况作出及时的反应。行政机关的这种在法定范围和幅度内根据自己的判断作出决定并行动的权力也就是行政自由裁量权。关于行政自由裁量权的规定在行政法律规范中广泛存在，事实上在行政法律规范中凡非确定性规定都包含或多或少的行政自由裁量权，如"对经限期治理逾期未完成治理任务的企业事业单位，除依照国家规定加收超标准排污费外，可以根据所造成的危害后果处以罚款，或者责令停业、关闭"。"强买强卖商品，强迫他人提供服务或者强迫他人接受服务的，处五日以上十日以下拘留，并处二百元以上五百元以下罚款；情节较轻的，处五日以下拘留或者五百元以下罚款"等。这些存在"可以""或者"之处都赋予了行政主体可选择性，给行政主体留下了自由活动的空间，根据这些规定行政主体选择"是"或"否"应当都不违背合法行政的要求。从积极的方面看，行政自由裁量权的这种可选择性使其能够灵活适应社会生活的变化，但这种灵活性也使其不可避免地更易于被滥用，毕竟行政自由裁量权也是行政权力之一，同其他行政权力一样也具有国家意志性、法律性、强制性和主动性，仅仅依靠赋予其灵活性的行政法律规范不足以保证行政主体作出最佳的或者最有利于行政相对人的选择，因而对其必然进行合法性控制之外的进一步限制，以保证行政主体公正合理地行使行政自由裁量权。一般而言控制行政自由裁量权不是依靠行政法律规范而是行政法的原则和精神，但也并非没有具体的标准和内容。关于合理性的标准和内容，在各国行政法上都有自己的观点，如在美国，法官们认为滥用自由裁量权的类型包括：（1）不正当的目的；（2）错误的和不相干原因；（3）错误法律或事实根据；（4）遗忘了其他有关事项；（5）不作为或迟延；（6）背离了既定的判例和习惯。[①] 这些关于合理性的具体内容和标准当然也就是对行政自由裁量权作出的具体限度。

再次，程序正当也是在程序合法基础之上对行政主体行使行政权力作出的进一步限制。行政程序正当，是指行政机关必须遵循正当公正的程序才能行使行政权力作出影响行政相对人权益的决定。而且对于程序的正当性、公正性也不是仅仅停留在法的精神层面，在成文法中也有具体反映。在美国，

---

① ［美］伯纳德·施瓦茨著：《行政法》，徐炳译，群众出版社 1986 年版，第 571 页。

其宪法中规定"非经正当法律程序，不能剥夺任何人生命、自由和财产"，其程序正当性具体落实在任何人不得作为自己案件的法官并且任何人在行使权力可能给他人造成不利影响时必须听取对方的意见。在我国，在国务院《全面推进依法行政实施纲要》中也规定：行政机关实施行政管理，除涉及国家机密和依法受到保护的商业秘密、个人隐私以外，应当公开，注意听取公民、法人和其他组织的意见；要严格遵循法定程序，依法保障行政管理相对人、利害关系人的知情权、参与权和救济权等。其中行政公开就是通过公开行政活动的依据、过程、结果和相关情报信息等以保障行政相对人的知情权和参与权；行政主体在作出行政决定特别对行政相对人不利的决定时，负有说明作出行政决定的事实根据和法律根据的义务，还应当事先通知相对人，并听取其对在关事实、理由的陈述和申辩，在作出涉及相对人的重大权益的事项时还应当依法举行听证等。在其他的行政法律规范中也明确规定了正当程序的内容，如《治安管理处罚法》中就规定了"公安机关作出治安管理处罚决定前，应当告知违反治安管理行为人作出治安管理处罚的事实、理由及依据，并告知违反治安管理行为人依法享有的权利。违反治安管理行为人有权陈述和申辩。公安机关必须充分听取违反治安管理行为人的意见，对违反治安管理行为人提出的事实、理由和证据，应当进行复核；违反治安管理行为人提出的事实、理由或者证据成立的，公安机关应当采纳。公安机关不得因违反治安管理行为人的陈述、申辩而加重处罚。"基于此，我们认为这也就是对行政主体行使行政权力在程序上设立的正当性限度。

警察视角下群体性事件内涵的法律再解读[*]

　　明晰的定义是实践中公安机关对特定行为或案件作出准确处理的必要前提，不能清楚地了解自己的工作对象也就不可能保证其案件处理的准确度。对于群体性事件来讲尤其如此，相当多的真实案例显示，聚集的人群由几个或几十个人的可控状态演变为成千上万人的失控状态、由理性的克制爆发为彻底的疯狂往往只需要数小时，甚至更短。① 在这极为有限的时间内，公安机关如果不能准确地把握自己所面对的对象，就可能失去对事态发展的控制能力。也就是说，对群体性事件的准确理解是有效处置群体性事件的决定性条件之一。② 但就是这样一个至关重要的因素却至今没有确立科学的系统化的法律内涵。从立法上看，我国现行法律法规均未对群体性事件作出直接的明确的界定；从实务工作来看，实务部门虽然尝试解释群体性事件，但要么只是将其等同于普通的违法犯罪行为，没有反映出群体性事件自身的特点，要么

---

　　* 与王占洲合著，原载《江苏警官学院学报》2012 年第 5 期。获 2012 年贵州省公安厅科技强警二等奖。

　　① 除了称谓上的区别之外，在英、法、德等发达国家发生的群体骚乱已向世人显示，不特定多数人在没有共同的或者明确的违法犯罪目的的情况下共同实施的违法犯罪行为并非只能归因于特定的社会制度，也许在目前的情况下，如何处理这些行为的技术性研究可能比对如何消除其根源的研究更具有现实意义。

　　② 2009 年中办、国办印发的《关于实行党政领导干部问责的暂行规定》第 5 条规定："对在行政活动中滥用职权，强令、授意实施违法行政行为或者不作为，引发群体性事件或者其他重大事件的；对群体性、突发性事件处置失当，导致事态恶化，造成恶劣影响的，应当追究党政领导干部的责任。"

只是作为适用对象对群体性事件作概括性列举和描述。① 在理论界，学者们对群体性事件的含义虽然作出了不同的理解，但仍然存在着较大的争议，而且大多忽视了从法规范角度来理解群体性事件的规律和特点。这种情况的存在对于预防和处置群体性事件是非常不利的，因而，笔者试图联系法理、相关法律规定和群体性事件自身的特点对群体性事件进行系统化研究，② 以期能够揭示群体性事件的法律内涵。

一、当前群体性事件内涵界定的法规范解读及问题分析

从现有规范性文件对群体性事件的规定和学术界对群体性事件的不同观点来看，其都在尝试基于不同的视角定义群体性事件的内涵，但效果却不是很好，至少没有能够满足公安实践的需要。

（一）《关于积极预防和妥善处置群体性事件的工作意见》

中共中央办公厅 2004 年制定的《关于积极预防和妥善处置群体性事件的工作意见》（以下简称《工作意见》）虽未直接规定群体性事件的概念，但其将适用对象规定为"由人民内部矛盾引发、群众认为自身权益受到侵害，通过非法聚集、围堵等方式，向有关机关或单位表达意愿、提出要求等事件及其酝酿、形成过程中的串联、聚集等活动"。故而也可将其视为法律文件所作的首次界定。其问题在于强调了政治属性而忽视了定义的法律属性：首先，将非法律概念设为认定群体性事件的前提条件。其认为群体性事件是由人民内部矛盾引发，这在实践中难以把握，何为人民内部矛盾无法依据现行法律法规作出认定，对非人民内部矛盾的认定同样如此。例如，因强拆造成当事

① 前者如 2000 年公安部颁发的《公安机关处置群体性治安事件规定》（已废止）中群体性治安事件的定义及其范围，是指聚众共同实施的违反国家法律、法规、规章，扰乱社会秩序，危害公共安全，侵犯公民人身安全和公私财产安全的行为。后者如 2008 年公安部颁发的《公安机关处置群体性事件规定》，其未明确群体性整体的定义，而只是分别规定了不得动用警力直接处置的群体性事件和依法采取措施妥善处置的群体性事件。

② 这里的系统化研究，是指从群体性事件的本源开始、联系法理和违法犯罪理论等所赋予它的特定要求对其进行层层递进的论证，而不仅仅是只从字面上给出一个概念性的表述。于我来说，对群体性事件进行系统化研究的尝试也许是肤浅的，甚至得出的结论也存在错误的可能，但这种研究本身或者这种思路对于确定一个法律概念的内涵来说应当是必要的。

人自焚死亡，继而引发群体骚乱，可否归因于人民内部矛盾？再如，司法人员收受贿赂枉法裁判致无辜人员死亡是否属于人民内部矛盾？此规定导致其可操作性降低。其次，其将主体行为设定为"表达意愿、提出要求等事件"和"酝酿、形成过程中的串联、聚集等活动"，而将"非法聚集、围堵等"视为手段行为。但从法律的适用而言，"非法聚集、围堵等"才是法律所关注的对象，是否"表达意愿、提出要求"并不能改变行为的性质。故而，从司法角度看，此规定有本末倒置之嫌。再次，从实践情况来看，由"群众认为自身权益受到侵害"所作的限制不尽合理。例如，在瓮安"6·28"事件中，与诉求主体没有任何关系的黑社会性质组织成员积极组织、策划和实施了群体骚乱事件，将其视为"群众认为自身权益受到侵害"而实施的行为未免太过勉强。最后，从逻辑上看，其存在有一定的循环解释的问题。其将群体性事件界定为："……等事件及其酝酿、形成过程中的串联、聚集等活动。"定义项中的核心词与被定义项完全相同，仍然是事件，而且事件在汉语中并非众所周知的公理性的词汇，这种同语反复的结果就是其只能解释被定义项的表象特征，而未能揭示其本质属性。①

（二）《公安机关处置群体性事件规定》

公安部于 2008 年根据中共中央办公厅《工作意见》制定了《公安机关处置群体性事件规定》（以下简称《规定》），其中分别规定了不得动用警力直接处置的群体性事件和依法采取措施妥善处置的群体性事件。不得动用警力直接处置的群体性事件包括："（一）集会、游行、示威活动发生在校园、单位内部，尚未发生行凶伤人、非法拘禁或者打砸抢烧行为的；（二）聚众上访尚未发生堵门、堵路、拦截车辆、围攻殴打国家机关工作人员或者其他严重违法行为的；（三）对因征地拆迁、企业改制、拖欠工资或者养老金、环境污染、非法集资等与群众切身利益密切相关的群体性事件，聚众现场尚未严重危害交通和治安秩序的；（四）其他人民内部矛盾尚未激化、可以由有关主管

① 我们可以通过一个简单的例子来说明，如将黑山羊解释为黑色的山羊。对于这样的解释，知道何为山羊也就能知道何为黑山羊，不懂何为山羊也就不懂何为黑山羊。之所以出现这样的结果，原因就在于定义项与被定义项使用了完全相同的核心词，定义项不能揭示被定义项的本质属性。

部门化解的群体性事件。"① 对于这些群体性事件公安机关只可派出便装警察或者少量着装警察到现场掌握情况，维持秩序，及时报告现场动态，配合党委、政府和有关主管部门做好矛盾化解工作，并做好随时出警处置的准备。依法采取措施妥善处置的群体性事件包括："（一）未经许可或者未按照许可进行的集会、游行、示威活动，集会、游行、示威活动中出现严重扰乱社会秩序或者危害公共安全的行为；（二）聚众上访活动中出现严重扰乱社会秩序或者危害公共安全的行为；（三）邪教等非法组织组织的较大规模聚集活动；（四）聚众围堵、冲击党政机关、司法机关、军事机关、重要警卫目标、广播电台、电视台、通信枢纽、外国驻华使（领）馆以及其他要害部位或者单位，聚众堵塞公共交通枢纽、交通干线、对外开放口岸、破坏公共交通秩序或者非法占据公共场所；（五）其他严重扰乱社会秩序或者危害公共安全的群体性事件。"② 对于这类群体性事件，公安机关应当根据党委、政府的决定并在其统一领导下，迅速调集警力赶到现场，依法采取措施妥善处置。尽管对群体性事件的这种列举加概括的规定在一定程度上缓解了《工作意见》未揭示群体性事件法律属性的不足，但问题依然存在，该规定中并未明确界定群体性事件，在理解概括性规定时还是得依据《工作意见》对群体性事件的定义。如此一来，又将《工作意见》中存在问题带到了《规定》中，因为必须要解释何为"其他人民内部矛盾尚未激化、可以由有关主管部门化解的群体性事件"和何为"其他严重扰乱社会秩序或者危害公共安全的群体性事件"。进一步的结果就是规定不明确所导致的可操作性不强，③ 不能充分满足公安机关预防和处置群体性事件的需要。

二、当前群体性事件内涵界定的学理反思与问题剖析

理论界关于群体性事件的定义较多，但大体可以分为以下两类：

（一）侧重于诉求正当性的定义

侧重于表象特征的定义主要基于社会学视角对群体性事件所作的定义，

---

① 公通字（2008）56 号《公安机关处置群体性事件规定》第 6 条。
② 公通字（2008）56 号《公安机关处置群体性事件规定》第 7 条。
③ 崔亚东：《从贵州瓮安"6·28"事件看新形势下群体性事件的预防与处置——关于贵州瓮安"6·28"事件的反思之一》，载《公安研究》2009 年第 7 期。

其中比较有代表性有以下几种：有学者主张群体性事件的本质为一种社会冲突中的集体行动或集体行为。其认为："我国产生的治安型群体性事件特征接近于集体行为，经济型群体性事件的特征更加接近于集体行动。集体行为与集体行动在内涵上无重大区别，只是有少许的不同，集体行为的目的性、组织性、理性程度较弱，而集体行动的目的性、组织性、理性程度较强，但都是非制度化的行为。"① 也有学者将群体性事件区分为群体诉求、群体表达、群体事件、群体暴力等几个阶段，此种观点与社会学的观点十分接近，其从政治学的视角主张群体性事件是以群体行动为基础，只是将群体行动细分为几大阶段而已。② 还有学者认为群体性事件是"为达成某种目的而聚集有一定数量的人群所构成的社会性事件，包括了针对政府或政府代理机构的、有明确诉求的集会、游行、示威、罢工、罢课、请愿、上访、占领交通路线或公共场所等"。③ "公民在常规政治表达渠道无法实现其政治和法律主张的情况下，所选择的一条非常规的政治表达途径，继而援用法理制度和法律程序来加以应对和处理。"④ "有一定人数参加的、通过没有法定依据的行为对社会秩序产生一定影响的事件。"⑤ 等等。笔者认为，这些基于社会学视角对群体性事件所作的定义出发点都是好的，都是希望能够从根本上解决群体性事件的问题，都是希望能够尽可能保护弱势群体的利益，但也正因为目标设计的

---

① 朱力：《中国社会风险解析——群体性事件的社会冲突性质》，载《学海》2009年第 1 期。

② 任剑涛：《群体诉求伸张的制度安排》，载《社会科学论坛》2010 年第 10 期。

③ 邱泽奇：《群体性事件与法治发展的社会基础》，载《云南大学学报》2004 年第 5 期，第 54~96 页。

④ 刘能：《当代中国群体性集体行动的几点理论思考——建立在经验案例之上的观察》，载《开放时代》2008 年。

⑤ 其认为"这一定义，大体上有四个方面的规定性：其一，事件参与人数必须达到一定的规模。根据我国现行的有关法律和法规，5 人以上应是一个最低标准。例如，信访条例第 18 条就规定'多人采用走访形式提出共同的信访事项的，应当推选代表，代表人数不得超过 5 人'，而在实现中，超过了 5 人就被视为是非正常上访，是信访事件。特定群体或不特定的多数人聚合临时形成的偶合群体。其二，这些事件所进行的行为在程序上没有明确的法律规定，有的甚至是法律和法规明文禁止的。其三，这些聚集起来的人群，并不一定有共同的目的，但有基本的行为取向。其四，这些事件对社会生产秩序、社会生活秩序、社会管治秩序产生了一定的影响。"于建嵘：《当前我国群体性事件的类型与特征》，载 http://www.aisixiang.com/data/detail.php? id=32027。

过于理想化而导致没有充分反映出群体性事件的法律属性，从而在一定程度上降低了其对司法实践，尤其是公安机关执法工作的指导意义。首先，这些定义将群体性事件定义为"一种社会冲突中的集体行动"、"社会性事件"、"非常规的政治表达途径"等，但对于法律而言无论社会冲突还是集体行动都不是适格的对象，依照这种定义执法机关根本无法据此对具体行为是否构成群体性事件作出判断，当然更谈不上有效地预防和处置了。其次，没有处理好群体性事件中诉求正当性和行为违法性之间的关系，其将群体性事件作中性表述，从而混淆了合法的群体诉求表达和群体性事件的区别。以"通过没有法定依据的行为对社会秩序产生一定影响的事件"为例来看，"没有法定依据"即为法律没有赋权，法律没有赋权则包括了法律明文禁止和法无明文禁止，没有法定依据的行为即为法律明文禁止的行为和法无明文禁止的行为，法律明文禁止的行为是违法行为，法无明文禁止的行为则是合法行为；"对社会秩序产生一定影响"也是包含了积极影响、消极影响、轻微危害、严重危害等若干可能性。这种解释不可避免地要将合法行为与违法犯罪行为混同适用同样的处理原则，这样的结果对于违法犯罪行为的打击和合法行为的保护都是不利的。

(二) 侧重于行为违法性的定义

侧重于行为违法性的定义主要是基于法学视角对群体性事件所作的定义，其重点考察的是群体性事件与法律规定之间的关系。有学者认为："群体性事件是指聚众共同实施违反国家法律、法规、规章，扰乱社会，危害公共安全，侵犯公民人身权利和损害公私财产安全的社会事件。"[①] 也有学者认为："通常来说，群体性事件的概念包括广义和狭义两种。所谓广义的群体性事件是指基于特定或不特定原因而产生的，集结一定数量不特定个人进行的大型聚众活动。所谓狭义的群体性事件，也就是本文所谓的群体性治安事件，是指聚众共同实施的违反国家法律、法规、规章，扰乱社会秩序，危害公共安全，侵犯公民人身安全和公私财产安全的行为。"[②] 应当说这些观点来源于同一份

---

① 林维业、刘汉民著：《公安机关应对群体性事件实务和策略》，中国人民公安大学出版社 2008 年版，第 1 页。

② 高文英：《群体性事件处置中警察权配置问题研究》，载《中国法学会行政法学研究会 2010 年会论文集》。

规范性文件——公安部 2000 年作出的《公安机关处置群体性治安事件规定》，其第 2 条规定："本规定所称群体性治安事件，是指聚众共同实施的违反国家法律、法规、规章，扰乱社会秩序，危害公共安全，侵犯公民人身安全和公私财产安全的行为。"笔者认为这种观点目前也不能适应司法实践的需要，因为其不能反映出群体性事件相对于普通违法犯罪行为的特殊性。首先，没有反映中共中央办公厅 2004 年《工作意见》对群体性事件的界定中所要求的诉求特征。诉求特征和违法特征并存是对群体性事件规定特定处置方式的根本原因，如果不考虑此情况，只是简单地用群体性治安事件的内容解释群体性事件，那么简单的聚众械斗也会被要求由党委、政府负责处置，这样的结果显然有违《工作意见》规定群体性事件的初衷。其次，2000 年《公安机关处置群体性治安事件规定》已经废止。公安部公通字（2008）56 号《规定》第22 条已明确规定："本规定自印发之日起施行，2000 年 4 月 5 日印发的《公安机关处置群体性治安事件规定》同时废止。"《规定》中虽未明确规定群体性事件的定义，但从其列举的群体性事件来看，与群体性治安事件还是存在着明显的区别。仅仅以"聚众共同实施的违反国家法律、法规、规章，扰乱社会秩序，危害公共安全，侵犯公民人身安全和公私财产安全的行为"无法涵盖所有发生的群体性事件过程中的行为，也无法解释由有关主管部门化解违法行为的必要性。[1]

三、笔者界定的群体性事件的法律内涵及论证理由

笔者认为，要想从法律视角准确地界定群体性事件必须要坚持三个原则：一是必须以从群体性事件中抽象出法律评价的载体为目的；二是必须要能够反映群体性事件违法性的基本特征；三是必须能够解释群体性事件的构成行为类型化为群体性事件的根本原因。基于此，笔者将群体性事件界定为诉求主体违法表达正当诉求或自认为正当的诉求及其所进一步引发的不特定多数人参与实施的不同程度的危害行为所构成的行为集合。法并不评价群体性事件本身，也无从评价，而只是评价群体性事件的构成行为，因为在评价群体

---

[1] 对此也有学者认为："在中国的语境里一味强调群体性事件的危害性、违法性特征，甚至认为这种事件同一般的'群体利益的表达行为'有本质的区别，在经验上和学理上是经不起推敲的。"

性事件参与人的法律责任所主要依据的法律，如刑法和治安管理处罚法中均未规定以群体性事件为处罚对象。其主要包含以下四个层面的内容：

（一）群体性事件是由不同行为构成的行为集合

首先，群体性事件是由行为人主观意志支配下实施的行为构成。在法学理论和法律规定中，事件作为一个法律术语有其专有含义。在民法中，事件，是指与人的意志无关的法律事实。事件本是自然现象，只是在能引起民事法律关系的变动时，才被列为法律事实，如人的死亡、地震等。在刑法中，事件，是指在客观上虽然造成了损害结果，但是不是出于故意或者过失，而是由于不能抗拒或者不能预见的原因所引起的，不是犯罪的意外事件。群体性事件虽冠有"事件"之名，但显然不具有上述两种事件的含义。从群体性事件最初的词源来看，《关于积极预防和妥善处置群体性事件的工作意见》规定的群体性事件虽非严格的法律概念，但其内容的基本构架还是明确的——特定的人基于特定的目的实施特定的行为。故而，群体性事件不以法律意义上的事件为其基本内容，相反是在行为人主观意志支配下积极实施的行为。

其次，群体性事件是由一系列行为构成的行为集合。群体性事件的复杂性就来源于此，它是由一系列不同性质不同实施主体的行为相互作用而形成的一个有机整体，其有诉求主体实施的行为，也有非诉求主体实施的行为，有合法行为，也有违法行为，甚至最后还会引发犯罪行为，而且各个行为之间并非独立存在，彼此之间还存在着明显的因果联系，正当性和违法性交织在一起。对于一个典型的群体性事件来讲，其行为集合会包括如下行为，诉求主体的诉求行为：诉求主体的手段正当的诉求表达行为、手段不合法的诉求表达行为、以诉求表达为动机的严重违法行为；非诉求主体的声援行为：非诉求主体的聚集旁观行为、手段正当的声援行为、手段不合法的声援行为、以声援诉求表达为动机的严重违法行为；非诉求主体与诉求无关的纯粹的违法犯罪行为：煽动行为、组织行为、打砸抢行为。但在特定情况下，群体性事件也可能表现为不特定多数人实施同一性质的行为，即参与人员均为诉求主体，其共同实施了群体的诉求行为，各个诉求主体基于这种群体诉求的表达方式则可能存在多种情况，有可能是所有参与人均实施了违法行为，乃至犯罪行为；也有可能有的实施了合法行为，有的实施了违法犯罪行为。这些行为与群体性诉求之间存在因果联系并相互作用构成群体性事件这一整体。

（二）群体性事件的核心内容是违法行为

尽管群体性事件的发展过程中可能出现若干的行为，但构成群体性事件的主体行为应是具有违法性的行为，这也是法律考察群体性事件的重点。从对群体性事件设定的特殊处置要求来看，如特定的预防和处置工作原则、特定的职责分工、特定的处置程序等，对于不具违法性的不特定多数人实施的行为是没有必要纳入到群体性事件的处置中，因为其完全不具备"处置"的必要性。现实生活中相当多的群体性行为都具有与群体性事件相似的形式特征，如广场上的游园活动、道路上的节日游行、体育场中的观看比赛等都表现为成千上万人的在其主观意志支配下积极实施同一或同类行为，但它们与群体性事件的区别也是显而易见的，它们已经是确定的合法行为，作为行为人权利的行使它们无须法律重新评估其性质。而群体性事件则与之相反，群体性事件中行为人不是行使权利而是拒不履行法律规定的义务，也正是因为具有了这种违法性，才有必要对其进行法律评价，评价其行为的具体性质和法律责任。

群体性事件与实际的违法或有罪评价无必然联系。群体性事件是具有违法性的行为，但其并不必然受到实际的违法或有罪评价。这主要是回答为什么在有些群体性事件中，参与者并未被实际追究治安管理处罚或刑事责任的问题。实践中，有些人以此否定群体性事件的违法性特征，认为既然没有实际的违法或有罪评价，那么就应当排除其违法性或者至少不排除合法性群体性事件的存在。笔者认为，这种认识是不正确的，因为对群体性事件作出实际的违法或有罪评价、追究参与者的治安管理处罚或刑事责任，不仅仅取决于群体性事件的违法性，还要考虑其具体行为的社会危害程度。当参与者的行为的社会危害程度较低，没有对社会秩序造成较严重的危害时，实际追究行为人法律责任并无必要。以群体上访为例来看，《信访条例》第18条规定："信访人采用走访形式提出信访事项的，应当到有关机关设立或者指定的接待场所提出。多人采用走访形式提出共同的信访事项的，应当推选代表，代表人数不得超过5人。"依此规定，50人的集体信访当然违反了此条规定，具有违法性。但对其处理却是层次性的，违反该规定的，有关国家机关工作人员应当对信访人进行劝阻、批评或者教育。经劝阻、批评和教育无效的，由公安机关予以警告、训诫或者制止；违反集会游行示威的法律、行政法规，或者构成违反治安管理行为的，由公安机关依法采取必要的现场处置措施、给予治安管理处罚；构成犯罪的，依法追究刑事责任。也即当这种违法行为危害程度较低时，并不一定导致具体的法律责任，但行为的违法性却是不容置疑的。

（三）群体性事件的聚众性

参与人数众多是群体性事件的另一个重要特征。多人参与在群体性事件中主要表现为两种典型的情况：一种是不特定多数人实施的同一性质的行为，另一种是不特定多数人实施的不同性质的行为集合。

不特定多数人实施的同一性质的行为，是指群体性事件的参与者基于共同违法意志的支配实施的共同违法行为（当发生严重后果也可能转化为犯罪）。例如，云南孟连事件，该事件起因就是当地公安机关在孟连县公信乡勐马镇部分农村地区开展社会治安整治过程中，对勐马镇 5 名犯罪嫌疑人实施抓捕时处置不当，公民强烈反映意见遭到拒绝，最后酿成群体性事件，公安人员遭到 500 多名胶农手持长刀、铁棍、锄头等工具围攻，从而酿成 41 名警察被打伤，9 辆警车被砸坏，民警使用防暴枪自卫，15 名胶农被打伤，2 人被击中致死的恶性后果。[1] 尽管孟连事件中当地公安机关的表现被媒体批评为是少数特殊利益集团的"利器"，[2] 某些学者也认为"孟连事件发生的必然性，无疑源自于公权力丧失了中立立场"。[3] 但无论如何公安机关依法执行公务的基本性质是不容否认的，任何事后的分析研判都已经不能改变事件当时的行为性质。这就是群体性事件的参与者——500 多名手持长刀、铁棍、锄头等工具的胶农，基于共同违法意志的支配——阻止公安机关对勐马镇 5 名犯罪嫌疑人实施抓捕，而实施的共同违法行为（事实上其行为已足以触犯刑法）——围攻正在执法的警察，并造成 41 名警察被打伤，9 辆警车被砸坏的严重后果。

---

① 杨海坤：《群体性事件有效化解的法治路径》，载《政治与法律》2011 年第 11 期。

② 周忠伟：《2008-2009 年中国群体性事件分析》，载《中国人民公安大学学报（社会科学版）》2010 年第 3 期。

③ 课题组：《群体性事件调查研究》，载《云南大学学报法学版》2011 年第 1 期。

不特定多数人实施的不同性质的行为集合，是指群体性事件的参与者并无共同的违法意志，其在各自的违法意志支配下，实施了各自的违法行为，并因同一事件起因形成违法行为集合，共同构成了群体性事件。例如，贵州瓮安事件，该事件起因是一位 14 岁的女孩李树芬溺水身亡，部分群众对公安机关给予的死因鉴定结果不满，聚集到县政府和县公安局，引发大规模人群聚集围堵政府部门和打、砸、抢、烧事件。① 事件中众多无直接利益者的参与和推波助澜，不法分子、黑恶势力直接插手、趁机作乱，是事件发生的重要原因。李树芬溺水死亡后，死者的一些亲友积极参与，出谋划策；许多不明真相的无直接利益者从众参与，推波助澜；一些对现实不满的别有用心的人员、一些曾受过公安机关打击处理而怀恨在心的不法分子，利用死者亲属的悲愤、怨恨、不满情绪，从中挑拨教唆、煽风点火，策划、组织、煽动死者亲属停尸闹事，促使事态不断升级、恶化；特别是一些黑恶势力成员、不法分子的直接参与，趁机发泄对党和政府、公安机关的不满、仇恨，疯狂进行打、砸、抢、烧，造成了严重的后果；还有大批受骗上当的中小学生也参与进来，增加了事件的复杂性和现场处置的难度。② 由此可以看出，事件参与者并未形成共同的违法意志，而是在各自的违法意志支配下，实施了各自的违法行为，而且行为性质和社会危害程度都存在显著的区别。

（四）群体性事件的构成行为与特定诉求之间具有因果联系

我们认为，我国群体性事件的构成行为类型化为群体性事件的根本原因在于构成行为与特定诉求之间的因果联系。也可以说特定的诉求是群体性事件的起因，特定的诉求引发了群体性事件的构成行为，而这些构成行为围绕特定诉求相互作用促成了群体性事件。

首先，特定的诉求是群体性事件构成行为的起因。在最早规定群体性事件的规范性文件《关于积极预防和妥善处置群体性事件的工作意见》关于群体性事件的描述中，就特别强调了特定诉求与群体性事件的关系——"由人

---

① 高文英：《群体性事件处置中警察权配置问题研究》，载《中国法学会行政法学研究会 2010 年会论文集》。

② 崔亚东：《从贵州瓮安"6·28"事件看新形势下群体性事件的预防与处置——关于贵州瓮安"6·28"事件的反思之一》，载《公安研究》2009 年第 7 期。

民内部矛盾引发、群众认为自身权益受到侵害，通过非法聚集、围堵等方式，向有关机关或单位表达意愿，提出要求的群体上访等群体性事件及其酝酿、形成过程中的串联、聚集等活动。"其中"群众认为自身权益受到侵害，向有关机关或单位表达意愿，提出要求"显然就是一种特定的诉求，那些"非法聚集、围堵等方式及其酝酿、形成过程中的串联、聚集等活动"正是为了表达或实现这种特定诉求而采取的违法手段。因此，从逻辑上讲，群体性事件的构成行为与特定诉求之间具有因果联系，当然只是非必然性因果联系。对于公民特定诉求的提起客观上存在多种选项，合法与非法的，正义与非正义的，有害与无害的等。特定诉求与特定诉求方式之间没有必然联系，在很大程度上是行为人自由选择的问题。在很多群体性事件中，诉求主体都将自己的违法行为渲染为迫不得已的选择，但事实上其只是基于个人效率和成本的考虑选择了自认为效率最高、成本最低的方式，而无视该方式给公众和社会造成的巨大危害。例如，国家法律对公民诉求的提起规定了相应的程序，在依法行使诉求权利的同时也必须要承担相应的义务，选择这种程序需要投入较多的时间、财力和人力，但无害于公众和社会利益；采用非法聚集、围堵等方式只需投入较少的时间、财力和人力，即可借助群体的力量造成最大的社会影响，一旦成功即可实现个人的最高收益，但事实上无论其成功与否，这都只是一种个人成本向社会成本的转嫁，而且可能是一种放大成千上万倍的转嫁。

其次，特定的诉求是群体性事件中行为主体共同的心理支撑。这是典型的假性"正义"引发的群体效应，诉求主体认为自己的利益受到损害、自己的诉求没能实现使得自己实施违法行为具有了"正义"性，聚集声援的非诉求主体也认为自己的行为是对"正义"的支持，甚至那些趁机实施打、砸、抢行为的违法犯罪人也声称自己的行为是维护"正义"所必需的。当然，这种"正义"的虚假性常常被人们对弱者的同情所掩盖，为什么不去想想那些通过合法手段维护权利的人？既然通过违法手段可以实现诉求，那么凭什么要求他们付出更高的成本，难道仅仅是因为愿意选择合法手段吗？这是我们需要看到的本质，群体性事件造成的危害不仅仅是特定区域内社会秩序的混乱和财物的损失，它是对法治社会赖以存在的基础——"法律面前人人平等"原则的挑战。法治社会绝不允许超越法律的特权存在，无论这种特权是来源于权力的滥用还是权利的滥用。迄今为止，法律仍然是保护弱者的最佳手段，如果弱者毁掉了"法律面前人人平等"原则，最终最大的受伤者还是弱者自己。实践中，正是这种假性"正义"的存在，模糊了群体性事件构成行为的违法性本质，并由此形成了行为主体共同的心理支撑，以主张"正义"的名义实施违法的行为。这也是群体性事件构成行为区别于其他违法犯罪行为的重要特征之一。

云南绥江 "3·25" 水库移民
群体性事件的法理思考[*]

群体性事件的本质是一种利益冲突，但从法理视角思考，这种利益表达方式无疑损害了社会秩序，且极易形成恶性循环。因水库移民而引发的群体性事件具有极为明显的风险源，并成为引发社会不满情绪的重要诱因，已经并将继续成为未来引发社会秩序无序的重要根源，故对水库移民群体性事件的研究具有极强的现实意义，笔者现遵循"小叙事、大视野"的研究路径，以带标本性质的水库移民群体性事件——云南绥江 "3·25" 堵路事件为研究对象，从法理视角剖析此类型群体性事件存在的共同规律，以期获得微观的深入认识，在现有理论研究的基础上增强对水库移民群体性事件的预防与控制，实现法律作为社会调节器的重要目标。

一、为什么要研究云南绥江群体性事件?

(一) 事件概况

绥江县位于云南省东北角金沙江下游南岸，正在修建的向家坝水电站将淹没和占用绥江县国土面积 37.15 平方公里，同时将在海拔 381 米以上启动四个被淹没集镇和一个县城的迁建以及 5.4 万人口的移民安置工作。[①] 据《云南绥江党建网》报道，3 月 25 日以来，绥江县部分移民群众因对移民政策理解上的差异，聚集在县城 BC 区进场路口、嘉茗缘茶楼前路口、老城区回头湾、南岸镇金沙江大桥等处，采取设置路障、围堵交通等过激行为反映诉求，聚集群众一度达到 2000 余人，事件导致绥江县城主干道全部堵断，与外界交

---

[*] 与林苇合著，原载《福建警察学院学报》2011 年第 3 期。

[①] 王敏：《对缓减绥江人地矛盾进一步恶化的思考》，载云南省国土资源厅网站。

通通道全部中断长达 4 天。工作中，先后有 17 名公安民警、3 名入户工作队员、1 名返家的移民站副站长、1 名市民遭到围攻殴打，一辆 120 急救车被扣留损坏，1 名云南建工集团工作人员被围堵在现场长达 35 小时。后该事件于 2011 年 3 月 29 日得到妥善处置。① 同时据《济南时报》报道，云南绥江群体性事件发生的此次堵路的人群是绥江县（向家坝水电站）的库区移民，他们因不满征地拆迁补偿政策从 3 月 25 日起陆续抵达绥江县人民政府反映诉求。移民认为征地补偿金过低、补偿方式不合理。例如，水田只有 22600 元/亩，安置补助费为 13560 元/亩；选择逐年补偿安置方式的（统筹人均 30720 元），每月只发 160 元（数额略大于银行的存款利息）等。②

（二）事件反思

从云南绥江县委对绥江"3·25"事件的官方消息报道我们可知，此群体性事件中的主体是移民，人数达 2000 余人，主要原因是对移民政策理解上的差异，行为方式包括设置路障、围堵交通等过激行为，行为的目的是反映诉求，行为的后果是致绥江县城城内与城外交通中断达 4 天，同时还有相关人员受伤。而此处"对移民政策理解上的差异"又主要包括移民主张补偿金低、补偿方式不合理、补偿金使用方式不透明等。

这起典型的因水库移民而引发的群体性事件，是我国大量存在的类似水库移民矛盾的一次凸显。从新中国成立时的新安江水库、丹江口水库、三门峡水库，到 2004 年的四川汉源瀑布沟水电站群体性事件、2007 年贵州毕节洪家渡水电站群体性事件、2008 年瓮安事件中的构皮滩水库移民矛盾，直至 2011 年的云南绥江事件，均为类似场景的一再上演。云南绥江群体性事件表现的并非仅为个案矛盾，而是一类普遍存在的共性矛盾，冲突的风险源十分清楚，冲突的表现态势也现实存在，前事不忘，后事之师，频发不断的水库移民冲突事件不禁让我们必须反思，是什么原因引发矛盾出现？修建水库究竟是利大于弊还是弊大于利？现阶段对水库移民的弊的解决是否已经达到最大限度？如何才能更好地预防和控制类似的水库移民群体性事件的发生？而当前对水库移民中存在的不公平态势的解决力度仍亟待加强。故笔者试以法治视角对以上问题进行相应的反思，以期能真正从源头解决水库移民群体性

---

① 《绥江"3·25"群体性事件得到妥善处置》，载云南绥江党建网。
② 《云南绥江村民堵路踩踏公安局长》，载《济南时报》2011 年 4 月 1 日 B1-2 版。

事件中的利益冲突。

二、法治视角下水库移民群体性事件发生的主要原因

笔者认为，私权保护不足是法治视角下引发水库移民群体性事件发生的主要原因。我国《物权法》规定："国家、集体、私人的物权和其他权利人的物权受法律保护，任何单位和个人不得侵犯。为了公共利益的需要，依照法律规定的权限和程序可以征收集体所有的土地和单位、个人的房屋及其他不动产。征收集体所有的土地，应当依法足额支付土地补偿费、安置补助费、地上附着物和青苗的补偿费等费用，安排被征地农民的社会保障费用，保障被征地农民的生活，维护被征地农民的合法权益。"物权法的上述规定体现了物权的自由与限制的原则，即法律既注重对物权的保护，同时也对物权的行使有所限制，但以自由为主，以限制为特殊情况下的例外，且对此限制有严格要求，即限制只能在必要限度内并应对被限制人的利益加以补偿。我国《宪法》、《土地管理法》和《大中型水库移民条例》等也作了类似规定。因修建水库而淹没农民土地即使符合物权法关于对物权进行限制的条件，其实施过程也应严格依照物权法及相关法规的要求进行，但实践中却仍存有不合理之处且导致水库移民权利受损，使其成为引发水库移民群体性事件的根本原因。权力历来不会尊重权利，除非权利起来要求尊重。[①] 移民们用集体行动方式想表达的仍然是其财产权受损的私权诉求，笔者认为基于其诉求背后的事实，其权利受损既表现在实体也表现在程序层面。

（一）实体层面

1. 未将"人"作为考量水库建设可行性的主要因素

以财产权有关自由与限制的基本理论为分析工具，权利人的权利应受到法律的充分保护，非因公共利益不得限制他人权利，故"公共利益"的界定可谓至为关键，而"修建水库"是否必然为公共利益，成为反思水库移民群体性事件的焦点问题之一。为什么能依据公共利益限制他人权利？由法理上分析，只有认定限制所带来的福祉高于限制的成本时，才有限制的必要。[②] 由

---

① 任剑涛：《群体性诉求伸张的制度安排》，载《社会科学论坛》2010 年第 10 期

② 谢哲胜：《不动产财产权的自由与限制——以台湾地区的法制为中心》，载《中国法学》2006 年第 3 期。

于修建水库属于一种专业行为，所以长期以来易有此误解，即修建水库是为了国家的水利设施建设，因此其应无争议地属于"公共利益"。但实质上，对修建水库的行为也应从法的正当性的视角来进行考量。

水库修建的可行性历来是一个有重大争议的问题，中国黄河上最大的三门峡水电站和长江上最大的三峡水电站的修建均存在重大争议，而对金沙江流域的规划暨水电开发也同样存在如上现象。笔者认为，从实体上分析，现有对水库建设可行性的考量将经济因素视为主要参考因素，而未能充分考量水库建设可行性中"人"要因素。现阶段提出水库建设可行性报告的项目建设方作为一个企业，其主要的发展目的自然为营利，经济因素是其首要发展目标，其按照成本与收益的商业规律，自然希望努力压缩成本以求提高利润，虽然现在也提出要重视环境评估，但此处的环境评估仍主要指自然环境的评估，而对"人"的因素考量较少，对人文环境和社会环境的评估仍存不足。所谓故土难离正是一种文化和行为习惯上的真实写照，它是人们一种主要的非物质财富，并在很大程度上影响人们对幸福的感知。马克思曾指出："人的发展的最高目标即是让人自由的发展。"① 而这种自由当然应包括人们意愿上的自由和行为模式选择上的自由。失去了土地的农民自然会有生存的担忧，而这种基于对未来的忧虑也正是导致绥江移民事件发生的一个重要心理因素。这种除经济因素之外的"人"的文化、生存习惯这些因素却未能真正纳入项目开发者的考量范畴，在水库开发项目者与政府的合议中，移民只是一个经济学上需要支出的成本问题，而并没有真正从"以人为本"的视角将其放在重要位阶上进行考量。这种理念指导下的水电开发自然会将"人"的利益、"人"的幸福置于一种被安排、被轻视的地位，其只是考虑移民成本是否会增加其建设成本，却未能从"人"的生存幸福的角度来首要关心"人"的权利问题。故将水电开发所带来的利益与它所要支出的经济、社会总成本来说，笔者主张其并非绝对属于一种纯"公共利益"，而仍然要根据个案来作具体分析。反之仅以经济济益为考量因素则极易陷入当前水电企业"跑马圈水"的怪圈，而这种"人"的利益考量不足，带有此先天缺陷的项目上马后，政府和水库移民均为此付出了惨痛代价，围绕水库移民出现的多起群体性事件动

① 周永坤：《一切为了人的自由与解放——马克思恩格斯权力配置思想研究》，载《法制与会发展》2006 年第 6 期。

摇了人们对社会公正的信心与对政府公信力的信任度，且在未来无法预料的一段时期内都将蔓延此后遗症，与从水电项目建设中获得的税收收益相比，政府将会对此短期效应支付巨大的无法计量的社会成本，甚至影响政府的执政基础。

故笔者并非单纯的否定或肯定大中型水库的修建，而是主张在论证大中型水库修建可行性时不能只考虑经济因素，应同时注重"人"暨"环境"这两个重要因素，如此才会使社会和政府在处理水库移民群体性事件不会永远处在被动的位置。

（二）对水库移民的补偿仍存在不足

我国于 2011 年 1 月出台了《国有土地上房屋征收与补偿条例》，对国有土地上房屋的征收与补偿作出了较为具体明确的规定，而农村集体土地的征收和补偿仍沿用土地管理法的相关规定。现行《土地管理法》第 47 条第 2 款规定："……征收耕地的土地补偿费，为该耕地被征收前三年平均年产值的六至十倍。……每一个需要安置的农业人口的安置补助费标准，为该耕地被征收前三年平均年产值的四至六倍。但是，每公顷被征收耕地的安置补助费，最高不得超过被征收前三年平均年产值的十五倍。"由此可见，中国目前对农地征收所实行的是"法定补偿标准"，而非按客观市价计算的公正补偿标准。法律规定的补偿或许在某些情况下达到甚至超过了公正补偿标准，但是显然不能排除法定标准低于甚至远低于公平市价的可能性。以耕地补偿为例，耕地是农民通过劳动不断产生价值并赖以生存的永久性财产。虽然，目前农民个体对于农地的承包期限是有限的，但村集体对农地的所有权是无限期的。现行规定将土地补偿费和安置补助费限于平均年产值的某个倍数，却并没有说明如此计算的依据，显然不能保证按此计算的补偿额达到公正补偿标准。①

而除了补偿费的标准较低外，补偿费的资金使用透明度不够也成为水库移民的另一主要诉求。以云南绥江群体性事件为例，《向家坝水电站云南库区绥江县移民安置实施细则》规定是解决移民补偿问题的主要法律依据，其主要依据是《大中型水利水电工程建设征地补偿和移民安置条例》（国务院 471号令）、《云南省人民政府办公厅关于印发向家坝水电站云南库区农业移民安

---

① 张千帆：《农村征地制度亟须改革》，载《村委主任》2010 年第 23 期。

置实施意见的通知》（云政办发〔2007〕157 号）和《昭通市人民政府关于印发向家坝水电站云南库区移民安置实施办法的通知》（昭政发〔2008〕52号）。该条例明确了移民安置的主要方式和补偿标准，其中土地补偿费、安置补助费、宅基地补助费、基础设施建设补助费等补偿补助与确定的移民安置方式相对应。绥江县政府也对此细则的主要内容作了广泛的宣传，但最终矛盾集中爆发的焦点仍是补偿费。而为什么难以完全化解移民心中的疑问，其中有一个很大的问题是对移民补偿费的资金使用情况仍然未能做到最大限度的透明化。而除云南绥江以外的其他水库移民工程也都存在类似的利益诉求，在三峡水库移民过程中，重庆云阳县高阳镇何某等15人甚至成立了未经注册登记的"高阳镇移民监视协会"以期监督移民资金的运作，[①] 现阶段向家坝水电站淹没的另一个四川省辖内的县城——四川屏山县也有类似的主张，成为我国水库移民纠纷中存在的一个共性问题。

（二）程序层面

1. 公民难以参与公共决策

公共利益的形成是一个公共决策的过程，要保证最终决策结果的科学性、民主性和正确性，决策过程必须向公众公开，充分保障公众的知情权、参与权和意见表达权。我国目前的相关立法，缺少的恰恰就是公共利益决策过程中程序上的透明度，不仅人民法院对公共利益的形成没有审查权，即便公众对公共利益的形成也缺乏监督权，征收是否符合公共利益的要求，完全由征收主管机关决定。而征收主管机关确定征收申请是否符合公共利益目的要求的主要依据，是用地单位提供的建设项目计划设计任务书和可行性研究报告。这种审查由于缺乏公开的调查程序而存在很大的局限性。[②]

而这一点在水库移民中也表现得非常明显，从程序上来分析，在水库建设是否可行的问题上，库区生活主体仍未获得必要的知情权和参与权。除政府外，全体居住在此地的公民也有权参与该公共事件，所有与该事件存有利害关系的主体都有权对此表达自己的见解和意见。从行政法的角度分析，虽然政府基于社会公众的授权而享有行政公权力，但并非不须受到任何监管和

---

① 黄豁、汤耀国：《回望百万三峡移民》，载《瞭望新闻周刊》2010 年第 38 期。

② ［德］哈贝马斯著：《在事实与规范之间：关于法律和民主法治国的商谈理论》，童世骏译，三联书店 2003 年版，第 379~380 页。

约束，对影响民生的重大问题，政府在行使权力时应经过一个磋商讨论的程序，使人们能决定其自身命运。水库移民的过程实质也是一个利益博弈的过程，私权的维护需要对公权力进行必要的限制。这种程序层面的参与权应赋予相应的利害关系主体，只有从程序上赋予利益主体的权利，才能通过程序权利的保障最终实现实体权利的保障，另一方面也使移民能从心理上接受其自身选择和权利行使的约束，而我国现阶段拟建水库地区的移民却未能对水库修建的可行性充分行使其参与权，这一事前参与的前置性程序的缺失正是导致事后诸多问题发生的重要原因。同样移民们对补偿费的具体标准、发放方式等诸多事项也缺乏决策过程中的参与权。

2. 权利救济的路径狭窄

社会矛盾、社会冲突、利益冲突是我们社会常规化组成部分。① 社会的正常运转需要为社会矛盾提供一个制度化的疏通沟渠，否则无秩的抗争会如红绿灯失灵的街道一样衍生出更多的冲突进而导致社会失序，而提供充分的救济路径也是一个法治社会必须具备的题中之义，但我国目前公民的救济路径却仍存有制度性的不足。据中国社科院法学所于 2011 年 2 月 24 日发布的《法治蓝皮书（2010）》对中国 17 个农业大省，1564 个村（每村调查一户农民）进行的入户访谈调查可知，通过正常渠道解决问题和纠纷的可能性很小，到法院打官司的只占农民为解决征地纠纷采取各种行动的 1.8%，而选择到政府部门上访占到了 10.7%。② 一方面是农民求助法院后，司法缺乏能动，且因法院无法制衡政府而导致民众对法院信任度降低；另一方面是现有的信访制度承载了其本不应有的沉重压力，成为一种救济机制中的不正常现象，而更需深刻反思的是出现了多起因救济无力选择自伤方式寻求诉求表达的惨烈事件。最新的一起悲剧即是 2011 年 4 月 10 日新华社报道的：贵州省黔西县村民许光祥因对拆迁安置补偿有异议，多次阻挠施工未果，在施工工地服农药自杀身亡。③ 而在云南绥江群体性事件中，水库移民最初也正是向县政府上访，

---

① 孙立平：《金融危机下如何解决社会矛盾》，载燕山大讲堂第 18 期讲座，http://view.QQ.com。

② 中国社会科学院法学研究所：《法治蓝皮书（2010）》，载中国法学网，http://www.iolaw.org.cn/showNews.asp？id=20948。

③ 《贵州黔西县城关镇一村民服农药救治无效死亡》，载新华网贵州频道，2011 年 4 月 10 日。

然后在上访的过程中逐渐聚集并形成了堵路事件。从心理学角度分析，移民普遍存在的内心不安感及对社会公平的担忧感使其处于一种自觉不自觉的心理脆弱状态，其潜藏的对社会不公的愤怒感和忧虑感一旦遇到意外事件刺激时，便极易引发群体性事件并使对抗程度升级。在这一寻求权利救济的过程中，群体难以化解紧张，因此促成群体诉求演变为群体性事件，进而将群体性事件催化为群体暴力。① 改革归根到底要通过人们的利益调整表现出来，由于社会矛盾的复杂性，改革往往在社会有序或无序的状态中进行，使得社会心理呈现很复杂的状态。② 这种易怒的社会泄愤事件背后，暴露出当今社会权利救济机制的缺乏，使人们在民事权利诉求难以通过正常的渠道表达出来时，采取了街头政治的方式来表达其利益主张。

三、法治视角下预防与控制水库移民群体性事件的主要对策

（一）实体层面

1. 慎行水库移民

水库移民为非自愿性移民，非自愿移民的迁移、安置、生计恢复和社会经济重建工作是一项庞大而复杂的系统工程，涉及社会、经济、政治、文化、人口、资源、环境、民族、宗教、心理、工程技术诸多领域。随着人口增加，各种资源减少，人地关系日趋紧张，社会阶层分化加剧，非自愿移民的迁移与妥善安置也越来越困难，已经并将继续成为世界性难题。移民问题不单纯是经济问题，而是人类发展过程中的社会和文化问题，涉及移民的社会影响、社会调整、社会适应和社会融合。③ 迁离世代居住的家园，离开熟悉的土地、社区和环境，解体原有的社会经济系统和社会网络，重构个人和家庭可持续的生计系统，改变千百年世代形成的生产和生活方式，经历与亲邻分离的精神痛苦和心灵煎熬，对任何人来说，非自愿移民均非一个简单的过程。④ 因此在论证水库建设项目可行性的时候，应该全方位系统考虑水库建设项目的成本与收益，不能仅以狭义的经济学语境中的成本—收益来考虑问题，应在经

---

① 任剑涛：《群体性诉求伸张的制度安排》，载《社会科学论坛》2010年第10期。
② 张健：《社会冲突与法律控制机制》，载《党政论坛》2009年第9期。
③ 施国庆：《非自愿移民是世界性难题》，载《瞭望新闻周刊》2010年第38期。
④ 黄豁、汤耀国：《回望百万三峡移民》，载《瞭望新闻周刊》2010年第38期。

济成本之外充分考虑环境成本与社会成本，慎行非自愿移民，将人文关怀渗透于国家大中型建设项目中，转变现有经济发展模式，真正实现可持续发展。

2. 完善移民补偿立法

一旦成为非自愿移民无法选择时，为求得公平，此时的法律制度即选择用金钱弥补的方式，来补偿移民在非自愿性迁移的过程中所受到的包括财产损失以内的多项损失。按照我国《民法通则》的基本原理，当权利人权利受损时首先选择恢复原状，回复原貌，只有上述保护方式确实存在物理学上的不可能时方能选择其他方式进行补偿，此种其他方式从法律的视角最重要的就是赔偿损失。因此赔偿损失本来就是一个退而求其次的选择，故在这种退而求其次的补偿方法的选择过程中，更应以足额补偿的方式给予权利受损人一个公平正义的法律交代。故笔者建议应以2011年出台的《国有土地上房屋拆迁与补偿条例》为参照，尽快制定出台《集体土地房屋征收补偿条例》，对征用土地应综合考虑地理位置、人均耕地、升值预期乃至物价涨情等多方面因素，以市场价值为依据实行补偿。对于房屋拆迁，应参照同一区位的市场价格确定补偿标准。"集体土地的补偿应该参照机会成本而不能以农业产值的倍数来计算。如此一来，才可以让农民有均等的机会参与工业化和城镇化进程，分享土地红利，也能促使政府摆脱土地财政依赖，转变发展方式"①，以从立法层面完善相关法律规范，切实保护移民的合法权益。

(二) 程序层面

1. 完善移民程序机制

在本质上，移民的权利需要通过一个完善的程序机制来进行支撑、水库移民行为是一个典型的行政行为，移民属政府行政行为的行政相对人，如欲维护行政相对人的合法权利无疑应首先维护其程序上的权利。"现代行政程序的中心理念就是，改变传统行政法中行政相对人一味被支配的被动地位，赋予行政相对人各种程序性权利，通过行政程序公开、行政相对人的参与，产生实体结果，通过程序正义吸收不满，最大限度地实现公正"。② 首先是借鉴法制发达国家的经验，事前将水库移民公告由现在的决定作出之后的"移民

---

① 景扬：《规范农村集体土地征补具有双重意义》（附：国务院拟规范集体土地征收补偿），载中华人民共和国农业部网站。

② 吴志红：《关于现代程序的再思考》，载《行政与法》2002年第9期。

实施公告"，转变为移民决定作出之前的"公共利益决策和形成公告"，把"公共利益"的形成和决策置于广大公众的直接监督之下。充分赋予行政相对人程序上的参与权，使其在行政决定作出之前，获得充分表达意愿的机会，通过程序权利的行使，使行政相对人形成认同行政决定的心理基础，避免其形成抵触心理，最终使行政决定能够获得行政相对人的尊重与自觉履行。①并尽可能地形成正反两方的论证，促进决策科学化。其次是事中建立切实可行的民主协商机制，使听证成为一个必经程序。听证会的举行应当遵循公开、公正、民主的原则，行政机关不得强迫听证会的参与人员接受其意见。对于听证会的各方意见应当制作听证会笔录。行政机关在作出裁决时，必须斟酌考虑听证会的意见。不予采纳听证意见时，必须以书面形式说明理由，并送达相关利害关系人。对于行政机关就听证意见不予采纳的结论持有异议的，相关利害关系人可以就移民的公共利益目的性提起行政复议。对于复议决定不服的，可于三个月内提起诉讼。②通过召开听证会、论证会、参与与自身有利害关系的具体行政行为的决定等，使移民能够充分参与到整个移民过程的每一个环节中，在实行移民参与权的过程中构建移民的利益表达机制和利益沟通机制。最后是事后赋予移民必要的行政与司法救济措施，真正保障公众的参与权和意见表达权，而无论是事前、事中、事后哪一个阶段，均应严格限制政府公权力的不当行使，以通过程序上的公平实现实体上的公平。

2. 慎用强权对待权利诉求

群体性事件并不是一触即发，而是都经历了一个萌芽、酝酿、发酵、爆发的过程。而这一过程，从另一个角度来讲，也就是公民在权益受到损害后的一个寻求合法途径救济自身权益的过程。③且事态激化的矛盾引爆点，往往并非私权主体的主动行为，而是政府类似最后通牒的行为引发当事人的强力反弹。如绥江事件中3月25日是政府要求移民签订搬迁协议的最后期限，瓮安事件中的引爆点是公安机关要求死者家属当天必须将死者火化。当利益受

---

① 章剑生：《论行政相对人在行政程序中的参与权》，载《公法研究》2004年第00期。

② 房绍坤：《论征收中"公共利益"界定的程序机制》，载《法学家》2010年第6期。

③ 林苇：《维护私权：解决群体性事件的新视角——以瓮安6·28事件为例》，载《江西警察学院学报》2010年第3期。

损人认为其合法权益无法通过正当途径获得救助时，其往往采取过激的"越轨"行为来实现对其自身权益的维护。正义女神一手持有衡量权利的天平，另一只手握有为主张权利而准备的宝剑。无天平的宝剑是赤裸裸的暴力，无宝剑的天平则意味着法的软弱可欺。① 水库移民群体性事件仍然是典型的利益冲突而非政治冲突，移民们的最终目的是达到其经济层面的诉求，而非实现某种政治主张。基于此，笔者主张在涉及水库移民利益争议时应当慎行政府强权，即使移民的利益诉求表达呈现无序化时，也应尽可能地以民主协商而非暴力的方式来解决此类社会冲突。作为日常暴力出现的警察，以及作为非常暴力出现的军队，在国家治理力量出场的排序上，绝对晚于作为服务权力的政府机构。倘若群体性事件一出现，警察的日常暴力和军队的非常暴力旋即投入使用，就会造成国家暴力的滥用。如此就不是一个简单的群体诉求的疏导问题，而是国家基本制度的缺陷了。② 社会冲突解决的逻辑轨迹应当始于对抗而终于和谐，而从起点走向终点的路径选择，应当是尽量采用合作模式，而非对抗模式。③ 而在云南绥江事件中，当地政府在解决堵路事件时，即较好地遵循了这一原则，虽然也调集了大量警力，但其只是在现场起到控制局面的威慑作用，并未直接参与对移民的劝离，对移民的现场说服教育工作仍然是由当地县政府的工作人员完成，成为云南绥江事件对后续类似纠纷解决的一个重大启示，尤其是当权利受损主体的救济渠道不畅时，更应尽可能地慎用政府公权力，避免暴力对抗冲突的发生，以免在治标上承载更大的社会成本。

---

① 耶林著：《为权利而斗争》，中国法制出版社 2000 年版，第 2 页。

② 任剑涛：《群体性诉求伸张的制度安排》，载《社会科学论坛》2010 年第 10 期。

③ 朱立恒：《法律视野下社会冲突解决模式的选择与和谐社会目标的实现》，载《湖北社会科学》2009 年第 1 期。

完善社区戒毒制度的法律思考[*]

社区戒毒是《禁毒法》和《戒毒条例》在总结我国多年戒毒工作实践经验的基础上推出的一项新的戒毒措施，是整个戒毒体系中的一个重要组成部分，也是当前禁毒工作的一个难点问题和薄弱环节。[①] 由于社区力量薄弱、就业安置难等原因，当前社区戒毒仍难达到最佳效果，进而影响戒毒工作的整体成效。笔者试从法学的视角对现行社区戒毒制度进行法规范分析，并对该制度的实际运行以贵州省社区戒毒"阳光工程"模式为例进行社会实证分析，以期在现有理论研究的基础上，有效促进我国社区戒毒法律制度的完善。

一、社区戒毒制度的法规范分析

法律规范是法律制度的"基本粒子"。[②] 每一个法律规范在意义上都关联着整个法律秩序。[③] 对社区戒毒制度进行法规范分析是从法学视角研究社区戒毒制度的逻辑起点，从法律的视角研究问题，必须要以法条为依据，剖析法条背后的主客体之间的权利义务关系。

（一）2008 年《禁毒法》对社区戒毒制度的规定

《禁毒法》对社区戒毒制度的规定主要体现在实体和程序两个方面：从实体上分析，《禁毒法》规定社区戒毒措施的执行主体是城市街道办事处和乡镇

---

* 与林苇合著，原载《云南警官学院学报》2013 年第 1 期。

① 张新枫：《学习借鉴贵州经验 做好社区戒毒社区康复工作》，在全国社区戒毒社区康复工作现场会上的讲话。

② ［德］伯恩·魏德士著：《法理学》，丁小春、吴越译，法律出版社 2003 年版，第 46 页。

③ ［德］卡尔·恩吉施著：《法律思维导论》，郑永流译，法律出版社 2004 年版，第 91 页。

人民政府，公安、司法行政、卫生行政、民政等部门是提供指导和协助的协作机关，执行措施是签订社区戒毒协议和落实有针对性的社区戒毒措施。但"有针对性的社区戒毒措施"的内容《禁毒法》却未作界定。从程序上分析，其主要规定了社区戒毒制度的启动和终止程序。一是在启动程序上规定："对吸毒成瘾人员，公安机关可责令其接受社区戒毒，同时通知吸毒人员户籍所在地或者现居住地的城镇街道办事处、乡镇人民政府。"二是社区戒毒制度的法定终止程序，即当吸毒成瘾人员有拒绝接受社区戒毒或者严重违反社区戒毒协议或者在社区戒毒期间吸食、注射毒品的，公安机关可作出强制隔离戒毒的决定。但引起程序变更的具体事由，如"吸毒成瘾"的标准，"严重违反社区戒毒协议的具体内容"却未能进行有效的界定。

由于在新戒毒体系中社区戒毒是一种主要的戒毒措施且适用范围较广，因此立法层面即制度设计层面应具有较强操作性，使法律规定清晰可见。但《禁毒法》对社区戒毒的制度设计却过于粗略，仅简单确立了社区戒毒的基本框架，从立法技术上看有一定欠缺，导致法的可执行力不强并弱化了法律的权威，由上可知该制度的具体运行还存有一些设计层面的缺失。

（二）2011 年《戒毒条例》对社区戒毒制度的规定

2011 年 6 月 26 日实施的《戒毒条例》在总则和社区戒毒一章中对社区戒毒制度作了完善。从实体上分析：一是执行主体进一步细化，《戒毒条例》第 15 条规定："乡（镇）人民政府、城市街道办事处应当根据工作需要成立社区戒毒工作领导小组，配备社区戒毒专职工作人员，制定社区戒毒工作计划，落实社区戒毒措施。"二是执行措施更加具体明确，具体包括戒毒知识辅导、从执行主体的角度明确了教育、劝诫、职业技术培训、职业指导、就学、就业、就医援助等义务。三是从社区戒毒人员的角度明确了社区戒毒人员的报告义务。除应当履行社区戒毒协议、定期接受检测外，社区戒毒人员如离开社区戒毒执行地所在县市 3 日以上的，应当书面报告，但《戒毒条例》却未能同时明确具体的报告对象。从程序上分析：一是完善了社区戒毒的启动程序，社区戒毒人员应当自收到戒毒决定书后在 15 日内到社区执行地的乡镇政府、城市街道办事处报道，无正当理由逾期不报到的，视为拒绝接受社区戒毒；二是在法定终止程序中对严重违反社区戒毒协议的行为作了界定。

《戒毒条例》解决了《禁毒法》中存在的部分问题，并增加了对流动人员执行社区戒毒的规定，增加了社区戒毒人员的报告义务，细化完善了社区戒毒的相关规定，成为现有社区戒毒制度最重要的法律资源，但对社区戒毒人员因户籍所在地或现居住地发生变化，需要变更社区戒毒执行地的情形，除要求原执行主体将有关材料转送给变更后的新的执行主体外，仅规定社区戒毒人员应在变更之日起 15 日内自行前往，而未规定其他配套措施，使现实中对处于流动状态的社区戒毒人员的管制情况较不理想。

二、社区戒毒制度的社会实证分析——以贵州省为例

法不仅是静态层面的法，也是动态层面的法，瞿同祖先生曾指出："研究法律自离不开条文的分析，这是研究的根据。但仅仅研究条文是不够的，我们也应注意法律的实效问题。条文的规定是一回事，法律的实施又是一回事。社会现实与法律条文之间，往往存在着一定的差距。"[①] 法的运行状况是法的效果的主要考察指标，更涉及立法目的实现，故笔者试以贵州省为主要考察对象对现行社区戒毒制度进行社会实证分析。

（一）贵州省社区戒毒模式的主要特点

受国际国内多种涉毒因素和特殊地理区位的影响，贵州吸毒群体庞大，截至 2011 年 9 月，贵州省网上登记在册吸毒人员为 111155 人（排全国第六位），其中贵州境内管控的 88730 人，纳入社区戒毒的 7586 人，纳入社区康复的 9165 人，全省吸毒人员千人以上的县（市、区）达到 31 个，是受毒品危害的重灾区。[②]

贵州省在执行社区戒毒的过程中，其主要创新点是夯实了社区戒毒的执行措施，把"就业安置"作为戒毒康复工作的重点，建立了以贵阳云岩区"阳光就业安置基地"、贵阳清镇市"阳光家园"等为代表的一批"阳光工程"集中安置示范点，构建了以"就业安置"为核心，以"阳光企业"为载体，集"生理脱毒、身心康复、就业安置、融入社会"四位一体的社区戒毒新模式。截至 2012 年 6 月 30 日，贵州省已建成"阳光企业"75 个，通过多

---

① 瞿同祖著：《中国法律与中国社会》，中华书局 2003 年版，第 2 页。

② 贵州省阳光工程介绍材料，由贵州省禁毒委提供。

种途径安置 10861 名戒毒康复人员就业，集中安置戒毒康复人员 2750 名。①
这在一定程度上有效解决了就业安置难这一社区戒毒中的难题，使贵州的社
区戒毒工作取得了较好的成效。

（二）当前面临的主要困难

1. 执行主体力量仍需增强

乡镇政府和街道办事处是《禁毒法》和《戒毒条例》确定的执行社区戒
毒的法定主体，从形式上看，虽然乡镇政府与街道办事处大多制定了相应的
工作机制，出台了相关的工作意见，但其工作却仍存在以下困难：

一是禁毒专干配置不足。禁毒专干是执行社区戒毒的主要人力资源，国
务院《戒毒条例》第 15 条和第 17 条也规定：乡（镇）人民政府、城市街道
办事处应当根据工作需要成立社区戒毒工作领导小组，配备社区戒毒专职工
作人员，社区戒毒专职工作人员、社区民警、社区医务人员、社区戒毒人员
的家庭成员以及禁毒志愿者共同组成社区戒毒工作小组具体实施社区戒毒。
但当前有的地方仍未按上述规定落实禁毒人员，配备禁毒专职人员的一些地
方也有弱化倾向。如贵阳市撤销办事处机构进行大社区改革后，没有禁毒专
职工作人员编制，有的地方禁毒专职工作人员是根据省民政厅规定用公益岗
位解决编制招聘的，期限只有 3 年，目前面临到期解聘，禁毒专职人员缺口
较大；在职的禁毒专职工作人员，各地因财政状况不同待遇不同，有的地方
因待遇保障差，人员不能稳定。二是社区执行能力不强。根据我国现行行政
管理体制，由于我国乡镇政府和街道办事处并不直接面对社会成员，而是由
社区作为直面社会成员的第一线，故社区是落实社区戒毒制度的最基层组织，
但由于社区并未获得专项的社区戒毒经费，使乡镇政府或街道办事处下辖的
社区由于财力、人力有限，很难有足够的力量开展社区戒毒。以笔者在 K 市
D 街道办事处下属一社区的调查为例，此社区共有 5 名正式干部，其余均为
协管员，每月仅有办公经费 1000 元，无其他财政来源，并承担了上级下达的
多项任务，使最直接执行社区戒毒工作的社区却因自身基础的薄弱无法很好
地开展社区戒毒工作。另值得关注的是，当前国家正在进行的基层社会管理
体制改革，其中贵州省贵阳市作为全国三个试点城市之一，将全市 49 个街道

① 崔亚东：《坚持以人为本，创新戒毒模式，强力推进四位一体的"阳光工程"建
设》，在国家禁毒委员会全体会议上的讲话。

办事处全部撤销，变市、区、街道、社区四级管理为市、区、社区三级管理，① 全国其他试点城市，如安徽铜陵、湖北黄石等，正在进行类似改革，使《禁毒法》与《戒毒条例》所规定的社区戒毒制度的法定执行主体街道办事处因为国家社会管理体制的改革而不复存在，使《禁毒法》和《戒毒条例》关于社区戒毒制度法定主体的规定受到较大的冲击。三是社会力量的协作仍显不足。社区戒毒是一个系统工程，非任何一个部门能够独立完成，戒毒不仅需要相应的外力强制，也需要专业医生的诊治，社区戒毒的主要目的即希望借助社会各界的力量来共同完成对戒毒人员的康复工作，现行《戒毒条例》也规定了多家部门应协作完成社区戒毒任务，但目前各种社会力量、各个相关职能部门、各种组织之间的协调运作机制仍存在一定不足，社区戒毒、强制戒毒、社区康复之间仍未能完全做到无缝衔接，心理疏导机制、禁毒办与安置就业人员家属沟通联系机制、美沙酮维持治疗的延伸工作等仍有待完善。

2. 就业帮扶措施仍需完善

以帮扶措施中的就业安置为例，围绕"阳光工程"的主要突破口——吸毒人员就业安置工作，当前也存在以下困难：首先是一些吸毒人员特别是其家属害怕进入"阳光企业"会出现互相裹胁吸毒现象，不愿进入"阳光企业"；同时由于劳动技能、身体状况、纪律约束等原因，已进入"阳光企业"集中安置的就业人员流失也较多。以贵州省为例，截至 2012 年 6 月 30 日，"阳光企业"累计安置 4454 人，现有就业人员 2750 人，流失了 1705 人，流失率为 38.3%。其次是由于"阳光企业"具有较强的社会公益性，使一些企业不愿参与"阳光工程"，可供选择安置的企业不多，安置形式较为单一。再次是禁毒办与企业之间的合作关系需要进一步完善。戒毒人员的就业安置是制约戒毒人员回归社会的重要因素。"阳光企业"是贵州社区戒毒"阳光工程"新模式的核心载体，集"生理脱毒、身心康复、就业安置、融入社会"四位为一体，但"阳光企业"在发展的过程中，也仍面临着企业公益性与经济性的矛盾，一旦企业在经营上出现亏损将直接影响就业安置的成效，故如何有效减少戒毒人员的流失、平衡各方关系并清晰权利边界实值关注。

---

① 《贵州民建界别政协委员加强社会管理创新调研》，载贵州先锋网，http://www.gzcpc.com/2012/07/31/52561.html。

3. 执行监督措施仍需强化

以贵州省贵阳市云岩区为例，通过社区戒毒模式的运转，云岩区 2011 年 3 月至 8 月"两抢一盗"案件与去年同期相比减少 974 起，下降 11.8%；吸毒人员占刑事案件和治安案件作案人数的比例从第一季度的 31.47% 和 53.25%，下降为第二季度的 2.1% 和 22.1%，第三季度的 3.56% 和 26.3%，人民群众安全感与去年同期相比上升 6.97%，说明贵州社区戒毒取得了较好的成效。但目前对基层社区戒毒工作的考核主要是将其包含进社会治安综合治理项目中一起考核，且只占社会治安综合考评的一个小部分，而常规性的检查监督措施较少，对缺失资源的弥补未能获得到足够的监督，对照社区戒毒的法定职责、立法目标以及现有的监督考核机制来分析，不难发现，在整个制度的运行过程中，虽然要实现的目标任务较为艰巨，但因没有高强度的压力机制推动任务的执行，使目标的完成难以达致预期的效果。

三、存在上述困难的主要原因

事物的存在必须要透过表面现象认识其背后所蕴藏的价值本质，才能在合理理念的指导下使事物的发展沿着符合人类理性的角度进行。笔者认为，造成上述困难的主要原因有以下三个方面：

（一）隐性文化的柔性对抗

社会（文化）是一个大系统，法则不过是其中的一个有机部分，它与其他部分相互依存、彼此影响，有着不可分割的密切关系。[①] 如果法律能基本与文化协调，则相得益彰，而如果法律理念与文化理念相悖较大，则显性的法律虽有"刚性"的国家强制力做后盾逻辑，但却往往被隐性的文化以一种柔性的方式进行对抗，甚至出现事倍功半的现象。制度在不断演变、完善，这种制度既有正式的，也有非正式的，它可以是正式的、成文性的、上升为国家意志的、并受国家法律保护的制度，也可以是非正式的、不成文的、没有上升为国家意志的、不受国家法律保护的制度。[②] 具体地说，在人们意识形态的潜在作用下，非正式制度主要表现为人们的价值观念、伦理规范、道德观

---

① 梁治平著：《法辩》，中国政法大学出版社 2002 年版。
② 卢现祥、朱巧玲主编：《新制度经济学》，北京大学出版社 2007 年版，第 470 页。

念、风俗习惯等方面。① 而这种有关吸戒毒的隐性文化，对我国社区戒毒制度也有较大影响。

第一层面是个体对毒品既"恨"又"怕"心理。传统对待吸毒行为主要以打击为主，且为达到预防毒品的效果，对毒品的危害做了大量的宣传，形成了既痛恨吸毒，又对毒品十分害怕的社会心理。这种既恨又怕的心理状态使人们在触及有关毒品的有关事项时，呈现出一种强烈的自我保护意识。② 从心理学上分析，当主体因某项事物而引发不安全感时，自然希望脱离导致不安全感的源头，以通过这种生理上的隔离让自己免受侵害。因此，对与毒品有关的一切事物，普通民众常抱有避之不及的心理，不愿与之发生任何关系。个体需要在自身得到保护的情况下才有可能考虑保护他人的利益，而与戒毒人员接触这件事仍然让参与人觉得自身利益存有可能受侵害之忧，这种心理上的不安全感使社会上的正常主体不愿意与吸毒人员接触，在参与戒毒帮扶时的心理存有一种被动的态势，而这种对吸戒毒人员讨厌兼害怕的心理状态及由此而生的文化传统对社区戒毒的运行存在一定的消极影响。

第二个层面是群体对戒毒帮教措施的认识。虽然国家层面提出吸毒人员属于弱势群体，且吸毒人员在社会各阶层结构中确实处于一种能力较弱的状态，但由于导致这种现象存在的原因是其自身存在较大过错，在罪责自负的传统习俗的影响下，社会主体不愿给予其与其他社会弱势群体同等的帮扶待遇，这种潜在的心理意识也无形中影响了人们的实践行为，对国家层面关爱吸戒毒人员的政策存有一种隐性抗拒心理。更有甚者，对社区戒毒制度乃至建设"阳光工程"的必要性和正当性存有疑问。③ 这种群体心理的现实存在，使社区戒毒法律制度的运行缺乏足够良好的民意基础，也影响了社区戒毒制度的实施环境。

---

① 韩学平、刘兆军：《非正式制度对当前农村法治建设的影响》，载《科学社会主义》2007 年第 3 期。

② 如笔者在社区调研时，有承担戒毒任务的同志说："曾有戒毒人员邀请她去家里吃饭，她不敢去，怕菜里掺杂了毒品"，同行的公安人员开玩笑说："不会的，因为毒品贵，对方舍不得"，但事实上这种担忧不无道理，因此涉毒的可能性也是存在的。

③ 课题组在与"阳光工程"负责人访谈时，有同志谈到百姓对其工作的不理解，表示现在就业那么困难，政府不去帮大学生、不去帮助农民工，反而来帮助吃白粉的人，有些想不通。

(二) 执行主体能力有待增强

戒毒康复是一个长期和反复的过程，开放的社区环境更增加了工作的难度。"社区"一词是一个舶来品，在传统的单位人社会中，社区的力量较为薄弱，其承担的社会责任也较小，但在"单位人"社会向"社会人"社会转型的过程中，转型社会要求社区承担更重要的服务职责，但这种要求与社区的发展状况却仍存在一定差距，社区自身的建设能力仍然较弱，不足以很好地完成政府和社会赋予其的各项职能。实践中政法委和相关政法部门，尤其是公安局仍然是执行戒毒制度的主要力量，由于社区和相关政法部门对戒毒所接受的压力值不一致，而压力值的大小与强度直接决定了接受压力者的行动动力和执行力度，社区无形中对自己承担的义务从制度设计的实质作为滑向现实中的形式作为，与《禁毒法》和《戒毒条例》所设计的社区戒毒（康复）体制的预期目标有所出入。这一现象在全国其他地区如新疆、陕西等地执行社区戒毒时也不同程度地存在。

(三) 执行措施尚待进一步完善

以社区戒毒中最重要的就业安置措施为例，在普通就业中，主要是用人单位和雇员之间的关系，二者主要是依靠《劳动法》来进行调整，政府对普通就业制度的调整仅仅是以《劳动法》等相关法律为基本规制手段，从劳动监察的角度出发对劳动合同关系进行必要的监督和必需的维护。但在对吸毒戒毒人员的就业安置上，政府的角色定位复杂了许多，政府、企业、戒毒人员三方之间存在多重法律关系，使集中安置过程中各方主体存在一定程度的角色困惑。政府与吸戒毒人员之间既存在强制性也存在自愿性的法律关系，如必须定期或不定期参加尿检等是强制性法律关系，就业安置却又是自愿性法律关系。吸戒毒人员无论进厂还是出厂，都是其民事权利的一种体现，具有一定的自愿性。换句话说，吸戒毒人员只有法律上接受社区戒毒的义务，而没有必须到集中就业安置点进行就业的法定义务。基于此，吸戒毒人员的选择必然会呈多元化状态，甚至很有可能基于一些消极因素或内生性因素导致其放弃就业，使政府在对吸戒毒人员安置就业时处于一种相对较被动和不确定的状态。

四、完善我国社区戒毒制度的法律思考

(一) 构建良好的民意基础

法律的制定是为了运行，从一定意义上说，法律并非法律条文、法典，而是运行在社会生活之中形成规范的东西，是社会生活中人们的行为体现出来的行为规范。法律执行的效果在很大程度上受到法律所依据的民意基础的影响，① 一粒种子只有在合适的土壤和环境中才能开花结果，任何一种有效的法律，都必定与生活于其下的人们的固有观念有着基本协调的关系，使蕴含于法律中的价值与民众内心的价值判断一致起来。② 以盲人摸象为例，对于一个特定的社会现象，我们每一个个体都是从自身的视角来看待和感受问题，不同主体虽然认为自己的感受是真实可靠的，但事实上因为受各自所处角度的局限往往对事物发展的规律难获全面真实的把握，对社区戒毒的认识也是如此。从个体角度来分析，每一个个体只需远离吸毒人员便可实现利益不受侵害，这也是自然人的本能，但从整个社会的角度来分析却不能简单类推。在涉及公共事务的服务管理中，须从社会整体的角度来看待问题，以贵州省为例，因吸毒问题滋生了大量的抢劫、抢夺、盗窃等违法犯罪，严重危害人民群众生命财产安全。这时如果仍适用个体遵循的隔绝原则，那么类似的现象将会越来越严重，在追求个体利益最大化的过程中，反因群体利益受损而使个体无法实现利益最大化。从现象上看，帮扶吸戒毒人员似乎是只维护吸戒毒人员的利益，从本质上分析其实质是维护每一个社会主体的利益，具有伦理学层面的正当性。

2006 年《禁毒法》立法过程中，对吸毒行为和吸毒者的定性曾有争议。2006 年 6 月 22 日，国家禁毒委员会副秘书长陈存仪回答记者关于设立吸毒罪立法建议问题时提出：通过多年的禁毒实践和相关的医学研究证明，吸毒人员是具有病人、违法者、受害者多重属性的。从法律的角度看，吸毒行为是直接违反治安管理处罚法、违反禁毒决定的，并且在客观上还诱发了许多违法犯罪行为，所以吸毒人员是违法者。从医学的角度看，吸毒成瘾的人，存在着大脑神经功能受到严重损伤，是一种顽固的反复发作的脑部疾病，在大

---

① 苏力著：《法治及其本土资源》，中国政法大学出版社 2004 年版，第 304 页。

② ［法］孟德斯鸠著：《论法的精神》，商务印书馆 1995 年版，第 154 页。

脑脑部有病灶，所以吸毒成瘾者又是脑疾病的患者。从社会学角度看，吸毒成瘾对身体、心理都造成严重损害。大家都知道，毒瘾发作时是痛苦不堪的，有的行为失控，出现不少问题，所以从这方面来看，吸毒人员具有病人、违法者和受害者三重的身份。① 这一对吸戒毒人员三重身份的界定使吸戒毒人员的社会角色具有多元化的特征。从传播学的角度分析，在一个现代社会中，由于海量信息的存在，人们往往无法原始获得所有的信息，而必须通过介质，民众民意的形成往往取决于其信息源，因此在民意传播和形成的过程中应多元化地认识吸戒毒这一社会现象，转变将吸戒毒人员仅仅认定为违法者的观念，以多元化的视角看待吸毒人员，形成对吸戒毒人员帮扶关爱的良好心理基础。

（二）明晰社区戒毒的内涵

社区戒毒是我国《禁毒法》和《戒毒条例》等明确规定的法定戒毒方式，自愿戒毒是吸毒人员的自愿戒毒，强制隔离戒毒是公安或劳教机关的强制隔离戒毒，因此从语词含义分析，容易让人从字面上得出"社区戒毒"的责任主体自然应为"社区"的认识，但从法律条文的具体内容分析却发现社区戒毒的直接责任主体非社区，《禁毒法》第 34 条明确规定："城市街道办事处、乡镇人民政府负责社区戒毒工作……"《戒毒条例》第 5 条也规定："乡（镇）人民政府、城市街道办事处负责社区戒毒、社区康复工作。"因此名为社区戒毒，实际是由乡镇政府或城市街道办事处作为基层政府直接负责，涉及到社区作为责任主体的仅仅是《禁毒法》第 34 条："……城市街道办事处、乡镇人民政府可以指定有关基层组织……落实社区戒毒的相关措施"由此法律规定可知，此处的社区戒毒并非人们从一般语词含义角度所理解的以"社区"为直接执行主体的戒毒模式，而应该是由基层政府作为法定直接责任主体的戒毒模式。

虽然依照我国现行行政管理体制分析，街道办事处的基层组织为居委会，乡镇人民政府的基层组织为村委会，二者是真正的城市社区和农村社区，也是社区戒毒的具体执行机构。但《禁毒法》第 34 条所指的"有关基层组织"却不能直接等同于城市社区和农村社区，因为从逻辑上分析"有关基层组织"

① 贺劲松、李学仁：《一次特殊的探望——温家宝看望戒毒人员纪实》，载《人民日报》2004 年 6 月 18 日第 8 版。

的外延远大于"城市社区和农村社区"的外延范围，二者从逻辑上分析不具有同一性，前者的外延大于后者的外延。

因此，社区戒毒实质是政府主导的戒毒模式，只是在名义上称为社区戒毒，使戒毒实施机关的地位存有模糊之处，进而导致同一概念在不同语境下，被不同主体基于不同需要而赋予了不同的内涵。在行政管理体制中，不同的第一责任主体决定了不同的资源分配模式，无疑，直接责任主体应该获得比间接责任主体更多的人力、财力资源。那么何为最理想的责任模式状态？现实中街道办事处或者乡镇政府虽为法律规定的责任主体，但由于其并不直接与吸戒毒人员接触，因此必须依托与吸戒毒人员沟通的主体即农村和城市社区来开展戒毒活动。无论是生理脱毒、身心康复，还是就业安置和融入社会，都需要通过对吸戒毒人员行为状态的限制或帮扶来进行，因此从戒毒工作和采取戒毒措施的服务成本和成效来分析，通过扁平化的运作模式将禁毒资源赋予直接与吸戒毒人员沟通交流的机构无疑更能获得良好的戒毒效果。故笔者主张在明确社区戒毒法定内涵的同时，更加明晰街道办事处、乡镇政府与城市和农村社区之间的关系，将工作重心下沉在城市和农村社区，为目标的直接完成主体提供充分的资源，而街道办事处和乡镇政府则主要承担监督考核的作用，以使社区戒毒执行主体的责、权、利实现统一，最终实现制度设计的最优状态，如此方能在清晰界定内涵的基础上运行相关法律制度。

（三）细化社区戒毒的程序正义

具体修法建议及理由如下：

一是在社区戒毒制度的启动程序上，《戒毒条例》第22条规定：对社区戒毒人员变更戒毒执行地的，社区戒毒人员应在社区执行地变更之日起15日内前往变更后的乡镇政府、城市街道办中处报到。此处建议增加一款，即："社区戒毒人员无正当理由逾期不前往变更后的乡镇政府、城市街道办事处报到的，视为拒绝接受社区戒毒，社区戒毒专职工作人员应当及时向当地公安机关报告。"以期从制度设计层面细化社区戒毒各方主体的义务范围，强化对呈流动状态的社区戒毒人员的管控。

二是在社区戒毒制度的结束程序上，《戒毒条例》第23条规定："社区戒毒自期满之日起解除。社区戒毒执行地公安机关应当出具解除社区戒毒通知书送达社区戒毒人员本人及其家属，并在 7 日内通知社区戒毒执行地乡（镇）人民政府、街道办事处。"基于程序规范的原则，启动程序和结束程序如无特殊理由，在法条的制度设计上应体现对等原则，但第 23 条的规定却与第 13 条有关启动的规定存有不一致之处。首先，执行机关有差别。结束程序只要是社区戒毒执行地公安机关决定即可，对其级别未作限制；而启动程序的却必须是县级、设区的市级人民政府公安机关。对同等程度且有关联系性的问题的执行机构不一致，从形式上看是立法不严谨，从实质上看是影响制度设计的法律效果。其次，通知的时限不一致。结束程序要求在 7 日以内通知乡镇政府或街道办事处，而启动程序却对通知乡镇政府或街道办事处在时限上无具体限制。故笔者主张，为了体现法的严谨性，应使社区戒毒的启动和结束程序更加协调统一。从执行机关的级别来看，统一为同一级公安机关，从执行时限上看，统一为同时送达，避免出现公安机关已作出解除决定，而社区戒毒的执行主体却不知情的情况，如此更加有利于社区戒毒各执行主体的衔接配合，也更有利于保障社区戒毒人员的合法人权。

三是对第 7 条规定的"对戒断 3 年未复吸的人员，不再实行动态管控"中有关"戒断"的内涵作出明确规定。由于动态管控是对我国现阶段对吸毒人员的重要控制措施，且对吸戒毒人员的行为有较大影响，故建议在此处具体界定何为"戒断"，以使戒毒人员更加明确该目标的具体内涵。

（四）强化社区戒毒制度的执行和监督力度

法的执行力是法的生命力之所在，因此必须强化社区戒毒制度的执行和监督力度。

首先，是完善戒毒人员就业安置体系。在市场经济社会中，由于就业多属一种当事人之间自由约定的行为，因此《禁毒法》和《戒毒条例》对此均涉及较少，对政府的义务也主要限制在为戒毒人员提供就业帮扶以及培训劳动技能上。提供就业帮扶与必须保证就业是两个有本质差别的概念，虽然在就业市场上也存在由于信息不对称等原因导致市场调控失灵的现象，但这种自由择业已成为求职者和用人单位达成就业协议的主路径。从形式上看，自由择业尊重了用人单位和求职者双方的自由意愿，充分体现了就业市场的物竞天择和优胜劣汰，但"有光的地方就有阴影"，依赖竞争规则调节的就业市场也存有市场失灵的情况。经济效益最大化固然是社会追求的终极目标之一，但构建一个和谐、安定的生活环境也是社会追求的一大终极目标。虽然在就业中需要充分发挥市场调控的作用，但作为提供公共服务的政府也有必要基于和谐安定的追求目标而对市场行为进行相应的监管，即应尽可能地通过提供合适的工作岗位来为每一个社会成员提供一个生存发展的机会，尤其是竞争能力较弱的社会弱势群体。从某种意义上讲，社会弱势群体更需要得到政府在就业市场的监管和帮助。

社区戒毒人员，对内由于身体健康状况普遍不佳、部分人员劳动技能较差，对外由于被"标签化"，使其在就业市场上成为求职的弱势群体，而现实中能否获得一份合适的工作又往往对其能否戒断毒瘾、回归社会发挥着重要的作用。以江苏南京的一项实证调研为例，其以抽样调查的方式在南京市秦淮社区对 200 名戒毒人员进行了问卷调查，被调查人员在回答"从过去一年到现在，你遇到的最大问题是什么？"这一问题时，有 52.9% 的人回答"没有工作"，而只有 22.5% 的人回答"粉友影响"，其次是回答"社会歧视"的有 19.8%。这表明吸毒者在就业问题、亚文化群体和社会歧视方面，依然形势严峻。我们进而发现，家庭不和、缺少关爱并不是他们目前的最大问题，因为大部分家庭没有抛弃他们，70.6% 的人选择了"家人给予接纳、关怀和鼓励"。这表明在社区戒毒人群中，工作问题是他们能否回归社会最重要的问题，当然也是最难解决的问题。① 故笔者主张继续坚持以阳光企业为载体，并完善多元化的就业安置体系。诚然在"阳光工程"的建设中，因企业关注经济效益，而政府注重社会效益，戒毒人员既有希望工作的理性思维，也有不愿劳动的异化心理，使这种新型法律关系呈现出复杂化的态势，但各方主体仍应依据在不同的法律关系中所确定的彼此的权利义务来界定各自行为的基本界限，使其遵循法治的轨迹运行。

其次，强化社区戒毒的执行和监督体系。一是完善保障体系，确保社区戒毒制度运行必需的人力、物力和财力；二是有效构建社区戒毒的合力，通过社区戒毒领导小组各组成员作用的充分发挥来实现戒毒工作的最优化；三是加强对社区戒毒工作的监督和考核，以使制度运行具有足够的压力机制，并反馈激励整个机制的良性运行。

---

① 韩丹：《多元整合视角下的社区戒毒模式——一项江苏南京的实证研究》，载《青少年犯罪问题研究》2011 年第 3 期。

最后，界定政府对戒毒人员帮扶的限度。限度实际上就是一种标准或界限——决定某物之所以能够成为某物并将之与其他物区分开的标准或界限。政府在对社会弱势群体进行帮扶时，应更好地平衡各种弱势群体之间的权利义务，把握好对各种群体之间帮扶的限度，以使社会资源的分配更加符合公平正义的理念，由此为社区戒毒的运行提供更好的社会环境。

后　记

　　自 1983 年从西南政法学院法律专业毕业后，30 余年来，我一直从事法学教育工作。其间，通过司法考试（1992 年，当时称律师资格考试）取得律师资格，增加了 20 余年兼职律师的司法实务经历。常常自诩为职业法律人，虽然未必名副其实，但对法的景仰，对法治的理想与追求却职业性地根植骨髓。我曾在一篇文章的结语写道：“对法治的追求是我们的目标，而对法治追求过程的法治化是我们通向目标的路径。过程是痛苦的，同时也是快乐的。毕竟，我们已踏上了这样一条充满痛苦但也不无快乐的路程。”聊以自慰的是，虽然痛苦多于欢乐，却始终没有中断追求的过程。

　　在西南政法大学学习期间，受恩师杨联华教授的影响启发，曾一度痴迷于外法史的研读（杨老师当时担任外法史教研室主任，是 79 级外法史课程主讲教师，我是 79 级 6 班的外法史课代表，与杨老师有较多的接触，亦因此在杨老师的悉心指导下完成了毕业论文的撰写，本集子中收录的《试论雅典宪法民主化的演进》一文，即杨联华老师指导我完成的大学毕业论文，也是一种怀念吧）。

　　大学毕业后，我被分配到当时的贵州省政法干校任班干事。1984 年干校附设司法中专部，并招收了首届国民教育性质的学历生。1985 年干校升格为贵州省政法管理干部学院，开始了成人大专教育。这期间，作为首批因教学需要分配到这所学校的大学生，我被调整到刑法教研室任教。由于学校专科层次所限，没有开设外法史这门课程，于是我便选择了刑法学的教学，谁知这一随意的选择，就此奠定了自己的专业方向。在以后长期的执教生涯中，我始终以刑法学的教学科研为主业，甚至在兼职律师业务活动中，也基本上围绕刑辩这一中心而进行。

　　1987 年，经贵州省法学会一届六次常务理事会决议，贵州省法学会刑法学研究会挂靠贵州省政法管理干部学院筹备成立。学院成立了筹备组，周毓业副院长任组长，我作为刑法教研室负责人在当时省法学会专职副会长肖常纶老师和周毓业副院长指导下全程参与了学会筹备工作。1987 年 12 月 22 日，在贵州省政法管理干部学院召开了学会成立大会，肖常纶教授当选首届干事会总干事，周毓业教授当选常务副总干事，我当选常务干事兼秘书长，负责学会的日常工作。自那以后，在自己的工作内容中，增加了一项学会建设任务。由于学会属松散型学术团体，没有固定的经费和刚性的任务，干事会（后改称理事会）成员由各家推荐，分散于政法各口及各教学科研单位，凡此种种给学会的工作和发展带来了诸多的掣肘，但我们没有因此懈怠，数十年如一日，撑起了这片法学园地，推动了我省刑法学研究不断前行。学会自 1987 年成立以来，坚持每年的年会制度，多次召开专题学术研讨会，与司法实务部门和大专院校、科研单位建立了广泛的联系。学会同时建立了自己的网站，创办了会刊，从 2006 年起，连续公开出版年会论文集《刑事法学研究》，现已出到第 7 辑。由于基础工作扎实，组织协调得力，工作富于开拓性和连续性，刑法学研究会在贵州省法学会各专业研究会中独树一帜，多次受到有关方面表扬，并被评为贵州省法学会先进集体。作为学会首届、二届干事会秘书长、副总干事，第三、四、五届理事会会长，和众多热心学会建设，致力于推动提升我省刑法学研究的学界同好一道，尽了自己的努力，做了力所能及的工作，虽然也有力不从心的遗憾，但心情是愉快的。

本集子收录的文稿，除了少许几篇非刑事法学方面的文章外，多是自己在多年的刑事法学教学和科研过程中的点滴感悟，选取的原则是还具有一定的参考价值。由于时间跨度较长，不可避免地带有某种时代的痕迹，可以说也是一种历史的回味吧。故此在整理过程中除了一些技术上的处理外，未作其他的变动。需要说明的是由于我国刑法自 1979 年颁布以来，经历了多次的补充修改，除了众多的刑法《补充规定》、《决定》，1997 年立法机关对刑法典本身作了全面的修订，之后又出台了一个《决定》、八个《修正案》，这些立法修订除增加了大量新的刑法条款外，对原有条文也有较大的删减变动，即便是作为刑法修改补充完善的《补充规定》、《决定》、《修正案》，其相互间亦存在着后法包容、替代、修正前法的情况。因此有的文稿中（特别是早期的一些文章）所引用的法条有的已不存在，有的在刑法典中变换了位置，还有一些内容和表述发生了变化，在这次整理时都未加变动。

　　本集子从年初开始编辑，经过近三个月得以完成。成书过程中，承蒙贵州省委政法委常务副书记彭德全同志题序，贵州圣伦达律师事务所徐永忠主任倾力相助，贵州警官职业学院王占洲教授、周婵老师等协助编辑、校勘、录入，在此表示衷心感谢！

2005 年 5 月 1 日于贵阳龙洞堡